bóhlau

Damit es nicht verlorengeht ...

53

Begründet von Michael Mitterauer.
Herausgegeben vom Verein
„Dokumentation lebensgeschichtlicher Aufzeichnungen"
am Institut für Wirtschafts- und Sozialgeschichte
der Universität Wien

„Als lediges Kind geboren …"

Autobiographische Erzählungen
1865–1945

Herausgegeben vom Verein
„Dokumentation lebensgeschichtlicher Aufzeichnungen"

Zusammengestellt im Rahmen
einer Lehrveranstaltungsfolge zum Thema
„Uneheliche Kindheit in Selbstzeugnissen"
am Institut für Wirtschafts- und
Sozialgeschichte der Universität Wien

Unter der Leitung von Peter Eigner, Günter Müller und
Andrea Schnöller arbeiteten mit:
Birgit Bauer, Yvonne Beiglböck, Daniela Biberle, Ingrid
Brommer, Eva Bruckner, Barbara Fuchs, Elisabeth Gneihs,
Lieselotte Hammerer, Julia Harringer, Martina Hermann,
Doris Hohenbichler, Christina Höretzeder, Alexandra
Huck, Nicole Immler, Martin Johler, Christine Karner, Julia
Klaushofer, Dorothea Köb, Angela Koller, Christopher Ma-
reska, Romana Müller, Ingrid Oppenauer, Friederike Pich-
ler-Boog, Caroline Rainbacher, Daniela Ressler, Michael
Sachs, Irene Stadler, Heidrun Szepannek, Elfriede Thiem,
Barbara Treptow, Ulrike Zodl, Christian Zottl

BÖHLAU VERLAG WIEN · KÖLN · WEIMAR

Wir widmen dieses Buch unserer zu früh verstorbenen
Kollegin Angela Koller (1963–2006)

Gedruckt mit Unterstützung durch
das Amt der Salzburger Landesregierung
das Amt der Niederösterreichischen Landesregierung

Die Deutsche Bibliothek – CIP-Einheitsaufnahme

Die Deutsche Bibliothek verzeichnet diese Publikation in
der Deutschen Nationalbibliographie; detaillierte bibliographische
Daten sind im Internet über http://dnb.dbb.de abrufbar.

Alle Fotos stammen aus dem Privatbesitz
der Verfasser/-innen bzw. deren Nachkommen

© 2008 by Böhlau Verlag Ges.m.b.H. und Co.KG.,
Wien · Köln · Weimar
www.böhlau.at

ISBN 978-3-205-77284-2

Gedruckt auf umweltfreundlichem, chlor- und säurefreiem Papier.

Satz: KlossSatz, 2565 Neuhaus/Triesting
Druck: Imprint, Slowenien

INHALTSVERZEICHNIS

Vorwort

„Von der Seele und mit dem Herzen geschrieben"
Eine Annäherung an Lebensaufzeichnungen
einer sozialen Randgruppe der Vergangenheit

Nachwort

„Eigentlich hätt i jo gar nit auf d' Welt kemma sollen . . ."
Lebensbedingungen und Lebenswelten unehelich
Geborener, 1865–1945

„Von der Seele und mit dem Herzen geschrieben"[1]

Eine Annäherung an Lebensaufzeichnungen einer sozialen Randgruppe der Vergangenheit

Im Jahr 1974 erregte der damals 30-jährige Franz Innerhofer mit seinem autobiographischen Debütroman „Schöne Tage"[2] großes Aufsehen in der österreichischen Öffentlichkeit – nicht nur in der urbanen Literaturszene, sondern auch auf dem Land.[3] Der Autor schrieb über seine Kindheit im Salzburger Pinzgau. 1944 als erstes, uneheliches Kind einer Landarbeiterin geboren, kam er im Alter von sechs Jahren auf den Hof seines Vaters, eines Großbauern, und verbrachte dort elf harte Jahre der „Leibeigenschaft", bis er mit dem Beginn einer Schmiedelehre diesem sozialen Umfeld den Rücken kehren konnte. Seine Leidensgeschichte ist bestimmt durch illegitime Geburt, Rechtlosigkeit, rücksichtslose Ausbeutung seiner Arbeitskraft, allgegenwärtige Gewalt, Erniedrigung, Sprachlosigkeit und vielseitige Abhängigkeit.

Die gesellschaftspolitischen Kontroversen, die diese autobiographische Erzählung eines unehelich Geborenen auslöste, erklären sich einerseits wohl aus dem krassen Gegenszenario, das der Autor der vielfach reproduzierten Ansichtskartenidylle vom ländlich-alpinen Leben in Österreich entgegensetzte, andererseits hatte er offenbar ein Konglomerat an unterschwelligen Unrechtserfahrungen angesprochen, das für viele noch recht reale Züge und Bezüge enthielt. Auch Groschenromane und österreichische Filmpro-

---

1 Maria Mair, Schlusssatz ihres handschriftlichen Originalmanuskripts, Ergänzungen, S. 3 a.
2 Franz Innerhofer: Schöne Tage, Salzburg 1974. Im Anschluss erschienen in Form einer autobiographischen Romantrilogie zwei weitere Bände des Autors: Schattseite, Salzburg 1975; Die großen Wörter, Salzburg 1977.
3 Zu dieser Breitenwirkung trug vor allem der gleichnamige Fernsehfilm (Regie: Fritz Lehner) bei, der am 1. Mai 1981 im ORF ausgestrahlt wurde.

7

duktionen der 1930er und 1950er Jahre hatten durchaus schon die gesellschaftliche Problematik unehelicher Kindheit und Mutterschaft aufgegriffen, sie allerdings in sentimental-ergreifende Spielhandlungskonstruktionen eingebunden, die zumeist einen – individuell – tröstlichen Schlussstrich unter alle erlebten Entbehrungen und Diskriminierungen versprachen.[4] Innerhofers drastische Entlarvung des Fortbestands traditioneller Macht- und Gewaltstrukturen im bäuerlich-ländlichen Milieu bis in die Nachkriegsjahrzehnte, seine offensive Parteinahme für die unterprivilegierten Schichten brach jedoch mit dem – fremdenverkehrsgerecht – zusammengezimmerten Bild der „nach schwerer Zeit" endlich (wieder?)erstandenen heilen Familien- und Dorfgemeinschaften.

Franz Innerhofer blieb in jener Zeit bei weitem nicht der einzige „Nestbeschmutzer". In der realistisch-kritischen Auseinandersetzung mit überkommenen gesellschaftlichen Traditionen, Leitbildern und Machtverhältnissen im schriftstellerischen Schaffen wie auch in österreichischen Film- und Fernsehproduktionen der 1970er Jahre fanden sich zahlreiche Impulse, die zur eingehenden wissenschaftlichen und persönlichen Beschäftigung mit der jüngeren Vergangenheit anregten. So wurzelt wohl auch das in den folgenden Jahrzehnten breiter werdende öffentliche Interesse an Alltagsgeschichte, an vergangenen Lebenswelten und persönlichen Lebenserzählungen, wie sie nun seit über 20 Jahren in dieser Buchreihe vorgestellt werden, zu einem Teil im sozialrealistischen Aufbruch der Kulturschaffenden jener Zeit.

Franz Innerhofers Kinder- und Jugendjahre fielen in eine Zeit, in der der Anteil unehelicher Geburten in Österreich einen historischen Tiefststand erreichte – auch in absoluten Zahlen, vor allem aber bedingt durch die „Heiratsfreudigkeit" in den Nachkriegsjahrzehnten und den daraus resultierenden (ehelichen) „Baby-Boom". Als sein autobiographi-

---

4 Vgl. österreichische oder deutsche Heimatfilme wie: Hofrat Geiger (1947), Die Fischerin vom Bodensee (1956), Der Pfarrer von St. Michael (1957), Almenrausch und Edelweiß (1957), Mariandl (1961), Mariandls Heimkehr (1962).

scher Roman dann Mitte der 1970er Jahre veröffentlicht wurde, begann die Unehelichenquote gerade wieder zu steigen. Das traditionelle Stigma des „ledigen Bankerts" verblasste jedoch zusehends im Zeitalter der Geburtenkontrolle, der so genannten „sexuellen Revolution", der steigenden Scheidungszahlen und nicht zuletzt auch der verbesserten staatlichen Sozialleistungen.[5]

Heute bewegt sich die Unehelichenquote etwa in gleicher Höhe wie Anfang der 1920er Jahre, nämlich bei rund einem Drittel aller Geburten österreichweit; Mitte des 19. Jahrhunderts lag der Anteil verbreitet – in manchen Regionen sogar deutlich – höher, allerdings aufgrund ganz anderer gesellschaftlicher Voraussetzungen.[6] Illegitimität ist also keineswegs ein historisch neues Phänomen; neu ist vielmehr, dass sie bzw. die damit verbundene „Missachtung" der Institution Ehe nicht mehr dieselbe gesellschaftliche Sanktionierung erfährt. Im Wandel der Einstellung zur unehelichen Geburt spiegeln sich in vielfältiger Weise gesamtgesellschaftliche Entwicklungen des vergangenen Jahrhunderts – von Strukturveränderungen in der wirtschaftlichen Produktion über den Ausbau des Erziehungs- und Sozialsystems, den tendenziellen Abbau von Bildungs- und Standesschranken bis hin zu Bewusstwerdungsprozessen um die Gleichberechtigung der Geschlechter und die Wahrung von Kinderrechten.[7]

Kinderarbeit, mangelnde Ernährung, Prügel als alltägliches Erziehungsinstrument, Verwehrung von Bildungschancen, soziale Ausgrenzung allein aufgrund der Herkunft

---

5 Unehelichkeit der Geburten als ausgesprochen vielschichtiges soziales Phänomen und die Hintergründe ihrer aktuellen Entwicklungen analysiert auf Basis statistischer Daten aus verschiedenen steirischen Gemeinden: Manfred Teibenbacher: Uneheliche Geburten. Ein Phänomen?, in: Zeitschrift des Historischen Vereines für Steiermark, Graz 2003, S. 247–276.
6 Vgl. dazu die Ausführungen im Nachwort dieses Bandes, insbes. Abschnitt 2.
7 Eine differenzierte Darstellung der Auseinandersetzung mit Illegitimität in den Bereichen Öffentlichkeit, Recht und Politik in Deutschland bietet die Studie von: Sybille Buske: Fräulein Mutter und ihr Bastard. Eine Geschichte der Unehelichkeit in Deutschland 1900 bis 1970, Göttingen 2004.

gelten heute – viel mehr noch als vor einigen Jahrzehnten – als gänzlich anachronistisch, obwohl sie in Erzählungen älterer Menschen über Kindheit in der ersten Hälfte des 20. Jahrhunderts noch allgegenwärtig sind. Andere, ebenfalls wiederholt angesprochene Phänomene – Mangel an emotionaler Zuwendung, Gewalt gegen Kinder, sexueller Missbrauch, seelische Vereinsamung erscheinen hingegen gerade heute von bedrückender Aktualität. Angesichts der „Dichte" des beschriebenen Elends wird sich den Leserinnen und Lesern bei der Lektüre dieses Buches dennoch des Öfteren die Frage aufdrängen: Kann – darf – das wirklich wahr (gewesen) sein?!

Die hier veröffentlichten Lebenserzählungen führen historisch etwas weiter zurück als die Erzählung Innerhofers und schildern das Aufwachsen unehelich Geborener aus früheren Kindergenerationen im Zeitraum zwischen 1865 und 1945. Dreizehn ausgewählte Kindheitsgeschichten können sicher nur exemplarische und selektive Einblicke in vergangene Lebenswelten eröffnen, denn unehelich geboren wurden in dieser Zeit vorwiegend Kinder von Dienstboten oder anderen besitzlosen (und somit von der Eheschließung eher ausgeschlossenen) Bevölkerungsgruppen. Vor allem in Gebirgsregionen, wo die landwirtschaftliche Produktion die größte Zahl an Dienstboten erforderte, war auch die Zahl unehelicher Kinder traditionell am höchsten.[8]

Zumindest bis in die 1930er Jahre dominierte in diesen Gegenden eine ständisch gegliederte Gesellschaftsordnung, in der mit der Geburt auch der persönliche Lebensweg, die berufliche Stellung usw. per Abstammung gewissermaßen schon vorherbestimmt waren. Die Existenzberechtigung unehelicher Kinder von Dienstboten wurde vielfach allein darin gesehen, als potentielle künftige Arbeitskräfte möglichst rasch in die Anforderungen der land- bzw. hauswirtschaftlichen Produktion hineinzuwachsen – in den Worten Franz Innerhofers: „Die Kinder, die bei den heimlichen Liebschaften auf Strohsäcken und Heustöcken entstanden, wurden von den Bauern sofort wieder zu Dienstboten gemacht. Die

---

8 Vgl. die Ausführungen und Literaturhinweise im Nachwort dieses Bandes, v.a. Abschnitt 2.3.

Dienstboten wußten um ihr Elend, aber sie hatten keine Worte, keine Sprache, um es auszudrücken, und vor allem keinen Ort, um sich zu versammeln. Alles, was nicht Arbeit war, wurde heimlich gemacht. ... Wenigstens die Nächte versuchten die Dienstboten an sich zu reißen. So pflanzte man sich von einer Finsternis in die andere fort."[9]

Viele der bis zur Mitte des 20. Jahrhunderts unehelich Geborenen konnten nicht die nötigen Bildungsvoraussetzungen erwerben, um ihr Leben einigermaßen selbstbestimmt gestalten oder auch nur reflektierend darüber berichten zu können; etliche sind aufgrund mangelnder Betreuung, Förderung und sozialer Anerkennung oder durch höchst zweifelhafte pädagogische Praktiken zu psychisch kranken Menschen und gesellschaftlichen Außenseitern geworden.

Insofern sind die Autorinnen und Autoren dieses Bandes – nicht anders als Franz Innerhofer, der letztlich die Arbeitermittelschule absolvieren und Germanistik studieren konnte – eher als „Ausnahmeerscheinungen" zu betrachten. Sie haben zumindest eine elementare Schulbildung erworben, die sie unter anderem dazu befähigte, das erlebte Kinderelend – wenn auch erst zu einem viel späteren Zeitpunkt ihres Lebens – sehr wohl in „Worte" zu fassen und in zum Teil umfangreichen schriftlichen Aufzeichnungen festzuhalten. Aus manchen Berichten spricht sogar eine recht deutliche Bildungs- und Aufstiegsorientierung sowie eine gewisse persönliche Genugtuung darüber, trotz aller widrigen Umstände in Kindheit und Jugend ein mehr oder weniger geglücktes, „anständiges" Leben hinter sich gebracht zu haben.

Ein solches aktives Bestreben, „es im eigenen Leben besser zu machen", ist aber sicher nur eine von vielen möglichen Formen der persönlichen „Verarbeitung" der beschriebenen Erfahrungen im Kindesalter. Eine anhaltende innere Unsicherheit und ein Gefühl des „Entwurzeltseins" angesichts der oftmals späten, unvollständigen oder gänzlich ausbleibenden Aufklärung über die eigene Herkunft; Misstrauen, Resignation oder Aggression aufgrund wiederholt

9 Innerhofer: a.a.O., S. 24f.

11

erlebter Bevormundung und Übervorteilung sind andere aus zeitgenössischen sozialpsychologischen Studien[10] bekannte und anhand der folgenden Erlebnisberichte durchaus nachvollziehbare Reaktionen unehelich geborener Kinder jener Zeit auf die Umstände ihres Aufwachsens. Nochmals Franz Innerhofer, der dieses von existenzieller Unsicherheit und Unstetigkeit dominierte Lebensgefühl vieler unehelicher Kinder schon in die ersten Zeilen seines Romans verpackt: „Der Pflege einer kinderlosen Frau entrissen, sah Holl sich plötzlich in eine fremde Welt gestellt. Es waren da große Räume und viele Menschen, die keine Zeit hatten für Kinder, denn sie mußten sich heftig bewegen. Die Felder waren verwahrlost und die Menschen hungrig. Gleich zu Beginn stifteten die Vorgänge um Holl eine große Verwirrung in ihm."[11]

Entsprechende Aussagen und Andeutungen finden sich – in oft viel alltäglicheren, manchmal aber nicht minder treffenden Formulierungen auch in den Lebenserzählungen dieses Buches. Mitunter sind es aber auch gerade die „fehlenden Worte" – etwas ungelenke und verknappte Aussagen oder merkliche Leerstellen zwischen den Zeilen und Halbsätzen, die direkt auf die Unaussprechbarkeit mancher Erlebnisse verweisen –, welche aufmerksame Leserinnen und Leser ebenso sprachlos mitfühlen oder staunen lassen.

Anders als Franz Innerhofer, der nicht verschwiegen hat, in bestimmten Szenen und Gestalten seiner Erzählung persönlich Erlebtes literarisch verdichtet – also nicht einfach chronologisch-dokumentarisch abgebildet – zu haben[12]; sind die Autorinnen und Autoren dieses Buches durchgängig darum bemüht, die eigene Lebensgeschichte nach bestem Wissen und Gewissen detailgenau wiederzugeben und sehen mehrheitlich auch das wesentliche Gütekriterium ih-

---

10 Hildegard Kipp: Die Unehelichkeit. Ihre psychologische Situation und Problematik. Untersuchungen aus Groß-Berlin, Leipzig 1933; Hildegard Hetzer: Kindheit und Armut. Psychologische Methoden in Armutsforschung und Armutsbekämpfung., Wien 1929.
11 Innerhofer: a.a.O., S. 7; vgl. auch die Ausführungen in: Frank Tichy: Franz Innerhofer. Auf der Suche nach dem Menschen, Salzburg 2004, S. 72 ff.
12 Tichy: a.a.O., S. 145 ff.

12

rer Texte darin, ausschließlich selbst Erlebtes in diesem Sinne „wahrheitsgetreu" festzuhalten. Manche betonen, dass sie zu einer anderen Form der erzählerischen Darstellung gar nicht in der Lage wären. Die meisten haben bei der Niederschrift ihrer Erinnerungen auch in keiner Weise mit einer späteren Veröffentlichung gerechnet. Die Texte sind also durchwegs mit dem Anspruch der Wahrhaftigkeit zu Papier gebracht und an Nachkommen oder andere interessierte Personen weitergegeben worden.

Dies soll aber keineswegs zu dem Schluss verleiten, dass die eine Darstellungsform lediglich literarisch wertvoll, die andere hingegen historisch „authentisch" wäre.[13] Ebenso wenig wie der realistische Gehalt der literarischen Erzählform Innerhofers auf einer allgemeineren Ebene geleugnet werden kann, sollen bei einer autobiographischen Rekonstruktion subjektive und kreativ-darstellerische Anteile außer Acht gelassen werden. Die manchmal auch schon oberflächlich leicht erkennbaren Unterschiede in der sprachlichen Selbstpräsentation bzw. in der erzähltechnischen Ausgestaltung der eigenen Kindheitsgeschichte sollten genauso Teil der historisch-analytischen Betrachtung sein wie die vordergründig darin berichteten Fakten.[14]

---

13 Helmut Kuzmics und Gerald Mozetič haben den autobiographischen Roman Innerhofers aus literatursoziologischer Perspektive – unter anderem auf Basis eines Vergleichs mit lebensgeschichtlichen Texten in früheren Bänden dieser Buchreihe – auf seine historische Aussagekraft hin durchleuchtet und zahlreiche Aspekte einer im Umbruch begriffenen vorindustriell-agrarischen Lebenswelt darin dokumentiert gefunden: Helmut Kuzmics/Gerald Mozetič: Literatur als Soziologie. Zum Verhältnis von literarischer und gesellschaftlicher Wirklichkeit, Konstanz 2003; S. 259 ff.

14 Die von Kuzmics/Mozetič konstatierte Differenz zwischen literarisch ambitionierter und popularer Autobiographik, z. B. in Bezug auf die Darstellung der „Innenwelt" der Erzählenden (ebd., S. 281 ff.) sollte allerdings – wie ein vergleichender Blick auf die unterschiedlichen persönlichen Erzählstile in den Beiträgen dieses Bandes leicht verdeutlichen kann – keineswegs verabsolutiert gesehen werden. Vielmehr scheint es wichtig, die konkrete inhaltliche und formale Ausgestaltung eines autobiographischen Texts sowie die aktuelle Schreibhaltung der Verfasser/-innen durchgängig im Lichte von Kategorien wie Geschlecht, soziale Herkunft, Bildungsgrad, Generation

Die meisten hier vorgestellten Autorinnen und Autoren wollten mit ihren lebensgeschichtlichen Aufzeichnungen den eigenen Nachkommen oder nachfolgenden Generationen aus einer Zeit berichten, die in den Einzelheiten ihrer alltäglichen Abläufe schon heute kaum noch vorstellbar ist. Frühere Lebensverhältnisse und zeitgeschichtliche Hintergründe der eigenen Biographie sollten durch die persönlichen Erzählungen veranschaulicht bzw. verständlich gemacht werden.

Einigen Schreiberinnen und Schreibern liegen dabei gerade ihre Diskriminierungserfahrungen als „ledige Kinder" ganz besonders am Herzen. Manuskripttitel wie „Geboren ohne Lebensberechtigung", „Kinder der Sünde", „Ein Kind der Liebe?", „Der Annehm-Bua" und ähnliche zeugen von dem zentralen Stellenwert, den das Faktum der unehelichen Geburt und seine sozialen Folgen in den Lebensgeschichten mancher Betroffener einnehmen können.[15] Anderen wieder ist es nicht mehr als eine kurze formelhafte Erwähnung zu Beginn der Lebenserzählung wert. Aber selbst die häufige, gleichförmige Wiederkehr solcher – heute kaum mehr üblicher – „Selbstverortungen"[16] am Beginn von Lebenserzählungen deutet auf bestimmte gesellschaftliche Prägungen

---

und Alter der Schreibenden zum Zeitpunkt der Niederschrift zu analysieren. Aus dieser Perspektive wäre als Differenzkriterium in erster Linie festzuhalten, dass Franz Innerhofer erheblich später geboren ist, aber seine Kindheitserinnerungen früher und somit in weit jüngeren Jahren abgefasst hat als die meisten Autorinnen und Autoren dieses Bandes.

15 Vgl. zahlreiche lebensgeschichtliche Beiträge in anderen Bänden dieser Buchreihe, vor allem: Norbert Ortmayr (Hg.): Knechte, 1991 (Bd. 19), Ludmilla Misotic: Die Grenzgängerin, 1992 (Bd. 23); Peter Klammer: Auf fremden Höfen. Anstiftkinder, Dienstboten und Einleger im Gebirge, 1992 (Bd. 26); Eva Ziss (Hg.): Ziehkinder, 1994 (Bd. 28).

16 Vgl. Monika Bernold: Anfänge. Zur Selbstverortung in der popularen Autobiographik, in: Historische Anthropologie 1. Jg. (1993) S. 5–24; Monika Bernold: Darstellungsmuster des Anfangs. Spuren geschlechtsspezifischer Identitätsbildung in Eröffnungserzählungen geschriebener Lebens-Geschichten, in: David F. Good, Margarete Grandner, Mary Jo Maynes (Hg.): Frauen in Österreich. Beiträge zu ihrer Situation im 19. und 20. Jahrhundert, Wien–Köln–Weimar 1993, S. 207–224.

hin, in denen genau diese Definition als „lediges Kind" oder „unehelich geboren" eine elementare soziale Funktion und Bedeutungsdimensionen hatte, die sich heute nur noch mittelbar rekonstruieren lassen.[17]

In bestimmten Gegenden, insbesondere jenen mit hoher Illegitimitätsrate (v. a. alpine Regionen Kärntens, Salzburgs und der Steiermark), oder in bestimmten Milieus, die etwa den herrschenden (kirchlichen) Moralvorstellungen generell distanziert gegenüberstanden (v. a. die organisierte Arbeiterschaft), scheint uneheliche Geburt allenfalls ein ökonomisches Problem gewesen zu sein.[18] In Arbeiterfamilien wurden solche Kinder – wenn man von vorliegenden schriftlichen Lebenserzählungen ausgeht – häufig von den Großeltern aufgezogen oder in einen erweiterten Familienzusammenhang integriert, wo mehrere Personen sich gewissermaßen für den illegitimen Nachwuchs verantwortlich fühlten und gemeinschaftlich zum Familienhaushalt beitrugen.[19]

Eine beträchtliche Zahl von Autorinnen und Autoren bekam den „Makel" der unehelichen Geburt aber sehr wohl deutlich zu spüren, und bei manchen wirkt diese Erfahrung offenbar bis ins hohe Alter nach. Während einige von ihnen ihre illegitime Herkunft in der eigenen Lebensdarstellung lieber blumig-literarisierend umschreiben, neigen andere wiederum dazu, die damit verbundenen Demütigungen demonstrativ hervorzukehren und wenigstens von den heuti-

17 Vgl. z. B. die Studie von Christa Hämmerle: „La recherche de la paternité est interdite." Ledige Väter um 1900 im Spannungsverhältnis von Recht und popularer Autobiographik, in: Josef Ehmer, Richard Wall, Tamara Hareven (Hg.): Historische Familienforschung. Ergebnisse und Kontroversen, Frankfurt am Main-New York 1997, S. 197–227.
18 Vgl. in dieser Buchreihe z. B. mehrere Erzählungen im Sammelband: Peter Gutschner (Hg.): „Ja, was wissen denn die Großen . . ." Arbeiterkindheit in Stadt und Land, 1998 (Bd. 42), sowie die Kindheitserinnerungen Günther Doubeks: „Du wirst das später verstehen . . ." Eine Vorstadtkindheit im Wien der dreißiger Jahre, 2003 (Bd. 47).
19 Michael Mitterauer: Verwandte als Eltern. Familienbeziehungen von Ziehkindern im Ostalpenraum, in: Margareth Lanzinger, Edith Saurer (Hg.): Politiken der Verwandtschaft. Beziehungsnetze, Geschlecht und Recht, Göttingen 2007, S. 99–116.

gen Zeitgenossen eine gebührende Aufmerksamkeit für das erfahrene Unrecht einzufordern.

Die autobiographische Textsammlung der „Dokumentation lebensgeschichtlicher Aufzeichnungen" am Institut für Wirtschafts- und Sozialgeschichte der Universität Wien, wo seit über 20 Jahren persönliche Lebensaufzeichnungen gesammelt und archiviert werden, bietet eine reiche Palette an Beschreibungen von Lebenswelten unehelicher Kinder wie auch an subjektiven Versuchen und Formen der Bewältigung der sozialen Stigmatisierung im autobiographischen Schreiben. Alle hier abgedruckten Manuskripte stammen aus diesem Archiv und stellen wiederum eine Auswahl aus insgesamt mehr als 150 Lebensberichten dar, die bekanntermaßen von unehelich Geborenen im Rückblick auf das eigene Leben verfasst wurden.[20] In diesem Buch soll es vorwiegend um Kindheitseindrücke, Jugenderlebnisse und die wichtigsten Weichenstellungen für den weiteren Lebensweg von Menschen gehen, die in Österreich (bzw. in umliegenden Kronländern der Habsburgermonarchie) zwischen den 1860er und den 1930er Jahren unehelich geboren wurden.

Das Buch ist ein Sammelwerk, in dem Erfahrungen von Menschen beiderlei Geschlechts aus möglichst unterschiedlichen gesellschaftlichen Schichten, aus mehreren Generationen sowie aus ländlichen und städtischen Regionen gleichermaßen zu Wort kommen sollen. Der Band ist aber noch in anderer Hinsicht ein Gemeinschaftswerk. Es wurde – das ist ein Novum in dieser Buchreihe – im Rahmen mehrerer Lehrveranstaltungen an der Universität Wien im Studienjahr 2002/03 von drei Lehrenden gemeinsam mit einer Gruppe von mehr als 30 Studierenden erarbeitet und zusammengestellt.

Eine Vorauswahl von rund 60 umfangreicheren lebensgeschichtlichen Manuskripten wurde zur Lektüre unter al-

---

20 Eine beträchtliche Zahl weiterer Lebensgeschichten, die von Angehörigen nacherzählt wurden, und zahlreiche Berichte von ledigen Müttern über ihre Erfahrungen konnten hier leider nicht berücksichtigt werden. Letztere werden Bestandteil eines künftigen Sammelbandes dieser Buchreihe sein: Barbara Pilz (Hg.): Ledige Mütter erzählen (in Vorbereitung).

len Seminarteilnehmer/-innen aufgeteilt. In der Folge wurden die gelesenen Texte in Kleingruppen besprochen, auf charakteristische Gemeinsamkeiten und sozialhistorische Zusammenhänge hin durchleuchtet und ihre jeweilige Aussagekraft für die Gesamtthematik diskutiert. Kleinere Arbeitsgruppen waren in der Folge auch für die Ausarbeitung der verschiedenen Themenbereiche im Nachwort des Buches verantwortlich.

Die endgültige Textauswahl erfolgte im Plenum aufgrund von Nominierungen besonders aussagekräftiger Texte durch die Untergruppen. Dabei wurde darauf geachtet, dass möglichst viele als inhaltlich bedeutsam erachtete Merkmale durch die ausgewählten Lebensgeschichten auch tatsächlich repräsentiert sind. Aufgrund dieses „vielstimmigen" Auswahlmodus ergab sich letztlich wohl ein gewisses Übergewicht an Texten, in denen die Illegitimitätsthematik bzw. einzelne ihrer Aspekte prägnanter dargestellt sind als im Durchschnitt der Texte.

Berichte von unehelich Geborenen, die relativ rasch legitimiert wurden, nachdem ihre leiblichen Elternteile noch innerhalb der ersten Lebensjahre des Kindes geheiratet hatten, wurden bei der Textauswahl z. B. gänzlich ausgeblendet, da sich ihre soziale Stellung in der Regel kaum von der ehelich geborener Kinder unterschied. Auch Kinder, die bei Groß- oder Zieheltern in relativ gesicherten materiellen und stabilen Beziehungsverhältnissen aufwachsen konnten, sind hier zahlenmäßig etwas unterrepräsentiert. Hingegen finden sich mehrere Autorinnen und Autoren, die in ihrer Kindheit überdurchschnittlich viele verschiedene „Stationen" durchlaufen haben (Alois Schönthaler, Franz Huber, Maria Mair) oder deren Kindheitserzählungen charakteristische Aspekte der Lebenssituation unehelich Geborener in besonderer Weise zur Darstellung bringen (z. B. bestimmte Konfliktmomente zwischen Kindern und Eltern bzw. Erziehungsverantwortlichen, Heimerfahrung, Kindesmisshandlung, sexueller Missbrauch).

Für die Auswahl mag somit ausschlaggebend gewesen sein, dass die vorgestellten Autorinnen und Autoren einzelne Aspekte des Themas besonders anschaulich „verkörpern" oder aufgrund ihrer Offenheit und ihres Erzähltalents manche Erfahrungen deutlicher zur Sprache bringen als andere Schreiber/-innen. Dies bedeutet jedoch nicht, dass hier bewusst besonders krasse Fälle von Verwahrlosung und Gewalt, von Vernachlässigung elterlicher Sorgepflichten und Ausbeutung von Kindern bevorzugt wiedergegeben werden. Harmonisch und disharmonisch erlebte Elternbeziehungen, positiv und negativ gezeichnete Zieh- oder Stiefeltern(teile), mehr oder weniger ausweglos in persönliche Abhängigkeiten verstrickte Akteurinnen und Akteure halten sich in der Auswahl wie auch in der Gesamtheit der verfügbaren Lebensberichte durchaus die Waage, und Missstände aller Art werden in zahlreichen weiteren Kindheitserzählungen angesprochen.

In Bezug auf die Lebensräume, in denen uneheliche Kinder aufwuchsen, zeichnet sich in der Gesamtheit der verfügbaren Manuskripte ein deutlicher Überhang ländlicher Regionen ab. Ein Großteil dieser Kinder stammt von unverheirateten Bauernkindern und ländlichen Dienstboten ab (hier z. B. Matthäus Schierer, Theresia Egger, Franz Huber, Maria Mair, Genoveva Horn), ein weiterer beträchtlicher Teil wurde – wiederum vorwiegend von Dienstboten – in der Stadt (z. B. in städtischen Findelanstalten) geboren, anschließend aber zu Zieheltern aufs Land gegeben (Alberta Sivola, Leopold Brandner, Johanna Kalisch). Neben einem einzigen „echten" Wiener Großstadtkind (Erna Wollner; Johanna Kalisch erst ab dem elften Lebensjahr) erscheinen die überwiegend in Kleinstädten angesicdelten Kindheitsgeschichten (Franz Gsöllpointner, Johann Hömstreit, Luise Zipperle; z. T. Matthäus Schierer, Alois Schönthaler) relativ stark vertreten.

Selbstverständlich wurde auch auf eine ausgewogene Verteilung zwischen weiblichen und männlichen Autoren geachtet. Bei der Lektüre und Bearbeitung der Texte wurden relativ rasch auffällige geschlechtsspezifische Differenzen in der Darstellung der eigenen Vergangenheit als uneheliches Kind bzw. in der Bewältigung dieses „Makels" im Lauf der weiteren Lebensgeschichte festgestellt. So unterschiedlich diese Sicht der eigenen Vergangenheit im Einzelfall auch formuliert wird – von schicksalsergeben bis offensiv gesellschaftskritisch und selbstbewusst –, erscheinen Frauen im eigenen Lebensrückblick doch vorwiegend als Opfer bestimmter gesellschaftlicher oder familiärer Verhältnisse. Sie leiden unter unglücklichen Verquickungen von Umständen, unter mehr oder minder bewusster Benachteiligung oder Ausbeutung durch andere Personen und unterliegen manchmal einer schier endlosen Folge von Verletzungen ihrer Menschenwürde.

Von diesem düsteren Grundton der kindlichen Ohnmacht und Ausweglosigkeit heben sich die autobiographischen Selbstdarstellungen der männlichen Erzähler mehrheitlich in erstaunlicher Weise ab. Während die überwiegende Mehrzahl der unehelich geborenen Frauen in ihren lebensgeschichtlichen Rückblicken ausreichend gute Gründe findet, mit ihrem Schicksal zu hadern bzw. sich mit bislang unbewältigten Erlebnissen der Kindheit und Jugend auseinander zu setzen, haben die meisten unehelich geborenen Männer trotz ähnlich widriger Voraussetzungen in der Kindheit „ihren Weg" im Leben gemacht und rekapitulieren von dieser relativ „bequemen" Warte aus die persönliche und berufliche Erfolgsgeschichte.[21]

Diese geschlechtsspezifische Differenz[22][23] tritt auch in der getroffenen Textauswahl noch recht deutlich zutage, obwohl wir durchaus darum bemüht waren, eine größtmögliche Vielfalt an biographischen Erscheinungsmustern zur Darstellung zu bringen und allzu einfache, stereotype Lebensbilder eher auszuschließen. In all ihrer Diskrepanz evoziert diese dichotomische Sicht der eigenen Kindheit durch Männer und Frauen natürlich auch die Frage nach der Zu-

---

21 Lediglich die älteste, rund 100 Jahre vor den meisten anderen Texten aufgeschriebene Lebensgeschichte von Matthäus Schierer weicht – soweit sie bekannt ist – vom Konzept einer zielstrebigen, männlichen Erfolgsbiographie ab.

22 Vgl. Michael von Engelhardt: Geschlechtsspezifische Muster des mündlichen autobiographischen Erzählens im 20. Jahrhundert, in: Magdalene Heuser (Hg.) Autobiographien von Frauen. Beiträge zu ihrer Geschichte, Tübingen 1996, S. 368–392.

23 Vgl. den kontrastiven Vergleich einer männlichen und einer weiblichen Biographie in der Studie von Christa Hämmerle: Formen des individuellen und kollektiven Selbstbezugs in der popularen Autobiographik, in: Hermann Heidrich (Hg.): Biographieforschung, Bad Windsheim 1990, S. 36–60.

verlässigkeit biographischer Rekonstruktionen historischer Wirklichkeit: Kann es sein, dass Mädchen durchgängig schlechter behandelt, dass ihnen systematisch noch die wenigen Lebensperspektiven vorenthalten wurden, die manche Burschen für sich zu nutzen wussten?

Die Ursachen für diese augenfällige Differenz sind vermutlich auf mehreren Deutungsebenen zu ergründen, die bei jeder Rekonstruktion biographischer Kindheitserfahrungen Beachtung verdienen, hier aber nur kurz skizziert werden können:

Einiges spricht dafür, dass Mädchen tatsächlich häufiger, schwerwiegender und nachhaltiger unter ihrem Status als uneheliche Kinder zu leiden hatten; dass sich die sozialen Benachteiligungen aufgrund von illegitimer Geburt, Zugehörigkeit zur gesellschaftlichen Unterschicht und zum weiblichen Geschlecht also wechselseitig multiplizieren konnten. Während beispielsweise die hier vorgestellten jungen Männer – sei es aufgrund eigener Initiative oder durch das Auftauchen einer „helfenden Hand" im entscheidenden Moment – letztlich doch einen Beruf erlernen konnten, bekamen nur zwei von sieben Frauen diese Chance; die übrigen verblieben in zumeist unbefriedigenden bis ausbeuterischen Dienstverhältnissen oder persönlichen Abhängigkeiten.

Zudem scheinen Frauen – unehelich geborene vielleicht in besonderer Weise – auch häufiger ihre Lebensgeschichte aus einer Betroffenheitsperspektive[24] zu erzählen, sich also nicht als aktiv handelnde, suchende, entscheidungsfreudige Person zu präsentieren, sondern vorwiegend auf Umweltgegebenheiten und Handlungen anderer zu reagieren. Im Extremfall liest sich eine solche „weibliche" Lebenserzählung als eine nicht enden wollende Geschichte des Erleidens, Erduldens und persönlichen Aufopferns, während es sich für Männer grundsätzlich eher nicht „schickt", eigenes Leiden oder gar Versagen überhaupt ausführlicher zu thematisieren. In der linearen, optimistischen, akti-

---

24 Vgl. Peter Alheit: Alltag und Biographie. Studien zur gesellschaftlichen Konstitution biographischer Perspektiven, Bremen 1990; S. 28 ff.

ven, intentionsorientierten Erzählhaltung, die den männlichen Autobiographen eher zu entsprechen scheint, können Unfälle, kleine Missgeschicke und Irrwege zwar durchaus vorkommen, in Lebenserzählungen dieses Typs geraten sie aber meistens zu lustigen oder spannenden Anekdoten mit zumeist glücklichem Ausgang, während Mädchen und Frauen anscheinend viel öfter z. B. mit massiven Gewaltausbrüchen oder sexuellen Übergriffen konfrontiert waren.

Natürlich haben beide Erzählweisen nur bedingt mit dem biologischen Geschlecht, sondern vielmehr mit den Geschlechterrollen zu tun, welche Menschen bis zu einem gewissen Grad gesellschaftlich auszufüllen lernen. Daher ist die Schreibhaltung, die ein Mensch im Alter gegenüber der eigenen Lebensgeschichte einnimmt, zwar analytisch von dieser getrennt zu sehen, sie rührt aber genau aus denselben biographischen Erfahrungsaufschichtungen her, die in einer Lebenserzählung inhaltlich zur Darstellung kommen. So dürfte der – im Geschlechtervergleich sicher belegbare – Überhang an realen Erfolgen im Leben der männlichen Autoren beispielsweise wohl auch ursächlich damit zusammenhängen, dass Männer ihre zum Teil sicher nicht minder schwierigen Kindheitserfahrungen subjektiv anders erlebt oder verarbeitet haben, also sie etwa eher als Grundstein zu einer relativ zielstrebigen Erfolgsgeschichte betrachten denn als einen ewig hinderlichen „Klotz am Bein". Oder – um den Anteil autobiographischer (Selbst-)Inszenierung bzw. die Bedeutung der Schreibgegenwart noch deutlicher zu akzentuieren: Vielleicht dienen der Hinweis auf das so verhängnisvolle Stigma der ledigen Geburt und die mitunter drastischen Bilder einer armseligen Kindheit – ungeachtet ihrer historischen Realität – manchmal sogar in erster Linie als dramaturgisch aufgebauter Kontrast, auf dem die individuellen Erfolge im späteren Leben umso nachdrücklicher hervorgestrichen werden können?

Die genannten Unterschiede in den persönlichen Lebensdarstellungen von Männern und Frauen erscheinen jedenfalls für die Thematik des Bandes so grundlegend, dass wir sie durch die Anordnung der Textbeiträge nach dem Geschlecht der Verfasser/-innen unterstreichen möchten. Als zweites, nicht minder bedeutsames Kriterium für die Reihung der Texte wurden die Geburtsjahre der Autorinnen und Autoren herangezogen, die zwischen 1862 und 1934 liegen.

Bei den aufgenommenen Texten erfolgte eine grundsätzliche Beschränkung auf Erzählungen über die Kinder- und Jugendzeit (längstens bis zur Eheschließung), und selbst da mussten noch manche Kürzungen vorgenommen werden, um den Umfang eines Reihenbandes nicht allzu sehr zu überdehnen. Solche Auslassungen sind im Text durch „..." gekennzeichnet. Größere Auslassungen wurden teilweise durch zusammenfassende Überleitungstexte ersetzt. Genauere Hinweise, sowohl auf Umfang und Beschaffenheit der Originalmanuskripte als auch auf vorgenommene Kürzungen und andere editorische Eingriffe finden sich jeweils in einem Vorspann am Beginn der einzelnen Textbeiträge.

Bei der Wiedergabe der lebensgeschichtlichen Aufzeichnungen, die im Original einen recht unterschiedlichen Grad an Schreibpraxis der Autorinnen und Autoren erkennen lassen, wurde allgemein auf orthographische und grammatikalische Richtigkeit und auf weitestmögliche Wahrung des persönlichen Erzählstils der Autorinnen und Autoren geachtet; gelegentliche Abstriche von diesem Grundsatz erwiesen sich im Sinne einer unmissverständlichen Ausdrucksweise und eines Mindestmaßes an „Lesefreundlichkeit" bei manchen Texten als unvermeidlich. Nicht allgemein verständliche veraltete, umgangssprachliche oder dialektale Ausdrücke sowie manche in den Texten nur angedeutete sozial- und zeithistorische Bezüge wurden in einem Glossar am Ende des Buches gesammelt und erläutert.

Wer – beispielsweise für eingehendere Textanalysen – auf die ungekürzten Originalmanuskripte zurückgreifen möchte, sei auf die Textsammlung der „Dokumentation lebensgeschichtlicher Aufzeichnungen" an der Universität Wien verwiesen (Vgl. S. 386).

Autobiographische
Erzählungen

MATTHÄUS SCHIERER

wurde am 3. September 1862 in Reichenbach, Gemeinde Litschau, im nördlichen Niederösterreich als Kind einer Dienstmagd und eines Bauernsohns geboren. Seine ersten Lebensjahre verbrachte er zusammen mit seiner Mutter und seinem Großvater, einem Altbauern und Heimweber, in der Ortschaft Schlag bei Litschau. Nach der Heirat seiner Mutter mit einem Gemeindebediensteten wuchs er bis zum vierzehnten Lebensjahr mit mehreren Halbgeschwistern in einer Stieffamilie in der Kleinstadt Litschau auf.

Seine handschriftlichen autobiographischen Aufzeichnungen im Umfang von 333 Seiten fanden sich in den 1990er Jahren im Nachlass einer Nachfahrin eines der Stiefgeschwister des Autors in Wien und sind das einzige bekannte Zeugnis von seinem Leben. Darin sind die ersten 25 Lebensjahre des Autors in ungewöhnlich detaillierter und sprachlich elaborierter Form nacherzählt. Aus einigen Zwischenbemerkungen im Erzähltext geht hervor, dass diese Aufzeichnungen 1891-92, also bereits im Alter von knapp dreißig Jahren, während eines Aufenthalts in der psychiatrischen Anstalt Gugging bei Klosterneuburg nahe Wien zu Papier gebracht wurden.

Otto Klappert nahm sich des Manuskripts im Nachlass seiner Mutter an. Gemeinsam mit seiner Frau Gabriele fertigte er eine originalgetreue Abschrift an und gab den Text 1998 in kleiner Auflage in Buchform heraus.

Hier werden Ausschnitte aus den ersten vier Kapiteln des Buches wiedergegeben, die für die Thematik dieses Bandes besondere Aussagekraft besitzen. Dazwischenliegende längere Textstellen mit Arbeits-, Alltags- und Landschaftsbeschreibungen und einer Darstellung der Invasion preußischer Soldaten im nördlichen Waldviertel im Jahr 1866 sowie ein einleitender Abschnitt zur Vorgeschichte der eigenen Geburt konnten hier nicht berücksichtigt werden.

In der Einleitung zeichnet sich bereits das gespannte Verhältnis des Autors zu seiner Mutter ab, deren Leben er distanziert als ein „getreues Abbild des heutigen so genannten Zeitgeistes" einschätzt und sie als „eine der demselben zum Opfer Gefallenen" mit wenig schmeichelhaften Attributen bedenkt. Matthäus Schie-

rer führt seine eigene Existenz auf ein Zusammenspiel von
„menschlichen Schwächen", von „gemeiner Gewinnsucht, Speku-
lation und Lust" zurück – auf mütterlicher wie auf väterlicher
Seite. Die in seinen Augen rein materialistischen Ambitionen der
Mutter im Hinblick auf die Einheirat in eine vermögende Familie
wurden von den Eltern des leiblichen Vaters durchkreuzt und die
Unterhaltsansprüche letztlich gerichtlich geklärt. Zur Abgeltung
der Vaterpflichten wurde ein Pauschalbetrag von 300 Gulden ös-
terreichischer Währung festgesetzt, der hinterlegt wurde und erst
nach Erlangen der Volljährigkeit mit 24 Jahren dem Autor zur
Verfügung stehen sollte. Der Mutter wurden lediglich die in den
ersten zwölf Jahren anfallenden Zinsen als „Erziehungsbeitrag"
zugesprochen.

Im Folgenden erzählt der Autor bereits aus eigenem Erleben
über seine frühe Kindheit in „Verhältnissen, in denen die Sorge
um die irdische Existenz alles andere überwog".

Mein Großvater wob für seinen Kundenkreis Leinwand oder
arbeitete anderweitig von früh bis spät und konnte sich
demnach nicht auch noch mit der Pflege kleiner Kinder be-
fassen. Meine Mutter, der meine Pflege pflichtgemäß oblag,
arbeitete auch in und außer Hause, Winter und Sommer hindurch, für die Bauern des Dorfes. Dies hatte zur Folge, dass
mir desto weniger Aufmerksamkeit zuteil werden konnte.
Sie nahm mich, in Kissen gewickelt, zu ihren Arbeiten in
Feld, Wiese, Wald und Haus mit und hängte mich in einem
mit vier Zitzen* versehenen Leinentuche, dem so genannten
Saat- oder Grastuche auf Bäumen, Wagenstangen etc. in
waagerecht schwebender Lage auf, was mir das Aussehen
eines in einer Hängematte ruhenden Pflanzers gegeben haben mochte. Dann gab sie mir den so genannten „Sutzel"* in
den Mund, schaukelte mich in dieser Art Hängematte in
Schlummer und ging, mich mir selbst und den Bremsen und
Fliegen überlassend, ihrer Arbeit nach.

So lebte und schwebte, strampfte und schrie ich in man-
cherlei Witterung und Umgebung so lange, bis ich anfing,
die ersten Schritte ins Leben zu machen. Dies verzögerte
sich wohl, da ich oft rauen Witterungen ausgesetzt und
durch das stunden- und halbtagelange Liegen im durchnässten Bettchen, durch das Herumsitzen und Kriechen am

Erdboden auf allen Vieren in den eigenen Abfällen oft verkühlt und krank gemacht wurde. Dadurch erwuchs mir nicht nur die krankhafte Schwäche des Bettnässens, die mir bis in die spätere Jugend anhaftete und viele schmerzliche Stunden, Unannehmlichkeiten, Schläge und Leiden einbrachte; auch meine Beinchen wurden dadurch krankhaft, schwächlich und krumm, was mir bis heute manch bittere Momente bereitete.

Doch dank der aufstrebenden Kindesnatur und den Bemühungen meines Großvaters gelang es, mich der Lahmwerdung, dem so genannten Kretinismus, zu entreißen. Als ich so weit gediehen war, alleine stehen zu können, wenn mir eine Stütze geboten wurde, verfertigte mir mein Großvater einen so genannten Gängelbaum, welcher die Hände und Sorgfalt einer Mutter zu ersetzen hatte. Derselbe bestand aus einer in der Mitte der Stube senkrecht aufgestellten hölzernen Stange, welche am Fußboden durch einen Dorn, am Plafond hingegen durch eine Lederschlupfe am quer überliegenden Ries- oder Dielenbaume befestigt und drehbar war. In Kindesbrusthöhe war an derselben eine kurze, waagerecht wegragende Querleiste angebracht, durch die ein halbkreisrunder Holzreifen gezogen war. Dies bot eine Stütze für vorne und eine Sicherung für rück- und seitwärts; das Ganze bot aber den Anblick eines heutigen Göpels*.

In diesen Apparat nun stellte oder vielmehr hängte man mich und band mich fest, sodass ich nicht durchfallen konnte, falls die Beinchen den Dienst versagt hätten. Nun zappelte ich im Kreise mit der sich drehenden Stange und der Querleiste herum, wie ein Göpelpferd, so lange, bis meine Beinchen schlaff wurden und ich ermüdet zu schreien begann, worauf man mich jedes Mal zur Ruhe brachte. Auf diese Art lernte ich zwar das Gehen, doch meine ohnedies schon krankhaften, krummen Beinchen wurden dadurch nicht mehr gerade, was mir, wie erwähnt, bis heute verblieb und öfter beschämende, bittere Momente bereitete.

Ich war nun ungefähr zwei Jahre alt geworden und konnte gehen. Mir selbst überlassen – bereits ohne Aufsicht von Seite meiner außer Haus arbeitenden Mutter, der Großvater vergaß meiner über seiner Arbeit im Webstuhle – geriet ich in der Frühjahrszeit, in welcher durch Regen und schmelzenden Schnee der Erdboden ganz durchweicht war, ins Freie, in die an das Wohnhaus anstoßenden Felder, Gebüsche und Steinhalden. In kindlichem Unverstande verirrte ich mich darin, sodass ich nicht mehr nach Hause fand, im Schnee und Kot ganz verfiel und total erschöpft, weit entfernt in den Feldern stecken und liegen blieb.

Mein Großvater, der Meinung, ich befinde mich bei Onkel Franzens Kindern in der Vorderstube oder unter Obhut meiner Mutter, hatte sich um mein Verbleiben nicht weiter gekümmert. Meine Mutter kam indessen allein nach Hause, und da sie mich nicht sah, frug sie nach mir; doch niemand wusste um mich. Von bösen Ahnungen erfüllt, lief sie nun, um mich fragend, im ganzen Dorfe herum, doch vergebens – ich war und blieb verschollen. Nachdem sie mehrere Personen zur Suche nach mir bewogen hatte, lief sie, von Angst und Vorwürfen gepeitscht, in die Felder und Halden, mich suchend und meinen Namen rufend.

Nach längerem Suchen entdeckte sie endlich Spuren meiner Fußstapfen, dann fand sie meine Schuhe, im Kote steckend, und dann mich selbst, ganz erstarrt, in Kot und Schnee versunken, die Füßchen bloß und ohne Beschuhung. Diese Schuhe sollen meine ersten, neu, und meine ganze Freude gewesen sein, und da sie mir im Kot von den Füßchen kamen und darin stecken blieben, mochte ich wohl über der Suche nach denselben liegen geblieben sein, denn meine Mutter hörte, bevor sie mich fand, meine weinerlichen Rufe: „Schuchi finde nit".

Während des Heimeilens mit mir wie auch zu Hause selbst gelang es mit vereinten Bemühungen, meine erstarrten Glieder zu erwärmen, das schwache Leben zu erhalten und vor bösen Folgen zu bewahren. Von jener Zeit an aber ließ mich meine Mutter niemals mehr alleine oder beim Großvater, wenn sie außer Hause arbeitete, sondern nahm mich überall zu ihren Arbeiten in die Felder und Gehöfte mit, was mir sehr zustatten kam. Denn da konnte ich mit Altersgenossen spielen und mich herumtummeln, und es kam mir auch mancher Leckerbissen von Seite der Bäuerinnen zugute, welche mich stets mütterlich behandelten und ihren eigenen Sprösslingen gleichhielten. Dasselbe wurde mir auch von männlicher Seite zuteil; die Bauern waren mir sehr freundlich und gönnerhaft gesonnen. . . .

Ich war nun bereits drei Jahre alt geworden und bekam ein zurückgelegtes Fibelbuch, in welchem ich von meiner Mutter und auch vom Großvater, welcher im damaligen Dorfleben auch „Ähnl" genannt wurde, Unterricht empfing; namentlich zur Abendstunde, wenn das schwere Tagewerk beendet war und sich Mutter und Großvater um den brennenden Kienspan, welcher trübes Licht und Rauch im Wohnraume verbreitete, zur Abendbeschäftigung setzten, nachdem man ein frugales Abendessen zu sich genommen hatte.

Ich machte in dem Buche Fortschritte, lernte buchstabieren, bereits lesen und obendrein das Vaterunser, die Zehn Gebote Gottes, das Glaubensbekenntnis und wie diese Gegenstände alle sind, welche ich auswendig wissen musste, wobei mir mancher Klaps von Seite meiner Mutter zuteil wurde; hingegen war Großväterchen nicht so strenge. Er besaß darum meine volle Anhänglichkeit, welche er sich auch dadurch gewann, dass er zur Winterszeit, abends, während draußen die eisigen Stürme über die mit hohem Schnee bedeckten Flächen dahinbrausten und immer noch neue Massen herniederwehten, in der durch einen großen Kachelofen aus Ton behaglich erwärmten Stube beim trüben, räucherigen Lichte eines Kienspanes aus seinem Wander-, Kriegs- und Erwerbsleben erzählte. Zurückblickend auf seine Erlebnisse und Erfahrungen konnte er dies wohl und schuf den aufmerksam lauschenden Besuchern – denn an jedem dieser langen Winterabende fand sich ein Zuhörerkreis aus der Nachbarschaft ein – dadurch genussreiche Abende, wofür er sich auch wieder geachtet und beliebt wusste.

Des Öfteren beschäftigte er sich auch noch abends mit dem Anfertigen und Flechten häuslicher Geräte und Körbe aus Stroh, Weidenruten oder Wurzeln der Nadelbäume für häuslichen und landwirtschaftlichen Bedarf, oder er band aus Birkenreisern* Kehrbesen und löste* aus alldem auch manchen Groschen. Ebenso verstand er vortrefflich das Schnitzen und Zubereiten der als billiges Beleuchtungsmittel damals unentbehrlichen Holzspäne, denn auf dem Flachlande, hauptsächlich aber in den ärmeren Kreisen, kannte man die heutigen Beleuchtungsmittel wie Lampen, Petroleum, Gas oder gar Elektrizität noch gar nicht; höchstens Rüböl* und eingeschmolzenes Fett, auch Talgkerzen und die aus Wachs gegossenen landesüblichen Sterbekerzen.

So verbrachte man die langen Winterabende, an denen auch meine Mutter entweder Flachs oder Schafwolle spann oder für Kunden Wäsche nähte oder strickte und darauf sah, dass ich mein Fibelbuch nicht zu sehr außer Acht ließ und das Einstudierte nicht vergaß. Auch nahm sie öfters an den Spinnabenden im Dorf teil, wozu sie mich bei zulässigem Wetter auch mitnahm, was mir umso lieber war, denn da ging ich selten leer aus und bekam meistens meinen reichlichen Anteil an guten Sachen. Die Tage während des schweren Winters flossen ebenfalls in steter Sorge und Arbeit, aber auch mit manchen Annehmlichkeiten und Erlebnissen gewürzt, dahin. Großvater, der „Ähnl", wob in seinem Webstuhle, meine Mutter hingegen, bei den Bauern stets tagelöhnernd, begab sich zu denen, wo sie zur Arbeit gedungen war. . . .

Da nun meine Mutter bereits in jedem Haus des Dorfes arbeitete und mich überall dorthin mitnahm, wurde ich im ganzen Dorfe bekannt, und die meisten dieser Bäuerinnen schnitten mir auch eine Butter- oder Honigschnitte zugleich mit der ihres Sprösslings zurecht und ließen mir eine fast mütterliche Zärtlichkeit und Aufmerksamkeit angedeihen. Ebenso standen auch die Männer mit mir auf gutem Fuße und nahmen mich auf ihren Gefährten in Feld und Wald mit, wo ich ihnen hie und da schon Vieh weiden half. Nur ärgerten sie mich häufig dadurch sehr, dass sie mich „Einbrennhansel" nannten, ein auf mich in keiner anderen Weise passender Spitzname, als dass er sich auf meinen Erzeuger beziehen konnte. Wurde ich dann unartig, so schüchterten sie mich mit der originellen Drohung, dass sie mich „schneiden" würden, ein. Im Ganzen genommen aber war mir jedermann gut gesonnen, und ich kann heute sagen: Dies war wirklich die glücklichste Zeit meiner Kindheit, ja meines Lebens.

„Nikolo"* und Weihnachten 1865 waren vorüber, an denen mir sowohl der Erstere eine tüchtige Birkenrute, einige

Äpfel und Nüsse, als auch das Christkind derartige Sachen gebracht hatte, und die Osterfeiertage des Jahres 1866 mit der „Auferstehung" standen bevor. Meine Mutter ließ mir zu denselben die ersten Beinkleidchen statt der Kittelchen beim Dorfschneider anfertigen, womit ich eine große Freude hatte, und nahm mich am Karsamstage zum ersten Male zur Auferstehungsfeierlichkeit im nahen Städtchen Litschau mit. Dort kannte mein Staunen keine Grenzen: diese große Menge aneinander gereihter schöner, großer Häuser (obwohl es nur ein kleines Städtchen ist, mit ca. 200 zumeist ebenerdigen und ein Stock hohen Häusern, welche in zwei hohlrund gelegenen, in der Mitte ausgebauchten und das Gotteshaus samt dem Stadtplatze einschließenden Reihen aneinander gereiht sind), diese große Kirche mit dem himmelan ragenden Turme (kaum 40 Meter hoch), von dem dröhnendes Glockengeläute herniederschallte. Und erst dann die in festlichem Gepränge einziehende Prozession! Am Anfang des Zuges festlich gekleidete Kinderscharen mit Fahnen; dann kam der Baldachin oder „Himmel", von Fahnen umgeben, getragen; darunter schritten die mit glitzernden Gewändern und Ornaten bekleideten Priester mit dem auferstandenen, hölzernen Heilande und Sieger über Tod und Hölle, welcher am Haupte einen goldig schimmernden Strahlenkranz und in der Rechten ein Siegesfähnchen hatte, unter Böllerschüssen, Glockengeläute, klingender Musik und Gesängen einher, woran sich die Notabilitäten und Honoratioren des Städtchens mit brennenden Wachskerzen reihten: der damalige Bürgermeister der Stadt – der heute noch dort lebende städtische Arzt Benedikt Eigl – mit der umfangreichen Osterkerze an der Spitze, dann die verschiedenen gewerblichen Zünfte mit ihren grellfärbigen großen Fahnen und schließlich das Andacht pflegende Publikum des Ortes und der Umgebung.

Dieses mir so groß dünkende Menschengewoge und Gedränge wurde von einem einzigen Polizeimann mit einem krummen Reitersäbel an der Seite in Ordnung gehalten, was ihm viel zu schaffen machte, wobei ihm aber ein fingerdicker Haselstock gegen Widerspenstige vortreffliche Dienste leistete. Ich konnte mich an all diesen Herrlichkeiten, den ersten meines Lebens, kaum satt sehen und hören, geschweige denn mich davon trennen; hauptsächlich aber von dem mir so hehr dünkenden Glockengeläute am Kirchturme, sodass ich meine Mutter um eine solche Glocke dringlichst bat. Da sie mir dies rundweg abschlug, bat ich sie, mir dieselben wenigstens sehen zu lassen, wozu sie auch nicht in der Lage war. Ich aber war darob ganz böse und widerspenstig, sodass mir meine Mutter drohte, mich dem grimmen Konstabler* zu übergeben, womit ich, wenn auch sehr unglücklich, mich zufrieden geben musste, worauf wir wieder in unser lauschiges Dorf und das noch trautere Stübchen zurückkehrten. . . .

Es war nun Frühling des kritischen Jahres 1866 geworden. Die Bauern zogen wieder, wie alljährlich, in die Fluren, um sie zu bestellen, wobei alles die Hände fleißig zu regen hatte. Auch meine Mutter tat desgleichen und arbeitete, nachdem sie die eigene kleine Feldwirtschaft bestellt hatte, für die Bauern des Ortes, wozu sie auch mich wieder mitnahm. Doch jetzt war ich nicht mehr allein. Meine Mutter hatte im vergangenen Jahre abermals mit einem Schuhmachergehilfen namens F. Blach, vulgo „Nannerlschuster", ein Liebesverhältnis unterhalten, welches wieder von Folgen begleitet war, die abermals in einem Knaben resultierten und sie zum zweiten Male in ledigem Stande zur Mutter machten.

Ich hatte nun ein kleines, zartes Brüderchen, obwohl von einem anderen Vater; dieses trug nun meine Mutter ebenfalls, wie einstens mich, in einem solchen „Saattuche" zu ihren Arbeiten in Feld, Wiese, Wald und Haus mit, hing es hängemattenartig auf, gab ihm einen befeuchteten „Sutzel" in den Mund und mir die strenge Weisung, es immer zu schaukeln, dass es lange schlafe und, wenn erwacht, nicht so schreie, damit sie ihrer Arbeit ungestört obliegen könne. Doch nur kurze Zeit hatte ich das kleine, schwächliche Brüderchen zu beaufsichtigen und demselben die kleinen Liebesdienste zu erweisen, bis es – wahrscheinlich an ebensolchen Verkühlungen, wie ich sie hatte erleiden müssen – erkrankte und nach kurzer Zeit starb. Dadurch wurde ich meiner Bruderpflichten, welche mir manches Mal in meinem vierjährigen Unverstande und Unvermögen recht lästig waren, enthoben. . . .

Als ein „schönes, unvergesslich-imposantes und abwechslungsreiches Schauspiel" erlebte und beschrieb Matthäus Schierer in der Folge den Einmarsch und mehrwöchigen Aufenthalt preußischen Militärs in seinem Heimatort im Sommer 1866. Nach der siegreichen Schlacht bei Königgrätz waren preußische Einheiten bis ins nördliche und östliche Niederösterreich vorgedrungen und zogen sich erst nach dem offiziellen Friedensschluss am 23. August in Prag wieder zurück.

Mit dem ersten Schnee stellten sich nun auch allabendlich die bekannten Besucher im behaglich durchwärmten, trauten Stübchen meines Großvaters wieder ein, unter denen mir jedoch ein Mann ganz fremd war. Er trug eine Uniform, wie ich sie im Frühjahre anlässlich der Osterfeiertage und der Auferstehungsfeierlichkeit an dem Konstabler gesehen hatte; der war er auch, nur kannte ich ihn nicht mehr. Er behandelte mich ausnehmend freundlich, und da er trotz Schnee, Kälte und Dunkelheit öfters kam, wurde ich mit ihm bald vertrauter. Aus welchen Ursachen er jedoch den wohl nur eine Viertelstunde weiten, doch in Schnee und Kälte immerhin unerquicklichen Weg von Litschau nach Schlag machte, sollte ich bald erfahren.

Er war, wie erwähnt, der Polizeimann und Gemeindeamtsdiener des Städtchens Litschau und hieß Andreas Habisohn. Da ihm nun seine Frau gestorben, war er Witwer und suchte eine Nachfolgerin der Verblichenen, eine zweite Lebensgefährtin und gleichzeitig eine Mutter für seine zwei mutterlosen, unerwachsenen Kinder Leopold und Antonie. Diese hoffte er in meiner Mutter zu finden, welche, obwohl sie schon zwei Kindern mit zwei verschiedenen Erzeugern das Leben gegeben hatte, unversorgt und ledig war, da sie sich von beiden nichts zu erhoffen hatte. Doch behauptete sie noch später, der zweite Geliebte und Vater ihres zweiten, verstorbenen Kindes hätte sie geehelicht, wenn sie ihn nach dem Tode des Kindes noch gewollt hätte.

Ob nun meine Mutter die Werbungen dieses Mannes begünstigte, sollte ich in kurzer Zeit auf eigentümliche Art erfahren. Eines Abends war er wieder gekommen, und da es im Freien stürmte und schneite, blieb man länger plaudernd beisammen bis spät in die Nacht. Die anderen entfernten sich dann, um sich zur nächtlichen Ruhe zu begeben. Er aber blieb und plauderte und flüsterte mit meiner Mutter fort, nachdem sie mich im gemeinschaftlichen Bette zur Ruhe gebettet und Großvater sich ebenfalls schon zur selben begeben hatte.

Nach kurzer Zeit, während der ich schon entschlummert war, wurde ich durch ein sonderbares Geräusch geweckt; das Licht war ausgelöscht, alles dunkel. Neben mir im Bette aber vernahm ich von meiner Mutter und einem bei ihr im Bette befindlichen fremden Manne anfangs ein zärtliches Geflüster und Gekose, dann aber unruhige Bewegungen, mit anfangs langsamem, dann immer schneller werdendem, heftigem Atmen und Keuchen der beiden verbunden, sowie ein heftiges Beben und Ächzen des Bettes. Darüber erschrak ich so, dass ich am ganzen Leibe zitterte und zu weinen anfing, da ich befürchtete, meiner Mutter geschehe etwas zu Leide, worauf sich die beiden ruhig verhielten und mich meine Mutter mit der Versicherung beruhigte, es geschehe ihr gar nichts. Doch nach kurzer Zeit begann das Beben des gemeinschaftlichen Lagers aufs Neue, aber nicht mehr so heftig, und dauerte die ganze Nacht, bis der Tag zu grauen begann, worauf sich der böse Ruhestörer entfernte. Was dies nur gewesen sein mochte? Von Angst und Zorn gequält entschlief ich und verschlief das ganze Aufregende der Nacht bis zur Frühe.

Nach längerer Zeit, zum Frühjahre 1867, war meine Mutter die kirchlich verkündete Braut dieses Polizeimannes, und der wiederkehrende Frühling brachte auch den Tag der Trennung von meinem guten, alten Ähnl, dessen trautem Stübchen und der lieblichen, äußeren Umgebung: den zahlreichen Obstbäumen und Bienenstöcken, den Haselnuss- und Brombeersträuchern, dem lieben, trauten Dörflein und dessen Bewohnern.

Eines Morgens in aller Frühe kleidete mich meine Mutter in mein Sonntagsgewändchen und sich selbst auch festlich und ging mit mir in das Städtchen Litschau, wo sie sich mit ihrem Bräutigam so einfach wie ärmlich trauen ließ und mir dadurch einen zweiten Vater und zwei Geschwister gab. Nach dem bescheidenen Hochzeitsschmause begaben sich nun mein neuer Vater samt Mutter in die eigene Behausung, in einem kleinen Gässchen der Stadt, dem so genannten Haltergässchen, befindlich. Diese bestand, nebst Boden und Schuppen, aus einem einzigen Zimmer und war meinem Ziehvater von der ihn bedienstenden Stadtgemeinde nebst wenigen Naturalien und geringem Solde als Wohnung angewiesen. Dort sah es sehr leer und dürftig aus. Dem wurde aber durch die Habe und Aussteuer meiner Mutter bald abgeholfen und die Stube so wohnlich als möglich eingerichtet.

Jetzt begann für mich ein neues, in verschiedenen Richtungen anregendes und genussreiches Leben. In erster Linie hatte ich jetzt zwei freundliche Geschwister, einen ungefähr zwölfjährigen Bruder Leopold und eine ungefähr zehnjährige Schwester Antonie Habisohn, denen ich als dritter Gespiele und Bruder empfohlen wurde und welche auch nicht ermangelten*, sich mit mir abzugeben. Dann konnte ich auch täglich meine Schaulust befriedigen, sowohl am Äußeren der Stadt, der Kirche, dem Schlosse des Grafen von Seilern, als auch an den inneren Herrlichkeiten, den Kaufmannsläden, hauptsächlich aber der Kirche mit ihren Altären, Bildern, Statuen, Fahnen und Lüstern, insbesondere der brausenden Orgel und den schallenden Glocken. Ebenso konnte ich alle Festlichkeiten und ihr Gepränge mitansehen. . . .

Im Frühjahre 1868 bekam ich ein neues Fibelbuch statt des alten und eine neue Schiefertafel samt Griffel. Dazu fertigte meine Mutter eine Tasche aus Leinwand, hängte mir dieselbe mit den neuen Schulutensilien um die Schulter und führte mich zum ersten Male in die fünfklassige Volksschule des Städtchens, als das Einweihen der schulpflichtigen Kinder stattfand. In der Schule nahm sich mein erster Lehrer, der blondköpfige und liebenswürdige Ignatz Waitz, dann der Kooperator Johann Glaser meiner liebreich an, und da sie wahrnahmen, dass ich der Schule zugetan, jedoch arm war, so unterstützten sie mich in jeder Beziehung mit Schulutensilien, sogar mit Bargeld, was mich anspornte und mir stets beste Fortbildungsklassen* einbrachte.

So verflossen nun neun Jahre meiner Jugend, während denen ich in der Schule stets nach dem Lichte des Wissens strebte, zu Hause aber unter elterlicher Obhut so manches erlebte und erlitt. . . . Darunter auch Dinge, welche seltsam klingen mögen, die meistens nur im engsten Kreise stattfinden, im öffentlichen Leben aber verheimlicht werden. Man verbirgt sich im Allgemeinen und Öffentlichen unter dem Schleier des Anstandes, der Sitte und Bildung. Ich aber umgehe diese menschlichen Anschauungen und verzeichne solche möglicherweise seltsamen, doch selbst erlebten und erlittenen Dinge, wegen ihres so häufigen Vorkommens in den ärmeren und dadurch auch niederen menschlichen Lebensschichten (obwohl sie auch in den reicheren vorkommen dürften).

Der Haushalt meiner Eltern war ein sehr kleiner und ärmlicher, an dem eine fünfköpfige Familie – Vater, Mutter mit zwei kleinen Brüdern und mir – teilhatte. Das Jahreseinkommen meines Ziehvaters bestand bloß in der schon erwähnten kleinen Naturalwohnung, einigen Raummetern Brennholz, einem kleinen Acker und sehr geringem, in jeder Beziehung unzureichendem baren Gehalte. Um nun bestehen und existieren zu können, musste alles, was arbeitsfähig war, arbeiten. Während nun mein Ziehvater als Gemeindebediensteter seinen Pflichten oblag, ging meine Mutter ebenfalls Winter und Sommer hindurch zu den Landwirtschaft treibenden Bürgern des Städtchens tagelöhnern. Ich aber musste außer der Schulzeit zu Hause neben dem Beaufsichtigen meiner zwei kleinen Brüder noch jederzeit fleißig für die Fabrikanten Bernhard Krenn und andere Baumwollgarn aufspulen, um täglich einige Kreuzer zu verdienen. Auch hatte ich noch täglich, Winter und Sommer hindurch, drei bis vier Ziegen zu weiden, von denen eine dem Hause Krenn gehörte, welches den Pachtbetrag für die Weideplätze am „Schöpfer" und „Inselberg" und für die „Walburgahaide", auch „Lümmelburger Viehhaide" genannt, zur Hälfte bestritt und die Milch dieses Tieres zu Heilzwecken benötigte.

In diesem Hause verkehrte ich während meiner Jugend bereits täglich, und dasselbe erwies mir als armem Ziegenhirten und Wolle spulendem Knaben viele Wohltaten, denn manche Münze und manches Weißbrot wurden mir zuteil, insbesondere von der besonders guten Frau des Hauses,

Antonie Krenn; auch spielt dieses Haus in meinem Leben und Geschick bis heute eine Rolle.

Meine Eltern hatten als Nebenerwerb auch noch die Heizung und Reinigung der Volksschul- und Sparkassenlokalitäten gegen mäßiges Honorar übernommen, wo ich ebenfalls heizen, scheuern und arbeiten helfen musste, bis ich außer Hause kam. Bei all diesen Verwendungen blieb mir kaum Zeit übrig, um meine Schulaufgaben zu machen, wozu mir oft sogar das nötige Material und Papier fehlte, da ich jeden verdienten Kreuzer in den Haushaltssäckel geben musste. Noch weniger aber kam ich zu meinem Lieblingsvergnügen, dem Lesen von Geschichtenbüchern und Wissen bereichernden Werken, nach denen ich trachtete, wo ich nur konnte.

Auch zu leiden hatte ich viel während meiner ganzen Jugend zu Hause. Wie ich schon früher klarlegte, war mir durch meine Erziehung bis zum Erlernen des Gehens die krankhafte Schwäche des Bettnässens anhaften geblieben. Täglich in der Frühe nach dem Aufstehen untersuchte meine Mutter das Bett. Fand sie nun, dass ich, während ich mich in tiefem Schlafe befunden, unbewusst das Bett infolge der krankhaften Schwäche nass gemacht hatte, so schlug sie mich oft derart, dass ich glaubte, vor Schlägen vergehen zu müssen. Dabei bat ich sie oft knieend und händeringend abzulassen und versicherte sie, ich werde, wenn es mir gelinge, es nicht mehr tun. Auch stand sie oft um Mitternacht auf und untersuchte mein Strohlager. Wehe mir, wenn ich Unglück gehabt hatte, denn da riss sie mich aus dem Bette, schlug mich und ließ mich oft stundenlang im Hemde in finsterer Nacht und Kälte auf einem schneidigen Stücke Holz knien, bis sie mir auf mein Flehen verzieh. Auf diese unmenschliche Art wollte meine Mutter dieses für mich so böse Übel, die Folge ihres eigenen Verbrechens an mir und meiner zartesten Kindheit, heilen, was vielleicht durch geringfügige ärztliche Kosten hätte geschehen können. Mein Ziehvater riet ihr auch öfter, dass sie, anstatt mich zu schlagen, einen Arzt darüber zu Rate ziehen solle, doch sie gab ihm aus Rohheit und Habsucht kein Gehör. Aber Dank der gütigen Mutter Natur! Sie erlöste mich, noch bevor ich außer Hause kam, von diesem Übel.

Einige Jahre der Ehe meiner Eltern waren ziemlich leidlich vergangen, bis sich auch diese Verhältnisse änderten. Bei der dienstlichen Stellung meines Ziehvaters war es demselben oft unmöglich, genau zur Essenszeit mittags, noch weniger aber abends nach Hause zu kommen. So geschah es oft und öfter, dass er später nach Hause kam, öfters etwas berauscht. Meine rohe, brutale Mutter, anstatt ihn mit weiblicher Milde und List zu bessern, fing nun bei solchen Anlässen immer grob zu schimpfen an, keifte herum, nannte ihn einen liederlichen und verluderten Kerl, der das ganze Jahr hindurch nichts verdiene, sich durch ihr hergebrachtes Vermögen, ihrer Hände Arbeit und Verdienst erhalten lasse, worüber er sie oft bat, ihn in Ruhe zu lassen, da sie von seinem Dienste nichts verstehe. Doch sie ließ sich des Öfteren nicht beirren, keifte und schimpfte fort, sodass meistens abends oder gar in der Nacht heftiger Zank und Streit, ja sogar wütende Raufereien entstanden, wobei es oft recht jämmerlich zuging. Da warfen sich die beiden miteinander raufenden Gatten die irdenen und eisernen Töpfe, Schüssel und Teller gegenseitig an die Köpfe oder zerschellten dieselben an den Mauern, rissen sich gegenseitig bei Kopfhaar und Bart, sodass beides an ihren Händen kleben blieb, die wenigen Möbel wurden zertrümmert und die Fenstergläser flogen klirrend auf die in nächtliches Dunkel gehüllte Gasse. Manches Mal war es derart arg, dass die Nachbarsleute, aus dem Schlaf geweckt, auf die Gasse kamen und intervenierten, was die elterliche Schmach noch vermehrte und meinen Ziehvater oft rasend machte. Dann gaben sie nicht früher nach, bis einer der kriegerischen Teile außerhalb der Wohnung war, ob halb nackt oder angekleidet, dies blieb sich gleich. Während der siegende Teil sich von der schweren Arbeit ausschnaufte und sich seines Sieges freute, begab der Besiegte sich im Dunkel der Nacht oft halb nackt bis zum anderen Tage bei den Nachbarsleuten oder im Stroh und Heu auf dem Wohnungsboden zur Ruhe.

Das Beste des Ehelebens, der häusliche Friede, war für immer entwichen, der Ziehvater ergab sich dem Trunke, hauptsächlich dem Branntwein, und kam dann selten mehr nüchtern nach Hause. Wir Kinder waren oft schon zu Bette und schliefen, als wir durch Gepolter, Fluchen und Schimpfen geweckt wurden und dann immer Augenzeugen obiger Vorgänge sein mussten, wobei wir armen Kinder uns immer zitternd und weinend verkrochen oder Hilfe rufend uns ins nächtlich dunkle Freie flüchteten. Das Beste für uns Kinder war noch, dass von keinem Teile der Tobenden auf uns vorsätzlich geschlagen oder geworfen wurde, da der Hass nur ein gegenseitig persönlicher war, woran wir keine Schuld hatten. Nur den rohen Hetzereien meiner Mutter hatte ich es zu danken, wenn der Ziehvater, welcher sonst gut war, es mich manches Mal durch Worte fühlen ließ, dass ich sein Ziehkind sei und dass er durch meine Mutter sehr unglücklich gemacht werde, was mir sehr wehtat. Doch da er von mir aus der Schule nur Gutes hörte und ich auch viel zu arbeiten hatte, war er mir stets gewogen; nur ein einziges Mal schlug er nach mir, als ich nachts, im Bette schlafend, durch eine solche geschilderte nächtliche Szene aufgeschreckt, laut zu schreien begann.

Immer nach einem derartigen häuslichen Auftritte getraute sich mein Ziehvater in seiner Eigenschaft als öffentliches Dienstorgan kaum auf die Straße, geschweige zu seinen Vorgesetzten, da ihn meine Mutter bei denselben stets verklagte und die ihr auch immer versprachen, den bösen Gatten zurechtzuweisen. Kam er nun im Wege seiner dienstlichen Stellung zu denselben, so wurde er mit seinem zerrissenen Barte, seinem zerkratzten und zerschlagenen Antlitze immer das Objekt sowohl der beschämenden Zurechtweisungen als auch des öffentlichen, bürgerlichen Gespöttes, der örtlichen Schmach. Durch solche Vorkommnisse, durch Jahre hindurch, wurde das häusliche Elend immer ärger, und mein Ziehvater verfiel ganz dem Alkoholismus, welcher ihm auch ein frühzeitiges Grab bereitete. ...

Meine einzige Freude, mein Trost und Vergnügen, bestand in der Schule und im freien Felde bei meinen Ziegen. In der Ersteren machte ich zufrieden stellende Fortschritte, meine Lehrer Ignaz Waitz, Johann Thaler, der greise Zach, Laurenz Weis und die Katecheten Johann Glaser, Karl Dangl und Johann Franz Jamy waren mit mir zufrieden, gaben mir die besten Fortbildungsklassen und unterstützten mich in jeder Hinsicht. Besonders war mir mein letzter Lehrer, Laurenz Weis, ein Gönner im vollsten Sinne des Wortes.

Er nahm mich mit in die Kirche, in der er stets die Orgel spielte und ich ihm die Blasebälge derselben aufzog; dafür schenkte er mir manche Silbermünze und Schulutensilien. Hauptsächlich aber versah er mich leihweise und unentgeltlich mit Geschichten und Lehrbüchern aus der Schulbibliothek, welche meine größte Freude waren; manches Mal erhielt ich solche von ihm selbst geschenkt. Dadurch entzog ich zu Hause und im Felde der Arbeit oft die nötige Zeit und Aufmerksamkeit und wendete sie den Büchern zu; mir selbst aber drohten die Folgen hievon, welche in Schlägen bestanden. Um lesen zu können und dennoch Arbeit und Schläge von mir abzuwenden, bat ich die schon früher genannte, mir stets Baumwolle zum Aufspulen gebende Fabrikantenfrau Krenn, mir keine Arbeit zu geben, mich aber der Mutter nicht zu verraten, was dieselbe auch tat. Hätte dies meine Mutter zu Hause gewusst, wie würde sie mir deswegen den Rücken gebläut haben!

Mein Oberlehrer Laurenz Weis hätte sich nun auch meiner und der Erreichung eines höheren Lebensberufes, wie ihn er selbst bekleidete, angenommen. Er besprach sich mit meiner Mutter über meine Talente und eventuelles Vermögen, was zur Verwirklichung seines und meines Wunsches unbedingt notwendig war. Letzterem versprach er durch seinen Gönnereinfluss nachzuhelfen, wenn meine Mutter ihm gestatte, mich zuerst – und dies unentgeltlich – Musik lehren und dann in eine höhere Fortbildungsschule bringen zu dürfen. Doch meine Mutter, zu egoistisch, um auch nur die Zeit, geschweige denn Geld, und zwar mein Waisenvermögen, an mir anzuwenden, bedeutete ihm und mir, dass ich Musik und derlei Wissen als ein in niederen Verhältnissen geborenes und lebendes Kind nicht benötige, dass ich ein Schuhmacher werden und lieber im Häuslichen einige Kreuzer verdienen solle. So war ich angewiesen, anstatt mir diese so gönnerhaft und umsonst gebotenen Kenntnisse und Wissenschaften anzueignen, welche mein ganzes Leben zu verschönern geeignet gewesen wären, in der Jugend meine lieben, traulichen Ziegen auf die Weide zu führen – im Innersten meiner Seele unglücklich, dass mir die Pforten des Wissens und der Kunst meiner materiellen Armut und Verhältnisse wegen verschlossen blieben. . . .

40

Nachdem Matthäus Schierer schon im Schulalter mit Freude Schreibarbeiten für einen örtlichen Kaufmann erledigt hatte, entschied er sich, nicht zuletzt auch auf Anraten seines Lehrers, nach der Pflichtschule eine vierjährige Kaufmannslehre in Litschau anzutreten, die er 1881 abschloss. Danach war er als „Handlungsgehilfe" in Geschäften im südmährischen Zlabings (heute Slavonice) und in Waidhofen an der Thaya beschäftigt, bevor er 1885 sein berufliches Glück in Wien suchte. Er fand jedoch keinen längerfristig befriedigenden Arbeitsplatz und wechselte rasch seine Stellungen als Kaufmannsgehilfe und Handelsvertreter. Begründet durch seine wachsende Sorge, sich niemals eine befriedigende selbständige Existenz schaffen zu können, und wohl auch aufgrund einer Reihe unglücklicher Liebesverhältnisse machten sich bei Matthäus Schierer psychische Probleme stärker bemerkbar, die er schon seit seiner Jugendzeit an sich beobachtet hatte und die er selbst als „Gemütszerfahrenheit" oder als „ein unabschüttelbares Gefühl der Traurigkeit und Niedergeschlagenheit" beschrieb. Diese gaben allem Anschein nach den Anlass zu seinem Aufenthalt in der damaligen „Niederösterreichischen Landes-Irrenanstalt" in Maria Gugging bei Klosterneuburg, wo er – wie lediglich aus einzelnen Zwischennotizen hervorgeht – seine Erinnerungen in den Jahren 1891/92 niederschrieb. Seine Erzählung endet bereits im Juni 1887, weshalb sowohl die genaue Vorgeschichte des Anstaltsaufenthalts als auch der weitere Verlauf des Lebens Matthäus Schierers im Dunkel verbleiben. Diesbezügliche Recherchen in der Anstalt und in seinem Heimatort blieben ergebnislos.

LEOPOLD BRANDNER

meldete sich im Jahr 1986 nach einem Aufruf in einer alltagsge-
schichtlichen Rundfunksendung zum Thema Schule mit dem
Hinweis, dass „so ein alter Knabe" wie er über die Lebensverhält-
nisse zu Anfang dieses Jahrhunderts einiges zu berichten hätte.
Auf Anregung der „Dokumentation lebensgeschichtlicher Auf-
zeichnungen" schrieb er 1987 seine Lebensgeschichte bis zum
Jahr 1945 „persönlich und ohne jedes Konzept" in die Schreibma-
schine. Das Originalmanuskript umfasst 16 maschingeschriebene
A4-Seiten; der folgende Textbeitrag gibt die ersten sechs Seiten
ungekürzt wieder.

Der Autor fasste seine Erinnerungen in Form eines Briefes an
die Mitarbeiter/-innen der Dokumentation ab, an dessen Beginn
er sich selbst vorstellt:

Brandner Leopold mein Name und am 12. November 1901
in Wien geboren, somit im 86. Lebensjahr. Meine Mutter
war ein Dienstmädchen im Hause eines Hoteliers und
brachte mich an obigem Tage im „Findelhaus"* in Wien-Al-
servorstadt zur Welt. Ich habe in meiner Geburtsurkunde
keinen Vater eingetragen, aber nach Berichten der Tanten
und Onkel war es mit Sicherheit einer der beiden Chefs.
Meine Mutter soll ein recht hübsches Mädchen gewesen
sein, an der halt beide Gefallen fanden. Ich bin also ein
waschechter „Bastard" und habe kein Dilemma, welcher
mein Papa und welcher mein Opa ist.

Zur Rechtslage: Für Kinder aus der Zeit der Jahrhundertwende, besonders uneheliche, gab es zu dieser Zeit überhaupt keine Probleme. Jedes Kind war willkommen für den
Staat, und er übernahm ohne weiteres Nachfragen die Erziehung und sorgte für dessen Gedeihen, denn damals war
Österreich eine große Monarchie mit etwa 50 Millionen Ein-
wohnern, von denen nur ein Bruchteil Österreicher waren.
Keine Mutter musste ihr Kind abtreiben oder weglegen. Zu
dieser Zeit gab es sogar an der Seite des Allgemeinen Krankenhauses (hin zur heutigen Nationalbank) eine Maueröff-

nung mit einem breiten Pult, hinter dem Tag und Nacht eine Nonne wachte.

Wenn ein unerwünschtes Kind auf das Pult gelegt wurde, wurde es sofort hineingenommen. Die Mutter wurde nur gefragt, wie das Kind heißt und ob es schon getauft sei. Aus allen Teilen der Monarchie kamen Mädchen und Frauen zur Entbindung in das „Findelhaus" nach Wien, und ein unerwünschtes Kind war kein Problem. Viele von diesen Kindern wurden auch von Offizieren oder hochgestellten Staatsbeamten adoptiert und für die Offizierslaufbahn vorbereitet, denn der Kaiser brauchte Soldaten, ganz besonders solche, die im Geiste der Monarchie und des Kaisertums erzogen wurden.

Als ich dann sieben Tage „alt" war, wurde ich einer Kleinhäuslerin aus Rastenfeld in Niederösterreich (besser bekannt als Ottenstein) zur Pflege und Erziehung übergeben. Sie bekam dafür pro Vierteljahr 24 Kronen (12 Gulden). Das war gewiss nicht sehr viel, aber ich empfing für diesen Betrag so viel Liebe und Fürsorge von ihr, wie sie nur überhaupt ein Kind von seiner Mutter erhalten kann.

Als sie mich in ihre Arme bekam, war der 19. November, ein kalter Tag, und es gab viel Schnee, besonders im Waldviertel. Sie musste mit der Franz-Josefs-Bahn nach Zwettl fahren, einmal umsteigen und dann mit der Postkutsche zwei Stunden nach Rastenfeld weiterreisen. Wenn die Kutsche in einer Poststation anhielt, ging sie schnell in ein Gasthaus, um ein wenig warme Milch für mich zu erbitten. Als wir in Rastenfeld endlich ankamen, glaubte sie, weil ich so ruhig war, ich sei vielleicht schon erfroren. Ich war also schon als ganz Kleiner sehr geduldig, und das bin ich bis zum heutigen Tage geblieben.

Meine Pflegemutter erhielt mich mit der Zusage, dass ich bis zu meinem zehnten Geburtstag bei ihr bleiben kann. Meine Pflegemutter war verheiratet und hatte den Namen Wagner. Als ich dann in die Schule kam und merkte, dass die anderen Schüler den Namen ihrer Eltern trugen, ich aber als „Brandner" aufgerufen wurde, fragte ich bald meine liebe Ziehmutter, warum ich anders heiße als sie.

Und da habe ich meinen ersten großen Schock erlitten. Meine so sehr geliebte Ziehmutter nahm mich in ihre Arme und sagte: „Komm, setz dich zu mir, ich habe es ja erwartet, dass du nun bald danach fragen wirst." Und so sagte sie zu mir: „Weißt, lieber Poldl, du gehörst nicht uns. Ich habe dich aus Wien geholt, und du bleibst bis zu deinem zehnten Geburtstag bei mir, und dann musst du zu deiner richtigen Mutter nach Wien." Für mich stürzte die Welt ein, solch einen Schock habe ich in dieser Minute erlitten. Ich nahm meine liebe Ziehmutter, zu der ich natürlich Mutter sagte, um den Hals, klammerte mich an sie und schrie nur immer: „Nein, nein, meine liebe Mutter, ich will nicht weg von dir, niemals gehe ich zu meiner wirklichen Mutter, ich will immer bei dir bleiben . . ." (Heute – nach achtzig Jahren – kommen mir fast die Tränen beim Schreiben dieser Zeilen.) Ich wollte mich lieber von der Kampbrücke in das Wasser stürzen, als meine liebe Pflegemutter verlassen.

Meine richtige Mutter, die sich ja nie um mich kümmerte und für die ich sowieso eine Last war, erreichte es dann, dass ich bis zu meinem vierzehnten Geburtstag bei meiner lieben Pflegemutter bleiben konnte. Ehe der so sehr gefürchtete zehnte Geburtstag kam, brachte der Briefträger eine an mich adressierte Postkarte: „Du kannst bis vierzehn Jahre dort bleiben. Deine Mutter." Kein Gruß, kein Wunsch.

Meine Mutter war die Jüngste von sieben Geschwistern, und die Onkel und Tanten fragten manchmal nach mir. Da sagte sie nur ungehalten: „Ah, dem geht's eh gut." Sie alle habe ich dann später recht gern gehabt, und auch sie mochten mich. Aber meine Mutter habe ich nie geliebt. Ich achtete sie, aber gern habe ich sie nie gehabt.

Die Schulzeit war eine Zeit, an die ich mich gerne, aber auch mit Schrecken erinnere. Obwohl ich kein Musterschüler war, brachte ich doch die vierklassige Volksschule mit sehr gutem Erfolg zu Ende. Jede Klasse wurde zwei Jahre lang besucht, es gab eine erste und eine zweite Abteilung. Das war aber nur pro forma, denn der Lehrstoff war für beide Abteilungen gleich. Damals war Schulbeginn am 1. Mai, und ich hatte in der ersten Klasse einen sehr lieben Oberlehrer mit einem Vollbart. Wir lernten sofort, mit der Feder zu schreiben.

Wir, das hieß Koedukation*. Mädchen und Buben in einer Klasse hat auch seine Vorteile. Mit der Kurrentschrift, mit Haar- und Schattenstrichen, fingen wir an. Erst in der dritten Klasse wurde mit dem Lateinschreiben begonnen. Der Unterricht war täglich Vormittag von acht bis zwölf Uhr und Nachmittag von eins bis halb vier. Ich kann über die vierklassige Volksschule in Rastenfeld, die ich gerne besuchte, nur das Beste sagen.

Nur eines war für mich schrecklich – der Pfarrer, der auch Religionslehrer war. Aber er war nicht nur das, er war auch ein prügelnder Despot. Und mich hat er für die ganze Klasse geprügelt. Ich bin ganz gewiss gerne in die Schule gegangen, denn ich hatte ja einen guten Fortgang im Unterricht und war sicher in das beste Viertel der Schüler einzureihen.

Einmal fragte der Herr Pfarrer den Huber um das achte Gebot. Der wusste es nicht, und auch der Müller wusste es nicht, und dann kam er auf mich zu und fragte mich. Ich hätte es vielleicht richtig gewusst, habe dann aber etwas anderes gesagt – schon zog er mich aus der Bank und prügelte mich vor der ganzen Klasse so, dass ich mich manchmal anpisste. Er hatte sicher hundert Kilogramm, und ich war ein armes, immer hungriges Büberl, das sich nie mit Brot anessen konnte.

Mein Essen bestand in der Regel aus Kartoffelsuppe oder gebratenen Kartoffeln. Das aber wusste auch der Herr Pfarrer. Ich sagte meiner Pflegemutter nie etwas davon, aber sie erfuhr es von anderen Müttern, deren Kinder es daheim erzählten, und so fragte sie mich, ob das wahr sei. Ich sagte ja, und sie meinte darauf: „Was kannst denn du dafür, dass du ein lediges Kind bist und keinen Vater hast . . ." Und das war es: In seinen Augen war ich ein wahrhaftiges Kind der Sünde, dem man den Satan aus dem Leib prügeln musste. Die Folge: Noch heute, mit fast 86 Jahren, mag ich keinen Pfarrer, und in eine Kirche gehe ich dann hinein, wenn kein solcher drinnen ist.

Wir waren in den Klassen etwa vierzig Schüler, nur in der dritten Klasse staute sich die Schülerzahl auf siebzig bis achtzig auf, weil die Bauernkinder schon in der Wirtschaft gebraucht wurden und fest mitarbeiten mussten. Wir Buben bekamen schon öfter Watschen oder mit dem „Haslinger"* zwei links, zwei rechts auf die flache Hand. Auch an den

Ohren oder den Haaren ziehen, mehr oder weniger stark, war üblich. Die Zuteilung der Strafen hing auch vom Stand der Eltern in der Gemeinde ab.

Die Schulzeit endete mit dem vierzehnten Geburtstag. Viele der älteren Leute, besonders die Großeltern, konnten weder lesen noch schreiben, so auch meine Pflegeeltern. Das einzige Buch im Hause, außer meinen Schulbüchern, war ein alter Feuerwehrkalender, den der alte Mann öfter durchblätterte und die Bilder anschaute, denn lesen konnte er ja nicht. Als ich schon so weit war, fragte er mich dann, was hier oder dort stehe, und als ich es ihm vorlas, hatte er eine richtige Freude.

Als ich dann schon zehn Jahre alt war und recht gut lesen konnte, musste ich ihm die einzelnen Geschichten vorlesen und tat es auch sehr gerne. Er merkte sich die Geschichten recht gut, und ab und zu wollte er diese oder jene noch einmal hören. Ich erwähne das deshalb, weil ich genau sehen konnte, dass er mit seinen bald sechzig Jahren das nicht konnte, was ich als zehnjähriger Knirps schon recht gut beherrschte.

Die meisten Schüler bekamen die Bücher von der Schule. Die neuen Bücher erhielten die Mädchen, die abgenutzten dann wir Buben. Ferien hatten wir, glaube ich mich zu erinnern, nur sechs Wochen. Sonst gab es keine Ferien, weder zu Weihnachten noch zu Ostern. Als mich einmal ein Hund in die rechte Hand biss, musste ich in ärztliche Behandlung. Die Hand wurde verbunden, und ich musste sie in einer Schlinge tragen. Der Herr Lehrer sagte: „Zum Unterricht musst du trotzdem kommen, aber du brauchst nicht schreiben, solange du die Hand verbunden hast."

Während der Ferien hatten die Lehrer Urlaub, der aber nicht über die ganzen Ferien reichte. Sie mussten auch die Schulbücher instand setzen; das habe ich selbst gesehen und auch mitgeholfen. Nur die ganz schlechten, zerrissenen wurden zurückbehalten und mussten dem Herrn Schulinspektor gezeigt werden.

Wenn die Mädchen ihre Handarbeitsstunde hatten, mussten wir Buben unter dem Kommando des Herrn Oberlehrers auf dem geräumigen Schulhof exerzieren. Er hat uns ganz schön herumgejagt, aber es machte uns allen doch

Spaß. Lehrerkonferenzen wurden prinzipiell nur auf dem Gang abgehalten. Ich war ein guter Rechner, ein guter Zeichner und ein guter Leser, ebenso konnte ich ganz gut Geschichten erzählen.

Da passierte es einmal, dass wieder eine Lehrerbesprechung auf dem Gang stattfand und unsere Frau Lehrerin uns ermahnte, uns ruhig zu verhalten. Ich saß mit dem Rücken zur Tür auf meinem Pult und erzählte eine Geschichte. Es wurde dabei zu viel und zu laut gelacht, sodass die Frau Lehrerin aufmerksam wurde und hereinkam. Da ich mit dem Rücken zur Tür saß, sah ich sie nicht hereinkommen. Als es auf einmal um mich herum ruhig geworden war, drehte ich mich um, und da stand sie schon neben mir und verabreichte mir mit dem kategorischen Zuruf „Stell dich hinaus!" eine Watschen, die auch die Nase in Mitleidenschaft zog. Dort merkte ich erst, dass ich aus der Nase blutete. Ich tropfte den Gang ein wenig an. Ein Mädchen kam aus der Klasse, und als es wieder zurückging, machte es die Frau Lehrerin aufmerksam. Diese kam heraus, nahm mich bei der Hand und ging mit mir in den Hof zum Brunnen. Dort wusch sie mich ab und schickte mich in die Klasse zurück. Ab diesem Tag rührte mich die Frau Lehrerin nicht mehr an, und wir wurden so gute Freunde, dass wir uns noch in den Jahren, als ich schon längst die Berufslehre als Kunst- und Möbeltischler abgeschlossen hatte, Briefe schrieben und sie wissen wollte, wie sich mein weiterer Fortgang entwickelte.

Nun wieder zurück in das dreizehnte Lebensjahr, denn nun kam der Erste Weltkrieg in das Land, und viele Bauern samt den Pferden wurden eingezogen und an die Front geschickt. Daheim aber musste der Betrieb weitergehen. Ich sah das als eine Chance und schmeichelte mich bei der mir am sympathischsten erscheinenden Bäuerin – ihr Gatte war ebenfalls eingezogen – ein, in der Hoffnung, am bäuerlichen Hof mithelfen und mich einmal mit Brot satt essen zu können. Und diese Rechnung ging voll auf. Frau Brenner war froh darüber, einen kleinen Knecht ins Haus zu bekommen, und ich war froh, mich einmal mit Brot anessen zu können. Ich war also kaum dreizehn Jahre alt und wurde vom Großknecht, der Magd, der Großmutter und der Bäuerin selbst in die Arbeit eingewiesen; bald wurde ich fast vollständig in die bäuerliche Familie als Mitglied eingegliedert.

Das erste volle Kriegsjahr, 1915, verbrachte ich schon fast zur Gänze im bäuerlichen Betrieb und konnte daher auch sehr oft nicht zum Unterricht in der Schule erscheinen, was mir eigentlich leidtat, denn ich hatte bereits die vierte Klasse erreicht, und der Lehrer Rehrich hatte es großartig verstanden, den Lehrstoff sehr interessant zu gestalten. Aber wenn die Bäuerin sagte: „Geh Poldl, heute gehst du net in die Schul', gehst mit uns aufs Feld!", da konnte ich natürlich nicht nein sagen, und ums Schulgehen hat mich ja auch niemand ersucht.

Am 12. November 1915 war also mein vierzehntes Lebensjahr abgeschlossen, und ich erhielt am Vortag mein Schulabschlusszeugnis, denn mit der Vollendung des vierzehnten Lebensjahres wurde jeder aus der Schule „hinausgeworfen". Es war bei uns Buben so üblich, dass sich jeder freute, wenn er nicht mehr in die Schule gehen musste, und so schmiss auch ich den leeren Schulranzen in eine Ecke, denn die Bücher mussten alle abgegeben werden. Dieser Tag, es war ein Donnerstag, ist mir noch recht gut in Erinnerung.

Es war in der Stube meiner Pflegemutter, die aber nicht daheim war. Da setzte ich mich hin, und es überkam mich ein sonderbares Gefühl der Traurigkeit, und ich fing ganz bitterlich zu weinen an. Auf einmal stand meine liebe Pflegemutter vor mir, sah mich so verweint und sagte: „Ja, mein lieber Poldl, jetzt bist du kein Kind mehr, so ist das Leben!" In der Erinnerung weiß ich heute genau, warum ich eigentlich so sehr geweint habe, denn noch heute fühle ich die Traurigkeit nach, mit der ich von der Schule gegangen bin – nur zugegeben hätte es bestimmt keiner. Jeder halbwegs gute Schüler geht gern in die Schule, wenn er Erfolg hat.

Es war im zweiten Kriegsjahr, am 3. Jänner 1916, als mich ein Onkel, der Bruder meiner Mutter, nach Wien holte. Er wollte es nicht zulassen, dass ich mein weiteres Leben als Knecht bei den Bauern fristen soll. Der Onkel war selbst auf dem Lande aufgewachsen und kannte das kümmerliche Leben der bäuerlichen Dienstboten. Er hatte ein Handwerk erlernt und war nun Tischlermeister in einer kleinen Gemeinde bei Eggenburg in Niederösterreich. Er sagte, ich müsse einen Beruf lernen, und als ich meinte, dass ich nur ein Tischler werden wolle, freute er sich darüber.

Also, an diesem Tage sah ich mein Mütterlein zum ersten Male. Sie begrüßte mich sehr distanziert und ohne ein Busserl, dann sagte sie: „Dass du es gleich weißt: Zum Vater musst du ‚Sie' sagen und zu mir auch." Worüber ich mich sehr ärgerte, denn die Kinder der Tanten und Onkel sagten alle „du" zu ihnen und staunten darüber, weil ich „Sie" sagen musste. Damit erreichten sie als Erstes, dass sie mir beide fremd blieben und ich keinerlei Beziehung zu ihnen entwickeln konnte. Sie sind mir auch fremd geblieben bis zu ihrem Tode. Alle meine Verwandten habe ich recht gut leiden mögen, und auch ich war bei ihnen beliebt. Meine Mutter und ihren Gatten aber mochte niemand, und sie sagten es mir auch.

Bei meiner Mutter hatte ich also keine Bleibe und wurde schon nach ein paar Tagen abgeschoben. Der Stiefvater brachte mich in eine Tischlerlehre mit Kost und Quartier.

Als mich nach ein paar Wochen der Tischlermeister-Onkel fragte, was bei uns gemacht werde, antwortete ich wahrheitsgemäß: „Bilderrahmen, sonst gar nichts." Der Onkel bestand darauf, dass ich sofort aus dieser Lehre genommen werde, denn Bilderrahmen machen könne jeder Bastler. Dann brachte mich der Stiefvater in die zweite Lehre, dabei wurde ich zuerst beim falschen Lehrherrn abgegeben, aber ich fand mir den richtigen schon selbst.

Wieder hatte ich Glück. Hatte ich erst eine liebe Pflegemutter, so hatte ich nun einen recht freundlichen, wenn auch strengen Lehrherrn und eine recht gute Meisterin gefunden, was schon darum wichtig war, weil ich ja in den Familienverband aufgenommen wurde und fast zur Familie gehörte. . . .

Nach dem Ersten Weltkrieg schloss Leopold Brandner seine Lehre mit Auszeichnung ab und wechselte in eine Großtischlerei. 1922 trat er in das neu gegründete Bundesheer ein und fand dort vorwiegend als Tischler Verwendung. 1927 heiratete er, ein Jahr später kam ein Sohn zur Welt. Seine Frau hatte bis dahin „bei reichen Leuten zu deren Bequemlichkeit gedient". Die Familie bezog ein Un-

termietkabinett und lebte dort zu dritt sieben Jahre lang, ehe sie in eine Gemeindewohnung übersiedeln konnte. 1929 verließ Leopold Brandner das Bundesheer und blieb im darauf folgenden Jahrzehnt über längere Perioden arbeitslos bzw. ohne reguläre Beschäftigung.

1939 wurde er zum Militär- und Kriegsdienst einberufen, wegen Krankheit vorübergehend entlassen und 1943 neuerlich eingezogen. Er kam wiederum als Tischler und zuletzt als Schreiber in einem Lazarett zum Einsatz. In Leopold Brandners Resümee über seinen Kriegsdienst kommt viel von seiner allgemeinen Lebenseinstellung zum Ausdruck: „. . . ich habe nicht einen Schuss abgegeben und jede Nacht in einem Bett geschlafen. . . . Ich hatte Glück, aber ich war auch immer auf Draht, wie man damals so sagte." Mit seiner Rückkehr in das zerstörte Wien im November 1945 beendete der Autor seinen Lebensbericht in dem Bewusstsein, relativ glimpflich davongekommen zu sein, sowie mit dem Wunsch: „Euch Nachkommen möge das um Gottes willen erspart bleiben!"

Leopold Brandner war anschließend bis zu seiner Pensionierung als Tischler tätig. Er lebte, zuletzt verwitwet, bis in die 1990er Jahre in seiner Wiener Gemeindewohnung und verstarb 1996 in einem Heim für erblindete alte Menschen in St. Christophen (Niederösterreich).

ALOIS SCHÖNTHALER

wurde am 11. Mai 1909 in Mürzzuschlag (Steiermark) als ältestes von drei unehelichen Kindern einer Hausgehilfin und eines Sattlergesellen geboren. Die ersten fünf Lebensjahre verbrachte er auf mindestens zwei verschiedenen Pflegeplätzen. Nach der Heirat des Vaters mit einer jüngeren Frau, die ebenfalls von ihm ein Kind bekommen hatte, wurde Alois Schönthaler in den Haushalt des Vaters und der Stiefmutter aufgenommen. In den folgenden Jahren des Ersten Weltkriegs wurden er und sein Bruder Karl jedoch vorwiegend von den väterlichen Großeltern betreut, die auf dem Bauernhof eines Onkels in der damaligen Untersteiermark (heute Slowenien) lebten. Erst mit zehn Jahren lernte er seine leibliche Mutter kennen.

Die handschriftliche Originalfassung der Lebensgeschichte Alois Schönthalers umfasst insgesamt 86 A4-Seiten und trägt den Titel „Mein Lebenslauf". Sie ist in zahlreiche Kapitel untergliedert, die jeweils ein Jahr im Leben des Autors umfassen. Seine Lebenserzählung reicht von den ersten persönlichen Erinnerungen bis ins 49. Lebensjahr, als Alois Schönthaler, Ende der 1950er Jahre, bereits einen gut gehenden Gewerbebetrieb sein Eigen nennen konnte.

Der Verfasser begann mit der Niederschrift seiner Kindheitserinnerungen Mitte der 1990er Jahre, erweiterte seine Aufzeichnungen kontinuierlich aufgrund des positiven Echos bei Angehörigen und Nachbarn und schloss sie nach seinem 88. Geburtstag ab. Seine Enkelin Birgit Augustin verfertigte eine Abschrift, die in einigen Exemplaren in Buchform gebunden wurde.

Als ich im Jahre 1909 an einem schönen Maientag, als lediges Kind, geboren wurde – meine Mutter war Köchin bei einem Fleischermeister, mein Vater Sattlergeselle bei einem Sattler- und Tapeziermeister –, da ahnten weder meine Eltern, am wenigsten natürlich ich, welch seltsames, vom Schicksal ständig hin und her geworfenes Leben mich erwartete.

Die ersten vierzehn Tage meines Lebens waren, wie meine Mutter mir später erzählte, nicht aufregend. Ich kam im

51

Dienstbotenzimmer beim großen Fleischermeister zur Welt. Da ich ein Bub war, sagte mein Vater zu meiner Mutter, er wäre stolz wie ein König.

Dieser Königsstolz hatte sich wahrscheinlich sehr bald gelegt, denn nach vierzehn Tagen meines Lebens kam die Frau Fleischermeisterin ins Zimmer meiner Mutter und sagte: „Nun Marie (so hieß meine Mutter), wie soll es nun weitergehen?" Meine Mutter müsste wieder arbeiten gehen oder den Posten kündigen. Sie dachte, dass sie mich so nebenbei großziehen und doch ihre Arbeit verrichten könnte. Die ersten Schwierigkeiten waren da, eine gute Stelle konnte man auch zu dieser Zeit nicht so leicht aufgeben. Das Kind, der kleine Loisl, musste also weg. Aber wohin?

Auch hier wusste die Frau Meisterin wieder Rat: eine ihr bekannte Eisenbahnersfrau, die immer Pflegekinder hatte, um ein paar Kronen zum kargen Wirtschaftsgeld dazuzuverdienen. Zu dieser Frau, sie hieß Kainradl, wurde ich also auf Kost und Quartier gegeben.

Vorher war noch ein großer Tag für mich: Ich wurde nämlich, kaum vierzehn Tage alt, getauft. Als Taufpate wurde meines Vaters Freund, ein Fleischergehilfe mit Namen Karl Berghaus, geworben. Mein Taufpate soll nur einen Wunsch gehabt haben, nämlich dass ich Karl heißen sollte. Mein Vater wollte dagegen als Erstgeborenen einen Alois haben. Die Hebamme, welche meine Mutter betreute, wusste sofort Rat und meinte, der Junge solle eben beide Namen haben. Und so wurden im Taufschein beide Namen – Alois Karl – eingetragen, den Karl hat man aber bald weggelassen. Übrig blieb der Alois, genannt Loisl.

Das erste Jahr meines Erdendaseins dürfte sehr gut gewesen sein, denn meine Pflegemutter war als sehr kinderliebend bekannt. All dies erfuhr ich viele Jahre später aus der Erzählung meiner Mutter, als ich sie in meinem zehnten Lebensjahre das erste Mal sah und – als Kind und doch schon als denkender Mensch – mit ihr reden konnte.

Die nächsten Jahre, vom zweiten bis zum fünften Lebensjahr, waren für mich nicht erforschbar. Ich konnte später nur feststellen, dass ich – kaum ein Jahr alt – ein Schwesterlein bekam. Sie hieß Hermine. Meine Eltern standen nun wieder vor demselben Problem wie ein Jahr davor mit mir.

Die Lösung dieses Problems war so, dass ich meiner Schwester Hermine meinen Kostplatz überlassen musste und ich zu Tante Bachmann, das war die Chefin meines Vaters, kam.

In späteren Jahren, ich war zehn Jahre alt, bekam ich eine Fotografie von Tante Bachmann geschenkt, mit dem Hinweis, dass der kleine Junge, kaum zwei Jahre alt, mit vielen langen, weißen Haaren, ich wäre. Die Tante sagte, ich säße hier auf ihrem Flügel, den sie heute noch besitze, und mein Vater hätte mich fotografiert. Also nehme ich doch an, dass ich bis zu meinem fünften Jahr bei Tante Bachmann war.

Das sechste Lebensjahr: Es war im Kriegsjahr 1914. Von diesem Jahr angefangen kann ich mich an jeden Abschnitt meines Lebens erinnern. Es war im August 1914, mein Vater musste gleich unter den ersten Soldaten in den Krieg ziehen. Ich weiß noch ganz genau, wie er in der grauen Soldatenuniform, mit Rucksack und darüber den zusammengerollten Mantel geschnallt, in Viererreihen mit Musik in Richtung Bahnhof marschierte. Beim Türspalt des großes Haustores hatte ich versucht, meinen Vater noch einmal zu sehen, was mir auch für einige Augenblicke gelang. Schwere Tränen rollten mir über die Wangen, und ein lauter Schluchzer holte meine Stiefgroßmutter herbei. „Na, wenn du deinen Vater so gerne hast", sagte sie, „dann komm, wir gehen zum Bahnviadukt! Vielleicht haben wir Glück, und du siehst deinen Vater bei der Abfahrt des Zuges noch einmal."

Wir mussten sehr lange warten, bis der lange Lastzug endlich daherschnaubte. Bei den Waggons waren die großen Schubtüren offen, und da sahen wir die Soldaten; die erste Reihe saß am Boden, die zweite hockte und die dahinter standen. Und richtig, so in der Mitte des langen Zuges, stand mein Vater zwischen den anderen Kameraden und winkte zu uns herunter. Die Musikkapelle, die auch mitfuhr, spielte „Muss i denn, muss i denn zum Städtele hinaus?" Lange schauten wir dem Zug nach, bis die rote Schlusslaterne unseren Augen entschwunden war.

An dieser Stelle muss ich bemerken, dass ich im Jahre 1911 auch einen Bruder mit Namen Karl bekam, der war also um zwei Jahre jünger als ich. Vielleicht war gerade dieser Umstand für mich von ganz großer Bedeutung, denn ein altes Sprichwort sagt ja: Geteiltes Leid ist halbes Leid.

Meine Mutter ist nach ihrem dritten ledigen Kind nach Kapfenberg übersiedelt, mein Vater heiratete nämlich nicht sie, sondern ein siebzehnjähriges Mädchen, welches nun unsere Stiefmutter war. Meine Stiefschwester Hilde war zu dieser Zeit bereits ein Jahr alt. Das Überflüssigste auf dieser Welt waren damals wir zwei Buben – der Vater im Krieg, eine junge Stiefmutter mit noch einem Kind und kein Ernährer.

In dieser Not waren für uns Buben die einzige Überlebenschance unsere Großeltern. Meine Schwester Hermine hatte meine Mutter mit nach Kapfenberg genommen. Mein Bruder Karl war bei alten Bauersleuten untergebracht. Es war ein sehr schlechter Kostplatz für meinen kleinen Bruder. Die alten Leute hatten ihre Wirtschaft bereits übergeben und lebten im Ausgedinge.

Meine Großeltern väterlicherseits hatten sich nun um uns Kinder angenommen, obwohl sie es nicht leicht hatten, denn das kleine Wirtschafterl mit zwei Kühen und drei bis vier Schweinen, dazu einige Hühner, war ihr ganzer Reichtum. Die Wirtschaft hatten sie bereits ihrem jüngsten Sohn Toni übergeben.

Als der Erste Weltkrieg ausgebrochen war, wurden sofort Lebensmittelrationierungen eingeführt. Für mich kleinen Buben und meinen noch kleineren Bruder Karl wären wohl ganz schreckliche Zeiten gekommen. Eines Tages kam ein Brief von meiner Großmutter, worin sie meiner Stiefmutter mitteilte, sie wolle, so lange eben der Krieg dauere, uns zwei Buben zur Kost nach Untersteier* nehmen. Meine Stiefmutter solle meinen Bruder Karl von seinem Kostplatz abholen und unsere Sachen richten.

Es war da nicht viel zu richten, in einem kleinen Reisekorb war bald alles verstaut, und ich, der große Bruder, konnte ihn leicht tragen. Meine Großmutter, eine große, stattliche Frau, kam schon am frühen Vormittag in Mürzzuschlag an. Ich muss sagen, es war Liebe auf den ersten Blick. Sie nahm uns zwei Buben auf ihren Schoß und sagte, dass wir nun immer genug zu essen haben würden, und es gäbe auch noch viele andere Kinder zum Spielen. Ich freute mich riesig auf die bevorstehende große Eisenbahnfahrt. Es war ja die erste meines Lebens, und was mich besonders freute, dass ich nicht allein fahren musste, es war doch mein Bruder Karl dabei. Der Abschied war kurz und schmerzlos. Ich nahm meinen Bruder bei der Hand, die Großmutter den Reisekorb, und wir marschierten zum Bahnhof.

Wir hatten das Glück, einen Fensterplatz zu bekommen, und als sich der Zug in Bewegung setzte, kam ich aus dem Staunen nicht mehr heraus. Wie war das herrlich, wenn die Häuser, die Wiesen und Felder so an uns vorbeiflogen! Nach kaum zwei Stunden Fahrt erreichten wir Graz. Hier hatte der Zug eine halbe Stunde Aufenthalt. Meine Großmutter hatte außer unserem Reisekorb noch eine kleine Schachtel mit. Schon während der Fahrt dachte ich mir oft, was da wohl drinnen sein könnte, aber zum Fragen hatte ich doch nicht den Mut. Endlich wurde meine Neugierde gestillt. Meine Großmutter langte nach dieser Schachtel, knotete den Spagat vorsichtig auf, steckte den Faden in ihre Jackentasche und hob den Deckel ab. Drei schöne Jausenbrote kamen zum Vorschein. Da wir in Mürzzuschlag wegen des Reisefiebers nicht viel gegessen hatten, schmeckte es uns jetzt doppelt so gut. Ein Apfel kam noch aus der Schachtel hervor, und als Abschluss bekam jeder ein Stück Würfelzucker. Wir waren selig und zufrieden. Meine Großmutter packte den Brotrest, welchen der kleine Karl übrig gelassen hatte, wieder in die Schachtel, verschnürte sie sorgfältig, und weiter ging es in Richtung Untersteier.

Karl wurde nun müde. Meine Großmutter zog ihre Jacke aus, machte daraus einen Kopfpolster und bettete Karl darauf. Er schlief auch sofort ein, und ich, der Große, hatte nun das ganze Fenster für mich allein. Meine Großmutter erzählte mir nun während der Fahrt, dass ich in der Nacht bei ihr schlafen müsste und Karl allein ein Gitterbett hätte, da er noch nicht ganz rein wäre. Sie würde einen Kautschuk ins Bett legen, damit die Matratze nicht nass würde.

Von meinem Onkel erzählte sie mir, dass er ein strenger Mann wäre und ich halt sehr brav sein müsste, dann würde ich schon mein Auskommen mit ihm finden. Dagegen sei die Tante eine gute Frau; auch zwei Kusinen, eine so alt wie ich und die kleinere ein Jahr jünger, würden mich erwarten. Dann sei noch ein größerer Bub mit zehn Jahren da, der fleißige Franzl, auch von der Obersteiermark, und noch ein großes Mädchen mit achtzehn Jahren von Graz, beide Waisenkinder. Es war wohl so der Brauch, dass elternlose Kinder bei kleinen Bauern aufgenommen und gegen Bezahlung großgezogen wurden.

Da blickte meine Großmutter auf ihre Uhr, welche sie um den Hals gehängt hatte, und meinte, hoffentlich werde Großvater am Bahnhof warten. Der kleine Karl wäre schon sehr müde und müsse stellenweise getragen werden. Nach kurzer Zeit kamen wir in Purkla, unserer Endstation, an. Karl wurde geweckt, meine Großmutter nahm ihn gleich auf ihren Arm, in die andere Hand nahm sie den Reisekorb, und ich durfte die Schachtel tragen. So stiegen wir aus.

Der Großvater war ein Mann von mittlerer Größe, kam gleich zu uns und meinte: „Na, seids endlich da?" Der Zug hätte etwas Verspätung gehabt. Die Begrüßung war sehr kurz. Er nahm sofort Karl, der noch halb schlief, auf den Arm, und so marschierten wir zum Dorf hinaus.

Nach zirka fünfzehn Minuten kamen wir zu einem großen Fluss, es war die Mur. Ein großes Boot aus Holz war da, welches mit einem langen Drahtseil an einem quer über die Mur gespannten Seil mit einer Laufrolle befestigt war. Der Fährmann stieg als Erster ein, dann kamen der Großvater mit Karl und zum Schluss Großmutter und ich. Ich hatte mit dem Einsteigen etwas gezögert, aber schon hatte mich meine Großmutter um die Mitte genommen, ein großer Schritt, und wir waren im schaukelnden Boot. Ein inneres Gefühl sagte mir, bei dieser Frau werde ich immer Schutz finden, und fest drückte ich mich auf dem Sitzbrett, wo wir inzwischen Platz genommen hatten, an ihre Seite.

Nach etwa zehn Minuten Überfahrt kamen wir am anderen Ufer an. Großvater stellte Karl nieder, nahm seinen ledernen Geldbeutel heraus und zahlte den Fährmann. Er meinte, zur Großmutter gewandt, es sei neu, dass man nun schon für kleine Kinder zahlen müsse. Jetzt nahm Großmutter Karl auf den Arm. Nach kurzer Zeit fragte ich, ob wir nun bald zu Hause wären. Großmutter meinte, ich müsste jetzt sehr stark sein, weil wir noch einen langen Weg hätten.

Meine kleinen Füße wurden auf eine harte Probe gestellt, denn von Purkla bis nach Abstall war eine ganze Stunde zu gehen. Diesmal beneidete ich meinen Bruder, denn er wurde abwechselnd getragen, und ich, der Große mit sechs Jahren, musste zu Fuß gehen. Aber auch dieser Weg hatte sein Ende; sehr müde und mit brennenden Füßen kamen wir in unserer neuen Heimat an.

Das Haus war ein flaches Gebäude mit Ziegeldach, das Haustor war ganz offen. Als wir eintraten, sagte die Großmutter, hier links wäre unser Stüberl, auf der anderen Seite die große Stube und in der Mitte die Küche. In diesem Moment ging die Stubentüre auf, und heraus kamen zwei Mädchen mit roten Kitteln und bloßen Füßen. Ich stellte fest, dass die Kinder hier bloßfüßig gingen. Dahinter kamen Tante und Onkel. Tante Mimi sagte, sie habe schon Milch auf dem Herd, und wir könnten gleich Nachtmahl essen. Hannerl und Tini versteckten sich hinter der Kittelfalte ihrer Mutter. Mir gefiel dies, denn ich fühlte mich sogleich als der Stärkere. Ich gab den Großen sowie den Kindern die Hand. Karl hatte noch wenig Verständnis für eine solche Begrüßung, deshalb hat es mit dem Handgeben bei ihm auch weniger geklappt. Onkel Toni hat uns mit seinen strengen Blicken durchbohrt, und ich dachte mir, jetzt sei es wohl besser, wir gingen gleich in unser Stüberl.

Die Einrichtung bestand aus zwei Betten, zwischen den Betten ein Tisch, ein Schubladenkasten, auf diesem eine Kredenz mit zwei Glastüren, daneben ein Kleiderkasten und am unteren Eck das Gitterbett für Karl. Ein kleines Eisenöferl und ein großer Holzkoffer beschlossen das bescheidene Mobiliar. Großmutter brachte die heiße Milch, da wurde fest Brot eingeschnittelt*. Wir hatten guten Appetit, denn seit Mürzzuschlag hatten wir nicht viel gegessen.

Als wir gerade beim Suppenlöffeln waren, ging die Tür auf, und herein kamen Hanni und Franzl. Sie kamen vom Felde heim und wollten uns zwei Neue begrüßen. Franzl war ein sehr netter Bub, gab mir die Hand und sagte, er wäre froh, dass ich da sei, nun seien wir zwei Buben und zwei Menscher (so nannte man die Mädchen). Karl wurde bei dieser Zählung von seiner Seite noch nicht mitgerechnet, da er noch zu klein war, und Hanni war wieder zu erwachsen. Auch Hanni war sehr lieb zu uns und meinte, dass wir jetzt eine große Familie wären.

Es wurde inzwischen Abend, und wir gingen bald schlafen. Als ich am nächsten Tag aufwachte, waren wir zwei Kinder schon allein im Zimmerl. Ein Leinenhöschen, welches etwas unter die Knie ging, und ein rupfernes* Leinenhemderl waren für uns bereitgelegt, Schuhe und Strümpfe, so wie ich es gewohnt war, gab es hier nicht. Ein Nachttopf stand unter dem Bett; da wir beide schon notwendig mussten, habe ich ihn hervorgezogen, mich dazugekniet, und los ging es. Karl habe ich sicherheitshalber darauf gesetzt. Die Tür ging auf, und herein kam die Tante. Sie sagte, wir sollten uns auch waschen, sie zeigte uns den Brunnen im Hof, betätigte die Brunnenstange, und schon kam Wasser heraus. Wir mussten uns mit fließendem Wasser waschen und mit dem Brunnenhangerl* abtrocknen.

Zum Frühstück gab es wieder Milch und Polentasterz*. Jetzt kam die Haus- und Hofbesichtigung. Hannerl und Tini, die jetzt nicht mehr so scheu waren, übernahmen die Führung. Zuerst ging es in den Kuhstall, die Großmutter saß auf einem Schemel und molk. Das erste Mal in meinem Leben sah ich, wie eine Kuh gemolken wird, und noch dazu von meiner Großmutter, was mir gewaltig imponierte. Zwei Kühe und ein Kalb standen im Stall. Weiter ging es in die Tenne. Hier lag viel frisch gemähtes Gras. Hannerl sagte, Großvater hätte das heute schon gemäht. An den Wänden hingen Sensen und Sicheln, Dreschflegel und große Reiter (Getreidesiebe). Eine lange Leiter stand da und ermöglichte den Aufstieg in den Heuboden. Hannerl meinte, da oben könne man gut Verstecken spielen, da viel Heu oben wäre. Anschließend an die Tenne war die Laubhütte, das Laub brauchte man zum Einstreuen im Kuhstall. Ein kleiner Gang trennte uns dann vom Schweinestall. Drei Schweine grunzten uns gutmütig entgegen.

Beim Stall vorbei kamen wir zu einem kleinen Örtchen, in die Türe war ein Herz geschnitten. Als wir hineinschauten, sahen wir einen offenen Abort, so wie er heute noch in ganz alten Bauernhäusern zu finden ist. Weiter ging die Besichtigung zur Holzhütte. Da lagen große Mengen gespaltenes Holz, dahinter stand Großvater mit einer großen Axt in der Hand und zerkleinerte die bereits geschnittenen Holz-scheiter. Als Großvater uns sah, sagte er: „Ihr kommt mir gerade zurecht, nehmt den Holzkorb, füllt ihn mit gehack-ten Scheitern und tragt das Holz in die Holzhütte!" Hannerl warf mir einen vielsagenden Blick zu und meinte, es wäre wohl besser gewesen, die Holzhütte nicht zu besichtigen. Es dauerte auch nicht allzu lange, und Hannerl war ver-schwunden. Zum Holztragen blieb ich allein übrig.

Als es Mittag wurde, kam Hannerl gelaufen und rief uns zum Essen. Es gab saure Milchsuppe und dazu eine große Schüssel Erdäpfel mit Schalen. Jeder musste seine Erdäpfel selbst schälen, ein kleines Essbrettl diente als Unterlage. Nur für Karl wurden die Erdäpfel geschält, sonst wäre er wohl nie zum Essen gekommen. Die Suppe stand in der Mitte des großen Tisches, und alle aßen aus der großen Schüssel. Zu Anfang und zum Schluss des Essens wurde ge-betet. Großmutter merkte sofort, dass ich nicht beten konn-te, und meinte, dass wir es schon lernen würden. Man zeig-te uns, dass der Löffel und das Messer am blauen Tischtuch abgewischt wurden. Jeder fand auf seinem Platz unter der Tischplatte eine Lederschlaufe vor, wo Löffel und Messer nachher hineingesteckt wurden.

Am Nachmittag durfte ich mit Großvater aufs Feld fah-ren. In der Zeit, wo Großvater arbeitete, musste ich auf die Kühe aufpassen. Die Kühe wurden vom Wagen ausge-spannt und freigelassen. Meine Aufgabe war, aufzupassen, dass die Tiere den zugewiesenen Wiesengrund nicht verlie-ßen, vor allem nicht auf Nachbars Kleeacker liefen. Zu die-ser Zeit ahnte ich noch nicht, dass außer dem Schulegehen das „Kuhhalten", so nannte man diese Betätigung, später für mich eine Hauptaufgabe wurde. Trotzdem sagte ich mir: „Hier ist es schön, hier gefällt es mir." Bevor es dunkel wur-de, hatte Großvater den Wagen beladen, die Kühe wurden vorgespannt, und im raschen Schritt ging es heimwärts.

Zu Hause angekommen, öffnete ich das Tor, welches den Hof von der Straße trennte. Onkel Toni, den ich jetzt das erste Mal seit unserer Ankunft sah, kam näher und meinte so über meinen Kopf hinweg zu Großvater, ob der Bub wohl auch zur Arbeit tauge. Großvater sagte: „O ja, am Vor-mittag hat er schon Holz getragen und am Nachmittag eben

Kühe gehütet." Diese Frage des Onkels und sein wiederum kalter Blick sagten mir: „Hier bist du nicht nur zum Essen da, hier musst du auch arbeiten."

Großmutter kam aus dem Haus heraus und sagte: „Wasche dir beim Brunnen schnell die Füße, damit die Suppe nicht kalt wird!" Ich hatte großen Appetit und beeilte mich sehr. Nun war Onkel beim Essen dabei, das Tischgebet war ganz kurz, dafür achtete Onkel sehr auf die Rangordnung. Zuerst langte er in die große Suppenschüssel, dann kam Tante, nachher die Großeltern und zum Schluss wir Kinder. Ich wollte gleich am Anfang mit meinem Löffel in die Suppe langen. Ein strafender Blick des Onkels hat mich aber sofort eines Besseren belehrt. Nach dem Essen durften wir Kinder noch etwas beim Brunnen im Hof sitzen, wir hatten uns ja viel zu erzählen. Die Großen hatten dafür nicht viel Verständnis, und so mussten wir uns zum Schlafengehen fertig machen. Großmutter war auch schon in ihrem langen Nachthemd, welches ihr bis zu den Zehen hinunterreichte. Sie sagte: „Heute wollen wir gleich mit dem Betenlernen anfangen." Die Petroleumlampe wurde angezündet, denn elektrisches Licht hatten die so genannten Kleinkeuschler*, zu denen wir gehörten, damals noch nicht.

Nun musste ich mich schön neben der Großmutter auf den Rücken legen, das Kreuz machen, und sie fing an, mir Zeile für Zeile vorzusagen. Wenn ich fehlerfrei nachsagen konnte, durfte ich mich zur Mauer drehen und einschlafen. Großmutter war mit meinem Lernfortschritt sehr zufrieden, denn nach einigen Tagen konnte ich mein erstes Gebet allein. Ich habe dieses Gebet in meinem Leben in keinem Gebetbuch gelesen oder gehört. Ich nehme an, es war Großmutters eigene Dichtung. Es hieß:

„In Gottes Namen gehen wir schlafen,
Gott und unsere liebe Frau wird uns nicht verlassen,
sie wird uns schicken sechs Engel,
zwei zu Kopfhaupten, zwei zu Füßen und zwei neben meiner,
die werden Hüter und Wächter sein."

Ich rechne heute noch der guten Frau diese Kindererziehung hoch an, denn damit hat sie bei mir den Grundstein für meine religiöse Weltanschauung gelegt.

Es folgten dann noch einige andere bekannte Gebete; als ich auch diese fließend konnte, gab sie sich zufrieden. Als Belohnung bekam ich jeden Sonntag eine Omelette. Das war unser Geheimnis, denn davon durfte niemand etwas merken. Großmutter machte sich zwei Omeletten in der Küche, eine davon hat sie gegessen, und die zweite hat sie in ihrer Schürzentasche verschwinden lassen. Ich musste jedes Mal unser Stüberl von innen zuriegeln, damit ich beim Essen von niemand überrascht wurde. . . .

Die Tage und Wochen vergingen so rasch, vormittags gab es für uns immer eine Arbeit, nachmittags mussten wir Kühe hüten. Es war ja inzwischen Herbst geworden, die Wiesen waren gemäht, die Kühe vom Fuchsenbauer und unsere zwei trieben wir Kinder auf die Weide. Unsere Aufgabe war, dass wir Kühe, die sich von der Herde entfernten, wieder zurücktrieben. Da wir eine genaue Arbeitseinteilung trafen, kam auf den Einzelnen nicht allzu viel, denn wir anderen hatten mit dem Baumkraxeln, Bacherlspringen, Abfangenspielen genug Zeitvertreib.

Eines Tages waren die Felder weiß. Fürs Erste glaubten wir, es sei Schnee gefallen, Großmutter aber sagte, es sei nicht Schnee, sondern der erste Reif. Wir mussten nun jeden Morgen Schuhe anziehen. Mit den Schuhen hatte ich immer Schwierigkeiten und meine Sorgen. Großmutter belehrte mich täglich, dass diese Schuhe, falls sie mir zu klein würden, dann der Karl tragen müsse. Ich dürfe also nicht zu schnell laufen damit, keine Steine schießen, nicht Fußball, das heißt Fetzenball, spielen, denn einen richtigen Gummiball hatten wir nicht, das wäre zu großer Luxus gewesen, und den konnten sich meine Großeltern nicht leisten.

Als im Spätherbst die ersten Wasserpfützen zufroren, da war es halt so viel lustig, darüber zu rutschen. Von den Großen durften wir uns dabei nicht erwischen lassen, denn da gab es eine kräftige Rüge und die Prophezeiung, dass der Krampus, der ja bald käme, uns mitnehmen würde. Täglich wurde es früher finster, die Petroleumlampe wurde angezündet, wir Kinder scharten uns um den eisernen Sparherd*, und Großmutter saß auf ihrem Holzschemel und erzählte uns wunderbare Geschichten. Es war eine schöne Zeit, nur wenn Großmutter anfing vom Krampus zu erzählen, da rückten wir ganz nahe an sie heran, denn nur zu schaurig war es anzuhören, wenn sie vom bösesten aller Krampusse, dem Rotzuller, erzählte. Derselbe sei das ganze Jahr in einer Felsenhöhle angekettet, habe einen Pferdefuß und eine lange rote Zunge, die bis an die Brust herunterreicht. Nur einmal im Jahr wird er losgelassen und holt sich die schlimmen Kinder, und das ist eben am Krampustag.

Als dieser von uns Kindern so gefürchtete Tag herankam, nahm ich mir vor, den ganzen Tag sehr brav zu sein. Aber es blieb leider nur beim guten Vorsatz. Als ich am Nachmittag so in den Hof hinausging, sah ich, dass beim Misthaufen das Mistwasser (genannt die Jauche) zugefroren war. Ich versuchte zuerst vorsichtig, darauf zu rutschen, aber weil es halt gar so gut ging, nahm ich immer größeren Anlauf. Jedes Mal kam ich um ein Stück weiter. Nun wollte ich einen Weitenrekord aufstellen, nahm vom Hof her einen großen Anlauf, und dann passierte es: Der Schwung war zu groß, ich rutschte übers Eis hinaus und in die Mistlacke hinein. Bis über die Schuhe stand ich in der stinkigen Jauche. Es war fürchterlich anzusehen. Da ist mir plötzlich der Krampustag eingefallen – ich war verzweifelt. Was sollte ich nun machen?

Ich ging zum Brunnen und pumpte mir das eiskalte Wasser auf die Schuhe. Gerade als ich riechen wollte, ob ich noch stinke, kam Großvater aus dem Haus und erwischte mich bei meiner Tätigkeit. Er sagte, ich sei der schlimmste Bengel auf der ganzen Welt und heute Abend werde mich der Krampus bestimmt mitnehmen. Der Onkel und die Tante, sogar die Großmutter, alle schimpften sie über mich. Ich sah mich schon in der großen Butte stecken. Das ist so ein offenes Holzfass, welches Krampusse auf dem Rücken tragen. Ich verkroch mich in den hintersten Winkel in unserem Stüberl und wartete auf die Dinge, die nun kommen würden. Auf einmal hörte ich draußen raue Stimmen und heftiges Kettengeklirre. In meiner Todesangst sprang ich aus meinem Versteck hervor, umklammerte die Knie der Großmutter, bat sie hundertmal um Verzeihung und versprach ihr, nun wirklich ein braver Bub zu werden. Karl schrie dazu, als ob er am Spieß stecken würde. Großmutter ging hinaus, und ich hörte, wie sie sagte: „Es kommt mir keiner herein, die Buben fürchten sich zu sehr!" Mir fiel eine Zentnerlast vom Herzen. Von dieser Stunde an war meine Großmutter für mich die beste und tapferste Frau auf der Welt. . . .

Das siebente Lebensjahr: Mitte April begann in Untersteier das neue Schuljahr. Niemand wusste zu dieser Zeit, wie lange der Krieg noch dauern würde, also musste ich mich einschreiben lassen. Es war eine vierklassige Volksschule. In jeder Klasse war eine erste und eine zweite Abteilung. Auf der linken Seite saßen wir Erstklassler und rechts die zweite Klasse oder zweite Abteilung. Unser Lehrer hieß Franz Jager und war zugleich auch Leiter der ganzen Volksschule. Für die Mädchen gab es im Dorf eine eigene Schule. Die wurde von den Kreuzschwestern* geleitet.

Für mich brachte der Schulbeginn eine große Wende in meinem Leben. Ich musste nun jeden Vormittag von acht bis zwölf Uhr und Nachmittag von zwei bis vier Uhr zur Schule gehen. Nach der Schule musste ich noch Aufgaben machen. Meine Großmutter, sonst eine sehr gute Frau, aber was Lernen anbelangte, war sie mehr als streng. Einmal hatte ich eine Strafaufgabe. Ich musste zwanzigmal schreiben: „Ich darf nicht schwätzen". Als Großmutter dies sah, sagte sie, sie hätte mich diesen Satz noch öfter schreiben lassen; die Schule sei eben zum Lernen und nicht zum Schwätzen da. Als ich merkte, dass ich auf diesem Gebiet keine Unterstützung erwarten konnte, habe ich von da an sehr viel und auch gerne gelernt.

Wir schrieben jetzt das Jahr 1915. Onkel Toni musste auch einrücken. Da der gute Onkel für uns Buben nicht viele freundliche Worte übrig hatte, waren wir nicht allzu traurig, als er beim Tor hinausmarschierte. Außerdem kam ein anderes großes Ereignis auf uns zu. Mein Vater schrieb aus Polen, dass er auf Urlaub käme. Wir mussten uns an diesem Tag besonders gut waschen, und Großmutter hat uns persönlich schön frisiert. Als Vater kam, hatten wir bei der Haustüre Aufstellung genommen. Es waren ja doch eineinhalb Jahre, seit wir Vater das letzte Mal gesehen hatten. Als Vater kam, hat er uns der Reihe nach begrüßt. Zu mir und Karl sagte er: „Ihr seid aber groß geworden."

Vater war ein fescher Mann. Seine Soldatenuniform gefiel mir sehr und erst recht seine weißen Sterne, welche er links und rechts am Rockkragen trug. Für mich war er mindestens ein General! Viel später erfuhr ich, dass der erste Stern die erste Charge bedeutete. Vater sagte, er könne nur drei Tage bleiben und in dieser Zeit werde er das Lederzeug für die Kühe reparieren. Vater war doch Sattlermeister. Anstelle von Kostgeld für uns Buben hatte er mit seinem Bruder Anton abgesprochen, dass er in der Urlaubszeit das Lederzeug in Ordnung bringen würde. Tante Mimi sagte zu Vater, er solle in die Stube kommen. Einstweilen ging sie in die Küche und richtete eine kräftige Jause für ihn.

Alle, von den Alten angefangen bis zu uns Kindern, setzten sich jetzt an den großen Tisch, und Vater erzählte vom Krieg. Es wurde sehr viel geredet. Ich merkte mir nur so viel, dass Vater in Galizien war und jeden Tag auf einer Ofenbank schlafen musste. Vom Krieg, so wie ich ihn mir vorstellte, hörte ich nichts. Ich raffte also all meinen Mut zusammen und sagte: „Vater, wie viele Feinde haben Sie schon erschossen?" Wir Kinder mussten ja die Eltern per Sie ansprechen.

Die Frage kam etwas unverhofft. Ich merkte, dass Vater nicht gleich wusste, was er sagen sollte. Aber dann erzählte er uns allen von seinem großen Glück. Er wäre, da er Sattlermeister sei, dem Tross* zugeteilt. Da seien viele Handwerker dabei, es gäbe Schmiede, die die Pferde beschlagen, Wagner, Sattler, Schuster und Schneider. Sie müssten für die kämpfenden Truppen alles instand halten. Bei diesem so genannten Tross, sagte Vater, gebe es viel weniger Tote und Verwundete, daher sei die Möglichkeit viel größer, wieder gesund nach Hause zu kommen. Da aus unserem Dorf auch schon einige gefallen waren, war ich über das Gehörte sehr froh.

Am nächsten Tag hat Vater sofort mit dem Instandsetzen des Lederzeuges begonnen. Als ich von der Schule heimkam, war unser Stüberl in eine Werkstatt verwandelt. Vater saß auf einem Stockerl und reparierte das Lederzeug. Das ganze Stüberl roch nach verschwitztem Leder. Ich musste gleich mithelfen und die Messingscheiben, welche an den Kummeten* angebracht waren, putzen. Vater sagte: „Nun wirst du bald sieben Jahre alt, bist schon ein starker Bub und musst langsam ans Arbeiten denken." Ja, wenn Vater gewusst hätte, was ich in diesem Moment dachte ... Er hätte wahrlich mit mir keine Freude gehabt. Meine Träume waren, einmal ein großer Kaufmann zu werden. Ich wollte einkaufen und wieder verkaufen. Aber es kam alles anders.

Die drei Tage Urlaub meines Vaters gingen dem Ende zu. Alles Lederzeug war schön repariert, geputzt und lackiert. Vater fing wieder an einzupacken. Großmutter und die Tante haben einen großen Rucksack voll Lebensmittel hergerichtet, denn in Mürzzuschlag war die Not sehr groß. Am nächsten Tag nahm Vater Abschied von uns allen. Die Großeltern begleiteten Vater den langen Weg bis zum Bahnhof. ...

Eines Tages kam eine nette Dame zu uns ins Haus. Sie ging zu meiner Tante und sagte, sie sei meine neue Lehrerin in der zweiten Klasse. Da meine Tante auch etwas Milch verkaufte, wurde zwischen den Frauen vereinbart, dass ich jeden Tag abends um sechs Uhr einen Liter Milch zur Frau Lehrerin tragen müsste. Für mich war das eine große Freude, erhoffte ich mir doch, die Frau Lehrerin auch außer der Schule kennen zu lernen.

Am nächsten Tag, Punkt sechs Uhr Abend, trug ich meinen ersten Liter Milch zur Frau Lehrerin. Bei der schönen Haustüre war ein Glockenzug angebracht. Elektrische Klingeln gab es damals noch nicht. So zog ich ziemlich fest am Zug. Es läutete dementsprechend laut. Frau Fasching – so hieß meine neue Lehrerin – kam auch sofort heraus. Sie meinte, ein nicht so festes Läuten würde auch genügen. Ich versprach ihr, nicht mehr so fest anzuziehen. Als die Lehrerin merkte, dass ich mit großen Augen ins Hausinnere blickte, fragte sie mich, ob ich mir das Haus von innen ansehen möchte. Ich nahm all meine Höflichkeit zusammen und sagte: „Bitte, sehr gerne!"

Da ich bloßfüßig war, musste ich mir die Füße mit einem Tuch abwischen, dann zeigte sie mir das ganze Haus. Es war das erste Mal in meinem Leben, dass ich ein so feines Haus von innen sah. Ich kam aus dem Staunen nicht heraus. Die schönen Möbel, die Bilder, die herrlichen Teppiche! Ich wich dem großen Wohnzimmerteppich aus, ging daneben auf dem Parkettboden. Als die Lehrerin dies sah, musste sie lächeln und sagte: „Steig nur drauf! Die Teppiche sind dafür da, dass man darübergeht." Ach, war das weich und herrlich! Für mich öffnete sich eine neue Welt. Ich wusste nun, dass es bessere Leute gibt, die anders wohnen als wir.

Als ich wieder nach Hause kam, haben schon die Nachbarkinder auf mich gewartet. Ich musste ihnen erzählen, wie es in so einem Haus innen ausschaut. Ich erzählte von den schönen, weichen Teppichen, den weißen Vorhängen und so weiter. An ihren Gesichtern merkte ich, dass sie mir das wieder einmal nicht glaubten, denn nur zu oft habe ich ihnen Geschichten erzählt, die ich erfunden hatte. Am nächsten Tag, als ich von der Frau Lehrerin zurückkam, standen wieder die Kinder beim Tor und haben schon auf mich gewartet. Auf Kommando haben sie angefangen zu singen: „Loisl, Loisl, Sechterboden*, was du redst, is all's derlogen!" Mir war das zu viel. Bei der Stalltüre habe ich die Goaßl (Peitsche) vom Großvater genommen und habe sie alle davongejagt.

Am nächsten Tag waren alle wieder da. Sie meinten, ihre Eltern hätten bestätigt, dass alles wahr wäre über das Haus der Frau Lehrerin. Wir schlossen wieder Frieden, und ich musste wieder weitererzählen.

Mein achtes Lebensjahr: Am 11. Mai 1916 hatte ich also meinen siebenten Geburtstag. Wir Kinder hatten eine schöne Zeit, denn es waren ja Ferien. Vormittags mussten wir kleinere Hausarbeiten verrichten, nachmittags trieben wir die Kühe auf die Weide. Wir waren immer so vier bis fünf Kinder beisammen. Es war eine herrliche Zeit. Abends um halb sieben Uhr mussten wir die Kühe wieder nach Hause bringen. Eines Tages hat sich was Besonderes zugetragen.

Großvater war mit den Kühen auf das Feld gefahren. Ich hatte an diesem Nachmittag keine Beschäftigung, ging daher in die Küche, nahm die Streichhölzer vom Ofen und spazierte hinaus auf die Felder. Da kam ich an einem Heuschober vorbei. In diesem Moment dachte ich an meine Zünder. Bis heute weiß ich nicht, wie mir der Gedanke kam, den Heuschober anzuzünden, um einmal aus der Nähe ein großes Feuer zu sehen. Ohne zu überlegen kniete ich mich also hin und zündelte. Das erste Streichholz brach ab, zum zweiten bin ich nicht mehr gekommen. Ich bekam von hinten eine kräftige Ohrfeige.

Der Bauer Adam stand mit erhobener Hand und zornigem Blick vor mir. Er sagte, ich sei ein ganz gefährlicher Bub und gehöre sofort eingesperrt. Er machte wieder eine drohende Bewegung auf mich zu. Ich wartete die nächste Ohrfeige nicht ab, machte einen Sprung zur Seite und war auf und davon. Der Bauer rief mir nach, er werde die Gendarmerie zu meiner Großmutter senden, damit sie mich abholen. In diesem Moment war mir klar, dass ich nicht mehr nach Hause durfte. Trotzdem schlich ich beim Hause herum, sah aber keinen Menschen.

Es kam mir der Gedanke: „Wenn du jetzt von zu Hause fortgehst, brauchst du ja was zum Essen." Schnell lief ich ins Haus hinein. Es war alles still. Ich ging in die Stube, ein Laib Brot lag ja ständig in der Tischlade. Obwohl wir uns normalerweise kein Brot selbst abschneiden durften, nahm ich das große Brotmesser und schnitt mir über den ganzen Laib ein Stück herunter. Nun nahm ich mir noch meinen Janker, einen kurzen Blick in unser Schlafstüberl, dann ein paar rasche Schritte über den Hof in Richtung neue Straße. Ich schlug die Richtung nach rechts ein, denn da hatte ich die Häuser eher hinter mir.

Als ich so eine halbe Stunde unterwegs war, sah ich auf der leeren Landstraße einen Mann in Uniform daherkommen. Mein erster Gedanke war, das kann ein Gendarm sein, der mir bereits entgegenkommt. Zu meinem Glück bog gerade ein kleiner Feldweg seitlich ab, welcher in einem Gestrüpp von Stauden endete. Diese Stauden benützte ich sofort als Versteck und wartete, bis der vermeintliche Gendarm näher kam. Als der Mann so an die zwanzig Schritte vor mir vorbeiging, sah ich, dass es doch kein Gendarm, sondern ein uniformierter Briefträger war. Mir fiel ein Stein vom Herzen.

Vorsichtig ging ich wieder zur Straße und setzte meinen Weg fort. Einige Dörfer hatte ich schon hinter mir, immer mit dem Gedanken: „Einmal muss die Straße doch ein Ende haben! Vielleicht wohnen dort gute Menschen, und ich kann für immer bei ihnen bleiben?" An die zwei Stunden war ich schon unterwegs. Es fing bereits zu dämmern an, als ich in eine größere Ortschaft kam. Als ich so vorsichtig dahinwanderte, um ja keinen Gendarm zu übersehen, merkte ich, dass vor mir zwei Frauen gingen, jede eine Tasche in der Hand.

Auf einmal wendete sich eine der beiden Frauen um. Als sie mich sah, ließ sie die Tasche fallen, schlug beide Hände auf die Brust und schrie: „Um Gottes willen, das ist ja unser Loisl! Was macht denn der hier in Mureck, das sind ja zweieinhalb Stunden von zu Hause weg." Zuerst wollte ich davonlaufen, aber die beiden Frauen waren schon bei mir. Es war Hanni, die mit ihrer Bekannten nach Graz fahren wollte. Mureck war eben der nächste Bahnhof, zirka zehn Kilometer von zu Hause entfernt.

Nun musste ich alles erzählen. Hanni hat die Ruhe als Erste wieder gefunden. Sie ging mit mir ins nächste Geschäft hinein und ersuchte den Kaufmann, er möge nach Abstall telefonieren, man solle mich hier abholen. Der Mann hat mich sofort in ein Zimmer gesperrt. Hier musste ich nun warten. Hanni musste ja weiter zum Bahnhof.

An die drei Stunden bin ich wohl auf einem Sessel gesessen, draußen war schon stockfinstere Nacht. Auf einmal hörte ich bekannte Stimmen. Es waren Großvater und Franzl, die mich abholten. Franzl versicherte mir sofort, dass mir nichts passieren würde, das ganze Dorf hätte mich gesucht, keiner wäre auf den Gedanken gekommen, dass ich so weit von zu Hause fort sei. Beide nahmen mich bei der Hand, und zurück ging es wieder an die drei Stunden bei Nacht und Nebel bis zur Großmutter.

Als wir zu Hause ankamen, wartete Großmutter schon auf mich. Ich habe sie nie so zornig und zugleich auch freudig gesehen wie dieses Mal. „Großmutter", sagte ich, „ich werde so etwas nie mehr machen, ich habe mich halt vor den Gendarmen wegen dem Einsperren so gefürchtet."

Am nächsten Tag, als ich mit meinen Freunden zusammenkam, war ich der große Held. Jeder wollte wissen, wie es wohl außerhalb unseres Dorfes aussah. Es waren ja Ferien, und so hatte ich viel Zeit, meine Erlebnisse zu erzählen.

Als die Schule wieder begann – ich war nun in der zweiten Klasse –, da musste ich gleich am ersten Tag meinen

Ausreißer dem Herrn Lehrer und den anderen Kindern erzählen. Dadurch wurde ich ungewollt zum Mittelpunkt der Klasse. Meine Großmutter nützte diesen Umstand geschickt aus und sagte mir, ich müsse jetzt beweisen, dass ich nicht nur ein schlimmer, sondern auch ein gescheiter Bub sei. Ich lernte auch fleißig. Wenn ich wirklich einmal auf die Frage des Herrn Lehrer keine Antwort wusste, so konnte ich die Nacht nicht schlafen. Ich dachte mir, das darf nicht wieder passieren. Es war der Ehrgeiz, der damals in meinem jungen Leben einzog und – heute kann ich es wohl sagen – mich nie wieder verließ.

Auch dieses zweite Schuljahr ging so wie das erste mit vormittags Schulegehen, danach Kühehüten und abends Aufgabenschreiben zu Ende. Mein Zeugnis war mittelmäßig. Ich war eigentlich enttäuscht darüber, da ich mir einbildete, ich sei einer der Besten in der Klasse.

Mein neuntes Lebensjahr: Mein drittes Schuljahr begann. Der Krieg ging immer weiter, in unserem Dorf gab es schon viele Gefallene und Verwundete. Mein Vater schrieb sehr selten, und von Urlaub war keine Rede mehr. Wir schrieben das Jahr 1918.

In unserer kleinen Volksschule war gegen alle Windischen* ein Hass ausgebrochen. Die Windischen, das waren die jetzigen Jugoslawen. Wir bewaffneten uns mit Steinen, welche wir in den Schultaschen mit in die Schule nahmen, andere versteckten Prügel unter den Schulbänken. Als in der Zehn-Uhr-Pause der Lehrer die Klasse verließ, sprangen wir mit Steinen und Prügeln bewaffnet aus der Schule. Hinter dem Kirchenplatz ging es los: Die Deutschen kamen von links und die Windischen von rechts. Eine Schlägerei begann, die meist mit blauen Flecken und zerrissenen Hosen endete. Nur das Pausenzeichen, welches wir bis zum Kirchenplatz hinaus hörten, machte unserem Krieg ein Ende.

Meine Großeltern waren sehr katholisch. Die Großmutter sagte einmal: „In vierzehn Tagen ist in Radkersburg die heilige Firmung. Sobald der Krieg zu Ende ist und die Buben dann wieder nach Mürzzuschlag zurückmüssen, ist es mit dem Firmen vorbei." Denn Vater und Stiefmutter hatten kein Interesse an der katholischen Kirche. Beide Großeltern kamen zu dem Entschluss, mich, den Älteren, firmen zu lassen.

Von Abstall bis Radkersburg waren es zirka sechs Kilometer. Der Großvater sagte: „Hosen und Röckerl hat der Loisl ja, aber mit den saulederen Schuhen kann er nicht zur Firmung gehen." Großmutter meinte, unsere Nachbarn, die Siebenmandl, hätten ein Mädchen, ungefähr neun Jahre alt, dessen Schuhe würden mir vielleicht passen. Gleich ging die Großmutter hinüber und fragte. Ja, die Schuhe könne ich schon haben, aber das sind ausgesprochene Mädchenschuhe. Die haben auf der äußeren Seite Knöpfe, mit einem Knöpfelzieher* zum Zumachen. So musste ich eben mit den Mädchenschuhen die sechs Kilometer bis nach Radkersburg zur Firmung gehen.

Als Firmpaten hatte meine Großmutter einen Mühlenverwalter aufgetrieben, dessen Frau hatte auch ein Mädchen zur Firmung. Als der Firmungstag herankam, gingen also die Frau Martl und mein Firmpate mit uns zwei Kindern von Abstall bis nach Radkersburg zu Fuß zur Firmung. Die Schuhe haben wohl gedrückt, aber mit etwas Schmerzen sind wir doch in Radkersburg angekommen. Die Kirche war schon voll Menschen. Wir bekamen sofort einen Platz angewiesen. Alle mussten wir uns aufstellen. Vorne die Kinder und hinten die Firmpaten. Nach einiger Zeit kam auch der Herr Bischof mit seinem Gefolge. Mit Handauflegung und einem Segensspruch war die Firmung zu Ende.

Nun kam für uns Kinder das Wichtigste: „Was werde ich wohl als Firmungsgeschenk bekommen?" Mein Wunsch wäre halt eine Taschenuhr gewesen. Diesen Wunsch musste ich aber bald vergessen. Wir gingen alle auf den Kirchenplatz hinaus. Da gab es viele Standerln mit Firmungsgeschenken. Meine Firmungskameradin und ich bekamen jeder ein schönes Gebetbuch, dazu ein silbernes Fünf-Kronen-Stück. Ich wusste wohl, dass die fünf Kronen viel Geld waren, so hatte ich auch meine Freude damit. Nach einem guten Mittagessen ging der Fußmarsch bis zu meiner Ortschaft Abstall wieder los. Meine Füße haben mir von den Mädchenschuhen schon sehr wehgetan, endlich konnte ich wieder bloßfüßig gehen. Nun war ich einer der wenigen Buben, die gefirmt waren, und ich war sehr stolz darauf.

Zu Ende ging auch der Erste Weltkrieg. Im November 1918 sind alle Fronten zusammengebrochen, die Schlachten waren zu Ende, die ersten Soldaten kamen schon nach Hause. Ende November kam ein Schreiben von meinem Vater, dass auch er heimgekehrt ist. Vater schrieb, er würde uns zwei Buben innerhalb von acht Tagen holen.

Mein zehntes Lebensjahr: Eines Tages, es war Anfang Dezember 1918, kam Vater bei der Tür herein und sagte: „Der Krieg ist aus, ich hole euch zwei Buben nach Mürzzuschlag." Der Abschied von meiner Großmutter war für mich so schwer, die Abschiedsszene vergaß ich mein Leben lang nicht. Großmutter begleitete uns bis zur Mur. Den Weg bis zur Bahnstation Purkla hatte ich noch in Erinnerung, nur war ich jetzt um viereinhalb Jahre älter als damals. Nun waren wir Buben mit Vater allein. Die Station Purkla war erreicht, in einer halben Stunde kam auch der Zug. Weiter ging es in Richtung Mürzzuschlag. Vater sagte uns, wir sollen nicht so traurig sein, Großmutter komme in vierzehn Tagen nachschauen, wie es uns gehe. Die Eisenbahnfahrt war schön, es gab so viel zum Schauen. In einer Stunde waren wir in Graz, noch einmal eine gute Stunde, und wir waren in Mürzzuschlag. Vater konnte das ganze Gepäck nicht auf einmal tragen, ich musste also mit einem großen Koffer auf dem Bahnhof bleiben. Er ging mit Karl nach Hause. Nach einer halben Stunde holte er auch mich. Die Stiefmutter begrüßte mich kurz und sagte, sie habe von mir schon viel gehört, gute und auch schlechte Sachen. Sie meinte, ich solle fleißig arbeiten und lernen, dann kämen wir mitsammen schon aus.

Begrüßt habe ich nun auch die Schwester Hilde; die war sechs Jahre alt und hat mir sehr gefallen, weil sie kleiner war als ich. Es kam der erste Abend heran. Als Bett bekam ich in der Küche ein Tafelbett*; es war sehr hart, trotzdem schlief ich sehr gut. In der Früh musste ich das Bettzeug verstauen, die Tafel draufgeben, und fertig war der Tisch, an dem wir Kinder essen konnten.

Am nächsten Tag ging ich mit Mutter in die Schule neu einschreiben. Ich kam in die dritte Volksschulklasse und hatte eine junge, gute Lehrerin. Damals hat es noch viermal im Jahr ein Zeugnis gegeben. Für zwei Quartale hatte ich die Noten mitgebracht. Die Lehrerin meinte, das müsse besser werden, zumal ich schon ein paar Monate in Untersteier in die Schule gegangen sei. Dort fing die Schule zu Ostern an, bei uns in der Obersteiermark im September. Gleich in den ersten Schultagen merkte ich, dass ich zum Großteil schon alles wusste, was die anderen erst lernen mussten. Im Zeugnis – es war das dritte Quartal – hatte ich alles Einser bis auf einen Zweier, und der war im Singen. Vater sagte, ich solle den Mund besser aufmachen, dann bekäme ich auch im Singen eine Eins. Im vierten Quartal hatte ich tatsächlich alles Einser. Die Lehrerin sagte zu mir: „Ich schenke dir den Einser, denn das Singen wirst du nie lernen."

Nun war auch mein Vater mit mir zufrieden. Er sagte zu meiner Stiefmutter, da gerade Jausenzeit war: „Heute bekommt der Loisl ein besonders großes Schmalzbrot, weil er so ein gutes Zeugnis gebracht hat." Die Mutter schnitt wirklich mein Brot etwas größer. Nach Herzenslust konnte ich essen, und ich war überglücklich, endlich einmal so viel Brot zu essen, wie mir schmeckte. Der Lehrbub Franzl und mein Bruder Karl mussten mit kleineren Stücken auskommen. Somit hatte mein drittes Schuljahr ein schönes Ende für mich genommen.

Mein elftes Lebensjahr: Ich kam in die vierte Klasse. Wir hatten einen sehr strengen Lehrer. Etwa zehn Buben waren schon da, die die Klasse ein zweites Mal machen mussten. Ich dachte mir: „So was darf dir nicht passieren, hier musst du eben viel und fleißig lernen."

Eine große Wende kam in diesem Jahr auf mich zu. Mein Vater brauchte einen Lehrjungen. So nahm er den Franzl, der mit mir bei der Großmutter aufgewachsen war. Der musste sehr viel arbeiten. Er hatte aber immer noch Zeit, für uns Buben Holz zu hacken. Wir gaben ihm dafür einen Apfel oder ein Stück Brot, welches wir heimlich von der Küche abzweigten. Franzl musste im Burschenzimmer schlafen. Die Mutter meinte, wir Buben könnten auch bei Franzl schlafen. Eine größere Freude hätte sie uns nicht machen können. Wir drei Buben waren jetzt abends und die ganze Nacht allein. Es war herrlich! Um neun Uhr sollten wir spätestens schlafen, aber es wurde täglich zehn bis elf Uhr, wir hatten uns immer so viel zu erzählen.

Eines Tages trug sich ein besonderes Ereignis zu. Als ich von der Schule nach Hause kam, wartete schon meine Stiefmutter auf mich. Sie sagte: „Ich habe mit dir zu reden!" Im Küchenschrank sei ein Scherzl von einem Laib Brot gelegen. Dieses Brot sei jetzt weg. Da niemand außer mir in der Küche gewesen war, konnte nur ich es genommen haben. Ich sagte: „Nein Mutter, ich habe es nicht genommen." Sie nahm mich bei den Schultern und ging mit mir zum Vater in die Sattlerwerkstatt hinein. Er saß gerade auf seinem Arbeitsstockerl, hatte einen Rohrstock in der Hand, da er gerade an einem Kummet arbeitete. Er nahm mich beim Rock und sagte: „Wenn du jetzt nicht die Wahrheit sagst, haue ich dich so viel, wie du noch nie bekommen hast." Ich ging einen Schritt zurück und sagte: „Ich habe es wirklich nicht genommen." Vater langte nach mir, legte mich über sein Knie, nahm seinen spanischen* Stock in die Hand und haute mich so viel wie noch nie.

Ich ging in die Holzhütte und weinte viele Tränen. Am nächsten Tag habe ich wieder das Holzloch in der Küche angefüllt. Großmutter war auch da und rieb gerade den Boden. Auf einmal stieß sie einen Schrei aus und sagte: „Da ist das Scherzl Brot, für das du gestern so viel Schläge bekommen hast. Hier unterm Kasten ist es gelegen. Jetzt gehen wir aber gleich zum Vater und sagen ihm das." Sie sagte: „Da schau her, Luis, hier ist das Brot! Gestern hast du den Loisl umsonst geschlagen." Vater schaute das Brot an und sagte: „Na ja, hättest schon öfter Schläge verdient und hast keine bekommen, nun sind wir wieder gleich." . . .

Aufgrund seiner guten Schulleistungen besuchte Alois Schönthaler die dreijährige Bürgerschule. Sein Naturgeschichtelehrer begeisterte ihn und andere Buben dafür, auf der Rax einen Alpengarten anzulegen, der sich in den folgenden Jahren zu einem regelmäßigen Ausflugsziel des Autors entwickelte. Auf Wunsch seines Vaters trat er dem örtlichen Turnverein bei. Eine von diesem Verein im Sommer 1920 organisierte Reise mit Schauturnen in verschiedenen deutschen Städten wurde für den Dreizehnjährigen zu einem unvergesslichen Erlebnis, dem er in seinen Erinnerungen viel Raum widmete.

Als Alois Schönthaler nach Abschluss der Bürgerschule keinen Lehrplatz als Kaufmannslehrling bekam, musste er 1923 beim Vater in der Sattlerei zu arbeiten anfangen.

Mein fünfzehntes Lebensjahr: Mein Vater war ein fleißiger Mann. Er war Sattler- und Tapezierermeister. Damals gab es im ganzen Ort nur ein paar Autos, dafür sehr viele Pferde. Die finanziell besser gestellten Leute ließen sich im Sommer nach Mariazell fahren und im Winter mit dem Schlitten spazieren führen. Mit eigenen Sportlerzügen kamen sie von Wien nach Mürzzuschlag, um Schi zu fahren. Für meinen Vater war das ein gutes Geschäft. Er verkaufte handgenähte Schibindungen, welche der Franzl und ich nähen mussten.

Der Winter ging zu Ende, eine neue Arbeit in meinem Beruf begann. Für die besseren Leute machten wir Rosshaarmatratzen, für Arbeiter Strohsäcke. Polstermöbel gab es nur für die Oberklasse.

Mein sechzehntes Lebensjahr: Nun hatte ich schon ein Jahr Lehrzeit hinter mir. Den Traum vom Kaufmannslehrling hatte ich bereits vergessen. Mein Hauptinteresse galt dem Tapeziererhandwerk. Afrikmatratzen wurden immer mehr. Die Strohsäcke gerieten in Vergessenheit. Afrik* wurde von Afrika als Schiffsballast eingeführt; daher der günstige Preis. Franzl, der große Lehrling, und ich mussten fleißig Matratzen machen. Täglich zwei Betten, sonst bekamen wir Schwierigkeiten mit dem Vater. Die Firma Kleinhans, das größte Kaufhaus in unserem Ort, hatte sich entschlossen, auch Matratzen zu verkaufen, für uns Buben eine wichtige Sache. Bei jeder Lieferung bekamen wir jeder eine Krone Trinkgeld.

Samstag und Sonntag gingen wir weiterhin auf die Rax zu unserem Alpengarten. Dieser war teilweise schon in schönster Blüte. Der Herr Lehrer hatte mit uns eine große Freude, weil wir immer so schöne Blumen brachten. Nur mit den Edelweiß hatten wir Schwierigkeiten, es waren zwar einige vorhanden, aber nach unserer Vorstellung eben zu wenige.

74

Mein siebzehntes Lebensjahr: Mein letztes Lehrjahr begann. Jetzt spezialisierte ich mich mehr auf bessere Arbeiten. Unser Malermeister Clupartie wollte einen großen Ohrenfauteuil. So etwas gab es nirgends zu kaufen. Das musste angefertigt werden. Das Holzgestell dafür ließen wir von einem Tischlermeister mit Hilfe eines Fachbuches anfertigen. Alles andere habe ich gemacht. Der Malermeister hatte große Freude damit. Er sagte mir, ich würde einmal ein guter Tapeziermeister werden. . . .

In diesem Jahr war auch meine Lehrzeit zu Ende. Für meine Abschlussprüfung im Tapezierhandwerk habe ich einen Matratzenpolster, in der Sattlerei einen Pferdezaum gemacht. Alles mit gutem Erfolg bestanden! Somit war ich Gehilfe. Mein Vater hat mir auch etwas mehr Lohn bezahlt; ich bekam fünf Schilling in der Woche und war damit sehr glücklich.

Mein größter Wunsch war, ein eigenes Fahrrad zu besitzen. In einer Zeitung las ich, eine Grazer Firma verkaufe Fahrräder gegen eine kleine Anzahlung und zwanzig Schilling monatlich. Das war gerade so viel, als ich im ganzen Monat verdiente. Außerdem musste ich einen Gutsteher* haben. Ich ging also zu meinem Vater und bat ihn darum. Anfangs wollte er nichts davon wissen. Er meinte: „Dann hast du wohl das Fahrrad, aber keinen Groschen Geld." Damals war es der Brauch, dass ab und zu die Pferdegeschirre am Sonntag repariert werden mussten. Da sagte ich, dass ich fest mitarbeiten würde, um mir ein paar Schilling dazu zu verdienen.

Mein Vater hat dann doch die Haftung übernommen. Ich war der glücklichste Mensch auf der Welt! In vierzehn Tagen war das Rad da. Meine Freunde und ich haben es zusammengestellt, und los ging die erste Fahrt durch Mürzzuschlag! Viele Leute haben auf mich geschaut, ich kam mir vor wie ein kleiner König. Meine beiden Freunde hatten ja alte, verrostete Räder, so konnten wir schöne Touren machen. Es war eine herrliche Zeit! . . .

Der Beruf des Tapezierers machte Alois Schönthaler viel Freude. Seine Kenntnisse erweiterte er auf zwei Arbeitsplätzen in Badgastein und St. Pölten. Mit zweiundzwanzig Jahren lernte er wäh-

rend der Arbeit auf Schloss Wasserburg bei St. Pölten seine spätere Frau Fanny kennen, die dort als Köchin beschäftigt war. 1933, im vierundzwanzigsten Lebensjahr, kehrte er wieder in den väterlichen Betrieb zurück und holte seine Partnerin nach. Das Zusammenleben mit dem Vater erwies sich auf Dauer aber als unmöglich.

Zu Hause angekommen, haben wir zuerst alle begrüßt. Dann sind wir in unser Zimmer gegangen. Die ganze Einrichtung waren Einzelstücke, vom Ofen bis zu den Betten. Etwas neu zu kaufen, war nicht möglich, da das Geld fehlte. Im Laufe der Tage hat sich herausgestellt, dass Fanny jedes Mal zum Vater gehen und um Geld bitten musste, wenn sie was zu essen kaufen musste. Vater sagte dann meistens: „Ich habe kein Geld." Fanny sagte dann: „Wir haben auch keines. Wenn ich nichts kochen kann, so hat Loisl nichts zu essen und kann auch nicht arbeiten." So ging das Woche für Woche weiter.

Mein fünfundzwanzigstes Lebensjahr: Einmal sagte Vater, nachdem ein Zimmerherr ausgezogen war, wir könnten dieses Zimmer als Schlafzimmer benützen. Das Zimmer war im ersten Stock. Wir sind gleich umgezogen. So hatten wir jetzt Küche und Wohnzimmer, das Schlafzimmer war im ersten Stock.

Unsere Sonntagsfreude war das Motorrad. Leider konnten wir nicht viel fahren, da wir sehr wenig Geld hatten. An einem Sonntag bin ich mit meiner Fanny nach Pottenbrunn zu ihrer Mutter gefahren. Sie meinte, Fanny könnte wieder im Schloss Wasserburg anfangen, da der Küchenchef sehr oft nach uns fragen würde. Wir spazierten nach Schloss Wasserburg hinunter. Fanny ging zu ihrem ehemaligen Chef, der sich sehr freute und sagte, sie könne sofort wieder anfangen. Fanny blieb bei ihrer Mutter, ich fuhr allein nach Hause.

Nun war ich wieder allein zu Hause. Vater glaubte wohl, dass mir nichts anderes übrig blieb, als weiterzuarbeiten. Bei einem Gespräch mit meinem Vater stellte sich heraus, dass er mir weder mehr zahlen könne, noch in nächster Zeit das Geschäft übergeben würde. Daraus habe ich die Konsequenzen gezogen, habe alles, was ich hatte, in eine große Kiste hineingegeben und meinen Bruder Walter ersucht, er möge mir die Kiste nach Pottenbrunn nachsenden. Ich habe mich auf mein Motorrad gesetzt und – ohne mich zu verabschieden, bin ich weggefahren.

Am Semmering oben musste ich feststellen, dass mein Benzin zu Ende ging. Da ich auch kein Geld mehr hatte, blieb mir nichts anderes übrig, als mein geliebtes Motorrad zu verkaufen. In Gloggnitz bei einem Wirt habe ich Halt gemacht. Ich musste mich ausweisen, alle Motorradpapiere vorlegen, da die Leute glaubten, ich habe es gestohlen. Es fand sich auch ein Käufer, der sich die günstige Gelegenheit nicht entgehen ließ und mir den niedrigen Preis bezahlte. Als ich das Geld übernommen hatte, war mein erster Gedanke: „Sofort zum Bahnhof, und mit dem nächsten Zug nach Pottenbrunn zu meiner Fanny!" Als ich bei ihr ankam, sagte sie, es wäre das Beste gewesen, was ich hätte tun können. . . .

Alois Schönthaler begann in Wien in einem renommierten Tapeziererbetrieb zu arbeiten und heiratete 1935 seine Freundin Fanny. 1939 wurde eine Tochter geboren.

Im Zweiten Weltkrieg war der Autor ab 1941 vorwiegend in Frankreich und Deutschland im Einsatz. Aus französischer Kriegsgefangenschaft 1946 heimgekehrt, traf er seine Frau samt Tochter überraschend bei seiner Mutter und Schwester in Kapfenberg an. Noch im selben Jahr absolvierte Alois Schönthaler die gewerbliche Meisterprüfung.

Nachdem der eheliche Sohn Walter im Krieg gefallen war, überredete sein Vater ihn ein weiteres Mal, in seinem Betrieb in Mürzzuschlag zu arbeiten. Als die Meinungsverschiedenheiten aber kein Ende nahmen und die Hoffnung, einmal den väterlichen Betrieb zu übernehmen, sich endgültig zerschlug, machte er sich selbständig und gründete in Kapfenberg ein eigenes Polsterer- und Tapeziergeschäft, das er in den folgenden Jahren kontinuierlich vergrößerte und schließlich seiner Tochter Helga übergab.

In hohem Alter konnte Alois Schönthaler in seiner Autobiographie mit Stolz auf seinen geschäftlichen Erfolg und sein familiäres Glück zurückblicken. Alois Schönthaler starb am 5. März 2002 im dreiundneunzigsten Lebensjahr.

FRANZ GSÖLLPOINTNER

wurde am 1. September 1911 als zweites uneheliches Kind einer Küchengehilfin in Wien geboren. Er wuchs anfangs gemeinsam mit seinem älteren Halbbruder Hans bei einer Ziehfamilie in Steyr (Oberösterreich) auf. Nach dem Tod des Ziehvaters verbrachte er die Jahre zwischen 1917 und 1925 in zwei Heimen, in der „Schutzanstalt" der Pfarre Steyr und im Heim der Schwestern „Zum Guten Hirten" in Linz.

Ab Mitte der 1980er Jahre hielt Franz Gsöllpointner die recht wechselhaften Erfahrungen seiner Kindheit in mehreren kurzen Erzählungen fest, und zwar in Form von Gute-Nacht-Geschichten für seine Enkelkinder. Von diesen lebensgeschichtlichen Erzählungen sind drei erhalten geblieben, welche genau die oben genannten Kindheitsstationen umfassen.

Die Aufzeichnungen sind mit Maschine geschrieben und umfassen insgesamt 13 A4-Seiten, die im folgenden Beitrag geringfügig gekürzt wiedergegeben sind. Die Texte wurden zum Teil vom Autor selbst, zum Teil erst nach seinem Tod von seinen Enkelkindern Franz Blasl und Andrea Kulovics der „Dokumentation lebensgeschichtlicher Aufzeichnungen" überlassen.

Liebe Kinder!

Heute werde ich euch kein Märchen erzählen so wie jeden Tag, sondern eine wahre Geschichte – sie ist nicht erfunden, sondern zu hundert Prozent wahr:

Ich bin am 1. 9. 1911 in Wien im Findelhaus geboren. – „Wieso in Wien, wir glaubten alle, du bist ein Reichraminger?" – Ja, das ging so zu: Meine Großeltern stammten aus Großraming. Sie waren sehr arme Leute. Der Großvater war Hammerschmied, die Großmutter hatte eine Ziege, die das Hungern etwas milderte, denn das Geld, das Großvater bekam, wurde meist gleich in Alkohol umgesetzt. Die Tochter, das war meine Mutter, war sehr schön. Wie es oft so ist, gerade die armen Leute haben die schönsten Kinder, denn alles an ihnen ist natürlich und ohne Arg. Kaum war sie aus der Schule, bekam sie einen Posten als Küchenmädchen in Steyr in der Artilleriekaserne. Es dauerte nicht lange, und ein Offizier nahm Fanny (Franziska) als Küchenmädchen mit nach Wien ins Offizierskasino.

Wie das oft so ist, eines Tages kam ich, Franz, im Wiener Findelhaus zur Welt. Vater war keiner da, denn: ein Offizier und ein Küchenmädchen – das konnte und durfte es nicht geben; Kaiserhaus und Offizierskorps wären wohl Kopf gestanden. Darum schnell weg mit dem Bengel und der Mutter – ab in die Heimat.

Wieder waren es ganz arme Leute, die selbst schon zwei Kinder hatten, die mich und auch meinen Bruder, der bis dahin im Armenhaus* in Reichraming gewesen war, aufnahmen. Er war sehr glücklich, dass er von den alten Leuten wegkam, mit denen er weder reden noch spielen konnte, sondern ihnen nur immer im Wege stand. Ihr könnt euch ja vorstellen: zirka vier Jahre alt und im Armenhaus! Die Familie Brenner in Steyr, Neustraße 1, hatte nun zwei Kostgeher* mehr, für die niemand bezahlte. Aber, wie es gerade bei armen Leuten so ist: Zwei oder vier Kinder ist egal – die Hauptsache, sie sind gesund und froh. Fanny war indessen in Hamburg in einer Küche, denn wenn jemand so schön war, bekam man damals eher einen Platz.

Wenn man arm war, hatte man kein Recht. Wir durften nicht mit anderen Kindern spielen, und daher gingen Hans und ich irgendwohin. Geschah aber irgendwo etwas, so hatten es die Brennerbuben getan: ein leeres Vogelnest, eine kaputte Fensterscheibe, ein zertretenes Blumenbeet usw. – das waren wieder diese Brennerrotznasen! So manche Schläge steckten wir ein, obwohl wir gar nicht dort waren, wo es passierte. Die anderen Kinder behaupteten, sie hätten uns gesehen, und deren Mütter behaupteten, ihre Kinder lügen nicht. Die Brennerbuben, die nicht einmal eine Hose trugen, sondern die in einem Kittel für Mädchen herumliefen, die mussten für alles den Kopf hinhalten. Wenn wir oft weinend zur Ziehmutter liefen, weinte sie mit uns und tröstete uns, aber helfen konnte sie nicht, und der Ziehvater war schwer krank.

So mieden wir die Kinder, gingen früh fort und kamen bis auf die Ennsleite, wo gerade die Waffenfabrik gebaut wurde. Obwohl wir immer Hunger hatten, sahen wir gesund aus: rote Backen – ich im Kittel, die Haare bis zur

Schulter – Hans führte mich immer an der Hand. Wir waren glücklich, dass uns die Leute freundlich ansahen und nicht schimpften. Ja, sogar zum Essen bekamen wir hie und da etwas, und wir teilten redlich. Es waren am Bau auch große Löffelbagger. Da konnten wir stundenlang zusehen, und es passierte öfter, dass uns die Baggerführer ins Häuschen mitnahmen und uns von ihrem Essen gaben – ja, oft das ganze Essen, denn sie sahen, mit welchem Appetit wir aßen und die Schüssel ausleckten. Ach, waren wir glücklich! Hans und ich hielten fest zusammen. Wenn wir einen abgenagten Apfel- oder Birnenbutz* auf der Straße fanden, wurde er mit der Hand etwas vom Staub befreit, redlich geteilt und gegessen.

Damals war auf der Straße viel Staub, denn Asphalt gab es nicht, daher hatten wir sehr oft blutige Zehen, mit Staub verkrustet, aber krank wurde keiner von uns. Auch nicht, wenn wir im Winter ohne Schuhe auf die gefrorenen Lacken* traten, das krachte immer so schön. Die Oberfläche gefror, das Wasser unterhalb versickerte, und wenn nun jemand darauf trat, so drückte er das Eis ein – darum das Krachen. Einmal bekamen wir alte Schuhe geschenkt, die Holzsohlen hatten, und damit diese länger hielt, wurden die so genannten Mausköpferl* in die Sohle genagelt. Diese Nägel hatten runde Köpfe, und wenn sie aus den Schuhen fielen, so blieben sie mit der Spitze nach oben liegen. Öfter traten wir auf einen solchen Mauskopf, aber: herausgezogen, und die Sache war erledigt.

Stellt euch vor: Zwei Kinder, Hand in Hand – von der Neustraße, in der Nähe des Krankenhauses, an dem zu der Zeit auch gebaut wurde, bis auf die Ennsleite, das ist ein langer Weg. Aber damals gab es keine Autos, und Hunger tut weh, und dort gab es doch öfter etwas zum Essen; auf dem Weg dorthin kannten uns die Leute, und gaben uns etwas. Wahrscheinlich gefiel es ihnen so: zwei vier bis sechs Jahre alte Buben, die für jedes Stück Brot so dankbar waren und die Geber freundlich anlachten.

Aber diese glückliche Zeit war nun zu Ende: Der Ziehvater starb, und die Ziehmutter heiratete dessen Bruder. Wir zwei unnötigen Esser mussten weg. Ich kam, da ich zu keiner Arbeit zu gebrauchen war und auch niemand für mich zahlte, in die Schutzanstalt in Steyr, Wieserfeldplatz. Hans kam zu einem Bauern in Mühlbach.

Die letzten Tage, bevor wir auseinander gerissen wurden, weinten wir viel mit unserer Ziehmutter. Sogar unser Spielzeug, eine leere Schuhcremeschachtel und die langen, schillernden Eisenspäne, die wir in der Waffenfabrik im Eisenfeld fanden – die waren oft sehr lang –, mussten wir zurücklassen. Oft hatten wir blutige Finger, die heilten ja wieder – aber nun war alles aus. Wir weinten um die guten Leute, die uns zu essen gaben und so freundlich mit uns waren; zum Beispiel der Schmied, der uns im Winter in die Schmiede hineinließ, wo es so warm war.

Alle Leute dachten, wir seien Bruder und Schwester, da ich einen Kittel anhatte und Hans eine Hose. Nur wenn ich zufällig gerade Lulu* machen musste, sahen die Leute, dass ich ein Bub war. Sie lachten dann – wir beide wussten zwar nicht warum –, aber es war ein freundliches Lachen. Ob uns im neuen Zuhause auch jemand eine Kartoffel schenken würde, die sogar mit der Haut recht gut schmeckte, oder gar einen Grießknödel, wie es öfter vorkam? Wir dachten an den Raben, den ein Jäger unserer Mutter geschenkt und der so gut geschmeckt hatte.

Ich konnte auch nicht begreifen, warum ich nun eine Hose tragen musste, wo auch die Frauen keine Hosen trugen und das so praktisch war. Denn wenn sie Lulu machen mussten, bückten sie sich, als ob sie etwas suchen würden, oder sie pflückten Blumen währenddessen.

Wer würde uns vor dem Mauerhammerl schützen? Mutter sagte immer: „Wenn ihr im Gitterbett keine Ruhe gebt, wird das Mauerhammerl, welches in der Mauer schläft, euch so durchhauen, dass ihr lauter blaue Flecken habt im Gesicht, und alle Leute sehen dann, dass ihr das Hammerl beleidigt habt." Wenn wir trotz der Ermahnung wieder lachten, so hörten wir das Hammerl in der Mauer und wurden still, denn blaue Flecken – nein, das war zu viel!

Nun kam ich in die Schutzanstalt in Steyr, Wieserfeldplatz. Jemand brachte mich in die Anstalt, und dort bekam ich gleich eine Hose, die ich gar nicht wollte. Denn womit sollte ich mich nun schnäuzen?

Bis jetzt hatte ich einfach den Kittel vorne aufgehoben und mich dann geschnäuzt, nun aber durfte und konnte ich das nicht mehr machen. In die Hose konnte ich mich nicht schnäuzen, und in den Ärmel hineinwischen – das durfte auch nicht sein. Da ich immer rotzig war, glänzte mein Gesicht in allen Farben. Zu Hause bei der Mutter war das ganz anders. Kamen wir abends nach Hause, nahm uns die Mutter beiseite und wischte uns mit ihrem Kittel das Gesicht ab, den Rest wischten wir in den Ärmel.

Hier in der Anstalt hatten wir auch keine Flöhe. Wenn uns zu Hause einmal einer gebissen hatte, so stellte uns die Mutter in ein Schaff mit warmem Wasser. Die Flöhe fielen ins Wasser, und wir hatten Ruhe. Auch die Mutter machte es so. Sie stellte sich ins Wasser, schüttelte den Kittel, und die Flöhe sprangen ins Wasser und ertranken. Obwohl ich lange Haare hatte, eine Kopflaus hatte ich nie. Mutter rieb uns von Zeit zu Zeit mit Petroleum ein, und ich glaube, die Läuse mögen das nicht. Nun aber wieder zurück zur Anstalt:

Viele Kinder wurden abends von ihren Eltern abgeholt. Andere Kinder blieben zwar in der Anstalt, wurden aber von ihren Eltern sehr oft besucht. Sie unterhielten sich dann mit den Schwestern über ihre Kinder und befragten sie. Die Schwestern fühlten sich in ihrer Aufgabe bestätigt, und jeder Besuch war für die Schwestern ein Grund, auf diese Kinder besonders aufzupassen, da ja die Eltern auch die Kinder befragten. Sie bekamen auch etwas Spielzeug und Süßigkeiten von den Eltern. Aber was war mit mir?

Kein Vater, keine Mutter, und noch dazu ein lediges Kind! Von der Neustraße her eilte uns ja schon unser unmoralischer Lebenswandel voraus. Als Strolch, Dieb, Lügner, Kinderfeind – so war ich abgestempelt. Als einer, der sich nichts daraus machte, wenn andere zusahen, wie er ohne Hose Lulu machte. Aber niemand wollte wissen, dass wir Waisenkinder waren, dass wir niemanden hatten und somit auch niemand für uns etwas zum Essen übrig hatte. Wir mussten uns selbst helfen! Wir waren immer auf der Suche nach etwas zum Essen. Wenn unter einem Birnbaum Birnen lagen, so stürzten wir uns drauf, und wir wurden

Diebe genannt, weil die Birnen nicht uns gehörten, aber von uns gegessen wurden, obwohl es nur Mostbirnen waren – Stehlen ist eben Stehlen.

Mutter nahm uns auch öfter mit in den Wald. Sie sammelte Holz, und wir aßen Beeren, so viel wir nur bekommen konnten. Beeren als Brotersatz – das überlegte niemand! Aber wenn wir aus Hunger eine Rübe ausrissen und aßen, sagten das die Kinder ihren Eltern, und die „Diebe" waren fertig. Nicht das Essen war das Schlimme, sondern das Ausreißen, denn: Dass wir die Rüben aßen, sagten die Kinder nicht ihren Eltern. Die Folge war, dass wir uns von den anderen Kindern fern hielten. Wir durften uns nicht wehren, denn nur wir hatten Schuld. Und wenn wir uns wehrten, dann wären und sind oft die Eltern über uns hergefallen und haben uns verdroschen, wenn sie unser habhaft werden konnten.

Diebe waren wir – denkt an die Rüben und die Mostbirnen! Lügner waren wir, weil wir uns sträubten, etwas einzugestehen, was wir nicht getan hatten, ja, nicht einmal tun konnten, weil wir oft gar nicht dort waren. Strolche waren wir, weil wir bis auf die Ennsleite gingen, und die Leute sagten, wir strolchen umher. Ihr könnt euch nun vorstellen, Kinder: Solch ein verbrecherisches Kind, ohne jeden Halt, noch dazu bei Kindern, die alle brav waren. Da musste man gehörig aufpassen, damit nicht gute Kinder etwa anzogen von dem Strolch, der zwar sehr lieb aussah, aber es faustdick hinter den Ohren hatte.

Auch hier war wieder die Schuld auf meiner Seite, denn ich war ja schon abgestempelt; die Strafen gehörten immer mir. Aber nicht Schläge waren die Strafe, sondern kein Essen; das traf mich schwer. Schläge war ich gewohnt, die machten mir nichts aus, aber kein Essen – das konnte ich nicht mehr verkraften. Fort konnte ich nicht mehr, um zu betteln – da wurde ich hellhörig, und ich musste mein Hirn anstrengen: „Wie und wo finde ich etwas zum Essen?" Durch den ewigen Hunger und die ungleiche Behandlung entstand die fixe Idee: „Ich muss etwas zum Essen bekommen, egal unter welchen Umständen!"

Mein ganzer Körper war eine einzige Krätze*, und ich musste im Bett bleiben. Dass ich Hunger hatte, war nur Nebensache, denn die Krätzen, die ich hatte, kamen auf Grund meines bösen Lebens, hieß es.

Eines Tages, als die anderen Kinder schliefen, schlich ich in den Keller und über den Kohlenhaufen zum Kellerfenster hinaus, dann über den Hof, über die Dachrinne hinauf, über das Dach und beim Speisfenster hinein. An langen Tischen waren für jedes Kind eine kleine Lade und ein Sessel. Auf der Suche nach etwas Essbarem fand ich Spielzeug, das ich noch nie gesehen hatte. Ich hatte eine lange Unterhose an, die unten zugebunden war, um die Krätzeschuppen nicht zu verlieren. Da steckte ich ein paar Spielsachen hinein, und nun ging es den gleichen Weg wieder zurück. Nach ein paar Tagen, als ich den anderen Kindern meine Spielsachen zeigte, sagten die Kinder es der Schwester – keine Schläge, aber dafür wieder kein Essen!

Nun wurde ich auf einmal trotzig, und mir war alles egal. Ich musste in die Küche, egal unter welchen Umständen. Ich wusste, wo sie war. Nun wieder durch den Keller, über den Hof, und da sah ich durch die offen stehende Tür eine Schwester, die Brotschnitten machte und mir den Rücken zukehrte. Sie gab die Schnitten in einen großen Kessel. Ich sah nur mehr die Brotschnitten neben der Schwester und ergriff das Brot. Als ich über den Hof zum Kellerfenster rannte, holte sie mich ein ... Ich war Schläge gewohnt, aber mit einem nassen Handtuch geschlagen und gewürgt zu werden, sodass ich fast erstickte – das war nun doch zu viel.

Nächsten Tag wurde ich, auf einem Sessel sitzend, an Händen und Füßen angebunden, und so saß ich stundenlang, ohne dass ich mich recht rühren konnte. Ich weiß nicht mehr, wie oft, und auch nicht, wie lange die Strafen dauerten. Mein Bruder Hans kam einmal mit jemandem zu mir auf Besuch. Ich wurde nun vom Sessel gebunden und musste sagen: „Mir geht es sehr gut." Zwei Schwestern stützten mich, da ich nicht stehen konnte. Da fragte der Freund meines Bruders, warum ich so blaue Hände und Füße habe. Die Antwort der Schwester: „Sie sehen ja, dass er krank ist und nicht stehen kann." Was verstand Hans schon von Krankheit? Als wir beisammen waren, war nie einer von uns krank oder hatte Krätzen und dergleichen.

Hans gab mir eine kleine Marienstatue, die ich aber nur einige Tage hatte. Ein Bub sagte zur Schwester, ich hätte sie ihm gestohlen, und da ich als Dieb bekannt war, erhielt er die Statue auch.

Ich glaube, eine der Schwestern hatte etwas Erbarmen mit mir, und ich bekam dann so wie die anderen Kinder mein regelmäßiges Essen. Mir wurde auch gesagt, dass ich in eine andere Anstalt komme. – Vielleicht sollte ich alles vergessen, was ich an Strafen erhalten habe, vielleicht war alles doch zu arg? – Liebe Kinder, für die heutige Zeit hört sich das alles furchtbar an, aber es war Krieg, und jeder sah zu, wie er am besten durchkam.

Und nun, liebe Kinder, geht brav schlafen! Morgen hört ihr die Geschichte von der Schutzanstalt über die Erziehungsanstalt in Linz bis zur Schule, und weiter bis zur Lehrzeit. Eines darf ich euch heute schon verraten, meine lieben Kinder: Dort lief alles anders – kein Dieb oder Strolch oder Lügner, sondern einer wie der andere, auch beim Essen.

Da ich kein Kleinkind mehr war, kam ich also in die Erziehungsanstalt „Zum Guten Hirten" in Linz, Baumbachstraße. Und das ging so zu:

Eines Tages holte mich eine Schwester ins Besucherzimmer der Schutzanstalt. Ich hatte kein gutes Gefühl, aber als ich die fremde Schwester sah, konnte ich an ihr keinen bösen Blick und auch sonst keine Unannehmlichkeit für mich entdecken. Wenn ich einen fremden Menschen sah, so sagten mir seine Augen und sein Gesicht schon im Voraus, was ich von dieser Person zu erwarten habe. Durch das Umhergestoßenwerden und das rechtlose Leben hatten sich meine Sinne so geschärft, dass ich aus dem Gesicht lesen konnte, und es trug mir oft Schimpfe ein, weil ich alle Menschen, mit denen ich zu tun hatte, zuerst anstarrte, bevor ich meinen Mund aufmachte. Aber ich konnte nicht erklären, was der eigentliche Grund meiner Anstarrerei war. Wahrscheinlich hat mir die Natur das als Selbstschutz so beigebracht.

Also, die fremde Schwester hatte gute und reine Augen, von denen nichts Unangenehmes ausströmte. Sie hatte ein freundliches, rundes Gesicht, und ich hatte ein gutes Gefühl. Ich fühlte: Von dieser Schwester habe ich nichts zu befürchten, und mir wurde ums Herz so warm, was bis dahin sehr selten der Fall war. Die Anstaltsschwester sagte zum Abschied: Ich soll brav sein und artig und soll ja nicht abtschucken*. Da wir mit dem Zug fahren würden, in dem auch viele Leute sind, soll ich nichts stehlen usw. Dieses Gerede hörte ich nicht mehr bewusst, denn ich war noch immer damit beschäftigt, diese Schwester zu prüfen, ob mein Sinn richtig war und ich mich nicht doch täuschte – aber die gute Ahnung blieb. Nun ging ich mit der Schwester auf die Bahn und stieg mit ihr in den Zug. Nach einer Weile kramte sie aus einem Beutel einen Kuchen heraus, und das Erste war, dass ich ein Stück bekam. Sie sah mir zu, aber sie aß nicht. Wahrscheinlich aß oder fraß ich mit solchem Appetit und solcher Gier diesen Leckerbissen, dass sie mir auch den letzten Kuchen gab, ohne selbst einen Bissen zu essen. Als sie mir noch erzählte, dass ihre Eltern auf dem Stadtplatz in Steyr ein Uhrengeschäft mit Namen Rückert haben und ihr Klostername Rudolfa sei, hatte mir Rudolfa das Herz geöffnet, und ich hatte Zutrauen zu ihr.

Wir kamen in Linz gut an. Von nun an bekam ich wie alle anderen Kinder das Essen. Alle redeten mir gut zu. Die neuen Schwestern waren in den Augen gut. Rudolfa kam in den nächsten Tagen, um mich zu sehen und um eventuelle Wünsche zu hören. Aber es war alles in Ordnung. Fast könnte ich sagen: Ich war glücklich. Ich war in der „Kleinen Abteilung" und hatte die Nummer 121.

Oft gab es unter uns Buben Rangeleien, das übersahen die Schwestern geflissentlich. Nur wenn gerauft wurde – das kam auch öfter vor – und es blutige Kratzer oder gar blutunterlaufene Flecken gab, hatte nicht der Stillste die Schuld, sondern die Schwester untersuchte die Lage so lang, bis es uns Buben zu dumm wurde und der Schuldige sich meldete. Dieser bekam mit einem Stock ein paar Patzen* auf die Hand, und wir Zuseher waren zufrieden. Nach dieser Prozedur war der Schuldige wieder bei uns, dann waren wir wieder Freunde wie zuvor.

Schlimm war es nur, wenn es Bisse gab, aber bei fünf bis zehn Raufern wusste zum Schluss niemand, warum überhaupt gerauft wurde und wer gebissen hatte. Die Strafe war: Die ganze Abteilung, ob Raufer oder Nicht-Raufer, musste, je nach Zustand der Raufer, eine oder ein paar Stunden barfuß auf dem kalten Gang stehen, ohne reden zu dürfen. Das war wohl die ärgste Strafe, darum kam arges Raufen selten vor. Die stärksten Buben bekamen selbst von der Schwester eine Rüge, dass sie die Rauferei so ausarten haben lassen. Haare konnten wir niemandem ausreißen, da wir alle kurz geschoren waren.

In der Schule hatten wir einen Oberlehrer, Franz Baumgartner, der hatte neben dem Katheder einen Spucknapf, in den er nach dem Husten hineinspuckte. Dann drehte er den Topf – es war ein viereckiges Kistchen – herum, um zu sehen, ob Blut in der Spucke war und wie viel. Nach dem Unterricht trug er selbst den Napf ins Klo.

In Geographie waren wir Buben sehr gut beschlagen, denn der Oberlehrer erzählte uns auch, was alles zum Großdeutschen Reich gehörte oder über kurz oder lang wieder dazugehören würde. Sehr oft hatten wir Zeichenstunde, und da durften wir Flugzeuge, Fliegerkämpfe, Schlachten usw. zeichnen. Wir durften unserer Phantasie freien Lauf lassen. Wir wussten aber eigentlich nicht so recht, wie so ein Kampfflugzeug aussah.

Mein bisheriges Leben zwang mich immer dazu, auf alles aufzupassen und mir alles zu merken. Meine Aufsätze waren immer gut, oft sogar sehr gut, denn ich sah alles mit anderen Augen an. . . .

Die verlässlichsten Buben und die, die leicht lernten, wurden Ministranten. Wir wurden früh in die verschiedenen Kirchen in Linz geschickt, und dort erfuhren wir, an welchem Altar wir ministrieren sollten: sogar im Petrinum* und im Gefangenenhaus – überhaupt gibt es in Linz keine Kirche, in der ich nicht ministrierte. Geld bekam ich fast nie, und wenn ich mal ein paar Heller oder gar Kreuzer bekam, so kaufte ich mir Traubenzucker – das waren rechteckige Würfel in Regenbogenfarben.

Bei einem alten Monsignore, der immer sehr langsam die Messe feierte und ein „Blitzer" war (einer, der nichts gab), da mussten wir vorher immer Streichhölzchen ziehen, und wer „Kopf" hatte, der musste bei ihm ministrieren. Seine

Messen dauerten ewig, das wusste auch der Monsignore selbst, darum ließ er uns Hölzchen ziehen.

Das Gesicht des Geistlichen war zum Altar gerichtet, wir knieten hinter ihm, und bei der Wandlung hoben wir das Messgewand in die Höhe. Am Messgewand waren goldfarbene Kordeln dran, und manchmal zupften wir eine ab, denn ausgezogen ergab so eine Kordel einen sehr langen Faden zum Spielen.

Zu den Kapuzinern ging ich sehr gern. Pater Gusinde gab mir öfter eine Kaiserbirne vom Garten, die waren sehr groß. Aber auch im Winter bekam ich Asperling*, die durfte man nur essen, wenn sie schon gefroren waren.

Die Kapuzinergruft konnte man vom Garten aus erreichen. Da waren Metallsärge unten. Einer war offen, und man sah Schädel, Knochen und jede Menge Staub. Der Pater erklärte mir das alles, auch, dass die Särge krank seien und Flecken hätten von der Zinnpest*.

1924 wurde der Linzer Mariendom eingeweiht. Wir Buben bekamen Taferln in die Hand und gingen vor der Abordnung, deren Name auf der Tafel stand. Ich trug die Tafel „Mauthausen".

Leider waren die Leute nicht sehr spendenfreudig; nur ein paar Groschen bekam ich, aber andere Vereine waren sehr freigebig. Das Geld gaben wir in der Anstalt ab, aber bei Bedarf konnten wir uns etwas kaufen, wie Radiergummi, Bleistifte, Bärenzucker*, Bockshörndl*, Lakritzen usw. Öfter kamen auch Besucher zu den Buben und brachten gute Sachen mit, die bei den Schwestern aufbewahrt wurden. Jeden zweiten Tag bekam der Eigentümer des Paketes einen Teil davon – natürlich nur, wenn er brav war. Dass es zu dieser Zeit nur lauter Engel gab, ist verständlich.

Unsere Schwestern hatten großes Vertrauen zu uns. Wenn ich zur Schwester sagte: „Ich habe gestern drei Vaterunser für unseren Wohltäter gebetet", so bekam ich etwas zum Essen, was sie sich bestimmt selbst abgespart hatte. Aber wir Buben taten es auch bestimmt, wir logen nicht. Oft sagte eine Schwester: „Betet für unsere Wohltäter ein paar Vaterunser!", und wir taten es auch. Unser Direktor, Josef Tischberger, war einmal im Heiligen Land und ist auf der rechten Seite eines Domfensters zu sehen. Wenn ein Bub etwas Besonderes angestellt hatte, kam er zum Direktor, und da gab es Hiebe mit einem Stock, das fürchteten wir.

Von meinem Ministrantengeld kaufte ich mir einen Vollgummiball. Wenn man den Ball mit Kraft auf den Boden warf, so sprang er sehr hoch, und fiel er zufällig in die Dachrinne, so hatten wir wieder keinen Ball. Vom Hof sah man auf die Mariendom-Uhr, und auf diese Weise lernten wir die Uhr. Wir spielten Reifenscheiben, Wolferltreiben*, Tempelhüpfen, Schwarzer Mann, Räuber und Gendarm usw. Wir spielten auch öfter Theater. Einen Firmpaten bekam ich auch. Er hieß Bernögger und wohnte in der Baumbachstraße 4.

Mitten durch den Hof ging eine starke Plankenwand. Rechts waren wir Buben, links die Mädchen. Hie und da hatten wir Gelegenheit, über den Zaun zu sehen, und wir suchten uns in Gedanken ein Mädchen aus, das wir einmal heiraten würden. Schlimm war es nur, wenn zwei Buben die Gleiche wollten. Da wurde auch gerauft, obwohl die Mädchen nichts davon wussten, was wir Buben uns einbildeten. Das Astloch in dem Zaun war immer besetzt, nur die Schwester durfte es nicht sehen.

Wenn ein Bub abtschuckte, kam er meist nach ein paar Tagen von selbst oder per Schub zurück. Dann standen wir alle wieder einmal stundenlang auf dem Gang und durften nichts reden – das war die ärgste Strafe. Wir lernten in der Anstalt nähen, Strümpfe stopfen, Knöpfe annähen, einstückeln*, Zwirnknopf machen, Kordeln, Strumpfmaschen auffangen usw. – was man im späteren Leben so braucht.

Wenn wir im Herbst wohin gingen, so sammelten wir Birnen, trugen sie heim, gaben sie in unseren Strohsack, auf dem wir schliefen, und sahen jeden Tag nach, ob nicht eine Mostbirne schon etwas weich war. Dass bei dem unreifen Obst öfter etwas in die Hose ging, war nicht zu vermeiden. Wir wurden aber nicht bestraft, sondern mussten im Tiefparterre in einem halben Meter hohen und zirka drei mal drei Meter großen Wasserbecken den so genannten „Braundl" auswaschen, und dann wurde die Unterhose umgetauscht. So lernten wir Reinlichkeit, auch für später. Zu dieser Zeit gab es noch kein Klopapier, und so wurde Packpapier zerschnitten und diente für „hinterlistige Zwecke". Zeitungspapier war sehr selten und rar. Das Papier kam entweder in ein Kistchen an der Wand oder an einen Nagel.

Hatten wir keinerlei Papier, so wurde mit den Fingern der Hintern ausgewischt und das „Ergebnis" an die Holzwand geschmiert. Wenn der Kloabfluss nicht funktionierte, das harte Papier alles verstopfte und der Scheißdreck schon über den Klodeckel ragte, so musste ich mit bloßen Händen den Dreck so lange bearbeiten, bis der Abfluss wieder in Ordnung war. Dafür gab es wieder ein Stück Brot zusätzlich. Die meisten Buben ekelte es vor solch einer Arbeit, aber ich war ja nichts gewohnt, mir machte es nichts aus.

Zu dieser Zeit standen in Schulen, Ämtern, auf Stiegen, überall, wo Leute gingen, kleine, mit Sand gefüllte Kistchen, in die man spuckte. Überall waren Plakate, auf denen stand: „Nicht auf den Boden spucken!" Die Kistchen waren schon eine Errungenschaft. Früher spuckte man einfach auf den Boden, und war der Schlegerling* oder Schlatz, wie er auch genannt wurde, zu groß, so zertrat man ihn mit dem Fuß. Geschnäuzt wurde in die Faust, da man Taschentücher noch nicht so kannte. Die Nase wurde zwischen Zeigefinger und Daumen genommen und der Rotz weggeschleudert. Die Nase wischte man sich mit dem Rockärmel ab, der mit der Zeit ganz schön glänzte. Die Rotzrammeln* aus der Nase wurden in die Hose oder in den Rock geschmiert. Es dachte sich niemand etwas dabei.

Als ich einmal zu hinken anfing, weil mir die Hüfte wehtat, kam ich ins Spital der Barmherzigen Brüder in Linz in der Herrenstraße. Ich bekam einen Gipsverband, von den Zehen bis zum Nabel. Beim Anlegen des Verbandes wurde mein Fuß etwas verdreht, dadurch hatte ich tagelang Schmerzen. Noch dazu kam ein Floh in den Verband; mit verschiedenen Staberln versuchte ich, den Floh zu töten.

Ich lag in einem Saal mit zirka 24 Betten, mitten unter den Operierten. Eine Blinddarmoperation zum Beispiel war damals schon schwer, eine Magenoperation ganz schwer, und eine Nierenoperation war schon auf Leben und Tod. Vor einer Operation wurde der Kranke aufgepäppelt, und hatte er Glück, so überstand er die Operation. Am Kopfende war ober dem Bett die Krankengeschichte angebracht. Bei Magenoperierten war auch der Magen aufgezeichnet, und an der Stelle, wo das Geschwür war, war ein roter Punkt. Das Gleiche war auch bei den Nierenoperierten der Fall. Die meisten Patienten zeichneten sich ihre Operationsstelle ab, was oft nicht gut gelang. Ich bekam von den Patienten ein paar Kekse, Schokolade oder sonst eine Süßigkeit, wenn ich ihnen die Zeichnung machte. Ich machte es so: Ich nahm das Krankenblatt mit der Operationsskizze, legte ein weißes Blatt darauf, ging zum Fenster, legte das Papier auf die Scheibe und zeichnete es durch. Leider hatten nicht alle Patienten das Geld, um Süßigkeiten zu kaufen, aber das machte nichts aus.

Ich hatte ein rundes, freundliches Gesicht, war kurz geschoren und hüpfte mit meinem Gipsverband umher. ... Die Barmherzigen Brüder entdeckten anscheinend, dass das glatzerte Springginkerl* auch zu etwas zu brauchen ist. Ich kam ins Harnlabor zu Dr. Rosenauer und drehte die Zentrifuge mit dem Harn. Zwei senkrechte Glasbehälter mit Harn wurden durch Drehen in die waagrechte Stellung gebracht, und es bildete sich ein Satz. Auch verschiedene kleine Handreichungen machte ich. Der Primar hieß Dr. Dober oder so ähnlich. Ich kam nun auch in die Sterilisation, die neben dem aseptischen Operationssaal war. Durch ein kleines Fenster konnte man in den Operationssaal sehen, auch auf den Operationstisch. Durch das Fenster wurden auch die Operationswerkzeuge und Verbandmaterial gegeben.

In der Sterilisation waren große Nickelbehälter mit vielen Löchern und Schiebern, und in diese kamen die gewaschenen Werkzeuge, Flaschen und der Mull hinein. Diese Behälter kamen wiederum in sehr große, beheizbare Kessel. Waren diese voll, so wurde ein großer Deckel mit beweglichen Muttern verschlossen und das Gas angezündet – eine kleine Flamme brannte immer. Meine Aufgabe war es nun, den Kessel nicht höher als bis zum roten Strich zu heizen. Die gewaschenen Werkzeuge musste ich vor dem Sterilisieren abwischen, bevor sie in die gelochten Büchsen kamen. Stundenlang wickelte ich Flaschen auf, die auch in die Büchsen kamen; oft half mir ein Patient.

Auf ein gewisses Handzeichen wurden Operationswerkzeuge durch das Fenster gegeben. Bei einer Operation sah ich durchs Fenster zu, was sich im OP-Saal tat. Bekam der

Kranke eine Narkose, so wurde ihm eine runde Zange mit zwei Spitzen unter die Zunge eingehängt, damit er die Zange nicht verschlucken konnte. Nach der Operation kam der Patient wieder in den Saal mit den 24 Betten. Dort wurde er nach langer Zeit wieder wach. Meistens erbrachen die Kranken stundenlang nach der Narkose, und es stank nach Äther. . . .

Da ich sehr oft mit dem Spitalspersonal zusammen war, hörte ich so manches, was nicht für meine Ohren bestimmt war. Öfters bekam ich durch das Fenster auch die Weisung, ein fehlendes Operationswerkzeug durch das Fenster zu geben; ich kannte ja schon das meiste. Ohne Handschuhe gab ich es durch, ich hatte ja keine Gummihandschuhe.

Als mein Gipsverband nach ein paar Monaten abgeschnitten wurde, zwickte mich der Mann in mein Wipferl – so nannte man damals den Penis –, und ich heulte auf. Die Antwort war: „Sei nicht so wehleidig!" Aber heute noch erkennt man die Narbe. Es dauerte Wochen, bis mein Fuß wieder gelenkig wurde.

Von den „Guten Hirten" aus gingen wir oft im Sommer nach Hellmonsödt Heidelbeeren brocken, auch zum Dreizehner-Pulverturm und in die Brandstatt zum Himbeerbrocken. Alles gingen wir zu Fuß und ohne Schuhe. Die größeren Buben trugen Wäschekörbe, und in diese kamen die gepflückten Beeren. Jeder Bub hatte ein Pitscherl* angehängt, das mit den Beeren angefüllt und dann bei der Schwester in den Korb geleert wurde. Die Anzahl der Pitscherln wurde notiert; manche Buben waren im Pflücken wahre Meister. Ich brockte die Beeren meistens in den Mund, aber das machte nichts. Die Schwester wusste genau, dass Nummer 121 nicht für das Pflücken war, sondern Lichtschalter herrichten oder Holz hacken und dergleichen waren seine Domäne.

Im Klassenzimmer war früher Gaslicht, und auf diese Armaturen wurden dann elektrische Beleuchtungskörper montiert. Wenn keine Arbeit und nichts los war, drehte ich eine Glühbirne heraus, gab Silberpapier hinein, und die Lampe wurde wieder hineingedreht. Wenn dann jemand das Licht aufdrehte, so gab es einen Kurzschluss, und es hieß wieder: „Wir haben im Klassenzimmer kein Licht!"

Nun reparierte ich den Schaden, die Sache war erledigt, und mein Ansehen etwas gefestigt. Was tut man nicht alles, um gebraucht zu werden!

Eines Tages sagte eine Schwester zu mir: „Du wirst nun 14 Jahre alt und wirst unsere Anstalt verlassen. Was willst du einmal werden? Willst du nicht Friseur werden? Da musst du mit einem Pinsel Schaum schlagen und einem Mann ins Gesicht streichen und mit einem Messer den Bart abschaben." Ich sagte: „ Ja, das würde mir passen." Ich hatte aber keinerlei Ahnung vom Leben außerhalb der Anstalt. Ich glaube, auch die Schwester hatte keine Ahnung, wie das Leben in der Außenwelt war. Es holte mich mein Onkel, Theodor Pils, Friseur in Sarning 1, Gemeinde Garsten – und nun begann ein neuer Abschnitt in meinem Leben.

Ihr könnt euch gar nicht vorstellen, was es heißt, ganz unvorbereitet ins Leben zu gehen und auf eigenen Füßen zu stehen. In der Anstalt war man ohne Sorge und behütet, und nun kommt das Leben in seiner Härte heran; man war doch ahnungslos. Schon bei der Kost fing es an. In der Anstalt gab es nie Fleisch, und nun musste ich welches essen. Wie die Sache weiterging, erzähle ich euch später . . .

Die angekündigte Fortsetzung der Lebenserzählung ist leider nicht erhalten geblieben, vielleicht auch gar nie zu Papier gebracht worden. Jedenfalls verließ der Autor 1925, im Alter von 14 Jahren, die Linzer Erziehungsanstalt „Zum Guten Hirten", um bei seinem Onkel in Garsten (Oberösterreich) eine Friseurlehre zu beginnen. Nach der Lehrzeit übte er den Friseurberuf in Garsten weiter aus. Dort lernte er seine spätere Gattin, Hildegard Aschauer, kennen. Im Jahre 1937 kam die gemeinsame Tochter Paula zur Welt, ein Jahr später heiratete das Paar.

Während des Zweiten Weltkriegs war Franz Gsöllpointner unter anderem als Kurier des Reichsluftfahrtministeriums eingesetzt, vor allem in Ungarn und in Ostdeutschland, wo 1943 auch ein außereheliches Kind zur Welt kam. Aufgrund einer lebensbedrohenden Schussverletzung konnte er noch vor Kriegsende nach Oberösterreich zurückkehren.

Er ließ sich mit seiner Familie in Reichraming im Ennstal nieder, wo er ein eigenes Friseurgeschäft eröffnete. Später erweiterte Franz Gsöllpointner seinen Friseurladen um ein Geschäft für Wa-

ren aller Art (Elektrogeräte, Musikautomaten, Haushaltsartikel usw.). Der Autor schätzte zwar seinen erlernten Beruf, fühlte sich im Grunde aber stärker zu technischen Belangen hingezogen. Seine Fertigkeiten auf diesem Gebiet stellte er gern für gemeinnützige Zwecke zur Verfügung. So unterstützte er zum Beispiel den Pfarrer bei der Bedienung und bei Reparaturen der Lautsprecheranlage in der Ortskirche und hatte auch das Läuten der Kirchenglocken über. Über seine Pensionierung im Jahr 1971 hinaus engagierte sich Franz Gsöllpointner in Pfarre und Gemeinde in verschiedenen Funktionen. Sein Friseurgeschäft musste einer Bankfiliale Platz machen.

Nach dem Tod seiner Ehefrau und seiner Tochter verbrachte der Autor seine letzten Lebensjahre in einem Altenheim in Weyer (Oberösterreich). Franz Gsöllpointner starb 1996 im Alter von 85 Jahren.

JOHANN HÖMSTREIT

wurde am 15. Februar 1917 als erstes von drei unehelichen Kindern einer ländlichen Dienstmagd in Amstetten (Niederösterreich) geboren und bis zu seinem sechsten Lebensjahr von seinen Großeltern versorgt. Nach der Heirat seiner Mutter, 1926, wurden er und seine jüngere Schwester in die neu gegründete Familie aufgenommen. Da Mutter und Stiefvater in dieser Zeit nur Gelegenheitsarbeiten bekamen und die Familie über kein regelmäßiges Einkommen verfügte, war die Kindheit des Autors von tiefer materieller Armut geprägt.

In den Jahren seiner Pension verfasste Johann Hömstreit anfangs handschriftliche Lebensaufzeichnungen, vor allem für seine „Kinder und Enkelkinder, somit die jüngere Generation". Mit diesen Aufzeichnungen wollte er einen Einblick in die ärmlichen Lebensverhältnisse und die politische Lage in der Ersten Republik, in die Entbehrungen der Kriegs- und Nachkriegszeit bis hin zum relativen Wohlstand der Zweiten Republik bieten. Seine Lebenserzählung reicht bis in das Jahr 1991. Im Vorwort seiner Lebensgeschichte schreibt Johann Hömstreit einschränkend: „Bewusst unterließ ich es aus Taktgefühl zu meiner Verwandtschaft, zu persönliche oder intime Situationen zu schildern. Dieses Schriftwerk soll in groben Zügen mein Leben darstellen und erhebt keinen Anspruch auf Vollständigkeit."

Zu Johann Hömstreits 75. Geburtstag im Jahr 1992 fertigten seine Kinder eine Reinschrift der Aufzeichnungen an, stellten ein insgesamt 103 Seiten umfassendes, mit zahlreichen Fotos illustriertes Buchmanuskript zusammen und ließen es in kleiner Auflage für Angehörige, Freunde und Bekannte drucken. Aufgrund der großen Nachfrage erschien 1999 eine zweite Auflage.

Da die Originalaufzeichnungen Johann Hömstreits nicht erhalten sind, basiert der im Folgenden veröffentlichte Textausschnitt auf dieser Abschrift. Wiedergegeben wird das erste, ursprünglich 20 Seiten umfassende Kapitel seines Erinnerungsbuches, das mit „Kinder- und Schuljahre" betitelt ist.

Vor Ende des Ersten Weltkrieges, am 15. Februar 1917, wurde ich als uneheliches Kind, laut Geburtsurkunde namentlich als Johann Hömstreit in Niederösterreich, Amstetten, Äußere Wieden Nr. 2 (heute Waidhofnerstraße), geboren und am 18. Februar nach römisch-katholischem Ritus getauft. Meine Mutter Anna Hömstreit war bäuerliche Dienstmagd im Dorf Haag, Bezirk Amstetten, wodurch Dorf Haag auch meine Heimatgemeinde war. Leopold Mühlbauer, ein Bauernsohn aus Michelbach im Bezirk Amstetten, bekannte sich zwar als mein Vater, zahlte aber lieber Alimente, als meine Mutter zu ehelichen.

Als Baby und bis zum Schuleintritt 1923 lebte ich bei meinen Großeltern in Amstetten, Äußere Wieden Nr. 2, wo sie eine Zinswohnung hatten. Es war ein altes Haus mit mehreren Mietparteien. Meine Großeltern bewohnten einen Raum mit 15 Quadratmetern im Hofgebäude. Es gab weder elektrisches Licht noch eine Wasserleitung. Ein einfaches Klo im Hof für vier Parteien zwang die Leute, im Winter ihre Notdurft in einen Kübel in der Wohnung zu verrichten. Ich wurde von der Großmutter aufgezogen, da meine Mutter bei einem Bauern in Euratsfeld als Magd diente.

Als uneheliches Kind unterstand ich der Vormundschaft der Landesfürsorge. Meine Großmutter musste öfters mit mir zur ärztlichen Untersuchung, bei der immer wieder erklärt wurde, dass ich keine Chance zum Überleben hätte – sah ich doch so schwach und kümmerlich aus. Man erzählte mir später, dass ich schon als Kleinkind statt Milch oft schwarzen Malzkaffee trinken musste. Es waren eben die Kriegsjahre 1914–1918 mit Not und Elend.

Mein Großvater, Hermann Hömstreit, war von Beruf Bauhilfsarbeiter. In den Wintermonaten war er ohne Arbeit und erhielt nur eine dürftige Fürsorgeunterstützung. Arbeitslosengeld wie heute gab es damals nicht. Das Wohnen in einem einzigen Raum war ärmlich und ungesund; immer wieder gab es Krankheiten. Mit nur einem Fenster, halb verdeckt durch einen Scheunendachvorsprung, war der Aufenthalt im Zimmer mit Dunkelheit verbunden. Bei trübem Wetter musste den ganzen Tag eine Petroleumlampe brennen; um jedoch Geld zu sparen, saß man die meiste Zeit im Dunkeln.

An Mobiliar gab es zwei getrennt stehende Betten und einen Schubladenkasten für Wäsche. Die anderen Kleider hingen an der Mauerwand. Zur Aufbewahrung von Lebensmitteln diente eine Holztruhe. Tisch und Ofenbank, zwei Sessel und ein Wandgestell für Geschirr vervollständigten die gesamte Einrichtung. Ein kleiner eiserner Küchenherd, mit Holz und Kohle geheizt, war Wärmespender und Kochofen.

Beim Schlafen, aber auch bei Krankheit lagen die Großeltern zusammen in einem Bett, wo auch ich im Alter von einem Jahr noch hinzukam (vorher lag ich in einem Korbwagen). Das zweite Bett gehörte meiner Tante Resi, der jüngeren Schwester meiner Mutter, die noch ledig und in einer Hutfabrik beschäftigt war.

Trotz aller Voraussagen, dass ich nicht lebensfähig wäre, überstand ich doch alle Kinderkrankheiten und entwickelte mich dank der Fürsorge und aufopfernden Pflege meiner Großmutter zu einem recht aufgeweckten Knaben. Heute, nach vielen Jahren, erinnere ich mich noch an Begebenheiten, als ich vier bis fünf Jahre alt war, und schreibe darüber.

Als Kleinkind kennt man keine Sorgen; es fließen höchstens Tränen, wenn Wünsche und Verlangen nicht erfüllt werden. Kinder in meiner Umgebung kannten kaum Spielzeug. Es war die Freude schon groß, wenn nach einem Gewitterregen im Straßenrinnsal vorm Haus Wasser floss. Es gab noch keine asphaltierten Straßen, und da noch viele Pferdegespanne fuhren, vermengten sich beim Regnen Staub, Sand und Mist zu einer Jauche. Dies jedoch verdarb keineswegs die Spielfreude. Mit Straßenkot wurden Dämme gebaut, Papierschifferln oder kleine Holzstückchen schwammen um die Wette. Wenn die Großmutter oder die Nachbarinnen das Spiel bemerkten, gab es Geschrei und Prügel. Durchnässt und schmutzig wurden wir ins Haus geholt, und abends, bei der Heimkehr von Großvater, war es am besten, wenn wir schon im Bett waren, um der Strafe zu entgehen.

Meine Mutter hatte zu dieser Zeit einen Mann gefunden, er hieß Johann Iser und ehelichte sie später. Er hatte auch kein richtiges Zuhause und war in der Fremde aufgewachsen. Sein Vermögen waren nur die Kleider am Leib, fallweise fand er Arbeit als Hilfsarbeiter. Meine Mutter jedoch war glücklich, einen Menschen gefunden zu haben. Sie hatte nach meiner Geburt noch zweimal versucht, einen Mann für die Ehe zu finden. Es kamen noch zwei uneheliche Kinder, mein Bruder Franz und meine Schwester Maria. Jedes der beiden Kinder hatte einen anderen Vater. Sie zahlten Alimente, aber zum Heiraten kam es nicht. Es war in bäuerlichen Kreisen trotz aller Christlichkeit verpönt, eine Dienstmagd zu heiraten.

Mein Bruder wurde als Kleinkind auch einige Zeit von meiner Großmutter betreut, nur kann ich mich an dieses Beisammensein nicht mehr erinnern und lernte meinen Bruder erst 1940 als Soldat kennen. Er ist in Russland gefallen. Sein Leben fristete er bei Bauern, die ihn an Kindes statt aufgenommen hatten. Sie bekamen später eigene Kinder und kümmerten sich dann wenig um meinen Bruder. Meine Schwester kam erst im vierten Lebensjahr, 1926, nach der Verehelichung meiner Mutter, zur Familie, vorher lebte sie in einem Findelheim.

Mein Stiefvater und meine Mutter hausten – es gibt kein besseres Wort dafür – im Hinterhof bei meinen Großeltern. Ihr Schlafquartier hatten sie im Dachboden der Scheune. Über eine Leiter mussten sie auf und ab, bei Regenwetter schützte sie ein Regenschirm über dem Bett vor Nässe. Das Dach war brüchig und alt, im Winter kam noch die Kälte dazu. Dabei mussten sie noch froh sein, dass der Hausherr diesen Schlafplatz duldete.

Was wusste schon ein Kind wie ich von den Nöten und Sorgen der Erwachsenen! Die notwendige Kleidung gab es, und meine Großmutter verstand es, Mahlzeiten aus einfachen Zutaten zu kochen. Selten gab es eine Mehlspeise oder gar Fleisch. Wöchentlich wurde aufs Büchel* das Notwendigste eingekauft und auf Raten bezahlt. Meist ging mein Großvater am Wochenende oder sonntags zum Greißler. Es war dies ein Bäcker mit Gemischtwaren am anderen Ende der Stadt. Man war früher auf Kaufleute angewiesen, die auf Raten Waren abgaben. Daher waren wir dort auch jahrelang Kunden. Ich durfte oft zu diesem Einkauf mitgehen und freute mich darauf, da ich immer ein Kipferl oder Zuckerl gratis vom Bäcker bekam. Es wurde altbackener Kuchen und dergleichen billiger abgegeben. Ärmere Käufer wie Großvater nahmen diese Ware, weil dann für Sonntag eine Mehlspeise im Haus war. Aus Hartbrot wurde Brotsuppe mit Grammeln* gemacht. Genauso im Herbst zur Obstzeit gab es immer Äpfelkoch (Obstmus). Es musste was Ausgiebiges sein, damit alle satt werden konnten.

Dass Obst und auch Holz ins Haus kam, war nur deshalb möglich, weil meine Mutter, später auch mein Stiefvater, zeitig frühmorgens hinaus aufs Land und in die Wälder gingen und Fallobst sowie Dürrholz sammelten. Die Bauern waren darüber nicht erfreut, es gab auch öfters Anzeigen, die aber ohne Strafen ausgingen. Diese Tätigkeit war für die Eltern eine doppelte Belastung. Erstens hieß es schon stundenlang vor Arbeitsbeginn unterwegs zu sein, und zweitens war immer die Angst, als Dieb gebrandmarkt zu werden. Jedenfalls war es zum Überleben notwendig, auf diese Art Nahrung und Heizmaterial zu beschaffen.

Heute noch denke ich daran und begreife, wie sich unsere Großmutter stets unbeachtet für uns aufopferte. Bestand doch ihre tägliche Nahrung hauptsächlich aus dem, was die anderen übrig ließen. Die Hauptfeiertage unterschieden sich nur wenig vom Alltag. Zu Ostern gab es ein bis zwei in Kaffeesud gefärbte Eier, zum Nikolo* einen Krampus aus Semmelteig* und einige rote Äpfel. Zu Weihnachten hing am Plafond überm Tisch ein Kranz aus Mistelzweigen mit Kerzen und in Buntpapier gewickelten Zuckerln. Sonstige Geschenke gab es kaum. Wir waren schon froh, am Christtag ein wenig gebratenes Fleisch oder Blutwurst mit Erdäpfeln auf dem Mittagstisch zu haben.

Für Bekleidung gab es wenig Geld. Als immer größer werdender Bub wuchs ich ständig aus dem Gewand und lief daher meist mit zerrissenen oder geflickten Hosen herum. Aber da half Großvater, der mit mir zu bekannten, meist jüdischen Kaufleuten ging. Die waren bereit zu helfen. So bekam ich von ihren Kindern abgelegte Kleider, so manches gute Stück war dabei. Als Dank gab es einen Handkuss für die gnädige Frau. Das war in Anbetracht der Freude an dem Geschenk nicht schwer, doch auch als Kind spürte ich das als Erniedrigung. Meine Eltern, weil meist arbeitslos und ausgesteuert*, hatten später bei Gründung ihres Hausstandes auch nur die Wahl, bei jüdischen Geschäftsleuten auf Ratenzahlung Ware zu bekommen. Andere Firmen ließen sich damals auf Ratengeschäfte nicht ein, weil sie wussten, dass sie damit Geld oder Waren verloren hätten. Der Klageweg wäre auch umsonst gewesen, da ja nichts vorhanden war. Aber die Juden gaben sich auch mit geringen Ratenbeträgen zufrieden. Ich habe mich später immer wieder gewundert, wo der Judenhass herkam.

Ich war nun im Schulalter und kam in die erste Klasse Volksschule. An die ersten Tage des Schulbesuches kann ich mich noch gut erinnern. Ob es damals einen Kindergarten gab, weiß ich nicht. Wir hatten noch eine schwarze Schiefertafel mit Griffel und Schwamm. Wir lernten die Buchstaben nach dem Alphabet, und erst später wurden die Worte zusammengesetzt. Als es im weiteren Unterricht dann Schulbücher gab, bekam ich die so genannten Armenbücher von der Schule gratis, doch sie mussten am Schulende wieder abgegeben werden. Die Bücher, meist sehr abgenützt, mit zerfetzten oder fehlenden Blättern, schufen kaum Freude. Neidvoll blickte ich auf Schüler nebenan, die sich neue Bücher leisten konnten, ein delikates Frühstücksbrot verzehrten und auch oft von Lehrpersonen wegen ihrer Herkunft bevorzugt wurden.

Anfangs bemühte ich mich, mit dem Lehrstoff zurechtzukommen, aber auf die Dauer schaffte ich es nicht. Ich sah das Geschriebene auf der Tafel nicht, konnte daher nicht mitschreiben. Der Lehrer meinte, ich sei zu faul und unaufmerksam. Selbst als ich in die erste Bankreihe versetzt wurde, half dies nicht viel. Nach einem Lehrerwechsel bewerkstelligte ein älterer, sehr um das Wohl der Schüler bemühter Lehrer, dass ich zu einem Augenarzt geschickt wurde. Es stellte sich heraus, dass ich hochgradig kurzsichtig war. Eine Brille zu bekommen war jedoch sehr umständlich.

Mein Ziehvater musste mit mir nach St. Pölten zum Chefarzt der Gebietskrankenkasse fahren. Es war das erste Mal, dass ich mit einem Zug fahren konnte. Das Haus der Krankenkasse war ein Neubau. Im ersten Stock war ein mir ungewohnter spiegelglatter Fußboden – und schon war ich hingefallen, dass es krachte! Ich selbst wusste nicht, wie mir geschah. Alle standen herum, bis ein Arzt kam und feststellte, dass ich mir nichts gebrochen hatte und nur ein kleiner Schock die Folge war. Man rügte meinen Ziehvater, dass er zu wenig auf mich aufgepasst hätte, und dieser schimpfte wiederum mit mir. Schuld aber waren mein schlechtes Sehen, meine Aufregung und meine plump genagelten Schuhe.

Wo ich später die Brille ausgefolgt bekam, weiß ich nicht mehr. Doch als ich sie bekam und ich mich an sie gewöhnt hatte, fühlte ich mich wie neu geboren. Obwohl ich mit der starken Brille von vielen meiner Mitschüler bestaunt oder gar verspottet wurde, hatte ich ein ganz neues Lebensgefühl. Ich sah meine Umgebung jetzt viel besser, konnte auch in der Ferne die Dinge wahrnehmen, und das Lernen fiel mir leichter. Ich konnte den Lernverlust aber nicht mehr aufholen und musste die erste Volksschulklasse wiederholen.

In dieser Zeit fanden meine Eltern eine Wohnung – auch nur ein Raum – und wir zogen von den Großeltern weg. Die neue Wohnung war in Amstetten in der Invalidensiedlung, und wir wohnten ganz nahe beim Ybbsfluß. Hier waren wir vier Personen, weil auch meine Schwester vom Findelheim zu uns kam. Für mich war es eine Umstellung im Familienleben. Hatte ich bei meinen Großeltern eine Erziehung mit Nachsicht und Geduld, so bekam ich jetzt mehr Strenge und Strafen bei Unfolgsamkeit. Wir waren auch viel allein, da die Eltern den ganzen Tag in der Arbeit waren. Aber nach Feierabend und an den Sonntagen wurden Spaziergänge unternommen.

Meine Eltern waren sehr naturverbunden, kannten die Namen der damals noch reichlich vorhandenen Wiesenblumen und -kräuter sowie die der Bäume und Sträucher. Es waren auch noch sehr viele Vogelarten zu sehen. In den Zwanzigerjahren gab es in der Natur noch unberührte, paradiesische Gegenden. Der Ybbsfluß führte noch reines Wasser, und an den Sommerabenden war das Baden und Tummeln am Ufer in den Auen ein erholsames und billiges Vergnügen für uns, noch dazu nahe dem Wohngebiet.

Ich besuchte auch oft meine Großeltern und erinnere mich noch, dass mich der Großvater zu einem Sonntagsausflug mitnahm. Wir fuhren früh am Morgen mit einem Personenzug nach Kemmelbach (heute Station „Stadt Ybbs"). Mit einer elektrischen Straßenbahn fuhren wir nach Ybbs zur Schiffsstation, mit dem Schiff dann weiter nach Grein. Dort kehrten wir ein und gingen dann zur Rollfähre (heute ist dort eine Donaubrücke). Nach der Überfuhr marschierten wir drei Stunden nach Amstetten zurück. Mein Großvater wollte mir eine Freude machen, für ihn war der Ausflug eine große finanzielle Ausgabe, für mich war es ein schönes Erlebnis. Kurz darauf erlebte ich noch eine längere Bahnfahrt.

Aus mir nicht mehr erinnerlicher Ursache kam es zum Streit mit dem Hausherrn, und wir wurden delogiert, waren somit ohne Unterstand. Die Eltern waren ohne Arbeit und hatten Schulden beim Kaufmann, der gleichzeitig Gemeindevertreter war. Die Familie stand vor dem Nichts! Die Gemeinde, die zuständig war, musste helfen. Mein Stiefvater hatte als Heimatgemeinde Markgrafneusiedl im Marchfeld. Die Stadtgemeinde Amstetten stellte Schubpapiere und Fahrscheine für die Bahnfahrt aus, etwas Zehrgeld* gab es auch, und ab ging die Reise ins Marchfeld. Die Einrichtungsgegenstände wurden in einem Depot der Gemeinde aufbewahrt und sollten später nachgesandt werden. Meine Mutter weinte bei der Abfahrt, war es doch eine bittere Erkenntnis, vom gewohnten, wenn auch nicht guten Aufenthaltsort ins Ungewisse abgeschoben zu werden.

Für meine jüngere Schwester und für mich, in unserem kindlichen Denken, war schon das Bahnfahren ein Vergnügen. Ich erinnere mich noch an die Rundfahrt mit der Lokalbahn in Wien, bis wir auf die Strecke in Richtung Marchfeld kamen. Glinzendorf war die Haltestelle zum Fußmarsch nach Markgrafneusiedl. Aufregung gab es noch bei der Abfahrt des Zuges, wurde doch aus dem Gepäckwaggon Bettwäsche und dergleichen nicht ausgeladen. Da musste telefoniert werden, damit der Gegenzug die Gegenstände wieder zurückbrachte.

In Markgrafneusiedl wurde dann im Gemeindeamt heftig debattiert – wir Kinder wussten nicht, um was es ging, und hüpften herum. Die Gemeinde Markgrafneusiedl lehnte eine Aufnahme mit der Begründung, dass mein Stiefvater sich dort nie aufgehalten habe, ab. Sie zahlten einen kleinen Betrag als einmalige Aushilfe und die Retourfahrtkosten. Wir gingen noch ins Gasthaus mittagessen und danach den weiten Weg zurück zur Bahnhaltestelle. Abends kam erst der Zug nach Wien, und in der Nacht landeten wir wieder in Amstetten. Wir mussten notgedrungen bei meinen Großeltern einige Wochen Quartier nehmen. Die Anfragen beim Wohnungsamt Amstetten waren umsonst.

Durch Privatinitiative bezogen wir nach einigen Wochen einen Wohnraum in der Siedlung nahe unserer früheren Wohnung. Es war eine Notlösung, nämlich ein nicht fertiger Kellerraum mit Ziegelwänden ohne Verputz. Aber es gab elektrisches Licht, Wasserleitung und Klo. Die Wände wurden mit Packpapier verkleidet, und es war Platz für ein Doppelbett und für eine Bettbank, auf der meine Schwester und ich schliefen. Wir waren nach dem Erlebten der letzten Wochen wieder voller Zuversicht. Die Sommertage verbrachten wir wieder am Ybbsfluß. Leider konnte ich nicht schwimmen und hatte auch Angst, ins tiefere Wasser zu gehen. Noch bei meinen Großeltern fiel ich einmal in den Werksbach, doch zum Glück rettete mich eine Nachbarin. Seit diesem Tag blieb ich wasserscheu. Der Hauptgrund war wahrscheinlich mein schlechtes Sehen ohne Brille.

Im Jahr 1924 war schon die große Arbeitslosigkeit, und meine Eltern hatten in dieser Zeit nur gelegentlich Arbeit. Um uns durchzubringen, gingen wir in den Wintermonaten aufs Land, um bei den Bauern Lebensmittel für ein „Vergelt's Gott" zu bekommen. Wir wurden oft als arbeitsscheues Gesindel beschimpft. Als Kind wurde mir diese Schmach schon bewusst, und ich sträubte mich oft, mitzugehen. Es war auch immer eine anstrengende Tour, einen ganzen Tag bei Regen, Schnee oder Kälte bergauf, bergab in der Gegend umherzugehen, meist mit durchnässten Schuhen.

Man konnte es den Landwirten nicht übel nehmen, wenn sie verärgert waren, kamen doch täglich mehrere Leute mit der Bitte um Hilfe. Für uns war es die einzige Möglichkeit, zu den Weihnachtsfeiertagen ein wenig Fleisch und Sonstiges zum Essen zu bekommen. Trotz der Anspruchslosigkeit gab es einen Christbaum, bei Nacht und Nebel aus dem nahe gelegenen Wald geholt. Mit Buntpapierketten und mit in Stanniolpapier gewickeltem Würfelzucker, Keksringerln und Kerzen war es für uns Kinder eine schöne Bescherung, wenn es auch sonst keine Geschenke gab.

103

Wir waren damals die Armut gewohnt und versuchten immer, irgendwo ein paar Groschen zu verdienen. Es war damals Sitte, von Haus zu Haus „Neujahrwünschen" zu gehen, und man bekam dafür einige Schillinge. Bei Begräbnissen mit Musikkapellen war ich bemüht, mit dem Trommelwagen fahren zu dürfen. Denn nach der Beerdigung ging es vom Friedhof ab mit flotter Musik bis zum Einkehrgasthof. Dort gab es dann Essen und Trinkgeld. Bei Feuerwehrtreffen gab es das Taferltragen mit dem Namen des Ortes, von wo die Gruppe kam. Gute Bewirtung und reichliches Taschengeld waren die Belohnung.

Als ein im Februar Geborener (Wassermann) hatte ich schon als Junge reichlich Phantasie und Wunschträume – Musiker, Maler und dergleichen wollte ich einmal werden.

Im Jahr 1926 kam ich zur Erstkommunion – ich erinnere mich, es gab nach dem Gottesdienst im Hotel „Rathaus" gemeinsam Kaffee und viel Kuchen. In diesem Jahr musste ich die Schule wechseln. Wir zogen von der Invalidensiedlung in den Vorort Eisenreichdornach, zirka drei Kilometer östlich der Stadt. Ich kam dann in die Volksschule Preinsbacher Straße. Mein Stiefvater arbeitete in der Nähe des neuen Wohnortes in einer Holzimprägnierungsfirma. Eine schwere, schmutzige und übel riechende Arbeit. Meine Mutter war als Hilfsarbeiterin beim Bau der Herz-Jesu-Kirche, in der Nähe der Volksschule, wo ich unterrichtet wurde. Ich kann mich noch gut erinnern, wie ich nach dem Schulunterricht meine Zeit beim Kirchenbau verbrachte und sah, wie meine Mutter mit vollen Mörteleimern auf dem Kopf über Leitergerüste Stockwerke hochklettern musste.

Wir wohnten nun in einem kleinen Haus in freier Umgebung, etwas abseits vom Ort, umgeben von alten Birnbäumen. Wir hatten auch nur einen Wohnraum mit einem eigenen Eingangsbereich, der als Abstellraum benutzt wurde. Das Klo war ein altes Bierfass und stand im 30 Meter entfernten Holzschuppen. Hauseigentümer war ein Eisenbahnpensionist, seine Frau war strenge Katholikin. Sie führten eine kleine Landwirtschaft und nahmen uns als Mieter, weil sie Hilfe bei der Feldarbeit erwarteten. Meine Eltern halfen dann auch bei der Heuernte und verschiedenen Feldarbeiten. Mit einem Kuhgespann wurde aufs Feld gefahren, für uns Kinder war das eine neue Betätigung in freier Natur.

Auch ich versuchte mitzuarbeiten, und es gab immer eine gute Bauernjause. An schulfreien Tagen zogen wir mit der Kuh und den Ziegen auf die Weide. Im Herbst wurde Obst geerntet und Laub als Einstreu vom Wald geholt. Dies war für uns Kinder eine lustige Beschäftigung. Die Hausfrau rührte selbst Butter, und ich half ihr dabei. Ein schmackhaftes Butterbrot, auch ein Glas Milch oder Buttermilch waren der Lohn.

Ich gewöhnte mich auch an den langen Schulweg. Aus mir war ein mittelmäßiger Schüler geworden, besonders Deutsch und Freihandzeichnen freuten mich. Wir lernten ja noch die Kurrentschrift, die ich besser schreiben konnte als die Lateinschrift. Für Naturgeschichte hatte ich sehr viel übrig, und für gutes Betragen bekam ich oft eine Freikarte für Uraniafilme*, die im Turnsaal der Schule vorgeführt wurden. In den Schulferien gab es keine Urlaubsfahrten, wie es heute üblich ist. Wir tollten viel in der Gegend herum. Meist musste ich meine Schwester mitnehmen und sollte natürlich auf sie aufpassen. Ich wurde deshalb von meinen Spielkameraden oft ausgelacht und gehänselt. Daher versuchte ich sie loszuwerden und rannte mit den Buben davon. Abends, wenn ich heimkam, gab es dann Krach und Ohrfeigen.

Das liebste Geschenk war ein altes Fahrrad, und ich lernte bald fahren damit. Ich war noch nicht ganz fahrtüchtig, als mein Vater mit mir von Amstetten nach Weyer an der Enns fuhr. Mit einem Bekannten gingen wir von dort einige Stunden über Berg und Tal nach Klein-Reifling und weiter auf eine Almhütte (Bodenwies). Es war schön, im Heu zu schlafen und zeitig am Morgen den Sonnenaufgang zu beobachten. Am nächsten Tag bei der Heimfahrt war ich schon so müde, dass ich auf einer Bergstraße vom Rad fiel, aber es blieb mir trotzdem in guter Erinnerung. Oft fuhr die ganze Familie, meine Schwester auf der Fahrradstange sitzend, nach Neustadtl ins Donaugelände, um Schwämme und Heidelbeeren zu sammeln. Wir blieben oft über Nacht und schliefen auf dem Waldboden. Ein Teil der gesammelten Schwämme und Heidelbeeren wurde später verkauft.

Im Frühjahr 1928 ereignete sich Folgendes: Der Bruder meines Stiefvaters – Heinrich Iser aus Judenburg in der Steiermark, er war Vorarbeiter in einer Ziegelei – schrieb, er hätte einen Arbeitsplatz mit guter Bezahlung. Mein Stiefvater war froh, seinen schlechten Job wechseln zu können. Er verließ eine Woche nach Erhalt der Einladung die Familie und fuhr zu seinem Bruder nach Judenburg. Später sollte die Familie nachkommen. Es vergingen Wochen – keine Nachricht, auch keine Geldüberweisung. Meine Mutter stand vor dem Nichts, da sie keine Arbeit hatte. Kurz entschlossen fuhr sie mit meiner Schwester – mir hat sie gute Ratschläge hinterlassen – in die Steiermark nach Judenburg.

Eine neue Situation für einen zehnjährigen Buben wie mich. Ich glaube aber nicht, dass ich mich allein gelassen fühlte. Es waren Schulferien, und unsere Hausfrau kümmerte sich um mich, lud mich zum Essen ein, und auch sonst verbrachte ich viel Zeit bei ihr. Sonntags musste ich in die Messe mitgehen, nachher wurde im Gasthaus gegessen.

Notwendige Haushaltsartikel holte ich mir beim Greißler, und ich ließ alles aufs Einkaufsbüchel anschreiben. Ich besuchte oft meine Großeltern. Es hatte der Schulunterricht wieder begonnen, und eines Tages waren auch die Eltern samt Schwester wieder zu Hause. Wie ich später erfuhr, als noch Jahre danach davon die Rede war, konnte man dort in dieser Ziegelei nur bei Akkordarbeit etwas verdienen. Der Betrieb war veraltet, und obwohl meine Mutter die kurze Zeit mitarbeitete, war der Verdienst zu gering, um damit durchzukommen. Daher entschlossen sie sich wieder zur Heimkehr. Da kaum Reisegeld vorhanden war, mussten sie den Weg von der Steiermark nach Niederösterreich zu Fuß zurücklegen.

Die Sorgen waren größer geworden – keine Arbeit, aber Schulden beim Greißler – wir konnten froh sein, so gute Hausherrenleute zu haben. Sie verlangten kein Zinsgeld und halfen mit Lebensmitteln. Nach einiger Zeit bekam mein Stiefvater doch wieder als Bauhilfsarbeiter eine Stelle. Es ging uns dann wieder etwas besser, die Schulden wurden bezahlt, und das Leben war wieder erträglicher.

Ich aber ließ im fünften Schuljahr merklich beim Lernen nach. Dem Nachmittagsunterricht blieb ich oft unentschuldigt und ohne Wissen meiner Eltern fern. Mit Freunden machte ich viele heimliche Radtouren. Dem Lehrer sagte ich, man hätte mich bei der Arbeit, Kartoffeln ernten und dergleichen, gebraucht. Musste mein Stiefvater Johann Iser dann in die Schule, kamen natürlich die Lügen auf, und es setzte, gleich neben dem Lehrer oder der Lehrerin, eine Tracht Prügel. Später wollten sie gar keine Vorladung mehr schicken, weil sie mit mir Erbarmen hatten.

Im Frühjahr 1928 siedelten wir wieder um und bezogen in Amstetten in einem Zinshaus der Stadtgemeinde in der Dampfsägestraße Nr. 54 eine Zweizimmerwohnung. Der Gemeindebau war auch wieder ganz nahe beim Ybbsfluß. Mein Stiefvater war jetzt als Bauhilfsarbeiter nur mehr im Winter arbeitslos, die Mutter versorgte den Haushalt. Ich kam in die Hauptschule, die ich in der zweiten Schulstufe beendete.

Politisch war Österreich in Bewegung, es gab die christlichsoziale und die sozialdemokratische Partei. Erstere hatte die Mehrheit in der Regierung. Heimwehr* und Schutzbund* und auch die Deutschnationalen stritten sich um die Macht. Wir in der Familie befassten uns nur wenig mit Politik. Meine Eltern gaben bei Wahlen ihre Stimme den Sozialisten, weil sie sich als Arbeiter von dieser Partei mehr Hilfe erhofften. Meine Verwandten in Amstetten waren ebenfalls Mitglieder bei der sozialistischen Partei.

Besonders mein Onkel, Franz Hebenstreit, der Bruder meiner Mutter, war vielseitig mit der Partei verbunden (Kinderfreunde, Naturfreunde usw.). Er, als Lokomotivheizer bei den Bundesbahnen, war auch immer hilfsbereit und spendenfreudig. Eigenartig war, dass sich mein Onkel Franz als Einziger in der Familie mit dem Namen Hebenstreit statt Hömstreit bezeichnete.

Weil er in meiner Heimatgemeinde Dorf Haag bekannt war, wurde vermutlich, als ich mit 16 Jahren einen Heimatschein* benötigte, mein Name als Johann Hebenstreit eingetragen. Nun hatte ich eine Geburtsurkunde mit dem Namen Johann Hömstreit und einen Heimatschein, lautend auf den Namen Johann Hebenstreit. Großvater, Onkel und Mutter, alle wurden mit Hebenstreit angesprochen, und welcher Familienname richtig ist, weiß ich bis heute noch nicht. Selbst auf den Grabsteinen der Verstorbenen steht Hebenstreit. Als ich zum Militär kam, beanstandete man diese Namensungleichheit und stellte fest, nur die Eintragung in der Geburtsurkunde habe Gültigkeit.

Meine Eltern und wir Kinder waren oft an Sonn- und Feiertagen, besonders in den Wintermonaten, bei der Familie des Onkels eingeladen. Da wurde Karten gespielt, es gab eine Jause und für uns Kinder Naschereien. Als Bundesbahner hatte mein Onkel ein geregeltes Einkommen, obwohl damals sein Gehalt auf Raten ausbezahlt wurde. Die Familie war sozial eingestellt, und sie alle halfen in dieser Zeit, wo sie nur konnten. ...

Zu Pfingsten 1928 gab es Hochwasser. Zu dieser Zeit wurde ich im Dom zu Linz zur Firmung geführt. Firmpate war ein Bekannter meines Stiefvaters, er war Bundesbahnschaffner. Es waren für mich sehr aufregende Tage. Die Gattin des Firmpaten, eine junge, hübsche Frau, war etwas überspannt. Ich musste nach der Schrift sprechen, wurde komplett neu eingekleidet, und noch einige Jahre lang erhielt ich zu Ostern ein Geschenk. Am Firmungstag trug mich mein Stiefvater auf den Schultern zum Bahnhof, da an vielen Stellen das Wasser knöcheltief stand. Auch der Zug nach Linz musste oft die Fahrt verlangsamen, weil die Strecke unter Wasser stand. Zum ersten Mal habe ich ein Wiener Schnitzel mit Preiselbeermarmelade gegessen!

Im Herbst desselben Jahres bekam ich die ansteckende Rachenkrankheit Diphtherie und wurde mit hohem Fieber mit einem Rettungswagen (Pferdegespann) ins Spital auf die Infektionsabteilung gebracht. Vier Wochen musste ich bleiben. Eine junge Ordensschwester betreute mich, und ich war in sie ganz verliebt. Ich überredete sie sogar, mir ihre Haarpracht zu zeigen (sie hatte schönes, dunkles Haar), weil es immer hieß, die geistlichen Schwestern hätten ihre Haare geschoren.

Von 1928 bis 1929 gab es den kältesten Winter, und wir hatten drei Wochen Winterferien. Die Schwester meiner Mutter, Tante Resi, später verehelichte Schiller, war mittlerweile auch in den Ehestand getreten. Sie wohnte in Greinsfurt, einem Vorort von Amstetten. Ihr Mann war Maurer von Beruf, Sozialdemokrat und im Radfahrverein.

Ich kann mich noch an die Maiaufmärsche erinnern. Die schön geschmückten Fahrräder, Formationen wie die der Schutzbündler und der Jugendgruppen, mit Musikkapellen und Fahnenblöcken, blieben mir in guter Erinnerung. Frühmorgens um sieben Uhr gab es schon einen Weckruf, am Vormittag war die Festrede, und am Nachmittag ging es mit klingendem Spiel zu einem Waldfest außerhalb des Ortes. Es kam auch öfters zu Auseinandersetzungen mit politischen Gegnern (Heimwehr und Christlichsoziale).

Im Schulalter beobachtete ich die politischen Geschehnisse eigentlich recht wenig. Aber da meine Verwandten, wie schon erwähnt, alle Sozialdemokraten waren, ging auch ich zu den Kinderfreunden und trat später der Sozialistischen Jugend bei. In der Schule musste ich die erste Hauptschulklasse wiederholen. Es waren meiner Ansicht nach die misslichen Lebensverhältnisse und zu wenig Aufsicht seitens meiner Eltern schuld, dass ich im Lernen nachließ. Im Februar 1931 trat ich nach Beendigung der zweiten Hauptschulklasse aus der Schule. Ich war froh, vom Schulzwang befreit zu sein, und voll der Erwartung, was für eine schöne Zeit jetzt käme. . . .

Nach dem Ende der Pflichtschulzeit trat Johann Hömstreit eine Tischlerlehre an, die er als nicht befriedigend empfand; seine Sehbeeinträchtigung erwies sich dabei wieder als großes Hindernis. Nach zwei Jahren brach er die Lehre ab und wurde daraufhin samt seinen Eltern vom Jugendamt vorgeladen. Die Behörde verurteilte Johann Hömstreits Entschluss, bot ihm aber eine „Umschulung" auf einem niederösterreichischen Gutshof, dem Reuhof bei Pillichsdorf im Marchfeld, an. Der Autor fand Interesse an der Arbeit in der Landwirtschaft und blieb – mit Unterbrechung von einigen Monaten, in denen er sich erfolglos um eine bessere Arbeitsstelle bemühte – bis zu seinem 21. Lebensjahr auf dem Gutshof beschäftigt.

1938/39 absolvierte Johann Hömstreit den Reichsarbeitsdienst und den Militärdienst und war anschließend ein Jahr als Postzusteller tätig. Aufgrund seiner Sehschwäche galt er zunächst als nicht kriegsverwendungsfähig. Als er schließlich doch eingezogen wurde, war er als Angehöriger einer Sanitätskompanie zuerst in

Hessen, dann in Lettland im Einsatz, wo er im Frühjahr 1945 gefangen genommen wurde.

Während eines Heimaturlaubs hatte Johann Hömstreit seine spätere Frau Maria kennen gelernt und 1942 geheiratet, als diese ein Kind erwartete. Das erste Kind starb schon nach wenigen Tagen; seine 1944 geborene, älteste Tochter sah der Autor erstmals nach der Heimkehr aus sowjetischer Kriegsgefangenschaft im Dezember 1946.

Johann Hömstreit ließ sich in Mistelbach, der Heimatgemeinde seiner Frau, nieder und bekam mit ihr zwei weitere Kinder. Beruflich entschied er sich für den Postdienst, wo er schon während der ersten Kriegsjahre tätig gewesen war. Neben Beruf und Familie engagierte sich Johann Hömstreit in der Sozialistischen Partei Österreichs (SPÖ) und als Obmann verschiedener Vereine. Zwischen 1955 und 1970 übte der die Funktion eines Gemeinderats bzw. Stadtrats von Mistelbach aus.

Gegen Ende seiner Aufzeichnungen zieht Johann Hömstreit folgende Lebensbilanz: „Das Leben wird uns mit der Geburt gegeben. Geformt wird es durch äußere Einflüsse wie Armut oder Reichtum beziehungsweise wie es Begabungen und Können zulassen. Ich war und fühlte mich als ein Nichts in der großen Masse meiner Umgebung, bemühte mich aber doch, zu überleben. Gutes und Böses habe ich rechtzeitig erkannt und meine Lehren daraus gezogen. Ich versuchte, einen geraden Weg zu gehen."

FRANZ HUBER

*wurde am 15. August 1922 in Wagrain (Salzburg) als Kind einer
Dienstmagd geboren. Sein Vater war im selben Gasthof wie seine
Mutter als Knecht beschäftigt, starb aber früh an den Folgen eines
Arbeitsunfalls. Da die Mutter das Kind nicht bei sich behalten
konnte, verbrachte Franz Huber seine Kindheit der Reihe nach bei
verschiedenen väterlichen und mütterlichen Verwandten; infolge
der schlechten wirtschaftlichen Lage und anderer widriger Umstände konnte er nirgends länger als zwei bis drei Jahre versorgt
werden. Erst auf seinem fünften und letzten Pflegeplatz verblieb
er acht Jahre lang, von 1931 bis 1939, musste dort jedoch für Kost
und Logis als Knecht arbeiten.*

*Im Alter von 17 Jahren bot sich Franz Huber die Gelegenheit,
die Existenz als ländlicher Dienstbote hinter sich zu lassen. Er
zog zu seiner Mutter, die inzwischen einen weiteren Sohn geboren, geheiratet und sich in Rottenmann in der Obersteiermark
angesiedelt hatte. Der Ehemann der Mutter, ein Sägewerksar-
beiter, vermittelte ihm dort eine Lehrstelle als Zimmermann. Diesem Handwerk blieb der Autor dann bis zu seiner Pensionierung
treu.*

*Franz Huber verfasste seine schriftliche Lebensgeschichte ei-
genhändig in den Herbst- und Wintermonaten 1995/96. Auf seine
persönlichen Schreibmotivationen kommt der Autor selbst zu Beginn seines Beitrags zu sprechen. Außerdem wurde er durch das
Buch von Maria Gremel, „Mit neun Jahren im Dienst" (Band 1
dieser Buchreihe), zum Aufzeichnen seiner Lebenserinnerungen
angeregt.*

*Franz Hubers gesamtes lebensgeschichtliches Manuskript um-
fasst 174 handschriftliche A4-Seiten und gliedert sich in drei Abschnitte: Im ersten Teil, der hier gekürzt wiedergegeben wird, beschreibt der Autor auf 60 Seiten seine Kindheit im Salzburger
Pongau; im zweiten Teil erzählt er auf 76 Seiten seinen weiteren
Lebensweg nach dem Umzug in die Obersteiermark. Nachträglich
ergänzte, anekdotenhafte Erzählungen aus dem Berufs- und
Dorfleben füllen weitere 38 Seiten.*

*Die aus Platzgründen vorgenommenen Kürzungen gegenüber
dem Original betreffen vor allem solche Textpassagen, in denen*

111

der Autor allgemein und eher beschreibend über das Leben und Arbeiten auf einem Pongauer Bauernhof der Zwischenkriegszeit berichtet. Bevorzugt berücksichtigt wurden hingegen jene Teile, die subjektives Erleben und die persönliche Entwicklung des Erzählers thematisieren.

Franz Huber hat seine Lebensgeschichte zur Gänze in Dialektform verschriftlicht; abgesehen von geringfügigen Vereinheitlichungen wurde diese im folgenden Textbeitrag unverändert beibehalten. Die Vorliebe des Autors für die Mundart dürfte unter anderem auch mit seinem Interesse an der Volksmusik zusammenhängen, die er vor allem als Mitglied in einem Gesangsverein, aber auch als Sammler von alten Liedtexten gerne pflegt. In Zusammenhang mit diesen musikalischen Aktivitäten und als Chronist seines Lebens ist er bereits mehrfach in Rundfunk und Fernsehen aufgetreten. Dennoch möchte er keineswegs als Künstler oder „Poet" eingestuft werden, sondern für ihn ist „die Schreiberei" vor allem „a Zeitvertreib und a Gedächtnisauffrischung" im Alter.

Wia i heut beim Fenster außischau, kimmt ma vür*, an so an Tag kann ma im Freien nit recht viel toan. A nebliger Oktobertag, es nieselt ganz leicht, das Laub fallt von dö Bäum', der Winter steht vor der Tür. In der warmen Stuben taugt oan scho das Sitzen, do fallt mir allerhand ein. Des Öftern denk i z'ruck, wia i mei Leben verbracht hob. Könnt sein, dass meine Nachkommen a Interesse daran hätten, drum schreib i's, so wia's ma grod einfallt, nieder.

Die meiste Zeit wor mei Aufwachsen koa „Honiglecken". Mit „a bissl wos" z'frieden sein, hob i als kloana Bua scho g'lernt. In späteren Zeiten wor mir dös oftmals zum Nutzen.

Wos an „Annehm-Buam" betrifft, dös is oana, dem die Armut in d' Wiagn g'legt wird. Seine Eltern oder sei Muatta können das kloane Kindl wegen Armut oder sonstige widrige Umständ nit bei sich behalten. Zum Unterschied von an Findelkind, dös vor a fremde Tür g'legt wird, sans bei an „Annehm-Kind" Tanten, Onkel oder sonst guate Bekannte, dö das kloane Gschrapperl* bei eahna aufnehma oder „annehma". Dös Glück wor mir beschert. I wor a „Annehm-Bua".

Wia's bei mein „Auf-d'-Welt-Kemma" zuaganga is, hot ma nia wer richtig erzählt. Mei Muatta wor bei dem Ereignis scho 35 Jahr alt. Eigentlich hätt i jo – weil ledige Kinder kriagn damals a Schand wor – gar nit auf d' Welt kemma sollen. Für dös, dass mei Vota nit besser aufpasst hot, kann i leider heut a nix mehr dafür. Über die leidige Angelegenheit hot mir mei Muatta nia recht viel erzählt, und in späteren Zeiten wollt i mei Muatta nit mit Fragen belästigen über Sachen, die ihr vorher oft viel Sorgen bereitet hom.

Beschäftigt wor sie damals als Hausgehilfin beim Kirchenwirt in St. Johann im Pongau. Für die Niederkunft is sie in ihr Elternhaus nach Wagrain zu ihr'm Bruada Sepp ganga. Der hot als ältestes von acht Kindern das „Hoamatl", den Steffenhof, g'erbt. Also wor dös glei drauf mei Geburtshaus. A Bauerngüatl – nit recht groß, ziemlich hoch, auf da Sunnseitn g'legen. Haus und Hof worn mit Blockwänd aus Fichtenholz aufzimmert. Mit viel Fleiß und schwerer Arbeit – selber hot er a scho a Schöckerl* Kinder g'hobt – hot er sei Hab und Guat recht und schlecht erhalten.

Do am Steffenhof is dann mei Wiagn g'standen oder vielmehr mei Kinderbettl. Manches Mal homs mi a in an Wäschkorb g'legt. Mei Muatta is nach meiner Geburt glei wieder ihrer Arbeit nachganga, sonst wär ihr Posten von wem andern besetzt gwöst. I bin alloan beim Onkel Sepp blieben und hob auf die Liab von da Muatta verzichten müassen. Troffen hot dös die Muatta viel mehr; i hob dös no nit so mitkriagt, dass es mi mit Schmerz erfüllt hätt. Mag sein, dass dös oba schuld wor, dass i a wengl* kloan g'wachsen bin, weil mi die Muatta nit an die Brust g'numma hot.

Mein Vota hob i leider nia kennt. Wia ma später die Muatta oder seine Gschwister erzählt hom, wor er beim Kirchenwirt als Rossknecht im Dienst. Do is die „Gspusi"* mit meiner Muatta außakemma. Das Endergebnis wor dann meine Wenigkeit. Zwoa Johr wor i alt, wia mei Vota g'storben is. Beim Holzfuhrwerk hot eahm a Bloch den Fuaß abg'schlagen, a Bluatgerinnsel hot kurz drauf sein Tod bewirkt.

Abg'stammt is er aus a kinderreichen Familie. Mei Großvota, der „Allermüllner", hot mit seiner ersten Frau 17 Kinder g'hobt. Nach deren Tod hot er mei Großmuatta g'heirat' und no amoi 10 Kinder in d' Welt g'setzt. Als Müllereibesitzer hot er den Schock* Kinder trotzdem halbwegs guat ernährt.

Mei Vota, is ma erzählt worn, wor a lustiger G'sell, hot gern tanzt und g'sunga. Manches Mal hot er a bissl z'tiaf ins Glasl g'schaut. Weil er deswegen aus Geldknappheit a paar Mal meine Alimente nit zahlt hot, wor schuld, dass mir die Muatta Jahre drauf erzählt hot: „Er wor a wengl a Lump." Alles wos ma im Leben erfahrt, soll ma sich nit gar so z' Herzen nehma und Trübsal blasen. I hob a bissl wos von mein' Vota g'erbt. G'sunga und tanzt hob i mei Lebtag gern. Für a bissl im Wirtshaus bei oana Gaudi Sitzenbleiben hob i in späterer Zeit sogar das „Greinen" von mein Weiberl überhört.

Nach dem Tod von mein' Vota hot vom G'richt aus für mi a Kurator* bestellt wern müassen. Dös ehrenvolle Amt is dem Stallnbauern in St. Johann übertragen worn. Da Muatta ihr Schwester, die Miadi, wor sei zweite Ehefrau. Außerdem wor der Stallnbauer Bürgermoasta. Der Richter wird scho damals vermutet hom, für welch wichtige Person er an entsprechend g'scheiten Kurator bestellen muass.

Die Zeit wor damals a grod nit goldig. Der Erste Weltkriag hot no seine Spuren hinterlassen. Mei Muatta hot beim Kirchenwirt fast nur um die Kost g'arbeit. Mit Näh- und Stickarbeiten hot sie sich nebenbei a paar Groschen verdient. Dös hot sie wunderbar können, mei Tochter verehrt heut no a paar Andenken von ihr. Für mei Kindergwandl hom da Muatta ihre Notgroschen trotzdem fast nit ausgreicht. Selber hot sie sich eh nix vergönnt. Bis zu ihrem Tod hot sie jeden Kreuzer dreimal umdraht, obwohl es ihr in dö letzten Lebensjahr' gar nit schlecht ganga wär.

Kaum zwoa Jahr wor i beim Onkel Sepp, und am Hof is es recht karg zuaganga. Neben sein' eigenen Dutzend Kinder wor i natürlich a Belastung oder a notwendiges Übel. Drum hot er mein Kurator bitt', er soll für mi a bessers Platzerl suachen. I hob dös Ganze nit so mitkriagt, für mi wors das erste Mal zum Wandern. Dem Vota sei Bruada, da Onkel Rupert, und sei Frau, die Tante Nani, hom sich meiner erbarmt und mi „ang'numma".

Als Eisenbahner hot da Onkel in an mit Naturstoana g'mauerten Bahnwächterhäusl zwischen St. Johann und Schwarzach g'wohnt. Dös worn zwoa oanfache Leutln und hom recht liab mit mir umtan. Selba homs koane Kinder g'hobt, deshalb bin i eahna a wengl ans Herz g'wachsen. Im Ruhestand hob i s' später oft in der Dienstwohnung in Schwarzach und Bischofshofen besucht. Oa Erinnerung an das Bahnwächterhäusl is mir – obwohl i damals no nit ganz vier Jahr alt wor – bis heut verblieben:

Die Tant' hot auf d' Nacht allweil die Fensterbalken zuag'mocht. Oamal hot s' dös in mein' Schlafkammerl vergessen. Heut könnt i nit amoi sagen, in welchem Raum dös wor. An das Rumpeln von der Dampflok hob i mi scho vorher g'wöhnt g'hobt. Oba in dera Nacht is ganz fürchterlich zuaganga. In stockfinsterer Nacht is a Lastenzug vorbeig'fahrn. Weil's a bissl bergauf ganga is, hot die Zuglok voran ganz fürchterlich pfaucht. Beim Kamin hot a riesiges Feuer außabrennt. Das ganze Zimmer wor hell erleucht'. I hob zittert wia a Lamplschwoaf*. Am End von dem Zug wor no a Schublok, do hots no amoi brennt. A Ewigkeit hots dauert, bis das Gespenst vorbei wor. Gar nit lang drauf hot mi doch wieder der Schlaf überfallen.

Koane Spielkameraden hob i nit g'hobt, das Häusl wor in a entlegenen Gegend. Rundherum wor a Zaun, do is ma streng auftragen worn, dass i den sichern Bereich nit alloan verlassen derf. Die Tante wor damals öfters kränklich, dem Onkel sei Verdienst a nit recht groß, sodass die Medikamente manches Mal z' teuer worn. Schweren Herzens hom sich die zwoa Leutln entschlossen, dass i a anders Platzerl brauch. Also is wieder mei Kurator zum Einsatz kemma. Nach mehrere Bittgäng von eahm und meiner Muatta hot mi die Tant' Rosl, mein Vota sei Schwester, „ang'numma". Dass für so an kloan Knirps das Umg'wöhnen gar nit so leicht is, hob i am eigenen Leib verspürt. I wor ja schon im fünften Lebensjahr.

Der Mann von der Tant' wor Tischlermoasta und Leichenbestatter. Er hot gnua Arbeit g'hobt und hot zu den ang'sehenen Bürgern g'hört. Selber homs zwoa Kinder g'hobt, dö worn a paar Jahr älter wia i und san scho in d' Schul' ganga. Wos mi betrifft, hob i mi glei glücklich g'fühlt:

Zum Essen wor gnua do, und das erste Mal Spielgefährten hob i a g'hobt. Hinter dem Blockhaus wor a Werkstatt und der Bretterplatz von mein' Onkel. Dös wor a ruhiges, sicheres Platzerl für uns Kinder zum Spielen. Da Onkel hot uns hölzerne Pferdln, Küah und Lamperln zuag'schnitten. An Stall hom ma aus Abfallholz selber z'sammzimmert. Z'viel Nägel hom ma nit brauchen derfen, dö worn damals kluag* und teuer. A jedes Viecherl hot sein' Namen kriagt, und mit Farbstift homs der Peter und das Nannerl bemalt. Dass es öfter zum Streiten wor, wos wem sei Eigentum is, kann neamd verwundern. Sogar die Nannerl, obwohl sie scho zehn Jahr alt wor, hot sich do dreing'mischt. Da Onkel hot dann möglichst gleiche Figuren g'mocht, damit der Kriag a End nimmt.

Am Nachmittag wor da Peterl scho von da Schul' dahoam und hot im Hinterhof das Regiment g'führt. Gach* fallt uns amoi ein, ob ma nit da Tant' ihr Zuckerdosen plündern könnten. Feig wor i scho damals nit, drum bin i mit dem Peterl, wia die Luft rein wor – dös hoaßt, die Tant' wor nit ums* Weg –, do san mia die Gaudi anganga. Hinter an Bretterstoß hom ma die Beute verzehrt. Aus Angst, dass uns wer hören könnt, worn mia zwoa mäuserlstill. Vüratraut* hom ma uns a neama. G'suacht homs uns scho überall, g'schrian homs uns, mia hom koan Rüahra* g'mocht.

Je länger dös dauert hot, umso größer is unser Angst und Schuldgefühl worn. Endli wors finster gnua, dann san ma vürag'schlichen. Der Peterl hot a paar Watschen kriagt, mi homs mit a Ruatn a bissl bearbeit'. No dazua koa Nachtmahl und glei schlafen gehn, a bissl is ma dös ungerecht vürkemma. Die Tant' hot mir später ganz verstohlen a Stückl Brot zuag'steckt. Öfters is in späterer Zeit über unsre Lausbuamgschichten g'locht worn. ...

Gar nit lang hob i auf mein schön' Platzerl bei den Eschbacherleutln bleiben derfen. Der Onkel is plötzlich g'storben, mei Tant' wor ganz aus'm Häusl. Die Tischlerei hot sie aufgeben müaassen, a kloane Wohnung wor dann ihr Dahoam. Mich hot sie nit gern weggeben, der große Schicksalsschlag wor für sie fast nit überwindbar. Da Peterl is Anfang vom Kriag g'fallen, und die Anni hot in die Stadt Salzburg außig'heirat'. Auf ihre alten Tag' is die Tant' ganz auf alloan onkemma.

Für mi wor der Platzwechsel recht traurig und hart. Hob i mi doch so guat ang'wöhnt und das Tischlerhaus für mei Hoamat ang'schaut. Der Abschied wor a trauriges Ereignis. Die Darrbäurin im Weberlandl z' Wagrain wor die Schwester Kathl von meiner Muatta, dö hot mi ang'numma – für mich das vierte Platzerl auf dera Welt. A trauriger Rekord für a Büabl, dös no gar nit in die Schul' geht. Der höchstgelegene Bauernhof im Ortsteil Weberlandl – oberhalb vom Kirchboden* – wor der Besitz vom Onkel, Fritzenwallner wor sei Schreibnam'. Er wor um 15 Jahr älter wia die Tant': a mittelgroßes, verhutzeltes* Mandl mit viel Falten im G'sicht und ganz bucklig vor lauter Schinderei auf dem Bergbauernhof. Die Tante wor a neama die Jüngste, gegen 45 Jahr' alt. Vier Kinder, a junger Knecht, etla* zwanzig Stück Rindvieh, zwoa Rösser, etliche Schaf', a Sau und das Heanavieh* hom den Hof belebt. Für die Dauer von drei Jahr wor dös Fleckerl Erden mei „Dahoam".

Nach a paar Monat' wor mei sechster Geburtstag. Der is allweil am 15. August, dös is der „Groß-Frauentag"* und – ob dös z'wegen mir is, woaß i nit – oba allweil Feiertag.

Etliche Wochen drauf wor das Schulgehn für mich Pflicht. Wegen der Körpergröß' wor i no nit berühmt. Mei stattliche Läng' hot oan Meter und ganze fünf Zentimeter betragen. Am Tisch hob i trotzdem schon aufig'segn. Dass i der Kleanste von der Klass' wor, hot mir nit viel ausg'macht. A Erwachsener hot für mein Schulweg a guate Stund' zum Gehen braucht. Mit meine kurzen Haxerl* hot dös a wengl länger dauert, besonders im Winter, der scho bald vor der Tür g'standen is.

Damals hots weit mehr Schnee geben, die Winter worn weit länger. Oft hots zu Allerheiligen scho zuag'schnieben*, Ende März wor kaum a apers* Fleckerl. Im Tal wor über oan Meter, bei uns am Berg droben über zwoa Meter Schnee. Hots über d'Nacht mehra g'schnieben, dann hom da Vota – so hob i zu mein Onkel g'sagt – und der Knecht Karl schon zeitig in da Früah Schnee g'schaufelt. Dös wor a tiafer Schluf* wia a Kamin, über den Rand hob i gar nit drüberg'segn. Bis zum Nachbarn Fink obi homs schaufeln müassen, weiter talwärts wor der Fink zuaständig. So is dös furtganga, von oan Gehöft zum andern. Im Tal drunt, auf der Eben*, hom die Bauern mit an aus Pfosten keilförmig z'sammg'nagelten Schneepfluag mit dö Rösser Schnee g'ramt*.

Die Kinder vom Darrbauern worn alle älter wia i. Nach der Größ' sans voran furtganga, i bin hintennach trippelt. Öfters san mia z'spot und bei argem Schneetreiben gar nit in die Schul' kemma. Das Hoamgehn wor dann nit so drawig*. Laut Auftrag von da Muatta (Tante Kathl) hob i am Schulanfang warten müassen, bis von dö ältern Cousinen oane hoamgeht. Nit nur deshalb, weil's bergauf ganga is, hom mia länger braucht, a sunst hom mia's gar nit eilig g'hobt. Alle möglichen Sachen san uns eing'fallen. Mit dö Nachbarkinder wor das Schneemannbau'n interessant. Kastanienaugen, dem Nachbarknecht sei z'rissener Huat und a alter Stallbesen hom den Mann verziert.

Auf steilern Leiten* wor das Schneekugelrollen unser Gaudi. Dö san oft woaß-i-wia-weit obikugelt und je nach Temperatur allweil größer worn oder bald zerfallen. Des Öftern san mia Kinder erst ums „Finsterwern"* hoamkemma. Die Eltern hom mit dö großen Kinder g'schimpft. I hob natürlich nix dafür kinna, weil i auf eahna hob warten müassen. Mit a bissl a Schadenfreud' hob i das Ganze zur Kenntnis g'numma.

Im Sommer wors dann no viel schöner. Vieles hot mei Interesse erweckt, und manche Entdeckungen hob i g'mocht. Wunderschöne Schmetterling' wollt i fangen, bis i draufkemma bin, dass dö jo nit amoi das Angreifen mit der Hand aushalten. Maikäfer, Würmer, ja sogar a bunter Salamander san mir übern Weg g'laufen. Dem Nachbarn sei Hund, kloane Kaiberl* oder Rössl – alles hot mi aufg'halten. Nach an Regen mit an Holzstecken und Stoandln* a kloans Bachbett bau'n wor a ganz anstrengend. Wia soll ma do auf so an langen Schulweg weiterkemma. Bin i dann – a bissl hätt i scho g'scheiter sein sollen – z'spot hoamkemma, is ma als Straf' die Jausen g'strichen worn. I wor mir meiner Schuld eh bewusst. Irgendwie hob i nix dafür kinna, wonn ma so viel Viecher übern Weg laufen. Vielleicht wor gar mei Schutzengel schuld, is mir kurz drauf beim Nachtgebet eing'fallen. Von Lang'weil' wor beim Schulgehn koa Red nit.

A bissl wos arbeiten hob i a müassen. Wonn die Eltern nit dahoam worn, hom die Kinder mit mir kommandiert und g'moant, sie kinnan toan mit mir, wos s' wollen. Alles hob i mir oba nit g'fallen lassen und mi a bissl auf eigene Füaß g'stellt. Wo kam ma denn do hin, wonn ma nur hin und her g'schummelt* wird.

In da Schul' hots mir recht guat g'fallen. Wegen meiner Größ' bin i ganz vorn in der ersten Reih' g'sessen. Die Lehrerin hots mit mir a guat g'moant und sogar manches Mal a Lob ausg'sprochen. Dös hot mi natürlich aufbaut und mit Stolz erfüllt. Mei Moanung wor drauf, dass i bald a richtig wichtiger, großer Mann werd. Besondere künstlerische Fähigkeiten hob i damals a scho unter Beweis g'stellt.

Im zweiten Schuljahr – vor Weihnachten – hot unser Klass' das „Schneewittchen" aufg'führt. Dass für mi die Roll'n als kleanster Zwerg am besten passt, wor a logische Sach'. Die meisten mitwirkenden Kinder worn von den Bürgersfamilien im Markt. Mich hot die Lehrerin bei der Tante dahoam ausbitt'. Sogar persönlich is sie zu uns am Berg aufikemma und hot selber mitg'macht, wos i für Strapazen beim Schulgehn mitmachen muass. I wor stolz und glücklich, wia die Eltern zum Theaterspielen das Jawort geben hom. Eahna is vürkemma, dass es a Ehr is, und wonn so a hohe Persönlichkeit wia die Lehrerin am Hof kimmt, kann ma sowieso nix dagegen sagen. Die Proben worn erst am Abend, deshalb hob i etliche Tag' bei der Tant' Rosl im Markt g'schlafen.

Das Theaterg'spiel wor für mi a riesige Freud und Aufregung. A Gwandl hot ma die Lehrerin aus an alten Erdäpfelsack g'naht, dazua a rote Kapuzen. An Strick um den Bauch und a kloane Sturmlatern' worn mei ganze Ausrüstung.

Nach mehreren Proben wor dann endli die Aufführung: im großen Wirtshaussaal, a Riesenandrang. Die meisten Eltern, viel andere große und kloane Zuaschauer hom scho ang'spannt g'wart'. Endli is der Vorhang – a paar große Leintüacher – aufgangen. Der Glassarg fürs Schneewittchen wor aus an Holzrahmen, mit Fensterscheiben imitiert. Das

Schneewittchen wor a wunderschönes Kind. Manche Leut san z'Rean* kemma, wia's dann g'storben is, und hom die böse Königin verdammt. Vom giftigen Apfel hob i nix g'segn, oba mia sieben Zwerg' san a ganze Weil' um den Sarg herumtanzt. Zu guater Letzt hob i mit mein Sturmlamperl das Schneewittchen aufg'weckt. Alle Leut hom Beifall klatscht, alles is guat verlaufen. Wia a großer Held bin i mir vürkemma. Die Lehrerin wor mit mir recht z'frieden: „Guat host's g'mocht", hob i mit Stolz vernumma. A Handvoll Zuckerl als Belohnung wor ma a ganz recht. Sogar meine Verwandten worn stolz auf mi. I hob das allseitige Lob genossen: Künstler wollen geehrt sein.

In Wagrain wor damals nur a zwoaklassige Volksschul'. Derweil die größern Kinder wos „G'scheiteres" g'lernt hom, worn mia Kloan' auf Lesen, Schreiben und oanfache Rechnungen beschränkt. Ab und zua wor ma dann mit oan Ohr woanders. Mit dem Lernen vertuat ma jo eh die ganze Zeit, warum soll ma do nit bei „höheren Gelehrten" zualosn*, wonn ma's a nit versteht. Am schönsten wor, wonn die Lehrerin G'schichten aus an Märchenbuach vorg'lesen hot.

Dahoam auf'm Hof wor nit alles so schön. Die Zeiten worn hundselendig. Die Nachwehen vom Ersten Weltkriag worn no überall zum Spüren. Das Schlachtvieh – a alte Kuah, dö koa Milch mehr gibt, a Stierkalb oder a Lamperl – alles is verkauft worn. Jeder Fleischhacker hot den Preis bis auf das letzte Anbot obadruckt. Butter und Eier hom mia Kinder beim Schulgehn zum Kaufmann tragen. Wos der mit da Muatta als Preis ausg'handelt hot, wor meistens für die vorher g'mochten Schulden grod gnua. Is a bissl wos übrig blieben, so worn dös ihre „Notgroschen". Verschiedene Lebensmittel – Polenta, Griaß und Zucker – san mit größter Sparsamkeit in Gebrauch kemma. Getreide is bei uns am Hof, auf über 1000 Meter Seehöhe, koa g'scheits* g'wachsen. Mit Müah und Plag san die Körndl z'sammkratzt worn. Hafer und Gerste fürs Vieh worn a anbaut. Maschinen hots eh koa geben, die Rösser hom an hölzernen Pfluag zogen. Alle andern Arbeiten worn von Hand aus, also „händisch", zu verrichten. Kloan und Groß is für die Arbeit eing'spannt gwöst.

Zum Brotbacken wor in da Stuben a großer Backofen. Zum Hoazn wor der Ofen von der Nebenkammer aus. In an Holztrögl is mit roggenem Germtoag a „Dampfl"*, mit an Leintuach zuadeckt, in da warmen Stuben g'standen. Auf an Holzteller mit an langen Stiel hot die Muatta die Brotloab eing'schossen und ab und zua mit nasse Tüacher g'netzt*, damit die Loab nit anbrennen. Die Hitz' vom Ofen hot a passen müassen.

So a frisches, ofenwarmes Brot wor viel besser wia a Lebkuchen. Mia Kinder hom scho rundherum passt*, wia bald die Muatta vom Backen fertig is. Trotzdem wollt s' uns nur kloane Stückerln geben, weil das ofenwarme Brot nit „ausgibt". Weil ma nit vom Fleck g'wichen sind, hots dann g'hoaßen: „Schö niederknien und bitten!"

A Fleischkost wor fast a Fremdwort. Nur an die größten Feiertag hots so wos geben und do nit z' große Stückerln. Polenta, a Schottsuppen* a fettarmes, trockenes Müasl*, a Milch mit Brot oder a Griaßkoch worn die Hauptspeisen, für d' Jausen a kalte Milch und a Margarinebrot, zum Schulgehn an Äpfl und a Stückerl Brot. Mit dö Kinder vom Markt hom ma öfters tauscht. Eahna wor dos Bauernbrot seltsam, für uns wor a Wurstsemmel a Leckerbissen. Mit an guatn Willen kimmt jeder zu sein' Teil. An Handel, bei dem beide z'frieden sind, gibt's heutzutag eh nit so leicht.

I mog gar nit dran denken, wos damals für a großes Malheur passiert is. Alle zwoa Rösser san gleichzeitig krank worn. Zum Tierarztholen wor koa Geld nit vorhanden. A Kurpfuscher oder Viehdoktor hot den Rössern allerhand Trankerl eingeben und Kräuter eing'schoppt*, dö wollten eh scho nix mehr fressen. In der Nacht san dö zwoa armen Viecher einganga. Da Pfuscher hot g'sagt: „Dös wor a Darmkolik, do gibt's koa Kräutl dagegen." Da Schinder* oder Abdecker* hot die Kadaver abg'holt. Dem Vota hot später wer erzählt, er hätt mit dem Fleisch no a Gschäft g'mocht, er hätt gar nit viel eingraben. Nach dem Rosstod hot alles im Haus z'sammg'reat. Wia in an Trauerhaus is zuaganga.

Erst nach längerer Zeit is wieder a junges Rössl auf'n Hof kemma. In der Zwischenzeit hom die Eltern und Kinder das Heu mit Holzrumpeln – so ähnlich wia a Schlitten –

zu dö Heustadeln oder in den Tenn zogen. Auf steilern Leiten is das Heu mit an Buckelkorb* austragen worn. Die Körb' hot da Vota im Winter aus Weidenruaten selber g'mocht. ...

Die Eltern worn recht christlich, und deshalb wor für uns Kinder jeden Sonn- und Feiertag das „Kirchengehn" religiöse Pflicht. Am späten Abend, wonn die Viecher versorgt worn und das Nachtmahlessen vorbei, is das „Rosenkranzbeten" an die Reih' kemma. Die Muatta hot sich auf an Stuhl aufikniat, den Rosenkranz in Händen hot sie sich am Tisch abg'stützt. Dös hot dann a Ewigkeit dauert, bis sie mitsamt dem Litaneibeten die ganzen Granln* von ihr'm Rosenkranz durchzählt hot. A Teil von dö Zuhörer und Nachbeter is des Öfteren „z' Schlaf" kemma. Dös wor a große Sünd', die Muatta hot dann lauter bet', dös wor a Zeichen dafür, dass sie nach der Beterei wos zum Schimpfen hot. „So a Ungehorsam g'hört si nit, im Fegefeuer werds dös büaßn!"

I hob bei den langen Litaneien oftmals an die G'schichten und Märchen der Lehrerin denkt, dabei bin i nit so leicht eing'schlafen. Ausg'schaut hots, als wär i der dankbarste Zuahörer. „Nehmts euch a Beispiel an dem kloan Buam!", hot die Muatta zu dö unfolgsamen G'frießer* g'sagt. Heut bin i no allweil a gottgläubiger Christ, nur das lange Beten kann i no allweil nit.

Die Weihnachten worn vorbei, das Fruahjahr is kemma, alles hot blüaht – a wunderschöne Zeit. Auf dem Hof is es nit so freudig zuaganga. Da Vota wor scho recht kränklich. Die Muatta und die ältern Kinder hom die schwere Arbeit am Hof kaum mehr bewältigt. An Knecht hätten s' nit amoi den Lohn zahlen kinna. Rundherum hot sich die Armut ausbreit'. Wonn i a nit viel braucht hob, wor i doch a Belastung. Selber etliche Kinder, fast nix zum Leben, drum is die Tant' zu meiner Muatta ganga. Sie hots nit gern g'sagt, oba der Hauptgrund wor, von ihren Nöten zu berichten und nebenbei anzubringen: Mei Muatta muass für mi a anders Platzerl finden. Sie wor no immer beim Kirchenwirt im Dienst, also gibts koan andern Ausweg, wia wiederum zum Kurator gehen. I hob mei gewohntes Platzerl aufgeben und wieder amoi auf d' Roas* gehn müassen. Beim Darrbauern wor a trauriger Abschied, am liabsten hätt mi die Tant' no amoi z'ruckg'halten.

Nach langem Hin und Her hot der Kurator für mi a Platzerl g'funden. Wer nimmt scho gern so an Buam, der für die Arbeit fast z'schwach is, koan Vota mehr hot, und die Muatta ara* armes Leutl* is. A Tochter von mein Onkel, dem Stallnbauern – sie wor aus seiner ersten Ehe –, hot mi dann ang'numma. Vor lauter „Annehma" könnt ma verzagt wern.

Die Schwarzmoar-Bäurin wor a junge, fesche Frau. Den ältesten Sohn vom Hof hot sie g'heirat', sie wor die Jungbäurin. A schönes Bauernguat auf der Eben zwischen St. Johann und Bischofshofen wor eahna Besitz. An die fünfzig Rinder, vier Stuaten, zwoa Hengsten und allerlei Kloanvieh is in dö Ställ' g'standen. Küah-, Ross- und Saustalln worn getrennte Gebäude. Das Wohnhaus – im Erdgeschoß aus Bruchstoanmauerwerk, im Obergeschoss Blockwandzimmerung – wor a stattliches Bauernhaus. Schöne Wiesengründ' und a Eigenwald hom eahna g'hört; wia ma damals g'sagt hot: oana von dö reichern Bauern in der Gemeinde.

Etliche Knecht und Dirnen* worn das Gesinde, alle hom mi recht freundli behandelt. Mei erster freudiger Eindruck: Das Essen is guat und gnua. „Iss nur, Bua, dass d' groß und stark wirst!", wor i vom Darrbauern her nit g'wöhnt. Die Großeltern, die Jungbauersleut, zwoa Buam – drei und fünf Jahr' alt – und das kloane Liserl in da Wiagn, wor die Familie vom Bauernhof. Dass i dem kloan Dirnderl in da Wiagn die Fliagen verscheucht hob, hot den Bauersleuten glei g'fallen; selber hot sie mit ihre kloan Handerl allweil daneben tappt.

I wor damals grod neun Jahr alt, oba allweil no koa Riese. Nur um die Kost kann ma so a kloans Büabl dennoch nit g'halten*, der soll nur a wengl wos arbeiten lernen. Wonn er fleißig isst, wird sich dös bei der Kraft wohl a bald auswirken. Mich hot dös a wengl kränkt, dass mi alle für so kloan anschaun, vielleicht hot dös g'holfen, dass i bis ins 19. Lebensjahr g'wachsen bin und die stattliche Größ' von 1,68 Meter erreicht hob. Weil meine Buam um an halben Kopf größer san wia i, denk i ma heutzutags, dass wahrscheinlich die magern Jahr' bei mein Aufwachsen für die Größ' a bissl a Hindernis worn.

Alsdann, hiaz* geh ma s' holt an, die Arbeit, mit an Himmelsakrament*. Z'erst wird amoi probiert, zu wos der kloane Lauser* z'brauchen is und wia er sich bei der Arbeit anstellt. Mit Ehrgeiz hob i mi bemüaht, mei Bestes zu geben. Starke* Arbeiten san mir eh nit ang'schafft worn. Holz tragen, Küah hüaten, Böden im Stall und Haus aufkehren, aufs Liserl aufpassen worn mei Arbeitsbereich. Schulgehn wor natürlich a mei Pflicht.

Das Troadkasten*-Putzen is a mir zuateilt worn. Der wor aus Holz aufzimmert. Im Erdgeschoss wor allerhand Werkzeug, Holzgabeln, Schaufeln und Krampen, Heustrick, Eisenketten und alle möglichen Sachen, dö auf dem Hof braucht wern. Ins Obergeschoß is ma über a Außenstiagn aufikemma. Dös wor da Muatta – da Bäurin – ihr Heiligtum. Weil do lauter lebensnotwendige, wertvolle Sachen droben worn, is der Schlüssel von dem starken Schloss von dö Bauersleut' im Wohnhaus in an guatn Versteck aufg'halten* gwöst.

Oan Wochentag, wia i scho von da Schul' dahoam wor, hot ma die Muatta auftragen, i soll den Troadkasten putzen. Den Boden schön sauber z'sammkehren und von dö Wänd' und Truhen die Spinnweben abwischen. Der Bartwisch* hot eh an langen Stiel g'hobt. Im Holzboden worn in dö Klüft' „Mausbeandln"* drin – koa Wunder, dass i für die Arbeit länger braucht hob. Außa'kratzt hob i alle ganz sauber, sunst wär jo die Muatta mit meiner Arbeit nit z'frieden. Etliche große Holztruhen mit an Holzdeckel san im Kasten g'standen. Woazn, Korn, Hafer und Gerste worn in den Truhen zum Mahlen aufbewahrt. Wos mi oba ganz besonders interessiert hot, worn etliche ang'schwärzte Holzstangl zwischen dö Tram* an der Holzdecken. Etliche „Gschrettl"* Gselchts* san mit Spagatschnürl dran aufg'hängt gwöst. Mir is das Wasser im Mund z'sammgrunna. Scho lang wors her, dass i a Stückerl Gselcht's zum Kosten kriagt hob.

Mei erster Diabstahl wor jo, wia i mit mein Cousin Peterl über die Zuckerdosen kemma bin, bei der Tant' Rosl. Meiner Ansicht nach wor oba damals da Peterl schuld. Inzwischen hob i beim Religionsunterricht die Zehn Gebote Gottes g'lernt und g'wisst, dass Stehlen a Sünd is. I hob bei dem Anblick von dö schönen Gschrettln nit widerstehn kinna, endli wor die Schandtat a beschlossene Sach'. Auf die Truhen aufisteigen und a kloans Stückl obanehma hätt i ma nia verwehren lassen. A großes Stückl hätt i ma nit z'nehma traut, dös könnt die Muatta no im Gedächtnis hom. Taschenfeitel* oder Messer hob i nit im Besitz g'hobt, oba die Zähn' worn guat. Das Fleisch wor recht hart, weil's scho länger g'hängt is. A Zeitlang hob i an dem Stückl g'nagt. Das ganze Stückl hätt i auf oamal sowieso nit derpackt*, außerdem wor die Angst, dass die Muatta kimmt, scho z'groß. Das Gselchte nehmen und im Troad* in der Truhen tiaf eingraben wor mei gottvolle Idee.

Ganz duckmausert* bin i ins Haus einig'schlichen, weil mi 's Gewissen druckt hot. Die Muatta hot mei Arbeit inspiziert. Viel Lob hob i kriagt, weil i so brav wor. Längere Zeit hob i dann drauf g'wart', bis die Muatta wieder den Troadkastenschlüssel vürabringt. I wor wieder zum Putzen dran. Als Erstes hob i das Fleisch in der Truhen g'suacht. Endli hob i das Trumm in dö Händ' g'hobt: Nur a Boan*, Fleisch wor koans mehr drauf, die Mäus' hom inzwischen „Kirtag" g'hobt. Wia a „Gottesstraf'" hob i dös empfunden. Boden z'sammkehren und Spinnweben wischen wor gar nit recht lustig. Die Mausbeandln san ma größer vürkemma und hom mi ganz sakrisch* g'ärgert. Für mi wor dös a Erlebnis, dös ma no lang im Hirn umgeistert hot.

Die Zeit bleibt trotzdem nit stehen. Schön langsam hob i dann die Bauernarbeit g'lernt. Damals hots no die Summabefreiung* geben. Wonn's a Bauer beantragt hot, worn die Kinder von Mai bis Oktober vom Schulgehn befreit. Für so a kloans Knechtl – mehr hätt i sowieso nit wern sollen – is die Arbeit wichtiger wia 's Lernen. Dem Antrag vom Vota homs stattgeben; die Verkürzung meiner Schulzeit wor a beschlossene Sach'. Freilich hätt i in der Winterzeit dös nachholen sollen, wos i versäumt hob und meine Klassenkameraden scho g'lernt hom. Später hob i mi deshalb öfter mehr dahinterklemmen müassen, um manches nachz'holen.

Am Bauernhof hob i mi scho ganz guat eing'lebt g'hobt. Besonders das Vieh hot mei Interesse erweckt. Dass i mit an

Alter von zehn Jahr' scho die Rösser versorgt hob, wor mein' Übereifer zuaz'schreiben. Um fünf Uhr in da Früah wor Tagwach'. Da Moarknecht* hot mi aufg'weckt. Voll Stolz bin i in den Rossstall ganga, g'moant hob i, woaß-Gott-wer i scho bin. Über jedem Rossstand wor im Pfostenboden a Heuabwurf. Mei erste Arbeit wor, frühmorgens am Heuboden gehn und bei dö Löcher für jedes Ross an Schüppel Heu in die Raufen* werfen; zwoa Deckhengsten – a Braun und a Fuchs – und vier Stuaten worn zum Fuattern. Nach dem Heu hom die Hengsten a Schüsserl voll g'netzten Hafer kriagt; die Stuaten nur, wonn a kloans Rössl dabei wor. In der Zwischenzeit wors zum Rossputzen. Die Noriker-Rösser san ziemlich groß, i hob am Rucken nit aufig'längt. A Melkschemel mit längere Füaß hot das Problem g'löst. . . .

Wegen mein' Übereifer im Rossstall bin i manches Mal erst um sieben Uhr zum Fruahstückessen kemma. Für den Schulweg wor a Stund' fast z'wenig, zum Essen und Waschen kaum mehr Zeit. Die Muatta hot g'sagt: „Tummel di, Bua, du kimmst jo z'spot in d' Schul'." Beim Waschen hob i mi nur a bissl abg'leckt, wos essen möcht i do a no gern.

Sunntags amoi wor i recht spot dran. Kaum zum Waschen und schön Anziagn wor a Zeit. Der Kirchgang wor ziemlich weit, über vier Kilometer, von der Langbrucken bis nach St. Johann, die Salzach entlang. Die meiste Strecken bin i g'laufen, es wor a eisig kalter Wintertag. Der Raureif is von dö Bäum' g'fallen. Trotz dem Laufen is mir nit warm worn. Warum dös so wor, bin i erst in da Kirchen draufkemma. A Umhängemanterl – so wia's heut die Jaga tragen – und a Lodenröckl mit a Lodenhosen, dö nur mehr bis auf die halben Wadl g'längt hot – dös wor mei Sunntagsgwandl. An dem wär eigentli nix zum Beanstanden, oba wia i in da Kirchen so andächtig sitz, hob i meine Händ' unterm Manterl zum Beten vüratan. Do bin i erst draufkemma, dass i gar koan Rock nit anhab. Aus Angst, dös könnt wer segn, hob i die Händ' glei wieder unterm Manterl versteckt. Vor Kälten hots mi ganz fürchterlich abbeutelt. Bevor der hochwürdige Dechant den Segen austeilt hot, derf so a Büabl nit aus der Kirchen außigehn. Zwischen den Erwachsenen bin i dring'sessen, dö hätten mi eh nit außilassen.

Letzten Endes hob i dös a no überstanden. Dahoam hob i Schimpf kriagt: „Wia kannst denn so blöd sein und ohne Gwand in die Kirchen gehn?" A zweites Mal is ma dös neama passiert. Schuld dran wor doch der Eifer zum Rösserfuattern. Nebenbei hob i ma denkt, die Arbeit wär wichtiger wia 's Kirchengehn, die Viecher müassen doch g'füattert wern. Dös „Kälte-Leiden" wor a für wos guat, der Herrgott hot ma sicher a paar von meine Sünden nachlassen. Mi hot eh no öfters das blöde Schrettlstehlen so plagt, dass es mir im Traum unterkemma is . . .

Aufgrund der damals üblichen „Sommerbefreiung" vom Schulbesuch, um die Bauern für ihre Kinder und Ziehkinder ansuchen konnten, war Franz Huber bereits als Schulkind von Mai bis Oktober voll in den landwirtschaftlichen Arbeitsalltag eingebunden. Über viele Seiten seines Manuskripts beschreibt er die verschiedenen Arbeiten im Verlauf eines Bauernjahres, Ernährungsgewohnheiten und Tischsitten, Brauchtum und Feste, diverse Erlebnisse mit Tieren und andere Begebenheiten aus dem bäuerlichen Alltag der 1930er Jahre.

Um die Jahreszeit bin i scho wieder in d' Schul' ganga. Eigentli wor i koa schlechter Schüler nit, wegen der Summabefreiung wor oba viel zum Nachlernen. Die Bürgerschul'* hätt i scho derpackt. Nachdem i nur für a armes Bauernknechtl vorg'segn wor, wär die Bürgerschul' a außig'schmissenes Geld gwöst. Geld wor damals Mangelware, und: „Der Lauser muass eh erst die Kost abdeana*". Die Zeit wor damals saumäßig schlecht, übers Essen derf i mi oba nit beklagen. Wonn a die Kost oanfach wor, Hunger leiden hob i nit brauchen. Fleisch und Butter worn überall Mangelwar'. A Müasl* mit Margarine außabacken oder Krapfen als Hauptspeis, Brot, Milch und Äpfel für d' Jausen hots allweil no geben. Geld hob i zu dera Zeit nia oans g'hobt.

Do geht ma wieder grod wos durchs Hirn: Wia i die letzten Jahr' in d' Schul' ganga bin, hom die zwoa ältern Buam vom Hof – meine Ziahbrüader – zum Schulgehn ang'fangen. Im Herbst wor Kirtag, dö zwoa Buam hom jeder an Doppelschilling* kriagt. I hob nix g'hobt und dö Lauser hom mi ausg'spöttelt. Mir wor zum Rean z'Muat. Wia wonn der Herrgott Mitleid mit mir g'hobt hätt, is mir der Onkel Rupert, der Schüttbauer z' Wagrain, übern Weg g'laufen. An großen Stanitzel* voll Lebkuchen, Zuckerln, Bockshörndl* und Pamerantschen* hot er mir kauft. So viel guate Sachen hob i vorher mei Lebtag nit g'hobt. An Teil davon hob i glei verzunden*, den Rest hob i hoamtragen und mit dö kleanern Kinder teilen müaassen. Eigentli a Ungerechtigkeit, weil mir hot von eahna a koana wos geben.

Ans Gwand hob i damals a koane Ansprüch' stellen kinna. Im Summa bin i barfuaß g'laufen. Die Schuach für den Winter hot der Störschuasta* g'mocht. Dö san so lang mit Lederfleck übernaht worn, bis die Fuaßschmerzen wegen der kloanen Schuachgröß' nit mehr zum Aushalten worn. Für Sunntag selba g'strickte Stutzen, fürn Wochentag Schuachfetzen aus an verschlissenen Leintuach hob i tragen, zum Arbeiten a rupferne* Pfoad* ohne Kragerl, dö hom meistens am Körper recht bissen, und dann wors zum Kratzen. Die Fingernägel hom den Körper bearbeit', damit die Beißerei a End nehma soll. Vom Spinnen her worn die Knöpf' drin, wonn den Weiberleuten der Faden g'rissen is. Viel Freud hob i mit dö Pfoadn nit g'hobt; je länger ma s' tragen hot, umso besser is oba die Gschicht' worn, weil die Knöpf' scho „abg'nifft"* gwöst san. Zum Kirchengehn wor a harberne* Pfoad aus schön bleichtem Hanf* – blüahweiß, mit an kloan Kragerl – angenehm zum Tragen. G'näht hot für mi die Hemden mei Muatta, den Stoff hot ihr die Bäurin geben.

Friseur hob i während der Schulzeit a koan braucht. Beim Schulgehn hom mi die Klassenkameraden gern a bissl ausg'spöttelt, oba da Vota hot mir allweil a Glatzen g'schnitten. Dös wär billiger, und Läus, hot er g'sagt, kriag i a koa. Mich hots allweil g'wundert, dass seine eigenen Kinder mitsamt eahnern Haarschopf koane Läus kriagt hom. . . .

Zu Maria Liachtmess wor der Fedeltag*, dös hoaßt, Wandertag für Knecht' und Dirnen. Hot sich wer an bessern Arbeitsplatz g'funden – ausg'handelt wor dös meistens scho vorher am Kirchplatz –, der hot sein Binkerl* packt und is zum nächsten Bauern ganga. Manches Mal hom sich die Nachbarn deshalb z'stritten. Die meisten Dienstboten san damals länger auf oan Platz blieben, manche sogar eahna

Lebtag. Wonns scho älter und gebrechlich worn, wollt dö Leut koana mehr nehma. Dös worn dann die so genannten „Bleib-beim-Haus".

Oan Knecht hob i no in guater Erinnerung. Er wor scho am Hof, wia i hinkemma bin. In der gleichen Kammer hob i mit eahm g'schlafen. Er wor allweil recht guat zu mir, öfters hot er mein Strohsack ausbeutelt und die Kotzen* z'recht-g'richt. A Schubladkasten wor sei Besitz, do drin worn seine Schätze: sei Sunntagsgwandl, a Uhr mit a Silberketten, a Huat mit a Schildhahnfeder* drauf, jo sogar a „Fotzhobel" – a Mundharmonika – wor sei Eigentum.

In der untersten Lad' wor das wertvollste Stück: der Leibream*, a Ledergurt mit Federkiel vom Pfau, schön aus-g'naht und silberne Schnallen dran. Der doppelt g'nahte Gurt wor an der Innenseiten mit Lederream zuabunden und zum Aufmachen. Dös wor dem Hiasei sei Geheimfach. A große Handvoll Silbertaler hot er drin g'hobt, dö hot er von Zeit zu Zeit wieder putzt. Das Putzmittel, mit dem i Rossgschirr putzt hob, is eahm für sei Reamputzen recht gwöst. So Taler hätt i a sakrisch gern g'hobt. Am Sunntag is da Hiasei mächtig stolz mit seine Schätz' am Kirchboden aufkreuzt. Weil er a fescher Bursch wor, hom sich die Madln wegen eahm „die Augen ausdraht".

Neben unserer Kammer hom die Weiberleut g'schlafen. Da Hiasei hätt auf die fesche, blonde Saudirn* g'spitzt*. Die Thresl hot oba scho an andern Buam am Zügel g'hobt. Wonns dann bei der Nacht in der Menschakammer* recht g'rumpelt hot, is da Hiasei ganz damisch* worn. Oamal hot er sein Kontrahenten sogar die Loata verzaht*. Die Saudirn hot an Fluchtweg übern Söller* ausspioniert; freilich hot s' vorher schaun müassen, ob eh neamd ums Weg is und die Luft rein wor. Bei der Arbeit san sich dö zwoa Leutln nach Möglichkeit ausg'wichen. Die Gscheitheit hot die Thresl eh nit g'fressen g'hobt. Auf die Schönheit hot sie sich zu Recht wos einbild'.

Die fesche Saudirn hatt mir a guat g'fallen. Weil ihr al-loan beim „Fadlpassen"* z' langweilig wor, hot si mi dazua eing'laden. Mir wor dös sakrisch recht: „Vielleicht ergibt sich doch a Gelegenheit, dass i bei ihr a bissl a Gehör fin-dert." Die Sau hot an ganzen Schwung* Junge auf d' Welt

bracht. Die Dirn hot aufpassen müassen, dass die Muatta-
sau koa Junges „derliegt"* oder gar auffrisst. So hot die
Thresl allweil fleißig Arbeit g'hobt, und außer a bissl schatzen* hot für mi nit viel außag'schaut. I wor ihr deshalb nit
feindlich g'sinnt, oba mei Verlangen, wieder a Nacht im
Saustall z' verbringen, wor nachher neama vorhanden.

Für die Gaudi wor an die Wochentag koa Zeit, umso
mehr hom mia uns auf die Sunntag' g'freut. Do hom sich
die Knecht' und Dirnen g'müatli z'sammg'setzt. Der
Schweiberer Peter wor blind. Zugin* spielen hot er trotzdem guat kinna. Do hom die Buam und Madln tanzt, dass
die „Fetzen g'flogen" san. Zum Trinken hots ab und zua a
Schluckerl Schnaps geben. Bis nach Mitternacht hot die
Gaudi andauert. Die Buam hom um die Gunst bei dö Weiberleut g'rittert*. Derjenige, der zum Zug kemma is, hot
mächtig angeben, und der andere is vor Gram hoamg'schlichen. Sogar g'rauft homs wegen solcher Liabschaften. Für
die Liabschaften wor i zu dera Zeit no z'jung und z'dumm.
Zuaschaun bei der Gaudi hot mia trotzdem guat g'fallen.
Vom Vota aus hätt i dös a nit derfen, wonns amoi nach Mitternacht gwöst is, wors dahoam zum Einschleichen. I wor
doch erst sechzehn Jahr alt. . . .

Von Politik hob i damals no nit viel verstanden. Dass es
den meisten Leuten schlecht geht, hob i trotzdem scho mitkriagt. Überall san die Arbeitslosen als Bettler umadumzo-
gen. Viele hom, obwohl sie arbeitswillig worn, koa Beschäftigung g'funden. Nach etliche Monat Arbeitlosengeld sans
„ausg'steuert"* worn. Dann worns als Bettler oder Walz-
brüader* auf der Landstraßen. . . .

Die Bettler san von oan Bauern zum andern ganga.
Weil's dann fast überall das Gleiche kriagt hom, wors ab
und zua der Fall, dass nit weit vom Hof a Stückl
wegg'worfen hom. Dös hom die andern wieder büaßen
müassen. Die Bäurin hot dann g'schimpft: „Dem Gsindel
gib i nix mehr!" Etliche von dö Umaziager* worn am Hof
scho Stammgäst' und hom manch's Mal sogar bei der Arbeit
mitg'holfen. Am Abend worn dann drei bis vier Burschen,
dö a Nachtlager ausbitt' hom. Zur Winterszeit hot eahna da
Vota im Stall a Platzerl zuag'wiesen. An Kotzen, a alte Ross-
decken, hot er eahna geben und das Rauchen im Heu verbo-

ten. G'schlafen homs im Vorstall oder im Tenn*. In der Früah worns dann oft grantig, wonn die Melker oder die Kuahdirn eahnern wohlverdienten Schlaf g'stört hom. Wonn sich a junge Dirn gar in an Handwerksbuam – dö worn a ganz fesch – verschaut hot, is dös „Gschlamperl" sofort entlassen worn. Wonn die Liab verboten is, ist's umso schöner. Drum hot manch's Mal oane sich versündt* und das Entlassenwern riskiert. Von an Öfter-Z'sammkemma mit so oan wor oba eh nia koa Red. Nur, schwanger wern von so an armen Kerl wor a Tragödie.

Dass die Leut ang'fangt hom zum Rumoren und Aufbegehren, wor a Folge von der schlechten Zeit. In Wean* hom die Arbeiter, die „Sozi", an Putsch ang'fangen. Weil dö Gschicht' eh allen bekannt is, will i gar nit viel davon erzählen. In St. Johann san die Starhemberger* mit eahnere Schildhahnhaggl* auf dem Kappl aufmarschiert. Sogar der Bundeskanzler Dollfuß* hot bei an Besuch unserer Bezirkshauptstadt die gleiche Uniform tragen. Weil er a kloaner Mann wor, is er auf an Festwagen droben g'standen und hot uns recht freundlich zuag'wachelt*. Nachdem i selber a koa großer Lackl* wor, hot mi dös b'sunders g'freut, dass so a kloans Mandl a so a hohes Vieh wern kann. A altes Sprichwort sagt: „Kloane Manderl – große Wunder."

Die Nazi hom zur gleichen Zeit auf Heustadl und Plakatwänd', jo sogar auf pflasterte Straßen oder große Hauswänd', Hakenkreuze g'schmiert. Der Hitler hot die schlechte Zeit für sein Propagandafeldzug voll ausg'nützt. Den Dollfuß homs erschossen, in der Bevölkerung wor a große Unruah. Nach etliche bluatige Aufständ' wor fürn Hitler die Zeit für den Einmarsch reif. Versprochen ist der Bevölkerung schon vorher „alles Gute" worn.

In der Salzburger-Stadt wor a großer Fackelzug ang'sagt. Mit an Sonderzug hot jedermann gratis hinfahrn kinna. Die Bauersleut' mit Knecht und Dirn, Bettler und Bürgersleut', alle worn do in dö Waggon beinand'. Politisieren hätt sich eh koana traut, weil jeder den andern g'fürcht' hot. Aufn Hitler seine Wunder worns alle neugierig, und das Zugfahren wor für viele a einmaliges Erlebnis. Noch dazua hots bei der Riesenkundgebung Bier und Würstel gratis geben. I wär a gern dabei gwöst, hob oba dahoam bleiben müassen

„Haus hüaten". Wia s' mir dös alles erzählt hom, hob i große Augen g'mocht, und bei dö Würsteln is mir 's Wasser im Mund z'sammgrunna.

Kurze Zeit drauf hot sich die Welt a bissl draht. Die Bauern worn vorher zum Großteil verschuldet, der Exekutor hot fleißig Arbeit g'hobt. Sogar größere Bauern hom wegen Überschuldung Haus und Hof verlassen müassen. Dös wor fürn Hitler sei Propaganda a „Fressen". Mit oan Schlag worn die Schulden erlassen. „Ein Volk, ein Reich, ein Führer!" – alle Plakatwänd' worn voll mit Hitlerbilder.

Vorher hätt a Knecht mit a Dirn nit ans Heiraten denkt. Die paar Groschen Verdienst hätten für den Erhalt von oana Familie nit ausg'reicht, und Wohnung hätten s' a koane g'hobt. Deshalb san jo so viel ledige Kinder auf d' Welt kemma. Solche Landarbeiter hom glei g'heirat', weil der Hitler hot eahna a abg'hauste* Huabn* oder an Bergbauernhof g'schenkt. Koa Wunder, dass oanige davon ganz fanatische Nazi worn san. Von an Kriag wor no lang koa Red nit, nur dass Großdeutschland immer größer und stärker wird, wor überall auf Plakaten und im Kino zum Sehen.

Recht schnell hot sich manches g'ändert. Die Handwerksburschen hom sich aufg'hört, sogar zum Arbeiten verpflichtet sans worn. Die Taugenichts' worn verschrian, und mancher kloane Arbeiter hot sich durch sein Fleiß schnell a wengl auf d' Höh g'arbeit'. Die Parteigenossen worn natürlich bevorzugt. Hot sich wer dagegen g'stellt, wor er scho auf der „schwarzen Listen".

Der Rassenkriag vom Hitler hot sich a bald bemerkbar g'mocht. Jeder hot an arischen Nachweis erbringen wollen. Die Bauernhöf' mit an lang überlieferten Stammbaum san als „Erbhöf'" eingetragen worn. Oana von dö Obernazi wor der Ortsbauernführer. Der hot auf diejenigen, dö nit bei der Partei worn, aufpasst und bei jeder Gelegenheit Druck ausg'übt. Der Führer wor gegen alle, die nit deutscher Herkunft worn. Besonders die Juden worn davon betroffen.

In St. Johann wor unterhalb vom Marktplatz a kloans „Juden-Gschäftl". Zwoa kloane, ältere Leutln hom sich um die Gunst der Kunden bemüaht. Die Muatta hot bei eahna ganz gern einkauft. Verschiedene Artikel hot ma woanders nit so billig kriagt, und feilschen um den Preis hot ma a no kinna. Da Muatta hom dö zwoa alten Leutln manches Mal load tan: „Denen kann jo gar nix mehr übrig bleiben . . ." Sogar andere Leut worn a der gleichen Moanung. Gar bald is dös kloane Gschäftl verschwunden. Wos für a Schicksal sie erlebt hom, is ma liaba, wonn i's nit woaß.

Die Wirtschaft hot in dera Zeit schnell an Aufschwung erlebt. Wer a Genosse wor, is bei der Arbeitsplatzvergabe bevorzugt gwöst. Mit der Reichsmark hot jeder Sachen kaufen kinna, von dö er vorher nur träumt hot. Die Emporkömmlinge – meistens solche, dö das Arbeiten nit g'freut hot – hom sich als treue Parteigenossen aufg'spielt wia a Kaiser. Vor dö hot ma mehr Angst hom müassen wia vorm Teufl. „Wonn der Bettler aufs Ross kimmt, is er neama zum Derreiten*." Die Naziparolen worn im Kino zum Anschaun; das Hitlerregime is verherrlicht und die Kriegstrommel gegen alle „Nicht-Deutschen" is fleißig g'rüahrt worn.

Mit dem Feldzug nach Polen hot der Kriag ang'fangen. Alle wehrfähigen Burschen san eing'ruckt. Bei der Musterung, 1939, homs mi wegen meiner überdimensionalen Größ' um a Jahr z'ruckg'stellt. Ganz begeistert wor i darüber a nit – man wird doch a wengl zweitrangig eing'stuft. Nachteil wor dös für mich bestimmt koana. Bis i zum Militär kemma bin, san scho oanige meiner Schulkollegen im Kriag g'fallen gwöst. Manche Kameraden hom sich damals erst so richtig profiliert und den inneren Charakter zoagt. Vor der Nazi-Zeit homs wia die Starhemberger die Hand ans Kappl g'halten zum Gruaß. Hiaz auf amoi homs an Stechschritt g'mocht, die rechte Hand kerzengrod in d' Höh – so sans umadumg'stiegen wia a stolzer Pfau. Als Ausbildner von der Hitlerjugend* homs den ehemaligen besten Kameraden neama kennt. Vor der Front hom sich solche Herrn möglichst lang druckt als so genannte „Hinterlandstachinierer"*. Während der ganzen Kriagszeit hot ma sich vor solchen Emporkömmlingen fürchten müassen.

Inzwischen san die Knecht' auf die Bauernhöf' allweil weniger worn; alle g'sunden, jungen Burschen worn im Kriag. Zum Arbeiten auf'm Hof homs uns zwoa junge g'fangene Polen zuag'wiesen. Von der Feldarbeit hom dö nix verstanden, deswegen bin i zum Moarknecht befördert worn. Fast stolz bin i gwöst, dass i das Regiment führen derf. I hob mi so richtig ins Zeug g'legt, damit i zoagn kann, wos in mir steckt. Die zwoa Polacken* hom koa Wort Deutsch verstanden. So lang hob i mit eahna dolmetscht, bis i selber scho fast Polnisch g'redt hob. ...

Um die Tüchtigkeit der Landarbeiter anz'treiben, is a bäuerlicher Berufswettkampf eing'führt worn. Bei so oana Gaudi wor i a amoi dabei. Am Maschlhof san die jungen Knechtln und Bauernsöhn' z'sammkemma. In der Kommission für die Prüfung worn der Bürgermoasta, der Ortsbauernführer und a paar ältere Bauern vertreten. Jeder Arbeitsplatz wor auf dö Felder mit Pflöcken markiert. Schnelligkeit und saubere Ausführung san bewertet worn. Dös hot an ganzen Tag lang dauert. Klee abmahn*, Sensen dengeln, Kuah melken, an Zaun aufstellen, alle möglichen Bauernarbeiten worn zu verrichten. Sogar Pfluagradl schmieren, mit an Rossg'spann fahren und Rösserhuaf ausschneiden worn am Programm.

Die Arbeiten mit dö Rösser worn für meine Bewertung a Vorteil. Am End wor i in meiner Gruppe der „Erste". Voll Stolz hob i vom Ortsbauernführer die Urkunde übernumma. Nach der Siegerehrung im großen Saal vom Gasthaus Prem wor a Festessen, zum Trinken hots a Bier geben, die erste „Halbe" in mein' Leben wär mir glei in den Kopf g'stiegen. Vor lauter Freud hob i a paar Jodler und a Liadl zum Besten geben. Dös Liadl hot ma vorher a alte Bäurin, z'höchst am Berg droben, g'lernt. Sie hot sich einbild', i hätt koa schlechte Stimm'. Wonn i ihre Gsangln weitersing', dann geht der Text für die Nachkommen nit verloren. Dös Liadl kann i bis heut no, wonn a die Stimm' neama so hell klingt. Die ganze Bauernschaft wor versammelt und hot mei Gsangl bewundert. Dös Liadl homs vorher gar nia g'hört g'hobt. Der Bürgermoasta – mei Kurator – hot g'sagt: „A bissl wos hot 's Büabl do von sein Vota g'erbt" und wor stolz z'wegen meiner Stimmlag'. Dahoam homs a mit Lob net g'spart, hob i doch von eahna die Bauernarbeit g'lernt.

Glei nach dem Berufswettkampf – ob mei Erfolg der Grund dafür wor, woaß i nit – hob i mei erstes neues Gwandl kriagt. An g'walkten* Lodenjanker und a lange Hosen dazua. Da Störschneider is kemma und hot ma den Anzug ang'messen. „Liaba a bissl z' groß, weil der Bua muass erst dreinwachsen", hot d' Muatta g'sagt und an Ballen Loden aus selber g'sponnener Schafwoll' bracht. Für das Unterfuatta hot sie alte Leinensachen auftrennt. Auf amoi wor i a richtig fesch anzogenes Bauernknechtl. A Hüatl mit an Schildhahnhaggl drauf homs mir a no kauft. Dafür hob i oba die ganzen Jahr vorher eh koan Groschen Lohn nit g'segn. I wor doch no die Kost, vom Schulgehn her, schuldig.

Mir wor zur selbigen Zeit gar nit so ums Geld. A guats Essen und a wengl a Lob für mei g'leistete Arbeit worn mir mehr wert. Ins Wirtshaus hob i eh nur mit'm Vota am Sunntag einiderfen. A Kracherl und a Würstlsuppen hot er mir zahlt. Unter achtzehn Lebensjahr wor dös vom Jugendschutzgesetz nit möglich, ohne Begleitung in a Wirtshaus einikemma. Die ältern Burschen hom die jungen Spund* glei verjagt. Hot oana nit glei Folge g'leist', worn a paar saftige Watschen fällig.

Weil für uns Jugendliche koa Ballbesuch oder Tanzunterhaltung zugänglich wor, hom uns mia bei dö Nachbarn in der Stuben troffen, im Summa manches Mal in a Almhütten. Wor gar a Musikant bei uns, hom mia glei 's Tanzen probiert. Z'erst wors nur a Umadumgehn. Steigt ma do am Anfang an Madl auf die Zechn, beim nächsten Tanz brauchst dann gar neama fragen drum. Schön langsam is dös Umadrahn halbwegs ganga. Je fescher dös Dirndl wor, umso mehr hot si jeder bemüaht. Koana wollt' sich wos Schlechtes nachsagen lassen.

Vor lauter Erzählungen über mei Jugendzeit hätt i auf mei Muatta glei vergessen. Ihr'n Posten als Zimmermadl beim Kirchenwirt hot sie inzwischen aufgeben g'hobt. Der Grund wor, weil sie mit 39 Jahr no an Buam auf d' Welt bracht hot. Dös wor mei Halbbruada Sepperl. Der Kindsvota wor der Schnegg Franz. Wo die Muatta den kenna g'lernt hot, dös is mir nit bekannt. Jedenfalls hot er ihr an Buam z'sammzimmert, drum hot sie die Wirtshausarbeit aufgeben müassen.

Der Schnell Lois, a Sägewerksbesitzer in St. Johann, hot a Köchin g'suacht. Sei Muatta is knapp vorher g'storben, seine Schwestern hom in Salzburg studiert, und er wor Jungg'sell. Weitschichtig* verwandt wor er mit da Muatta. Ihr is der Posten als Köchin und Haushälterin sehr gelegen gwöst. Dös kloane Büabl, „der Seppi", hot bei ihr bleiben derfen. Mir gegenüber hot sie den Seppi allweil a bissl bevorzugt. I bin ja bei fremde Leut aufg'wachsen und wor nit so zuag'schmiert* zu ihr. Dös wird mir hoffentlich heutzutag neamd für Übel halten; den Standpunkt der Muatta kann i jetzt a verstehen.

Der Sägebesitzer Lois hot mein Vota guat kennt und g'wusst, dass i beim Schwarzmoar bin und dem Arlermüller Franzl sei Bua bin. Der hot mi dann auf Besuch eing'laden, die Muatta hätt sich dös selber nit traut, wonns dem Lois nit recht wär. Nach dem Schulgehn bin i mit Erlaubnis vom Bauern dahoam öfters in da Muatta ihrer kloan' Wohnung aufkreuzt. A Schwester von dem Lois wor a feine Studentin in Salzburg. Dö hot mi allweil ermahnt – i soll a bissl g'roder gehen, sunst werd i im Alter a ganz buckliges Mandl. Auf das hin hob i mi redlich bemüaht, ihren Rat zu befolgen. Bis in mei heutiges Alter hots ganz guat g'holfen.

Damals hot sich wos zuatragen, wos für mei späteres Leben entscheidend wor. Auf der Sag* hot der Pitzer Vitus als Gatterist* g'arbeit'. Sei Frau is eahm vorher bei der Entbindung g'storben. In der Strechen* bei Rottenmann wor er beim Baron Gutmann ebenfalls auf der Sag als Gatterist. Das Kind hom eahm die Eltern von seiner Frau glei wegg'numma. Aus Gram is er vom „steirischen Landl" auszogen. Der Vitus hot im Schnell-Haus a Zimmerl g'hobt, und mei Muatta hot für eahm mitkocht.

Mit der Zeit hom si dö zwoa Leutln besser kennag'lernt. Die Muatta hot mit eahm a „Gspusi" ang'fangt, gar nit lang drauf homs g'heirat. Der Lois wor Beistand, koa Hochzeitsfeier wor a nit. I hob dös erst später erfahren. Im Dreißigerjahr hot dem Vota – so hob i ab dem Zeitpunkt zum Vitus allweil gern g'sagt – sei Bruada Edi als Zimmermoasta in Rottenmann an Witwenbetrieb übernumma. Vom Stift Admont hot er a Sag pachtet und an Gatteristen braucht. Für den Posten wor da Vota der geeignete Mann. Im Dreiunddreißigerjahr is da Vota mit da Muatta wieder in die Steiermark z'ruckkemma. Im Saghäusl sans einzogen, da kloane Sepperl wor a mit, i bin alloan am Schwarzmoarhof zum „Kost-Abdeana" übrig blieben.

136

Dö Jahrln san schnell umaganga. Obwohl die Arbeit allweil den gleichen Verlauf g'numma hot, langweilig is ma
nia worn. Schön langsam wors vorbei mit der schönen Jugendzeit: „Das Jungsein is a Fehler, der mit jedem Tag klea-
na wird." Mei Lebtag hots mi nit g'reut, dass i so arm
aufg'wachsen bin. Derjenige, der woaß, wos a paar Kreuzer
oder a Stückl Brot wert san, schätzt das Leben ganz anders
ein. Der Hochmuat hot mi nia überkemma, a Kloanigkeit
kann oan a viel Freud bereiten.

Im Neununddreißigerjahr is von meiner Muatta a Briaf
kemma. Den Bauern hot sie ersuacht, ob i übers Wochen-
end' zu ihr auf Besuch kemma derf. Das Fahrtgeld wor dem
Briaf beig'legt. Weil in der Schul' Geografie mei Lieblings-
fach wor, hob i auf der Landkart'n die Steiermark g'funden.
Mit dem Personenzug bin i ins „steirische Landl" g'fahrn –
für mi a großes Erlebnis, und die erste große Roas. Von
Samstag bis Dienstag wor mei Urlaub anberaumt. Da Vota
wor in seiner Sag beschäftigt. Die Blochschneiderei und alles ringsherum hot mi sakrisch interessiert. Weil's mir gar
so guat g'fallen hot, is dem Vota vürkemma: „Dös Büabl
hätt jo eh bei uns a Platz." Dass er mit sein Bruada drüber
red', hot er mir glei versprochen. Vielleicht wird amoi a
Platzerl als Sagarbeiter für mi frei. Von an Lehrplatz in der
Zimmerei hob i damals no nit träumt. A halbes Jahr lang
hob i danach no auf dem „Schwarzmoarhof" mei Arbeit
verricht'. Wia die Post kemma is, dass i bei mein Onkel Edi
auf der Sag anfangen derf, hot für mi die letzte Stund' am
Bauernhof g'schlagen. Zwoa Paar Rösser hätten mi von dem
Vorsatz nit z'ruckg'halten.

Der Liachtmesstag wor seit jeher für Knecht und Dirn
der Wandertag. Die Sunntag' vorher san nach der Mess' die
Bauern und Knecht' haufenweis beinand' g'standen. Neben
dem Kuah- und Rosshandel is a mit den Dienstboten über
Platzwechsel und Lohn diskutiert worn. Die Bauern hom
sich scho vorher erkundigt, wia guat der Knecht für sei Arbeit z'brauchen ist. A guater Knecht hot aus der Situation an
Nutzen zogen, wonn mehrere Besitzer an eahm interessiert
worn.

I wor damals arbeitsmäßig in ganz guatem Ruaf. Der Au-
hofbauer – a Nachbar von uns – hätt mi gern abg'worben.

50 Mark Monatslohn hätt er mir angeboten. Wegen dem Briaf von da Muatta und der bevorstehenden Roas in die Steiermark is aus dem Handel nix worn. Dem Auhofbauern hob i abg'sagt. Meine Bauersleut hätten mi auf dem Posten beim Nachbarn a nit gern g'segn. Alsdann wor mei Abschied vom Bauernstand und vom Salzburger Landl besiegelt. Zum Glück wor mei Reichtum nit recht groß; das Einpacken von meinen Klamotten wor a Kloanigkeit. Die Ladln vom Schubladkasten san nit recht voll worn, mit oan hätt i leicht gnua g'hobt.

Eigentli erzähl i dös nit gern, dass i damals an großen Diabstahl beganga hob. Beim Einpacken is ma eing'fallen, i hob in der Vorratskammer scho vorher a Rindslederfleckerl g'segn. Weil mir dös Fleckerl ins Aug' g'stochen hot und no dazua zum Schuach-Aufdoppeln* a wichtiger Bestandteil is, hob i das Fleckerl g'schnappt und z'unterst in die Lad' versteckt. Kaum an Viertelquadratmeter hots g'hobt; für mi wor der Diebstahl a großes Verbrechen. Mit alte Bretter hob i den Kasten kreuz und quer vernagelt, weil die Eisenbahner nit aufpassen, wonn der Kasten mit dem Zug nachg'schickt wird. Wahrscheinlich hot der Bauer Lunte g'rochen, denn der Kasten is im „Steirischen" nia ankemma. Gottlob hob i mei Gwandl am Leib tragn und a paar Habseligkeiten in a Binkerl beim Zugfahren scho mitg'numma.

Ob mir der Herrgott die Gschicht' mit dem Fleckerl verzeiht, woaß i no nit, die ganze Angelegenheit hot mi lang no mit Sorg' erfüllt. Zu meinen Eltern hob i freili nix g'sagt, nur beim langen Warten auf den Kasten g'schimpft, dass der Bauer so undankbar is. . . .

Bald wär mir das Weglaufen vom Bauernstand no zum Verhängnis gwöst. Vom Kreisgericht St. Johann is a Einschreibbriaf kemma. Wegen Landflucht* muass i wieder ins „Salzburgerische" z'ruckkemma. Der Hitler hot damals an Erlass außageben, die Landarbeiter müaassen – wegen der Ernährung der Reichsbürger und der Wehrmacht – bei eahnan Beruf bleiben. A Ausnahme worn do die Fronttauglichen. Mei Onkel Edi wor Bezirksinnungsmoasta und hot politisch a bissl wos zum Reden g'hobt. Der hot bald an verständlichen Ausweg g'funden: Weil mei Muatta kränklich wor – zwoa Küah san a im Stall g'standen –, braucht sie mi als landwirtschaftliche Hilfskraft. Dem Antrag für mein' Verbleib is stattgeben worn. Mir is a „Stoan vom Herzen g'fallen". Z'erst amoi wegen dem blöden Lederfleckerl im Schubladkasten, noch dazua hots mir inzwischen im „Steirischen" scho recht guat g'fallen.

Nachher geh ma halt an, „in Gott's Namen", die neuen Aufgaben . . .

Mit 19 Jahren konnte Franz Huber 1941 eine Lehre als Zimmermann beginnen. 1943 wurde er schließlich doch für tauglich erklärt und zur deutschen Wehrmacht eingezogen. Im Kriegseinsatz an der Ostfront wurde er zweimal schwer verwundet und verbrachte viele Monate im Lazarett. Während eines Heimaturlaubes konnte er seine Gesellenprüfung ablegen. Sein vielseitiges handwerkliches Geschick kam ihm sowohl während des Kriegsdienstes als auch beim Wiederaufbau nach seiner Heimkehr aus US-amerikanischer Gefangenschaft im Sommer 1945 sehr zustatten.

In den Nachkriegsjahren besuchte er zuerst eine Polierschule und machte – nach dem überraschenden Tod seines Vorgesetzen und Firmeninhabers – 1958 auch die Meisterprüfung, um in der Funktion eines Geschäftsführers den Zimmereibetrieb in Selbstverwaltung der Beschäftigten weiterführen zu können.

Nicht nur im Beruf als Zimmermann, auch für sich und seine Angehörigen plante und errichtete Franz Huber im Lauf der Jahre mehrere Wohnhäuser in dem kleinen Ort Strechau nahe Rottenmann. Nach mehrjähriger Bekanntschaft mit seiner Partnerin „Lenerl", der Geburt einer Tochter und entsprechendem Drängen seiner Mutter schloss der Autor im Jahr 1955 den Bund der Ehe; in der Folge bekam das Paar noch zwei Söhne. Seit dem Tod seiner Frau im Jahr 1993 lebt Franz Huber allein, jedoch in unmittelbarer Nähe seiner beiden Söhne und ihrer Familien.

Zwischen beruflichen und familiären Verpflichtungen hatten und haben im Leben des Autors auch die Geselligkeit und verschiedene kulturelle Aktivitäten in lokalen Vereinen einen festen Platz. Sein Witwerdasein gestaltet er nach der Devise:

„Ans Sterben denken is mia no nia eing'fallen. Der Tod kimmt eh von selber, dem braucht ma koa Einladung schicken. Wia's kimmt, wird's g'fressen!"

ALBERTA SIROLA

wurde am 1. Oktober 1889 als uneheliches Kind eines Industriellen und dessen Haushälterin in Fiume (heute Rijeka, Kroatien) in der ungarischen Reichshälfte der Habsburgermonarchie geboren. Sie wuchs zunächst bei Pflegeeltern auf, da ihre Mutter krank war und nach vier Jahren an Tuberkulose starb. Mit sieben Jahren musste sie den Pflegeplatz wechseln und kam zu einer Schwester ihrer Mutter, die in Slavica, einem kroatischen Dorf in der Gegend des Velebitgebirges, eine Landwirtschaft betrieb.

Da ihre Pflegefamilie 1902 nach Amerika auswanderte, wurde die Autorin ab ihrem 13. Lebensjahr in verschiedenen Klosterinternaten erzogen. Sie verbrachte zunächst vier Jahre bei den Benediktinerinnen in Fiume. Darauf folgten zwei Jahre in Homona (heute Humenné, Slowakei), damals zu Ungarn gehörig. Schließlich besuchte sie noch vier Jahre lang die Lehrerinnenbildungsanstalt in Sopron (Ungarn), und war fortan als Lehrerin in Fiume tätig.

Alberta Sirola verfasste ihre Lebenserinnerungen mit dem Titel „Mein Leben" Mitte der 1960er Jahre in Innsbruck, wo sie ab 1928 mit ihrer Familie lebte. Ihre Motivation zum autobiographischen Schreiben dürfte zum einen in dem Bedürfnis zu suchen sein, ihren vier Töchtern von ihrer schwierigen Kindheit zu erzählen, zum anderen auch in Zusammenhang mit dem schwerwiegenden Verlust des Familienerbes ihres Mannes stehen.

Das Originalmanuskript der Lebensaufzeichnungen ist handschriftlich und in deutscher Sprache abgefasst. Dies ist bemerkenswert, da die Autorin zwar mehrsprachig (mit Italienisch, Kroatisch, Ungarisch, Französisch) aufwuchs bzw. erzogen wurde, aber erst relativ spät, mit etwa vierzig Jahren, Deutsch lernte und dieses daher weniger gut beherrschte als die anderen Sprachen.

Vom Originaltext existieren mehrere, nicht völlig identische Abschriften, die von zwei Töchtern der Autorin mit Schreibmaschine angefertigt und der „Dokumentation lebensgeschichtlicher Aufzeichnungen" Mitte der 1980er Jahre überlassen wurden. Die umfassendste dieser Transkriptionen füllt 67 Seiten und ist in acht Abschnitte untergliedert.

Der dem folgenden Abdruck zugrunde liegende Text umfasst auf 26 maschinschriftlichen Seiten den ersten und einen Teil des zweiten Abschnitts der Lebensgeschichte. Bei der Bearbeitung des Textbeitrags wurden einige Kürzungen, vor allem bei weniger kohärenten Textpassagen, vorgenommen; beispielsweise wurden die sehr assoziativ gestalteten frühkindlichen Eindrücke und Erinnerungen der Autorin übersprungen. Die Lebenserzählung Alberta Sirolas, die auf Wunsch ihrer Angehörigen unter einem Pseudonym erscheint, setzt hier mit ihren Erfahrungen als Ziehkind der Obhut ihrer Tante ein.

Eine Schwester meiner verstorbenen Mutter nahm mich zu sich. Sie klagte öfters über Kopfschmerzen und ging mit eingebundenem Kopf umher. Sie begann bald, mir das Vaterunser beizubringen, was mir jedoch schwer fiel, da es nicht meine Muttersprache war. Da sagte ich zu ihr: „Ich will nach Fiume gehen, dort brauche ich nicht zu beten." – „Du musst beten, sonst bekommst du nichts zu essen", antwortete sie, und: „Du sollst zu mir ‚Mama' sagen!" Diesen Wunsch zu erfüllen war mir kaum möglich – es war sehr schwer, Mama zu sagen.

Die Schulzeit rückte immer näher. Bevor ich noch die Schule besuchen durfte, lehrte mich die Tante das ABC nach dem Buch. Sie zeigte mir die Buchstaben, ohne sie mich richtig schreiben zu lehren. Ganz flüchtig nannte sie dieselben und entfernte sich. Mit dieser Methode konnte ich mir die angegebenen Buchstaben nicht merken.

Nach einiger Zeit kam sie, um nachzufragen. Ich konnte mir das Meiste nicht so schnell merken, und so blieb ich still. Sie fasste das als so genannten Eigensinn auf und nahm eine Rute, die sie schon bei sich trug, um mich zu schlagen. Oder sie packte mich an den Haaren oder Ohren. Danach erwähnte sie wieder die Buchstaben, die ich weinend wiederholte. Nachher ging's weiter zum nächsten. . . .

Als kleines Kind musste ich die ganze Hausarbeit verrichten. Dazu gehörte der Stall mit fünf Kühen, zwei Schweinen, Hennen, einer Katze und einem Hund. Ich musste auch kochen und die Butter schmelzen, was ich sehr schwer fand, da der Herd für mich zu hoch war. So geschah es öfters, dass die Butter über den Kessel literweise zu Boden rann. Zu meinem Glück erfuhr es die Tante nie.

Einmal, beim Kochen der Kartoffeln, habe ich mir die Finger stark verbrannt, als ich den sehr hohen Topf auf die Seite stellte. Es entstand eine große Wunde, deren Narbe man heute, mit 78 Jahren, noch sehen kann.

An einem Herbsttage befanden meine Tante, ihre Tochter und ich uns im Walde. Dort mussten wir Laub in die Körbe sammeln und nach Hause in den Schuppen tragen. Die Tante sagte: „Wer von euch wird fleißiger sein und mehr Körbe wegtragen?" Wir waren beide sehr fleißig beim Sammeln und machten eine Wette, wer rascher die Körbe wegtragen werde. Als wir fertig waren, lobte sie nur ihre Tochter, obwohl ich etwas mehr Körbe getragen hatte als sie; für mich fand sie keine Worte des Lobes. Ich war sehr traurig. Sie streichelte nur ihre Zora, und ich durfte, einige Schritte entfernt, wehmütig zuschauen.

Mit acht Jahren begann meine Schulzeit. Die Schule war zwei Stunden entfernt. Über Mittag musste ich in der Schule bleiben. Etwa vier Stück Kartoffeln und weißer Käse, den ich selbst gemacht und von zu Hause mitgebracht hatte, waren mein Essen. Manchmal vergaß ich, das Essen mitzunehmen, dann hungerte ich. Ich musste mir alles selbst in der Frühe richten: Feuer machen, die Kartoffeln schälen und kochen.

Der Unterricht dauerte von acht bis zwölf und von zwei bis vier Uhr. Im ersten Jahr war ich Vorzugsschülerin, später mittelmäßig, da ich öfters fehlte, besonders im Winter wegen des heftigen Schneefalles, der den Weg versperrte.

In der ersten Klasse hatte ich eine Lehrerin, die eine sehr schöne Stimme hatte. Sie hieß Vilma Uhlic-Mitelju. Ich sang ihr nach, es war wunderbar. Einmal bin ich während des Unterrichtes eingeschlafen; beim Schlafen sang ich. Die ganze Klasse und die Lehrerin hörten mir zu, bis ich aufwachte. Das Lied blieb mir für immer im Gedächtnis.

In der dritten Klasse bekam ich einen Lehrer. Wie schon erwähnt, wurde ich im Haushalt viel beschäftigt. Einmal klagte meine Tante in meiner Schule darüber, dass ich zu Hause nichts lerne. Wegen ihrer Klage schlug mich der Lehrer mit einem großen Lineal auf den Rücken. Ich schämte mich, weil es alle Schulkinder sahen. . . .

Ich spielte sehr gerne, doch meistens alleine, da keine Spielkameraden da waren. Meine Spielsachen waren Steinchen, Holzstäbchen, ein bis zwei Hennen, die sich von mir wie kleine Babykinder behandeln ließen. Hie und da bekam ich eine Puppe von der Tante, aber die „lebte" nie lange, da ich und Zora wissen wollten, wie sie innen aussah. Nachher begrub ich sie . . . Nach einigen Tagen grub ich sie wieder aus, um nachzusehen, ob sie sich verändert habe. Dann grub ich sie wieder ein. Kartoffelschalen, Salz und anderes säte ich in die Erde, aber nichts konnte daraus sprießen.

Die Zeit verging mir schnell, und öfters vergaß ich, einige gewünschte Arbeiten im Haus rechtzeitig zu erledigen. Ich war fast immer alleine. Wo die Tante ihre Zeit vertrieb, wusste ich nicht. Auf einmal war sie zu sehen, die Rute hinter sich haltend. Dann packte sie mich und schlug unbarmherzig auf mich ein – nach meinem Urteil so lange, bis sie müde war. Sie ließ stets meine Unterkleidung herunter und schlug auf meinen bloßen Körper ein.

Sehr häufig schlich ich mich erst bei Nacht unbemerkt in das Schlafzimmer. Ins Bett konnte ich nicht gehen, damit Tante und Zora nicht wach würden. Ich setzte mich auf den Boden, streckte meine Füße unter einen Fußschemel und kreuzte meine Arme über der Platte und steckte meinen Kopf hinein. Hie und da verrutschte der Schemel, aber Zora und ihre Mutter schliefen gut . . . So blieb ich bis zum Morgengrauen. Dann überreichte ich schnell der Tante ihren gewünschten schwarzen Kaffee, versorgte die Kühe mit Futter, melkte sie und machte mich auf den Weg zur Schule.

Als ich am Abend heimkam, war wieder die Frage: Wo soll ich heute Nacht schlafen? Ich spürte meistens, wenn die Tante etwas vorhatte. Da fiel mir der Stall mit den Kühen ein. Ich legte mich in einen Futtertrog der Kühe. Beim Einschlafen spürte ich die große, raue Zunge der Liska, der jüngsten meiner Kühe, die mein Gesicht fast mit Andacht streichelte.

Jede Kuh hatte einen Namen, und zwar: Ruma, Sara, Meda, Bresa und Liska. Über meinem Kopf schliefen die Hennen und meldeten, wenn es Tag war. Dann sprang ich aus der harten „Wiege" heraus, und in den frühen Morgenstunden begab ich mich mit meinen Lieblingen auf die Weide. Manchmal schlief ich beim Hüten wieder ein.

Wie durch eine Naturkraft getrieben, wachte ich wieder auf, um herumzublicken, ob sie noch alle fünf beieinander waren. Da erblickte ich ab und zu meine Tante, hinter sich eine neue Rute schwingend. Ich wurde flinker, raste über Wiesen und Hügel. Sie fing mich nicht!

Einmal geschah etwas Besonderes. Weit laufend gelangte ich plötzlich in ein Zigeunerlager. Ich zitterte und konnte vor Angst meine Füße nicht bewegen. Ich hatte erzählen hören, dass die Zigeuner alles raubten, auch Kinder.

Eine Frau näherte sich mir und fragte, was passiert sei. Meine Antwort war: „Die Tante will mich schlagen, da ich beim Kühehüten eingeschlafen bin." Die Zigeunerin nahm mich bei der Hand und führte mich, ohne meine Ohrringe auch nur anzuschauen, einige Zeit bis zur Landstraße. . . .

Noch eine von den letzten unangenehmen Erinnerungen: Ich war schon zehn Jahre alt. Beim Schulgang redeten mir alle Leute, die mich kannten, zu, ich solle von der Tante weglaufen, da sie nicht gut zu mir sei und mich immer schlage.

Es war am 25. November 1900. Die Tante war mit Zora und ihrem Mann schon in den frühen Morgenstunden in eine benachbarte Ortschaft zu einem Marktfest gegangen. Bei uns zu Hause war eine unserer ehemaligen Bedienerinnen auf Besuch.

Ich machte Feuer im Ofen, das aber nicht brennen wollte, besorgte das Futter für unser Vieh. Ich machte mir ein Bündel, in welchem sich auch mein schönes, besticktes Kleid befand, das ich noch von meinem ersten Pflegeplatz hatte.

Nun machte ich mich auf den Weg. Ich verließ jedoch das Haus auf Umwegen, da ich Angst hatte, die Tante und ihre Familie noch zu treffen. Unterwegs ging ich zu einer anderen Tante, der dritten Schwester meiner Mutter. Ich bat sie um zwei Forint für den Zug, damit ich nach Fiume fahren könne. Sie riet mir von meinem Vorhaben ab. Ich erwiderte, ich könne nicht mehr zu meiner Tante nach Slavica zurück, sie werde mich schlagen. Sie redete mir zu, ich würde keine Schläge bekommen, da mich die andere Tante, Tonia, begleiten werde. Ich gab nach, da ich kein Geld bekam.

Es war schon Nacht. Alle waren inzwischen von der Feier nach Hause gekommen. Von meinem Unternehmen sprach niemand, ich hörte nie mehr etwas davon.

Ein- oder zweimal im Jahr fuhr die Tante mit mir nach Fiume zur Vormundschaft, und ich merkte, dass sie bei dieser Gelegenheit Geld bekam. Immer wurde ich dabei gefragt, ob die Tante gut zu mir sei, ob ich Schläge bekomme.

Ich schaute meine Tante an, dann antwortete ich: „Ja, wenn ich es verdiene . . ." Das war eine Lüge, doch ich wollte der Tante nicht wehtun, sie nicht verraten, außerdem dachte ich an meine Tiere, bei denen ich bleiben wollte.

Einmal wollte meine Taufpatin mich zu sich nehmen, auch meine erste Pflegemutter wollte mich wieder haben. Aber ich verstand deren Vorhaben nicht gut und wollte wieder der Tante nicht wehtun. Ich dachte immer an meine Tiere . . .

Im Jahre 1902 fuhr der Mann meiner Tante nach Amerika. Nach einigen Monaten folgte ihm die Tante mit ihren zwei Kindern. Auch mich wollte sie mitnehmen, aber die Vormundschaft fand es für nötig, meinen Vater in Fiume davon zu verständigen. Er verbot es, und ich wurde in ein Institut gegeben.

Es war ein Internat R. R. Mater der Benediktinerinnen. Hier fühlte ich mich gut. Die Lehrerinnen und Zöglinge gewannen mich lieb. Auch die strengste Lehrerin hatte mich lieb, was dem ganzen Internat bzw. Kloster auffiel. Einmal sagte eine Nonne zu mir: „Es ist ein Mysterium – wer in die Hand der Mater Salesia fällt, der ist ein Glückskind." Ein anderes Mal sagte die Aufseherin, die zugleich Erzieherin, Italienisch- und Französischlehrerin war, zu mir: „Mit deiner guten Natur wirst du immer glücklich sein!"

Ich habe aber damals nicht verstanden, was das Wort „Glück" heißt. In diesem Internat war meine einzige Sorge, dass ich zu kurze Haare hatte. Sie wuchsen mir einfach nicht. Ich war schon vierzehn Jahre alt und begann kleinweise meine Haare zu schneiden, damit sie wachsen. Ich schnitt sie fast bis zur Kopfhaut weg. Alle Zöglinge sahen mich, ebenso eine Aufseherin.

Die ungarische Sprachlehrerin wohnte außerhalb des Klosters. Sie teilte mir mit, dass Rizinusöl für die Behandlung der Haare gut sei. Da entschloss ich mich, meine Haare ganz abzuschneiden. Auf einmal war ein großer Aufstand im Kloster. „O Gott, o Gott, ein Mann ist in unserem Kloster! Wie ist er in die Klausur hineingekommen, wie konnte das geschehen?" Dieses Gerücht verbreitete sich im ganzen Kloster, im ganzen Internat. Wer mich schon vorher gesehen hatte, fing kräftig und lustig zu lachen an. Aber die Nonnen konnten sich ob dieser Nachricht noch lange nicht beruhigen. Es dauerte, bis sie alle erfuhren, dass sich Berta die Haare geschnitten habe.

Tatsächlich, das Rizinusöl wirkte Wunder. Meine Haare zeigten sich in vollem Wachstum, und schöne, buschige, goldbraune Locken zierten nun meinen Kopf. Aber sie wuchsen nur bis zwanzig Zentimeter Länge; dann hörte ich auf, sie zu pflegen. Andere Sorgen belasteten mein Leben damals nicht. . . .

Vier Jahre blieb ich in diesem Internat. Das waren gute, brave Nonnen, ich wäre sogar gerne für immer in diesem Kloster geblieben. Hier herrschten Ruhe, Liebe, Gebet und Arbeit. Eine Laienschwester sagte einmal zu mir, ich dürfte nie einem Mann in die Augen schauen. Dies kam mir etwas zu streng vor. . . .

Nach vier Jahren Internatsaufenthalt bei den Benediktinerinnen kam ich nach Ungarn, Komitat* (Megye) Zemplén, Stadt Homonna, etwas nordöstlich der Karpaten, angrenzend an Galizien. Die Bevölkerung bestand aus Slowaken, Ruthenen, Ungarn höherer Stände, die die Ämter inne hatten. Die Slowaken hingegen beschäftigten sich mit Schweine- und Gänsezucht, die Ruthenen mit Holz und Kohle.

Um 17 Uhr fand das tägliche Heimtreiben der Schweine statt. Die Menschen, die auf der Straße waren, mussten rasch ausweichen, damit nicht plötzlich ein Schwein zwischen die Beine als „Reitpferd" hineinrutschte. Hunderte und Hunderte jagten durch die Hauptstraße. Nach einer

146

langen Strecke war endlich ein Hirt zu sehen. Die Bekleidung der Hirten bestand aus Schaffellen (Hosen und Ja-
cken). Im Sommer, so erzählte man, drehten sie die Felle
einfach um.

Die Frauen trugen bis zu 25 schön bestickte Unterröcke.
Die Köpfe waren von ein bis zwei Tüchern bedeckt. Die jungen Mädchen hatten sich Zöpfe geflochten, die einschließlich der drei breiten Stoffmascherln bis an das Rockende
reichten und sehr dick waren. Die Zöpfe waren manchmal
aus acht Teilen geflochten.

Im Internat lebten acht Schwestern. Das Kloster hieß
„Maria Immaculata*". Das so genannte Mutterhaus befand
sich in Fiume und bestand aus insgesamt 28 Schwestern.
Dieser Orden war von der Schwester Oberin Herczeg Teréz
gegründet worden. Das Leben der jungen Schwestern war
nicht besonders ernst. Wir waren etwa vierzig Zöglinge.

Es waren acht Klassen, die zwei letzten davon eigentlich „Oberschule". Uns erging es im Internat nicht schlecht.
Ich war aus dem Süden, daher eine Besonderheit für das
ganze Internat und die Stadt. Man nannte mich sogar eine
italienische Schönheit. Es war wohl übertrieben. Ich war
auch keine Italienerin, sondern aus dem Grenzgebiet zwischen Italien und Dalmatien. Man könnte eher „Illyrerin"*
sagen.

Am Abend musste ich immer in einen großen Hof gehen
und eine Art „Serenade" für die Zöglinge und Schwestern
veranstalten, das heißt, ich musste mit meinem Mund
Trompete blasen. Das hatte ich bei den Benediktinerinnen
von einer Mitschülerin gelernt. Sie hatte mit dem bloßen
Mund, manchmal mit dem Finger darauf, wunderbar gebla-
sen. Ich machte es ihr nach.

Eine Schwester war mir gegenüber recht merkwürdig.
Öfters, ohne irgendeinen Grund, begann sie über die Menschen auf dem Nordbalkan zu schimpfen, zu denen ich,
ihrer Behauptung nach, gehören musste. Schwester Antonia
hatte auch eine große Phantasie. Das erfuhr ich erst vier Jahre nach meinem Abgang vom Internat. Sie bildete sich ein,
dass ich den Religionslehrer zu gerne habe . . . Einmal, obwohl ich schon achtzehn Jahre alt war, versetzte sie mir
schwere Faustschläge auf den Kopf und meinen Körper. Ich

dachte, dass bei dieser Gelegenheit Hühneraugen auf ihren Fäusten entstehen mussten, so fest schlug sie zu. Ich wusste nicht, aus welchem Grunde sie mich geschlagen hatte.

Eines Morgens meldete mir eine Schwester, ich solle beichten gehen. Warum? Wieso? Ich hatte nichts Böses angestellt. Ich fühlte mich keiner Sünde schuldig, ich wusste nicht, was der Priester sagen werde. Was sollte ich ihm sagen? Was würden die Menschen denken, die mich in der Kirche sehen würden, weil ich als Zögling zu dieser Stunde nicht alleine in diese Kirche gehen sollte.

Es war Frühjahr. Das Internat veranstaltete eine Feier. Die Bewohner der Stadt, auch Burschen, und das ganze Internat mit lustigen Schwestern sollten daran teilnehmen. Wir tanzten und jubelten. Ich bewegte mich gut, doch merkte ich, dass ich keine besondere Künstlerin war, und wollte mir eine Mitschülerin als Tanzpartnerin nehmen, da ich ziemlich scheu war. Ich hielt mich von den Menschenmassen fern. Es war kein Wunder. Die schlechte Kinderzeit und bereits sechs Jahre Internat waren in meinem Wesen schon deutlich zu merken. Sogar im Sommer, während der Ferien, war ich in den Instituten.

Es kam der Tag, an dem ich das Internat in Homonna verlassen musste. Schwester Antonia verkürzte ihre Nachtruhe und stand um vier Uhr morgens schon auf. Ich ging die Treppen hinunter und sah, ganz überrascht, die Schwester in der Kutsche sitzen und ungeduldig Ausschau halten. Ich stieg in den Wagen ein, wir sprachen unterwegs kein Wort miteinander. Auch beim Einsteigen in den Zug wechselten wir kein Wort. Ich vermute, dass sie mich bis zur Abfahrt des Zuges unter Kontrolle haben wollte.

Der Zug setzte sich in Bewegung und raste bald dahin, während auf dem Bahnhof noch einige Jugendliche dem Zug nachschauten. Nach vier Jahren erfuhr ich, dass die Stadtjugend von Homonna mich hatte sehen und mit Blumen begrüßen wollen. Dies sollte ein Abschiedsgruß sein. . . .

Nach langer Reise jenseits der Nordkarpaten kam ich nach Budapest, wo die Gründerin des Ordens, Schwester Herczeg Teréz, schon auf mich wartete. Sechzehn Tage blieb ich in der schönen ungarischen Hauptstadt. Zwei Institutskolleginnen aus Homonna, hier ansässig, führten mich in den Zirkus, den Tiergarten, einen Stummfilm und in das Volkstheater. Außerdem zeigten sie mir die Stadt. Ich war wie ein neu geborenes Kind, da ich die Welt, die vielen Menschenbewegungen, noch nie gesehen hatte.

Nach Ablauf dieser Zeit führte mich die Oberin nach Fiume, und zwar in ihr eigenes Privatinstitut, wo sie während des Schuljahres Zöglinge und im Sommer Gäste hatte. Ich wurde aber als besonderer Gast behandelt, da alle Schwestern hofften, ich könnte einst eine „Mitschwester" werden, das heißt, in ihr Kloster eintreten.

Die erste Nacht wurde mir das große Schlafzimmer der 22 Zöglinge zugeteilt. Sie waren alle schon auf Ferien, aber ach! Zwölfmal wechselte ich das Bett. Wanzen verdunkelten das Bettzeug. Die Bisse verfolgten mich von einem Bett zum anderen. Verzweifelt bemühte ich mich, mich zu beschäftigen und nach einem Ausweg zu sinnen.

Als es allmählich hell wurde, zündete ich eine Kerze an und ging damit den Betteinsatz entlang. Im Schlafzimmer war ein furchtbarer Geruch, doch zum Glück standen alle Fenster offen. Diese Arbeit vollbrachte ich an drei Tagen hinterei-nander, und die Wanzen waren weg!

Als die Sommersaison zu Ende war, fingen die Schwestern mit einer Großreinigung des ganzen Gebäudes an. Die Betten wurden ins Freie getragen. Auf einmal hörte ich von weitem schreien: „Wer war das? Wer hat das gemacht? Was ist hier geschehen?" So schimpften einige laut.

Ich horchte hin, dann erblickte ich die Putzschwestern, die mit den Betten beschäftigt waren. Sie waren überall ganz schwarz: an den Händen, auf Kopfschleier, Kragen, weißen Schürzen, nicht zuletzt im Gesicht, überall waren Rußflecken. Ich bekam einen Lachkrampf, versteckte mich, und sie sahen mich nicht. Sie staunten sehr, doch sie beschwerten sich nicht weiter.

Das erwähnte Institut „Villa Smajć" hatte auch einen Sommeraufenthalt am Strand, und zwar in Medeo bei Lovrana, auf der Halbinsel Istrien. Mit dem Schiff war es eineinhalb Stunden von Fiume.

Das betreffende Gebäude hieß „Villa Dante" und hatte einen Küstenstreifen zum Baden. Es war für uns zufriedenstellend, wir konnten dort unsere Badezeit gemütlich verbringen. Doch einmal war ich nahe am Ertrinken, ich schwamm in eine Strömung. Die Mitschülerinnen erfassten meine tragische Situation, aber niemand konnte mir helfen, da keine von ihnen so gut schwimmen konnte. Aus der Tiefe stieß ich mich mit letzter Kraft an die Oberfläche. Als die anderen mich sahen, hatten sie alle verängstigte, blasse Gesichter. ...

Die „Villa Dante" grenzte an die benachbarte „Villa Maria", die in der Zeit der Obsternte von Früchten strotzte. Ein junger, gleichaltriger Herr näherte sich mir und reichte mir im Papiersäckchen Trauben und Feigen. Ich wurde verlegen und dankte.

Bald entfernte ich mich und ging hinauf in die Wohnung, wo die Schwestern schon das Abendessen vorbereiteten. Ich reichte der Schwester von dem geschenkten Obst und sagte: „Dies habe ich von Giovannino bekommen." Sie verhielten sich schweigend und dankten nicht.

Nachher setzte ich mich auf eine Bank, nahm eine Handarbeit zur Hand und stickte ein Ziertuch für die Muttergottes. Es sollte am kommenden Marienfesttag den Altar schmücken. Auf einmal öffnete sich die Eingangstüre des Gebäudes. Schwester Vincenza suchte jemand oder etwas. Sie sah mich nicht, obwohl es nicht schwer war, mich zu sehen.

Am folgenden Morgen wurde ich nach Fiume, in die Villa Smajć, befohlen. Das war das Mutterhaus der Schwestern. Schwester Mathilde war hier Vorstand. Sie liebte es, ihre Kehle mit Wein oder Schnaps zu befeuchten. Sie fand irgendwie Gelegenheit, mich anzuhalten. Auf einmal ballte sie ihre Hände zu Fäusten und schlug mich einige Minuten lang. Ich spürte es wohl, wusste aber nicht, warum.

Ein anderes Mal sagte sie, mit etwas heiserer Stimme, zu mir: „Nun, wer bist du? Du bist ein uneheliches Kind!" Ich ließ mir von einer Mitbewohnerin erklären, was „unehelich" heiße, da ich nicht so gut Deutsch konnte. Von dieser Stunde an begann sich in mir der Satz festzulegen: „Ein Kind ohne Namen!" Ich fragte mich, ob es auf meiner Stirne zu lesen sei.

Mir kam es vor, dass sie mich vielleicht in ihrem Orden behalten, das heißt, als Schwester hineinziehen wollten.

Schwester Felizitas wollte mich überreden, an Giovannino zu schreiben. Ich fragte, wozu, was und wie ich schreiben solle, ich könne es nicht. Die Schwester sagte, sie werde es mir diktieren. Den Brief, den sie zur Post tragen sollte, hat sie aber nie aufgegeben. Sie überreichte ihn der Oberin oder der Direktorin. Die Falschheit der Schwestern des Ordens „Immaculata" war unvorstellbar. Ich versuchte, mich zu rechtfertigen, doch konnte ich nicht verstehen, wie weit die maliziösen* Behauptungen mir gegenüber gegangen waren. . . .

Ich hatte in diesem Institut Gelegenheit, Klavier zu üben. Eines Tages kam die Oberin herein und sagte zu mir: „Ja, sei nur fleißig, damit du eine gute, tüchtige Schwester wirst." – „Ach so", dachte ich mir, „jetzt verstehe ich die Falschheit, aber auch die fast gewaltsame Methode, mich zu gewinnen, die spartanische Behandlung."

Als ich schon zwei bis drei Jahre von diesem Institut weg war, traf ich eines Tages die Schwester Oberin unterwegs. Sie lud mich in ihre Kutsche ein, wo ihre Begleiterin, Schwester Ilona, saß. Ich folgte ihrer Einladung, obzwar nicht gerne. Dann sagte sie zu mir: „Gelt, du hast eine schöne Zeit in der Villa Smajć verbracht?" – „Dies kann ich nicht behaupten", antwortete ich. Schwester Ilona schmunzelte, die Oberin merkte es aber nicht. Gelegentlich sagte Schwester Ilona zu mir: „Gut haben Sie geantwortet." Nach Jahren hörte ich, dass diese Schwester sich ein Zivilkleid ausgeliehen hatte und davongegangen war. Auch Schwester Gabriele ging fort, doch mit einem Baby.

Nach Beendigung der Schule der Schwestern in Homonna kam ich für vier Jahre in die Lehrerbildungsanstalt nach Sopron, in das Internat der Ursulinen. Dies war ein strenges Internat. Einige der Lehrkräfte waren menschlich gut und aufrichtig, andere aber zeigten sich unpersönlich. Zwischen den größeren Zöglingen war eine gewisse Falschheit zu spüren, auch mir gegenüber, was mir nach einigen Jahren genau bewusst wurde.

Ich war hübsch, lieblich, von Natur aus gutmütig, wusste aber nichts von meinen Vorzügen. Diese Eigenschaften störten einige Zöglinge, besonders in den höheren Klassen, mit denen ich gar nichts zu tun hatte. Zur heiligen Kommunion gingen einige jeden Tag, andere jede Woche.

Auch die Aufseherin, Mater Hyacinta, war merkwürdig. Wenn man zur Toilette gehen musste, schickte sie gleich eine Aufseherin nach. Warum? Das Fenster im Klosett war hoch oben. Vielleicht habe ich im Vorbeigehen an der einen oder anderen Mater nicht genügend schöne Knickse gemacht? Oder musste man wie eine Katze schmeicheln? Nein – das konnte ich nicht.

Die Aufseherin und Mater Klara waren zu streng zu mir, sie gaben mir so viele Schlechtpunkte, die immer wöchentlich verlesen wurden. Ein Viertel davon hätte genügt. Ich war ein guter Zögling, doch die anderen, die Ungehorsamen und Falschen, bekamen die Auszeichnungen in Medaillen überreicht. . . .

Im Juni 1911 war ich frei, ich kam als ausgebildete Lehrerin aus dem Internat heraus. Nun, wohin? Alle meine Mitschülerinnen freuten sich auf ein neues Leben. Ich nicht, nach so langer Zeit im Internat hatte ich keine Ahnung davon, was das Leben alles bieten konnte. . . .

Nach Abschluss der Lehrerinnenausbildung im Jahr 1911 war Alberta Sirola ein Jahr lang in einem katholischen Internat als Lehrerin beschäftigt, fand aber auch dort nicht die gewünschte Anerkennung ihrer Person und beruflichen Leistungen.

Endlich, mit Ende des Schuljahres, wurde ich wieder frei. Mit 22 Jahren, nach zehn Jahren Internat als Zögling und einem Jahr als Lehrerin, war ich endgültig frei. Doch fand ich mich schwer zurecht im neuen Leben. Ich erinnerte mich noch immer an die Mahnung einer Schwester aus dem ersten Internat, dass man nie einem Jungen in die Augen schauen dürfe.

Eine Kollegin aus dem Internat hatte mich nach Hause zu sich eingeladen, ich könnte bei ihr als Familienmitglied leben. Ich ging zu ihr; sie wohnte in Fiume und hieß Aurora. Die Familie besaß ein sehr gut gehendes Geschäft, eine Bäckerei. Sie gingen öfters in Gesellschaft oder in das Theater, aber ich verbarg mich immer, weil ich noch nicht den Namen meines Vaters trug und mich daher nicht den anderen gleichwertig fühlte. Niemand merkte, dass es für mich auch notwendig gewesen wäre, den Umgang mit der Umwelt kennen zu lernen.

Mit der Zeit merkte ich, dass ich nicht von allen Menschen übersehen wurde. Aber ich genierte mich, da ich immer glaubte, auf meiner Stirn stehe geschrieben, dass ich ein uneheliches Kind sei.

Wie lernten wir uns kennen? Im Hochsommer des Jahres 1916 – ich war damals 26 Jahre alt – fühlte ich mich etwas einsam. Meine Kolleginnen und Freundinnen begaben sich mit den Angehörigen, wie es damals so Gewohnheit war, auf irgendeinen Sommeraufenthalt.

Da ich nun ganz alleine war, ging ich in die nächstliegende Kirche, kniete mich vor einem Herz-Jesu-Altar nieder und betete inständig, indem ich fast laut vor mich hinflüsterte: „Mein Gott, erleichtere mir das Herz, damit ich meinen rechten Lebensweg erkenne! Wenn ich ins Kloster gehen soll, führe Du mich hinein, mein Gott! Wenn ich aber ledig in der Welt bleiben soll, gib Du mir die Kraft dazu! Wenn ich aber heiraten sollte – ich kenne niemanden –, bitte schick Du mir den richtigen Lebenspartner! Ich möchte so gerne einen, dessen Namen einen internationalen Klang hat, einen mit einem berühmten Namen. Am liebsten wäre mir ein Offizier, aber da ich den Namen meines Vaters nicht trage, bin ich einem solchen nicht ebenbürtig, und ich könnte ihn daher auch nicht heiraten. Ich bitte Dich, guter Herz-Jesu, hilf mir, dass ich meines Vaters Namen erwerbe, da ich Deine Mutter schon siebzehn Jahre darum anflehe. Ich verlange nicht den Reichtum meines Vaters, nur seinen Namen."

Naiv waren meine Gedanken, ebenso wie mein ganzes Wesen. Immer wieder konnte ich hören, dass ich schön, reizend und lieblich sei. So kam ich meinen Institutskolleginnen vor, und weil ich lustig war, baten sie mich, ihnen immer wieder etwas Sentimentales vorzusingen oder vorzuspielen. Aber im Grunde meiner Seele war ich betrübt, und keine meiner Mitschülerinnen ahnte, dass zwischen mir und dem Glück ein fast unüberwindlicher Wall stand.

Ja, ich sehnte mich nach elterlicher Liebe und Zärtlichkeit, die ich seit meiner Kindheit entbehrte. Meine Tränen flossen, wenn ich sah, dass andere Kinder von ihren Müttern oder Vätern auf den Schoß genommen und geherzt wurden. Aber nach außen war ich immer lustig und fröhlich. . . .

Am 26. Juli 1916 spürte ich also mehr denn je, dass das Alleinsein nicht der menschlichen Natur entspricht, dass jeder Mensch etwas Nützliches schaffen muss, um sich im Leben der Gemeinschaft dienstbar zu machen. Mit diesem Anliegen auf meiner Seele ging ich, besonders niedergeschlagen, von der Kirche nach Hause und trat an das Fenster.

Die Sonne stand hoch am Himmel und stieg gerade über den Monte Maggiore. Ich blinzelte, geblendet von den Sonnenstrahlen, zum gegenüberliegenden Hotel Imperial. Zwei Stockwerke tiefer bemühte sich ein besonders nervöser Offizier, meine Aufmerksamkeit auf sich zu lenken, und zwar dadurch, dass er am Sonnenschutzvorhang herumhantierte. Da er fortwährend zu mir heraufschaute, deutete ich ihm, dieses ständige Ziehen am Vorhang endlich zu beenden. Er zeichnete nun etwas auf einen Papierbogen und zeigte es mir herauf. Ich gab ihm zu verstehen, er solle es mir geben, denn ich vermutete, eine kurze Liebeserklärung zu lesen, und war geneigt, auf seinen Spaß einzugehen. Durch Gestikulieren verständigten wir uns und eilten einander entgegen. Kaum trafen wir uns im Hausgang, wollte er mich auch schon umarmen und küssen. „Aber nein, Herr Hauptmann", sagte ich in schlechtem Deutsch zu ihm, „ich bin nicht schlimm . . . Geben Sie mir nur den Zettel und zeigen Sie mir, was Sie gezeichnet haben!"

Es war nichts weiter darauf geschrieben als: „Ich werde meine Augen verlieren, so wie ich mein Herz verlor." – „Ja", sagte ich, „es ist Krieg, und er hat schon viel Leid verursacht. Übrigens, wie heißen Sie?" – „Lothar S." Da ich ihn nicht verstanden hatte, bat ich ihn, den Namen zu wiederholen. Ja, er klang schön, er gefiel mir, und nun fragte er mich nach meinem Namen, worauf ich antwortete: „Nein, Herr, das ist nicht so wichtig."

Er fuhr fort: „Heute fahre ich wieder zur Front, zwar weiß ich nicht, wohin, aber hier in Fiume ist ein Sammelort.

Ich kenne die Stadt nicht, würden Sie so gut sein, ein bisschen mit mir herumzugehen? Wollen Sie sie mir zeigen?" – „O nein, dies kann ich nicht tun, was glauben Sie, Herr, wenn mich jemand sieht, was man von mir denkt? Ich kann doch nicht mit einem Soldaten spazieren gehen." – „Fräulein, ich bin nur auf zwei Stunden frei, dann muss ich mich in der Kaserne stellen. Wer weiß, ob wir uns jemals wiedersehen? Bitte führen Sie mich durch die Hauptstraßen!"

Ich tat es, verlangte aber, dass er sich drei Meter von mir fern halte. Am selben Abend reiste er aber noch nicht ab. Am nächsten Tag wollte er wieder die Sehenswürdigkeiten der Stadt sehen. Es geschah mit drei Metern Distanz, wie es die Etikette verlangte. Er bemühte sich schmunzelnd, die Distanz zu wahren. Er sah, wie ich von allen Seiten freundlich gegrüßt wurde. Dann fragte er mich, was ich für einen Beruf habe. Ich antwortete ihm, dass ich Lehrerin sei. Er aber wollte wissen, welches Fach ich lehre, und behauptete, ich sei eine Schauspielerin in irgendeinem Theater.

Ich musste lachen, umso mehr, da ich vor einigen Tagen beim Strandbaden von zwei Jungen gehört hatte: „Das muss eine Schauspielerin vom Budapester Operntheater sein. Sie ist nicht schlecht." Mir schien das riesig lustig, weil ich selbst nur zweimal in meinem ganzen Leben ein Theater gesehen hatte.

„Fräulein, Sie wohnen ja gerade gegenüber von mir, im „Hotel de la Ville". Darf ich Sie nach dem Spaziergang bis zu Ihrem Zimmer hinaufbegleiten?" – „Herr Hauptmann, ich sagte Ihnen schon, dass ich nicht schlimm bin. Im vierten Stock des „Hotel de la Ville" sind Privatwohnungen. Sie als Soldat – das heißt, überhaupt kein Mann kann zu mir kommen."

Am dritten Tage glaubte mir der Herr Offizier, dass ich eine Lehrerin war. Wir machten eine Segelbootpartie beim schönen Sonnenuntergang auf der Adria. Es flüsterte der Abendwind, die Meereswellen stiegen und streiften unsere Barke, während der Barcaiuolo (Seemann) leise ein Lied sang. Ich schaute in die Ferne . . .

Der Hauptmann versuchte, meinen Blick auf sich zu lenken und flüsterte: „Es ist bestimmt worden, dass mein Bataillon erst nach zwei Wochen wegfährt, und zwar nach Galizien. Nun habe ich volle vierzehn Tage Zeit. Von der Front aus möchte ich Ihnen schreiben." Ich merkte, dass es ihm ernst war und dass der nervöse Offizier jemanden brauchte, der ihn verstehe, der ihm zu Herzen spreche, der ihm die schwere Soldatenpflicht etwas erleichtere mit Hoffnung auf eine schöne Zukunft . . .

„Herr Hauptmann, kommen Sie morgen zu mir, und ich werde Ihnen ein sehr braves, schönes und gesellschaftliches Fräulein vorstellen. Sie heißt Maria La Grasta. Ich wohne eben bei ihrer Tante."

So geschah es. Maria kam zu mir. Sie war auf diese Bekanntschaft schon vorbereitet. Wir machten einen gemeinsamen Spaziergang und kehrten in ein Strandbadcafé ein. Aber der Herr Hauptmann war ihr gegenüber sehr gleichgültig. Ich bemühte mich, ihm noch andere Bekanntschaften zu ermöglichen. Alles ohne Erfolg. Er wünschte nur meine Gesellschaft. Am Abend sagte er zu mir: „Ich möchte dich heiraten." – „Herr Hauptmann, dies kann ich nicht ermöglichen, denn ich kann keinen Offizier heiraten." Er fragte: „Aus welchem Grunde?" – „Da meine Familienkarte* nicht in Ordnung ist. Ich trage den Namen meiner Mutter und nicht den meines Vaters . . ."

Er zuckte zurück, völlig überrascht, und leise fügte er hinzu: „Nein, wir können nicht heiraten." Ich wurde in meinem innersten Ehrgefühl getroffen. Ich schämte mich, denn ich sah deutlich, dass ein uneheliches Kind zu den von Menschen verstoßenen Wesen gehörte. In dieser Herzensnot rüttelte mich ein Gedanke blitzschnell auf, und endlich wagte ich, mich verständlich zu machen. „Herr Hauptmann, Sie können mir zu einer großen Freude verhelfen, zu der größten Freude meines Lebens. Gehen wir morgen gemeinsam zum Magistratsdirektor, der ein guter Freund meines Vaters ist. Simulieren Sie dort, dass Sie die Absicht haben, mich zu heiraten. Doch dies käme nur zustande, wenn ich den Namen meines Vaters trage. Das heißt, dass mein Geburtsschein geändert werden muss."

So geschah es. Der Magistratsdirektor beeilte sich, sofort meinen Vater zu verständigen. Die Sache war nicht so einfach, wie es zuerst aussah. Es waren Schwierigkeiten wegen der Verwandten aufgetreten, besonders wegen der

Erbschaftsrechte. Ein Gesuch meines Vaters wurde an die k. u. k. Hofkanzlei nach Laxenburg, an Kaiser Karl, geleitet. Als Allegat* wurde angeführt, dass ich auf die Erbschaftsrechte verzichten wollte. In Kürze kam das Gesuch an das Stadtgericht Fiume um Legitimierung an meinen Vater und an mich zurück. Es war mit der Bemerkung versehen, dass die Tochter von A. Sirola nicht legitimiert werden könne, da sie kein Recht habe, auf die ihr zustehende Erbschaft zu verzichten. ...

Das k. u. k. Amt in Laxenburg bemerkte, dass das Gesuch erneuert werden müsse. Das Gericht und der Notar hatten damit zu tun. Auch der Anwalt meines Vaters arbeitete zu meinen Gunsten, alle jedoch ohne mein Wissen.

Und ich wurde legitimiert! Der Stein von meinem Herzen war weggewälzt, und der Fleck auf meiner Stirne war verschwunden. Aber mein Vater, unter Rücksichtnahme auf die Verwandten, ließ mich heimlich beim Notar Dr. Fésus unterfertigen, dass ich auf die Erbschaft verzichten wolle.

Der Hauptmann fuhr an die Front und schrieb mir viele schöne Briefe. Nach zweieinhalb Jahren heirateten wir. Mein Mann war k. u. k. Offizier und besaß einen berühmten Namen mit internationalem Klang, so wie ich es mir in meiner Naivität vom Herrgott erbeten hatte. ...

Der von der Autorin tief empfundene Makel ihrer unehelichen Geburt war mit ihrer Legitimation und der Heirat mit dem kaisertreuen k. u. k. Offizier Lothar S., einem Partner „mit schönem, international bekanntem Namen" verschwunden. Dennoch verlief Alberta Sirolas weiteres Leben keineswegs sorgenfrei.

Nach dem Ersten Weltkrieg ließ sich der Ehemann als Offizier in Ruhestand versetzen, um als freier Schriftsteller und Journalist in Fiume (Rijeka) zu arbeiten, konnte sich aber nicht „an das praktische Leben gewöhnen", wie eine der vier Töchter des Paares anmerkt, die zwischen 1920 und 1927 geboren wurden. Da die Offizierspension nicht ausreichte, um die wachsende Familie zu ernähren, war Alberta S. weiterhin als Lehrerin tätig. Ihren Kindern blieb sie dennoch vor allem als vielseitig begabte Hausfrau und als liebevoll sorgende Mutter in Erinnerung.

1928 wurde die Familie aus politischen Gründen aus dem nunmehr zu Italien gehörigen Fiume ausgewiesen und übersiedel-

te nach Innsbruck, wo Lothar S. von seinen Eltern ein großes, dreistöckiges Haus geerbt hatte, in dem die Familie eine Wohnung bezog.

Die materielle Situation der Familie gestaltete sich aufgrund von Krankheit und der primär idealistischen Lebensorientierung des Ehemanns und Vaters weiterhin schwierig. Undurchsichtige Machenschaften und falsches Vertrauen in einen Rechtsbeistand führten schließlich dazu, dass das Wohnhaus der Familie im Dezember 1938 unter äußerst fragwürdigen Umständen verkauft werden musste – ein Verlust, der der Autorin sehr nahe ging. Über den Tod ihres Mannes im Jahr 1955 hinaus prägte der – letztlich erfolglose – Kampf um das Familienerbe ihren – wie sie selbst schreibt – „dornenvollen Lebenspfad".

Ihren Lebensabend verbrachte Alberta S. an der Seite ihrer Tochter Lea in Innsbruck, wo sie 1983 im 94. Lebensjahr starb.

JOHANNA KALISCH

wurde am 1. Juli 1903 in Wien als uneheliches Kind der Hausge-
hilfin Johanna Anthofer geboren. Da ihre Mutter nicht für sie sor-
gen konnte, wuchs sie bis zu ihrem zehnten Lebensjahr bei zwei
Pflegefamilien auf dem Land – in Südböhmen und in Hochegg im
südlichen Niederösterreich – auf, wo sie schon verschiedene Ar-
beiten verrichten musste. Die Jahre des Ersten Weltkrieges ver-
brachte sie gemeinsam mit ihrer Mutter in Wien, ehe diese unter
tragischen Umständen ums Leben kam.

Bis zum Alter von 27 Jahren arbeitete sie auf verschiedenen
Dienstplätzen als Hausgehilfin und Hilfsarbeiterin. 1927 wurde
sie Mutter eines unehelichen Sohnes. Zwei Jahre später fand sie
über eine Heiratsannonce ihren Ehemann, einen Bergarbeiter, mit
dem sie sich in Grünbach am Schneeberg niederließ und weitere
zwei Kinder bekam.

Johanna Kalisch erzählte im Alter oft und gern aus ihrer Kind-
heit und Jugend. Auf Anregung ihres Sohnes Karl schrieb sie ihre
Lebensgeschichte unter dem – vermutlich ironisch zu verstehen-
den – Titel „Die gute alte Zeit" in zwei Etappen in den Jahren
1985 und 1987/88 nieder. Sie hielt ihre Erinnerungen in einem
großformatigen Schulheft mit der Aufschrift „Die Memoaren der
Johanna Kalisch" fest.

Ihr Sohn, Karl Kalisch, geboren 1931, fertigte eine Abschrift
des Textes an und machte – angeregt nicht zuletzt durch ein Senio-
renstudium der Geschichte – die Aufzeichnungen seiner Mutter
zum Gegenstand weiterer familiengeschichtlicher Recherchen.
Seine eigenen Kindheits- und Jugenderinnerungen veröffentlichte
er 2005 im Eigenverlag unter dem Titel „Erinnerungen. Kindheit
und Jugend in Grünbach am Schneeberg".

Das 57-seitige handschriftliche Originalmanuskript Johanna
Kalischs spiegelt in vieler Hinsicht die – ihrer Kindheitsbiographie
entsprechend – geringe Schulbildung der Schreiberin wider. Die
nachfolgende Teiledition ihrer lebensgeschichtlichen Aufzeich-
nungen ist darum bemüht, die stellenweise sehr verkürzte Aus-
drucksweise der Erzählerin einerseits zur Geltung zu bringen, an-
dererseits die Verständlichkeit und gute Lesbarkeit des Textes zu
gewährleisten.

Die Autorin beginnt ihre Erzählung mit einem kurzen Rück-
blick auf die Lebenssituation ihrer Mutter unmittelbar vor der ei-
genen Geburt. Unerwähnt lässt sie hier allerdings, dass der Sohn
ihres Dienstgebers die Schwangerschaft der Mutter zu verantwor-
ten hatte und sich dabei angeblich einen Anfall infolge ihres
chronischen Herzleidens zu Nutze machte.

Ich bin im Jahre 1903 geboren. Mein Leben war von Anfang
an sehr trostlos.

Da meine Mutter ein Herzleiden hatte und dadurch weder eine Schule besuchen noch irgendeinen Beruf ergreifen
konnte, blieb sie zu Hause und lernte mit ihrem Bruder und
den Eltern. Sie war ein frohes, aufgeschlossenes Kind. Ihr
Vater war Beamter, starb jedoch sehr früh. Als ihre Mutter
starb, hatte sie noch ihren Bruder, der auf meine Mutter
schauen und sie beschützen sollte. Er lernte gut und wollte
Maschinenbauingenieur werden. Doch nach dem Tod der
Mutter musste er sein Studium abbrechen und wurde Lehrer. Meine Mutter führte den Haushalt.

Das ging einige Jahre gut. Doch als der Onkel sich eine
Frau und deren alte Mutter ins Haus nahm, fing für meine
Mutter eine böse Zeit an. Meine Tante war eine eingebilde-
te, von ihrer Mutter sehr verwöhnte Frau, launisch und ge-
fühllos. Alles musste nach ihrer Pfeife tanzen. Die Lebensmittel wurden eingesperrt, das Essen vorgegeben. Die Damen ließen sich's gut gehen. Meine Mutter musste alle
Arbeiten verrichten und wurde noch beschimpft – bis es ihr
zu dumm wurde und sie sich mit 39 Jahren einen Posten als
Hausgehilfin suchte.

Mit 40 wurde sie Mutter. Da sie der feine Herr nicht heiraten konnte, legte er mir 1000 Kronen an, die erst bei meiner Großjährigkeit ausbezahlt werden sollten. Da meine
Mutter eine schwere Geburt hatte – durch Kaiserschnitt,
Kindbettfieber und eitrige Brust –, kam ich, 14 Tage alt,
nach Böhmen zu Pflegeeltern. Damals gehörte Böhmen
noch zu Österreich. Die Leute waren gut zu mir. Sie hatten
drei Kinder: zwei Buben, etwas älter als ich, und ein
Mädchen, das in meinem Alter war.

Als meine Mutter sich erholt hatte, fuhr sie nach Pilsen,
wo ich untergebracht war. Es war für sie sehr schwer, sich

durchzufragen, da sie kein Wort Böhmisch konnte und niemand dort Deutsch. So hat sie sich verfahren, musste über Nacht auf dem Bahnhof warten, bis sie der Zug am Morgen dorthin brachte, wo sie hinwollte. Dort, erzählte sie mir, war es schwer, mich ausfindig zu machen. Sie musste durch einen Wald. Da tauchte ein Mann auf, vor dem sie Angst hatte. Er trug eine Axt auf dem Rücken. Sie ließ ihn vor sich hergehen. Dann stellte sich heraus, dass das der Pflegevater war: ein Holzknecht, der denselben Weg hatte. Als Mutter ind ie Stube kam, saß eine Frau dort und hatte ein Kind an der Brust, eins lag in der Wiege. Das konnte nur ihr Kind sein! Sie nahm es heraus, jedoch das Kind an der Brust war ich!

Ich kann mich gut erinnern, als wir – Viktoria und ich – einige Jahre alt waren, gingen wir mit den Buben zum Bach, wo sie uns kleine Fische fingen, die sie dann auf der Herdplatte brieten und die sehr gut waren. Einmal hat ein Bub hinter einen Stein gegriffen und hat statt eines Fischerls einen Krebs am Finger gehabt.

Der ältere Bub ging dann in die Lehre. Er kam hie und da sonntags heim und brachte uns Mädchen immer eine Kleinigkeit mit. So gab's damals noch die Lebzeltpuppen. Wir haben lange damit gespielt, da wir keine anderen kannten. Auch Nüsse brachte er uns. Ich kann mich erinnern, dass ich ein paar Tage in die Schule ging. Wir mussten unsere Schlapfen* vor der Tür hinstellen und barfuß in die Klasse gehen.

Ich war sechs Jahre alt, als meine Pflegemutter mich zu meiner Mutter nach Wien brachte. Es war schon Nacht, Mutter war zu Bett bei einem Ehepaar. Ein Kabinett hatten sie an ein junges Paar vermietet. Die beiden arbeiteten und hatten keine Kinder. Mutter musste sich mit einem Bett begnügen, da sie sich mit Waschen und Ausreiben oder durch Bedienung ihr Brot verdiente. Es reichte nicht aus, um auch für mich zu sorgen. Deshalb holte man mich wieder ab, und ich kam zu Bauern in Pflege.

Ich war oft verzweifelt, denn ich verstand nicht Deutsch, und die Leute verstanden mich nicht. Besonders die Bäuerin war sehr böse. Sie hatte meist einen Stecken oder einen Prügel bei der Hand. Wenn ich nicht gleich begriff, hatte ich schon einen Schlag im Kreuz. Ich musste statt der Schule fest arbeiten. Meine Mutter kam jedes Jahr zu Weihnachten. Einmal brachte sie mir eine Puppe mit Bett. Doch kaum war Mutter fort, war auch mein Spielzeug weg. Als ich weinte, sagte die Bäuerin: „Du bist zur Arbeit hier, nicht zum Spielen!" Ich war nicht als Pflegekind hier. Es hieß, ich sei ein Findling.

Einmal sah die Mutter, dass ich im Winter keine Unterwäsche, keine Hose, hatte. So brachte sie zwei warme Schnellfeuerhosen* mit Leibchen, hinten zum Schließen. Doch auch die sah ich nie wieder. Sie brachte auch eine lederne Schultasche, da ich nur einen Leinensack hatte. Die nahm man mir weg. Meine Mutter musste sich alles vom Mund absparen. Da sie oft Herzkrämpfe hatte, schwere Anfälle, musste sie oft den Arbeitsplatz wechseln. Die Leute hatten Angst davor. Es gab damals keine Fürsorge, keine Invalidenrente. Erst als sie 50 Jahre alt war, bekam sie eine Gnadengabe von 13 Kronen. Da musste man an den Kaiser ein Gesuch schreiben, vom Arzt und vom Fürsorgerat* bestätigen lassen. Aber es reichte nicht aus, sie musste weiter waschen gehen.

Ich hatte eine schwere Zeit bei dem Bauern. Ich musste zwei Stunden zur Schule gehen. Mittags gab es bei einem Bauern eine Milchsuppe. Da ich die nicht vertrug, bekam ich Kaffee und eine Schnitte hartes Brot. Wir hatten Vormittag und Nachmittag Schule. Da es bergab schneller ging – wir liefen den Berg hinunter –, war der Weg kürzer. Ich musste die Jause aufs Feld tragen, dann Kühe hüten, bis es dunkel wurde. Dann gab es noch Arbeit im Hause.

Ich hatte lange Zöpfe. Als ich mit sechs Jahren hinkam, konnte ich mich nicht frisieren. So flochten sie mir recht fest einmal in der Woche einen Zopf und steckten ihn mit Haarnadeln auf. Sonntags wurde mir das Haar gemacht – dass es sehr verfilzt war, kann man sich denken. Wenn ich schrie, gab es Ohrfeigen.

Als ich neun Jahre alt war, fanden in der Gegend Herbstmanöver statt. Ich kam von der Schule, zog mich um, da ich zu Hause alte Lumpen tragen musste, und sollte mit der Jause aufs Feld. Auf einmal ein Poltern und Schreien. Von zwei Seiten kamen Soldaten ins Haus. Sie gingen in den Keller und tranken Most. Sie nahmen Speck von der Speis*. Ich musste mich mitten unter der Horde zum Tisch setzen. Nie in meinem Leben habe ich solche Angst und solchen Schrecken mitgemacht. Es war, als wäre ich mitten im Krieg. Wie sehr hätte ich eine Mutter gebraucht! Wie nötig hätte ich ein Wesen gehabt, das sich meiner annahm! Ich war den Soldaten gänzlich ausgeliefert.

Sie schickten mich nicht in die Schule. Ich musste 13 Stück Kühe hüten neben dem Wald, von wo aus geschossen wurde. Daneben war ein Kleefeld, dann wieder Wald – mittendrin ich. Ich glaubte, ich werde verrückt von der Knallerei. Am andern Tag stellten sie mich auf einen Wagen, mit dem sie Garben eingeführt hatten. Rechts und links hatten sie an den Sprossen Pferde angebunden, acht oder zehn. Die rissen hin und her mit den Köpfen. Bald lag der Wagen auf der einen, bald auf der andern Seite. Ich habe Todesängste ausgestanden – und kein Mensch da, der mich befreit hätte.

Nach ein paar Tagen sind sie weiter. Sie schickten mich nicht in der Früh, sondern zu Mittag zur Schule. Als ich den steilen Berg durch den Wald hinaufkam, stand ein Soldat vor mir. Der musste gewusst haben, dass ich komme. Er nahm mich bei der Hand und wollte mich in den Jungwald ziehen. Ich hab mich gewehrt, hab mich an einem Baum angehalten, ließ meinen Schulsack fallen. In diesem Moment fing es zwölf Uhr zu läuten an. Ich sagte: „Ich muss in die Schule", aber was kann ein Kind gegen einen Wüstling ausrichten . . . Er sagte, ich hätte einen Telefondraht abgerissen. Ich habe aber keinen gesehen. Er zerrte mich in ein Gestrüpp, warf mich zu Boden. Was weiter war – ich bin vor Angst ohnmächtig geworden.

Um vier Uhr war die Schule aus. Es waren zwei Kinder, die sonst mit mir in die Schule gingen. Sie liefen den Berg herunter, erblickten den weißen Leinensack im Wald und gingen mich suchen. Sie haben die Bauern verständigt, die mich heimbrachten.

In der Nacht wurde ich wach. Ich lag in der guten Stube. An meinem Bett saß die Moam*, hatte den Rosenkranz in der Hand. Am Sessel brannte eine Kerze. Ein Weihbrunn mit Weihwasser stand da. Ich sah wieder die Augen von dem Wüstling, wollte schreien, aufspringen. Die Frau hielt mich zurück. „Schlaf dich g'sund!", sagte sie. Wie lange ich krank war, weiß ich nicht.

Als ich wieder zur Schule ging und wir beim Bauern Mittag gegessen hatten, liefen alle hinaus. Was ich da sah! Ich lief in meinem Schreck in ein Zimmer, unter die Betten, war ganz nass vor Aufregung, denn es marschierten die Soldaten mit den Menageschalen* zum Essen. Ich habe heute noch Angst vor dem Militär.

Ein Jahr darauf – ich war zehn Jahre alt – schrieb meine Mutter der Bäuerin, dass sie mich holen kommt. Ich musste einen Brief schreiben, den die Bäuerin diktierte, dass es mir gut geht und ich nicht nach Wien will, dass ich dort hungern muss und so weiter. Die Mutter ersuchte einen Gendarmen, er möge mitkommen. Ich hatte wieder Kühe gehütet, war in Lumpen und zerrissenen Schuhen. Die Bäuerin ging auf den Boden, schmiss mir die neue Schultasche bei einer Luke herunter und rief: „Kannst gehen mit deiner Muatta!" So wie ich war – zerrissen, zerlumpt – gingen wir den weiten Weg in ein Dorf. Dort musste mich die Mutter ganz einkleiden. Nun, in einem hat die Bäuerin recht gehabt: Hungern mussten wir beide. Es begann der Erste Weltkrieg.

Wir hatten einen Ausflug nach Sievering gemacht. Beim Heimfahren kam ein Mann, der hatte einen Packen Extraausgaben. Er rief: „Thronfolgerpaar ermordet!" Das war der Erste Weltkrieg. Die Schule wurde für russische Kriegsgefangene benützt. Die Lebensmittel waren rayoniert*, Kohlen wurden auf Scheine ausgegeben. Man musste sich stundenlang anstellen. Oft sperrten sie vor der Nase zu und hängten eine Tafel hin: Ausverkauft! Es gab nur Maisbrot, das man nicht schneiden konnte.

Nach der Schule gingen wir – einige arme Kinder – auf den Rangierbahnhof der Franz-Josefs-Bahn. Dort war die Kohlenausgabe. Wir sahen, dass einige Stückerln zwischen die Geleise fielen, krochen hinein und brachten einige Kilo außertourlich* heim. Manchmal waren es Wruken – Rüben. Damit machte die Mutter Sirup, da wir den Kaffee sonst hätten bitter trinken müssen. Zucker gab es keinen. So haben wir uns durchgehungert.

Dass es immer die Armen zu spüren bekommen, hab ich als Kind schon gemerkt. Wir wohnten in Lichtental, in einem Armenviertel. Neben uns war ein kleiner Laden. Dort hatten Juden hinter der Budel* alles: Zucker, Butter, Eier. Aber wir hatten weder Geld noch Waren zum Tauschen. Ich habe sie gebeten, ob ich was haben könnte. – Ja, wenn ich mit einem Handwagen zum Bahnhof fahre, bekomme ich was. Der Hunger trieb mich dazu. Die Mutter redete es mir aus. Ich aber fuhr zeitig los. Als der Zug ankam, war der Mann da. Er lud auf, was Platz hatte: Rucksäcke, Koffer, Taschen, alles Mögliche. Ich zog wie ein Ross, der Herr daneben am Trottoir. Ich dachte, was ich für die Plage alles bekommen werde. Es war für mich wertvoll: ein Sackl Kartoffeln und Sacharin. Wir konnten uns nach langer Zeit anessen.

Mutter bekam von einer Frau ein Meerschweinchen, von unserer Hausmeisterin ein Haserl. Ich ging zu zwei Gemüsefrauen arbeiten. Dort habe ich Grünzeug geschnitten, zusammengebunden und allerlei Arbeit verrichtet. Dafür durfte ich die Kraut- und Kohlblätter nach Hause tragen für die Tiere, und eines Tages hatten wir drei junge Meerschweinchen. Es war ein trächtiges Weiberl gewesen. Die Hausbesorgerin ließ unser Haserl zu*. Bald wimmelte es in der Kiste.

Holzwolle holte ich von einer Geschirrhandlung, wo ich auch meine Puppen herhatte. Auch schöne Häferln, Ausschuss, sammelten wir. Die Puppen hatten Porzellanköpfe und Glieder von gepresster Masse. Eine hatte einen gebrochenen Kopf, die anderen gebrochene Hände oder Füße. Ich habe eine zerlegt und eine neue gemacht, so habe ich nicht nur Tiere, sondern auch Puppen gehabt.

Ein Mädchen kam eines Tages und bat meine Mutter, sie möge ihr den Hund abnehmen. Es war ein Schäfer, ein paar Wochen alt. Sonst muss sie ihn in die Donau werfen und ertränken. Meine tierliebende Mutter hat lang gezögert. Sie fragte selbst im Haus herum, da redete ihr die Hausbesorgerin zu: Sie hätte ihn genommen, doch sie hatte einen alten Bulldog, der schon sehr böse war. So nahm Mutter aus Mitleid auch noch den Hund.

Als ich von der Schule kam, hörte ich ein Winseln, konnte aber nicht herausfinden, was es war und woher es kam.

Ich schaute zu den Hasen. Ich sah unters Bett – da war ein Korb mit diesem kleinen Hund. Da es ein Weibchen war, hieß sie Gretl. Es war noch immer Krieg, und wir selbst hatten nichts zum Nagen und zum Beißen. Ich bekam einen Viertelliter Milch, Erwachsene bekamen keine, so musste ich mit dem Hund teilen. Wie junge Hunde schon sind, fing er bald an, alles anzuknabbern: Hausschuhe, Schultasche, sogar die Wäsche.

Wir wohnten in einem alten Haus – das nebenan war schon weggerissen, sodass wir einen großen Platz hatten, wo ich mit der Gretl herumtollen konnte. Einmal geschah etwas, wodurch meine Mutter zu Tode erschrak. Ich hatte dem Hund eine Hose angezogen, eine graue Schnellfeuerhose, mit Leibchen und Ärmeln. Der Hund lief wie verrückt im Kreis, ich ihm nach. Auf einmal fiel die Feuermauer vom Nebenhaus um. Es war ein zwei Stock hohes Haus. Der obere Teil fiel auf die Stelle, wo wir gewesen waren. Mich trafen noch einige Brocken, ich spürte nicht viel, mir ging's um den Hund. Es dauerte eine Weile, bis der Staub sich gelegt hatte und der Hund mit eingezogenem Schweif in die Wohnung sauste. Wäre er nicht weggelaufen, hätte es uns beide erschlagen.

Meine Mutter versuchte, vom Anwalt ein paar Kronen von meinem Geld zu bekommen, um Schuhe oder warme Wäsche zu kaufen. Es hieß, vor meiner Großjährigkeit darf nichts abgehoben werden, nicht einmal die Zinsen. Als ich das Alter erreicht hatte, hieß es, es wären Kriegsanleihen gezeichnet worden, das Geld ist verloren.

Ich wurde inzwischen 14 Jahre. In der Schule kam ich schwer mit, jedoch wollte ich Schneiderin oder Modistin werden – ich machte meinen Puppen schöne Kleider, die Leute lobten meine Arbeit. Es war noch immer Krieg und Not an allem, so suchte mir meine Mutter eine Lehrstelle als Näherin. Doch wo wir auch hinkamen, sollten wir zahlen. Von 13 Kronen zahlten wir sieben Kronen Zins, und sechs Kronen blieben uns zum Leben, was nie ausreichte.

Meine Mutter war zeitweise bei ihrem Bruder. Seine Frau war gelähmt, Dienstmädchen haben sie nicht bekommen, weil sie nicht zahlen wollte. So ging meine Mutter morgens hin, mittags kam sie heim, sie musste sich um Essen anstellen. Meist gab es Rüben. Die Gemüsehändlerinnen sperrten zu, denn es gab schon lange nichts außer „Purri", oder Lauch, wie man sagt; der wurde geschnitten, gekocht und eingebrannt wie Kohl. Im Wald sind wir Blätter suchen gegangen – kleine, runde, sie rochen nach Knoblauch. Auch diese wurden als Kohlersatz gekocht. Wir haben einen Ausflug auch dazu genutzt, um für Hasen und Meerschweinchen Futter zu suchen. Als sie halbwegs groß waren, hat ein Fleischergeselle eins nach dem andern geschlachtet.

Da ich in der Schneiderei nicht unterkam, ging ich in eine Papierfabrik. Ich war glücklich, meiner Mutter helfen zu können. Es wäre schön gewesen, wenn Mutter nicht hätte sterben müssen. Der Krieg ging dem Ende zu. Ich schrieb meiner Pilsener Pflegemutter; sie wollte uns einen Sack Kartoffeln schicken. Es war Fronleichnam. Mutter blieb zu Hause, sie wollte nach dem Essen kommen. Ich ging statt ihr zur Tante, betreute sie. Mutter holte das Essen von der Ausspeisung. Es war eine graue Suppe mit Hautfetzen und Rollgerste. Sie aß davon, und es rutschte ihr ein Knochensplitter in den Hals. Er steckte, sie brachte ihn nicht hinunter, nicht herauf. Die Hausparteien gaben ihr einen Rat: Sie solle Brot oder Kraut essen. Aber es hatte sich verlegt, sie bekam keine Luft. Eine Frau ging mit ihr zum Arzt. Er konnte den Splitter nicht erreichen, sie musste ins Spital. Dort ließ man sie bis zum Abend ohne Hilfe – am Nachmittag war das Begräbnis von Dr. Chiari. Wir, Onkel und ich, konnten nicht begreifen, dass Mutter nicht kam.

Um sieben Uhr abends läutete es. Das war nicht die Mutter. Ich lief mit Onkel zur Tür. Ein Wachmann war's, der die Post brachte, dass Mutter um sieben Uhr operiert wird. Ich hatte in meiner Aufregung überhört, in welchem Spital sie liegt. Ich ging ins Allgemeine*, dort fragte ich nach. Der Portier sagte: „Hier ist sie nicht, vielleicht in der Lazarettgasse." Ich lief dorthin. Das Tor war zu. Vielleicht war ich an der falschen Seite ... Ich lief herum, die Zeit verging, bis endlich ein Portier erschien und mich nach Hause schickte.

Es war neun Uhr vorbei, das Tor war zu, ich kletterte auf die hohe Planke, sprang in den Hof. Der Hund heulte zum

Gotterbarmen, aber ich konnte nicht hinein, ich hatte keinen Schlüssel. Da wir ebenerdig wohnten, dachte ich schon daran, ein Fenster einzuschlagen. Dann verwarf ich den Gedanken und weckte die Hausbesorgerin. Sie kam mit einigen Schlüsseln, aber keiner passte. So schlug sie die Fensterscheibe ein. Wir hatten beide Fenster voller Blumen – die inneren waren offen – wir nahmen die Blumen heraus, und ich stieg hinein. Ich habe die Gretl hinausgestoßen zum Gassigehen*, dann gab mir die Frau die Blumen.

Ich saß die ganze Nacht beim Tisch und wartete auf Mutter, auch meine Gretl saß vor mir, den Kopf auf meinem Schoß, und winselte. Sie sah mir in die Augen, das Tier litt genauso wie ein Mensch. Am Morgen stieg ich wieder durchs Fenster, holte die Milch, machte Frühstück. Ich ging nicht in die Fabrik sondern zum Onkel. Er gab mir den Schlüssel und die Börse, es waren nur einige Münzen darin. Onkel hatte Mutter gesehen, als sie aus dem Operationssaal gebracht wurde.

Nachmittags gingen wir beide ins Spital. Onkel gab ihr einen Zettel. Sie schrieb: „Ich kann nicht mehr sprechen." Die Stimmbänder waren durchschnitten worden. Sie hatte eine Kanüle, aus der Eiter kam, und einen langen Schlauch durch den Mund zum Magen. Sie hatte oft Ohnmachtsanfälle, dann musste ihr Sauerstoff eingepumpt werden.

Nächsten Tag war ich allein. Mutter schrieb, was ich mache, wenn sie sterben müsse. Ich sagte: „Die Gretl bring ich ins Tierschutzheim, und ich geh in Dienst." Sie war damit zufrieden und schlief ein.

Anderntags fand ich Mutter in einem Zustand, als sei sie schon tot: die Hände ans Bett gebunden, wachsbleich im Gesicht. Der Polster war weg, auch der Schlauch und die Kanüle. Ich stand am Fenster und weinte. Als die Schwester hereinsah, sagte sie, Mutter habe sich alles weggerissen. „Geh nach Haus! Wenn keine Post kommt, kannst du wieder kommen." Wir warteten, sahen in den Briefkasten, er war leer. Um ein Uhr läutete es. Eine Partei vom zweiten Stock brachte eine Karte, dass Mutter um vier Uhr Früh verstorben sei. Ich lief nach Hause, stürzte in der Küche zu Boden und hatte einen Weinkrampf. Alsbald kamen auch der Onkel und die Hausbesorgerin, die mich trösteten.

Meine Tante hatte gesagt: „Sollte deiner Mutter was zustoßen – was Gott behüt'! –, bleibst bei mir, ich lasse dich Schneiderin lernen." Ich hatte ihr nicht geglaubt, denn sie hat uns nur ausgenützt. Als es so kam, meinte sie: „Du kannst wieder in die Fabrik gehen, ich kann dir nicht helfen, ich bin eine kranke Frau." Zu dieser Zeit lebte noch ihre blinde, alte Mutter. Als der Kaiser starb, weinte diese, als ob's der nächste Verwandte gewesen wäre. Bald starb auch sie, 89 Jahre alt.

Als meine Mutter starb, war sie 54 und der Krieg bald zu Ende. Wir hätten eine bessere Zeit gehabt, denn ich hatte mir noch eine Heimarbeit mitgenommen – Waschpulverkartons picken. Ich habe abends noch mit Mutter gearbeitet, und wir haben uns gefreut, wenn wir uns am Tandelmarkt bei der Rossauer Kaserne einige übertragene Sachen kaufen konnten. Trotz Not und Entbehrung haben wir fest auf bessere Zeiten gehofft. Mutter sagte einige Male: „Hannerl, dir wird es einmal gut gehen." Auch dieser Spruch: „Wer für einen Janker* geboren ist, kommt zu keinem Rock", hat bei mir zugetroffen.

Nachdem meine Mutter begraben war, bekam ich die Kündigung. Weshalb, weiß ich nicht. Die Hausbesorgerin – sie hatte Zwillinge, die ich auch öfters betreute – meinte, ich kann meine Sachen auf den Dachboden stellen, bei ihr wohnen und weiter in die Fabrik gehen. Sie hat sich's dann wieder überlegt. Als ich mittags nach Hause kam, hatte sie die Wohnung aufgebrochen, meine Sachen in den Hof gestellt und Sachen, die sie brauchen konnte, in ihre Wohnung getragen.

Gegenüber von uns war eine Maschinenstrickerei, sie war erst kurze Zeit da. Wenn ich am Abend auf Mutter wartete, stand ich oft die längste Zeit beim Fenster und sah zu, wie die Nadeln hüpften. Da erfuhr die Nachbarin, dass ich allein sei, und sprach mit der Hausbesorgerin. Sie muss mich ins Haus gehen und weinend bei meinen Sachen stehen gesehen haben. Die Hausbesorgerin trug noch einiges zu ihrer Wohnung. Da rief die Strickerin: „Was bedeutet das alles? Tragen S' sofort alles zurück!" Die Hausbesorgerin jedoch sagte: „Hab's ihr abgekauft, das Geld liegt am Kastl*!" Es waren einige Sechserl*, wie man zu zehn Kreuzern sagte.

Die Strickerin schickte mich zum Onkel, der auch mein Vormund war, er möge kommen: Sie will mich als Eigen annehmen. Für den Onkel war das eine gute Lösung, er hatte mit mir keine Sorgen. Er kam, ließ sich noch einiges in seine Wohnung führen und sagte, er legt mir ein Sparbuch an. Alles andere trugen wir hinüber. Die Wohnung war im ersten Stock, ich bekam unten eine kleine Küche zum Schlafen. Die Kredenz war mein Kleiderkasten – oben Geschirr, unten meine Sachen. Der Fußboden war aus abgetretenen Ziegeln, es gab eine Kohlenkiste zum Sitzen, ein Klappbett, einen alten Herd, wo ich meine Petroleumlampe hatte, denn der Raum hatte nur an der Tür ein Glas, wo kein Licht vom engen Hausflur hereinkam. Gekocht wurde in der Werkstatt hinter einer Wand am Gasrechaud*.

Außer der Hausbesorgerin und einer Arbeiterin, die im Stock ein Zimmer hatte, war niemand da. Der Herr war noch in Italien im Krieg. Wenn ich geglaubt hatte, ein ordentliches Heim, ein Elternhaus zu bekommen, so wurde ich sehr enttäuscht. Ich kam vom Regen in die Traufe.

Mein Onkel legte der Frau ans Herz, mich die Strickerei lernen zu lassen und in die Gewerbeschule zu schicken, was sie auch versprach.

Im Juli kam ich hin, im Oktober kam der Mann heim auf Urlaub, rückte aber nicht mehr ein, da der Krieg dem Ende zuging. Sie waren beide Retzer – aus einer Weingegend. Die Frau fuhr weg und erklärte mir, was zu tun sei. Stricken auf der Maschine konnte ich noch nicht, nur Wolle spulen. Eines Tages kam ein Soldat herein, braun gebrannt, unrasiert, verschwitzt und verstaubt. Wenn ihn die Hausbesorgerin und die Arbeiterin nicht als Herrn so und so begrüßt hätten, ich wäre zu Tode erschrocken gewesen – so verwildert sah er aus. Er nahm sich den Wohnungsschlüssel von der Kassa und ging hinauf.

Es dauerte nicht lange, da kam er zurück und fragte nach seiner Wäsche. Ich hatte welche in die Wäscherei getragen und holte den Zettel aus der Kassa. Er gab mir Geld dafür. Aber er kam noch einmal und meinte: „Das sind nicht die Sachen, die mir gehören." Ich dachte nach, dann sagte ich: „Die sind vielleicht vom Herrn Bruder!" – „Was für ein Herr Bruder?" – „Der öfters in der Mittagszeit kommt. Ich kenn ihn nicht, er geht gleich in die Wohnung." – „Aber wieso kommst du auf den Bruder?" – „Weil ich immer die Tassen Kaffee hinauftragen muss." Ich kannte außer der Frau niemanden, so musste ich glauben, dass es ihr oder sein Bruder wäre. Diese Auskunft musste ich bitter büßen. Was sich dort abgespielt hat, habe ich nie erfahren.

Zu Hause, in Gegenwart des Herrn, habe ich meine Ruhe gehabt. Abends oder sonntags, wenn ich mit der Frau alleine war, stürzte sie her, riss mich an den Haaren, ohne dass ich wusste warum, und schlug auf mich ein. Wenn ich fragte: „Warum schlagen Sie mich? Was hab ich getan?" – „Denk nur nach!", sagte sie immer. Einmal sah mich die Hausbesorgerin, als ich mit herunterhängendem Haar aufs Klo lief und weinte. Da erfuhr ich, dass jener Herr Bruder ein Jugendfreund von ihr – ein Wachmann – war.

Es hat sich dann ergeben, dass sie ein anderes Lokal im Hause bekamen, es war größer. Der Mann – sehr tüchtig – teilte es ab: ein kleiner Laden und eine größere Werkstatt. Ich musste mit ihm von einem Holzplatz gehobelte Bretter holen. Die Holzwand tapezierte er. Es gab eine Schiebetür, eine Budel und einen langen, massiven Tisch, wo die Maschinen angeschraubt wurden. Auch einige neue Maschinen kamen. Sie nahmen noch zwei Frauen auf und außer mir ein Lehrmädchen.

Ich bekam einen größeren Raum zum Schlafen, auch mein eigenes Bett, musste das Zimmer jedoch mit dem Lehrmädchen teilen. Der Fußboden war noch immer aus Ziegeln. Wo das Bett stand, hatte er einige Bretter gelegt. Ein Kessel zum Wäscheauskochen und ein großer Tisch standen darin, den die Hausfrau hineinstellen ließ. Sie hatte einmal eine Handschuhwerkstatt, als ihr erster Mann noch lebte. Dieser Raum hatte zwei Fenster, die mit Pappe vernagelt waren, man konnte sie nicht öffnen. Ein eiserner Ring war an der Mauer angebracht, denn dieser Raum hatte im Krieg als Stall gedient. Am Ring war eine Ziege angekettet, Hühner und Hasen waren darin gewesen – deshalb die Verdunkelung. Ich fragte, warum man die Fenster nicht frei machen kann – „Wir sind ja keine Tiere . . ." Die Frau wollte, dass das so bleibt. Ich habe dann doch die Oberlichte* frei gemacht, dass etwas Sonne und

171

Licht hereinkommt, was sie vielleicht gar nicht bemerkt haben.

Das Lokal und der Raum waren früher ein Gasthaus. In der Küche, die nicht groß war, gab es eine Falltüre. Die Stufen hinunter waren morsch. Der Keller jedoch war sauber, ganz aus Ziegeln. Er wäre im Zweiten Weltkrieg ein sicherer Bunker gewesen.

Als ich 15 war, hielt ich es nicht mehr aus. Ich musste samstags alles ausreiben, Fenster putzen. Am Sonntag musste ich oft noch putzen, wenn am Samstag viel Postarbeit* gewesen war. Ich musste morgens die Zeitung holen, Schuhe putzen, Frühstück kochen, aufs Zimmer tragen. Manchmal schickten sie mich in die Kirche. Einmal im Monat durfte ich zum Onkel. Wenn ich mich bei ihm wegen der Schläge beklagte, hieß es: „Wir können dir nicht helfen." So sah ich in der Zeitung nach, schrieb mir zwei Annoncen auf. Am Nachmittag bat ich, meine Tante aufsuchen zu dürfen. Die Frau meinte: „Du warst doch erst bei ihr!", der Herr aber sagte: „Lass sie gehen!" Ich ging jedoch auf die Anzeige hin, um mir einen Posten zu suchen. Ich hatte das Glück, im neunten Bezirk, Pulverturmgasse, bei zwei Damen – Schwestern, Lehrerinnen – aufgenommen zu werden. Am Montag sollte ich kommen.

Als ich es daheim vorbrachte, schrieen beide, was ich mir einbilde! Wenn sie sich meiner nicht angenommen hätten, wo ich gelandet wäre – wie undankbar, sie hätten die Elternstelle angenommen und so weiter. Mein Traum, mir ein paar Kronen zu verdienen, eine geregelte Freizeit – alles dahin!

Zwei Jahre später, mit 17 – Frau und Herr waren abwesend – sahen wir eine geputzte Kutsche. Es war Pfingsten, das Fleischerehepaar hatte jedes Jahr einen armen Buben oder ein Mädel zur Firmung geführt: das Mädchen ganz in Weiß, der Bub im Matrosenanzug. Wir hatten nur eine Arbeiterin, die Toni, die sich oft meiner angenommen hat und mich gern aus diesem Milieu herausgebracht hätte. Ich seufzte und sagte: „Warum haben sie so viele zur Firmung genommen und mich – wo ich ganz nah bin – mich nicht?" – „Du bist noch nicht gefirmt? Wie alt bist du?" – „Siebzehn." – „Ich führ dich zur Firmung." Und ich darauf: „Das geht nicht. Sie wissen ja, warum."

172

Als sie bei uns eintrat, sah sie so manches. Es gab für mich kein Gabelfrühstück, während die Arbeiterinnen Jause aßen. Auch die Pflegeeltern ließen sich's gut gehen: Von Wein, Fleisch und Wurst bekam ich nichts – ich war's gewohnt. Einmal überraschte die Frau Toni, als sie mir ein Sackerl Birnen in die Kredenz gab. Am Abend, als Toni schon fort war und ich noch bei der Maschine saß, kam die Frau mit den Birnen. „Wo hast du das her?" Ich hatte wirklich keine Ahnung, ich sagte das auch. Da schlug sie mich, nannte mich eine Lügnerin. Tags darauf fragte sie Toni, die zugab, mir das Obst gegeben zu haben. „Mit welchem Recht? Das Madl hat genug zu essen!" und so weiter.

Den nächsten Samstag, als sie ins Tröpferlbad* gingen wie immer, fragte mich Toni, ob ich auch baden gehen dürfe. Ich verneinte und sagte, dass ich mich immer nur mit kaltem Wasser waschen muss. Sie gab mir das Geld und meinte: „Wenn sie dich in die Kirche gehen lässt, gehst baden auch." Ich steckte es in den Kleiderausschnitt, doch als ich aufstand, kollerten die Sechserln hinunter. „Wo hast das Geld her?" Ich wollte es nicht sagen, doch Toni sagte es. Es kam zum zweiten Mal zum Streit, wo ihr die Frau kündigte und Ohrfeigen androhte.

Toni hatte, da es Samstag war, den letzten Tag gearbeitet, und nächsten Sonntag wollte sie mich zur Firmung führen. Als sie fortging, hatte sie der Frau nahe gelegt, dass sie mich nächsten Sonntag zur Firmung führt. Es gab wieder Streit, doch kam der Herr dazu. Er sagte, dass die Frau mich firmen will. Darauf Toni: „Das hätten Sie in den drei Jahren schon längst tun können." Die Frau versprach der Toni, dass ich um neun Uhr Vormittag dort sein werde.

Als die Zeit herankam, suchte sie mir einen Hund* anzutun. Ich musste am Samstag liefern gehen und am Sonntag ausreiben. Ich war sehr nervös. Als es neun Uhr war, musste ich noch das Geschäft ausreiben, dann durfte ich mich herrichten. Ich hatte ein kombiniertes Kleid – oben bunter Samt, bräunlich, mit einem angenähten braunen Rock, in der Mitte eine weiße Schnur mit Quaste – und schwarze Schuhe. Ich lief, was ich konnte, nach Ottakring.

Die ganze Familie war wie auf Nadeln. Toni zog mir ein schönes Kleid an, die Schwester half mir in weiße Strümpfe und weiße Schuhe. Die Mutter fütterte mich mit Milchkaffee und Gugelhupf. In meine Haare wurden mit der Brennschere Wellen gebrannt, und ein Sträußchen Maiglöckchen wurde hineingesteckt. Es war ein schöner Tag und ein schönes Fest. Es war schon zwölf Uhr, wir fuhren mit der Straßenbahn zum Stephansplatz.

Der Schaffner meinte, es ist schon zu spät. Doch Toni gab nicht auf. Wir hatten Glück, es kamen noch einige Nachzügler. Der Bischof kam nochmal heraus. Er hat uns damit eine große Freude gemacht. Wir gingen zum Fotografen, dann fuhren wir in ihre Wohnung. Dort gab's noch das gesalzene amerikanische Schweinefleisch. Wenn auch der Krieg aus war, die Not war noch immer nicht gebannt. Dann ging's nach Liebhartstal zum Heurigen. Wein gab es schon und Gesang. ...

Kurze Zeit später stirbt plötzlich Johannas Onkel; die Tante bemüht sich offensichtlich und letztlich mit Erfolg darum, der Nichte ihr Erbteil vorzuenthalten. Nach dem Tod des Onkels wird die Vormundschaft ihrem Arbeitgeber übertragen, und Johanna verbringt weitere zwei Jahre unter menschenunwürdigen Lebens- und Arbeitsbedingungen in der Strickerei, bis es eines Tages aus nichtigem Anlass zu einem Gewaltausbruch kommt.

Ich war bis zum 19. Lebensjahr in der Strickerei. Der Herr wurde Vormund.

Ich sollte mit dem Lehrmädchen im März einen Ofen wegräumen. Im Hof war ein großer Raum; dort stellte ich den Ofen, der auf drei Füßen stand und schon länger einen Sprung hatte, in die Ecke. Das Mädchen lehnte die langen Rohre davor. Einmal kam die Hausbesorgerin und holte die Frau hinaus. Die fragte dann, wer den Ofen hinausgetragen habe. Ich, ahnungslos, sagte natürlich: „Ich." – „Komm heraus!" Sie stieß mich in den Raum, wo ein Handwagen stand und ein Fahrrad, das ich damals nicht dort gesehen hatte, und zeigte auf die Rohre und den Ofen, der auseinander gebrochen war. „Du hast den Ofen z'samg'haut*!", schrie sie. Ich sagte: „Nein, fragen Sie die Anna." Darauf gab sie mir ein paar Ohrfeigen. Ich ging mit verweintem Gesicht hinein, darauf fragte der Herr: „Was gibt's denn?" Sie

174

packte mich wieder, zerrte mich wieder hinaus. „Schau, was das Mensch* ang'stellt hat!" Ich sagte nur: „Der Ofen war noch in Ordnung, fragen Sie die Anna!" Die Frau: „Wie frech sie lügt!" Der Herr haute mir ein paar Mal mit der Faust ins Gesicht. Ich fiel zu Boden. Dann trat er noch mit dem Schuh auf meinen Kopf, das alles in Gegenwart der Hausbesorgerin.

Alle verließen den Raum. Ich rappelte mich hoch, sah aber nur rot, als ob Blut über die Augen rinnen würde. Ich tastete mich in die Kammer. Inzwischen war auch Anna da. Sie durfte Samstagabend nach Hause fahren, nach St. Andrä-Wördern, und musste Sonntagabend wieder da sein. Als sie mich sah, fragte sie mich, was geschehen sei. Ich sagte: „Weißt noch, wie wir den Ofen hinausgetragen haben, dass er ganz war?" – „Ja", sagte sie. „Ich hab noch die Rohre vorgelegt und zugesperrt." – „Jetzt liegen die Rohre auf dem Boden, und der Ofen ist mitten auseinand', deshalb schlugen sie mich." Ich fragte: „Blute ich stark?" – „Nein." – „Aber ich seh' nichts, nur Rot. Richte mir Wasser, dass ich mein Gesicht waschen kann." Ich musste ihr alles erzählen und legte mich angekleidet aufs Bett.

Als ich wieder etwas sehen konnte, lief ich fort. Ich traf einen Wachmann und fragte nach dem Jugendamt. „Was wollen S' so spät? Wie schaun S' denn aus? Was ist geschehen?" Ich sagte: „Mein Vormund hat mich geschlagen." – „Am besten, Sie gehen zum Arzt, der ist gleich da in der Liechtensteinstraße, und lassen sich ein Parere* ausstellen. Am Montag gehen S' dann in die Laudongasse."

Ich schämte mich, zum Arzt zu gehen, und ging zu einer Frau, die gut zu mir war, doch auch arm. Ihr Mann war im selben Monat und Jahr gestorben wie Mutter; sie musste arbeiten, um ihre vier Kinder zu ernähren. Sie wohnte in der Nähe. Als sie mich sah, schlug sie die Hände zusammen. Ich erzählte ihr, was vorgefallen war. „Du bleibst jetzt da. Kann ich für vier sorgen, kommt's mir aufs fünfte auch nicht an. Hol dir deine Sachen. Ich geh bis zum Eck und warte auf dich. Und Montag geh ich mit dir zur Fürsorge."

Als ich in meine Kammer trat, wurde draußen zugesperrt: Ich war gefangen. Ich konnte länger schlafen, brauchte nichts machen, die Frau brachte mir das Frühstück, das Mittagessen – und vergaß nicht, zuzusperren. Am Abend, bevor Anna kam, sperrte sie auf.

Anna hatte zu Hause alles erzählt. Ihre Eltern sagten, sie darf nicht bleiben und soll mir helfen, dass ich fortkomme. So brachte sie mir eine Fahrkarte, dass ich nach Wördern fahren konnte.

Ich war 19 Jahre alt und bekam kein Geld, keinen Lohn, Kleider wurden von der Frau umgeändert, Schuhe waren vom Tandler*. Ich musste mehr arbeiten als die Arbeiterinnen, es hieß immer: „Wie viel hast du? Schau dazu, so viel musst machen!" Ich hatte furchtbare Schmerzen, Krämpfe, wenn die Periode kam; ich stöhnte, klammerte mich an die Maschine, um nicht umzufallen; ich war zart und blutarm, aber sie kannten kein Mitleid.

„Wenn am Morgen die Frau ins Geschäft geht", sagte Anni, „nimm den Mantel und lauf, so schnell du kannst, fort!" Mein erster Versuch scheiterte. Als ich beim Haustor hinaushuschen wollte, packte mich die Frau am Ärmel und zog mich wieder zurück. Sie zog mich in die Wohnung. Der Herr lag noch im Bett, und sie sagte: „Abpaschen* hats wollen, des Luder!" Der Herr sprang aus dem Bett, packte mich am Hals und sagte: „Ich erwürg dich, du Kanaille!" – „Und wenn schon!", presste ich hervor und schloss die Augen, dann ließ er los. „Verschwind obi*, bevor i di umbring!" Sie packte mich wieder und stieß mich zur Maschine. Als die Glocke im Geschäft läutete, rannte ich wieder los, diesmal mit Erfolg.

Ich lief, als ob ich was gestohlen hätte, als ob der Teufel hinter mir her wäre. So kam ich atemlos an. Die Herren erschraken förmlich, als ich hereingestürzt kam. Ich ratschte alles herunter, denn ich fürchtete, der Herr kommt mir nach. Man beruhigte mich und lud mich zum Sitzen ein. Sie fragten, ob ich Zeugen habe. Zum Glück hatte ich sie. Ich musste alles der Reihe nach erzählen. Es wurde Protokoll aufgenommen. – Zur Verhandlung brauchte ich nicht kommen. Anna erzählte mir: „Er hat eine Rüge bekommen, das nächste Mal muss er sitzen*."

Dann fragten sie noch, ob ich einen Vormund weiß oder ob sie einen stellen sollen, und was ich mache. Meine Tante hatte einen Teil ihrer großen Wohnung vermietet. Der Mieter und seine Frau waren Amerikaner, wollten jedoch in Österreich den Lebensabend verbringen. Diesen Mann gab ich an und sagte, dass ich mit ihm reden und auch gleich der Tante Bescheid sagen werde, denn man wird mich dort suchen. Das geschah auch so. Tante war entsetzt, als ich kam – meine Nase geschwollen, schwarz-blau-grün mein Gesicht.

Johanna findet in Wördern Zuflucht und Arbeit. Wegen der Aussicht auf einen etwas besseren Verdienst kehrt sie einige Wochen später nach Wien zurück. Sie nimmt eine Stellung in einem Gasthaus nahe der Wohnung ihrer Tante an, wo sie zwei Kinder zu betreuen hat und erstmals ein positives, fast familiäres Arbeitsklima kennen lernt.

Ihre gelähmte Tante macht mit Hilfe ihrer Haushälterin Fanni den Aufenthaltsort der Autorin ausfindig und versucht sie als Haushalts- und Pflegehilfe zurückzugewinnen. So setzt sich Johanna ein weiteres Mal den Launen ihrer Tante aus. Zugleich eröffnen sich durch ihren neuen Vormund, Herrn Mittelmeier, neue Lebensperspektiven.

Ich kam von Wördern nach Wien, da man mir nur fünf Kronen zahlte. Ich hatte zerrissene Schuhe, konnte sie weder reparieren lassen noch neue kaufen. So kündigte ich und suchte mir in Wien einen Posten. Dort ging es mir gut. Ich konnte essen, was ich wollte. Es war ein Gasthaus, vier Häuser von meiner Tante entfernt.

Es waren zwei Kinder da, der sechsjährige Wickerl* und die zehnjährige Annerl. Ich schlief im Kinderzimmer. Am Morgen musste ich Annerl frisieren, schauen, ob sie sich waschen und ob sie ordentlich beisammen waren. Dann frühstückten wir unten. Die Kinder gingen zur Schule, ich räumte auf. Wenn ich fertig war, ging ich hinunter und half dem Küchenmädchen abwaschen. Ich aß mit den Kindern.

Ludwig war ein zartes, sensibles Kind, ich habe viel Mühe aufbringen müssen, dass er etwas aß. Einmal kam er nach ärztlicher Untersuchung in der Schule mit einem Brief nach Hause, dass die Lunge angegriffen sei. Er bekam Lebertran. Ich hatte jeden zweiten Sonntag frei, einen ging ich mit den Kindern spazieren, auch wochentags, wenn das Wetter schön war. Dann lernten wir, auch ich lernte.

Ich hatte ja fast nichts, so kaufte die Frau Wäscheleinen für drei Hemden, eins für Anni, zwei für mich. In der Handarbeitsstunde nähten sie und stickten die Hemden. Auch Ajour* lernten wir gemeinsam. Meine Schuhe musste ich gleich, als ich hinkam, zum Schuster tragen, was die Frau bezahlte. Ich hatte vorher fünf Kronen gehabt, mit denen konnte ich mir nichts schaffen. Die Wirtin gab 22 Kronen.

Ich war nicht lange dort, als mich die Fanni, die Wirtschafterin der Tante, aufstöberte. An meinem freien Sonntag besuchte ich nach langer Zeit die Tante; sie war noch immer die Gleiche. Ich nahm mir immer den Wicki mit, da er sehr an mir hing.

Zu Weihnachten – ich war erst zwei Monate dort – bekam ich Stoff für ein Kleid und auf meinen Lohn drei Kronen drauf. Ich war sehr froh, mir alle Monat eine Kleinigkeit kaufen zu können. Nach den Feiertagen schickte mich die Frau zur Schneiderin, auch das hat sie bezahlt. Ich konnte nicht glauben, dass es auch solche Leute gab. . . .

Da ich längere Zeit nicht zur Tante gegangen war, schickte sie nach mir. Sie redete so lange, bis ich nachgab. Ich sollte einmal von den Kästen alles ausräumen und aufschreiben, auch vom Speisezimmer; das hat die Fanni gesehen. Als ich damit fertig war, sagte Tante, das schwarze Seidenkleid solle man ihr anziehen, wenn sie gestorben sei. Ich dachte nicht mehr daran, auf einmal fing Tante zu stöhnen an und ließ sich zurückfallen. Ich lief in die Küche, holte ein Glas Wasser. Als ich ihr den Kopf hielt, schlug sie die Augen auf und fragte: „Hab ich dich arg erschreckt? Ich wollte nur wissen, wie du dich verhältst."

In der Nacht, ich lag in Onkels Bett, da öffnete Fanni vorsichtig die Tür, schlich sich leise zu meinem Bett und leuchtete mich mit einer kleinen Nachtlampe an. Ich hielt die Fäuste unter der Decke geballt, stellte mich schlafend und wartete, was sie machen würde. Sie drehte sich um und schlich wieder hinaus. Ich konnte die Nacht nicht schlafen und weckte die Tante. Sie redete es mir aus und meinte, ich habe es geträumt.

Ich war die vierte Woche bei ihr – es war Sonntag und ganz still im Hause, mein Vormund und seine Frau dürften auch fort gewesen sein –, als Tante zu schimpfen anfing:

„Alle sind Bestien, auch die Mittelmeiers, alle sind Betrüger." Ich sagte: „Aber Tante, wie kannst du so etwas sagen, wo sie mich, dich und auch Fanni verköstigen, ohne dass wir etwas bezahlen oder beigetragen haben. Das gute Essen!"

Mehr brauchte ich nicht! Sie warf mit allem, was auf dem Bett lag, mit Suppe, Büchern, mit allem, was sie erreichen konnte, nach mir, spuckte auf mich und schrie: „Du willst meine Nichte sein? Verschwinde und lass dich nie mehr sehen!" Ich lief ins Vorzimmer und weinte, auf einmal hörte ich jemanden die Tür aufsperren. Ich ging in die Küche und dachte, es wäre Fanni, die Ausgang hatte.

Nach einer Weile kam Frau Mittelmeier Nachtmahl richten. Ich stellte mich zum Fenster, damit sie nicht sehen sollte, dass ich geweint hatte. Sie drehte mich um und sagte: „Du bist ein gutes Kind. Ich habe alles gehört. Mein Mann und ich fahren morgen nach Graz und nehmen dich mit. Pack deine Sachen zusammen. Ich rede mit der Tante, du kannst ruhig zuhören."

Als Frau Mittelmeier sagte, sie komme sich verabschieden, da sie früh wegfahren würden, fing Tante zu jammern an, so gute Leute werde sie nie mehr finden, und ließ ihre Krokodilstränen fließen. Als aber die Frau erwähnte, sie würden die Hannerl mitnehmen, fing Tante an zu schreien: „Was? Dieses Mensch? Sie werden es bitter bereuen! Dieses tanznärrische, männernärrische Mensch!"

Die Frau tröstete mich. Sie sagte: „Ein Mädchen, das es so lange aushält und keinen Schritt auf die Gasse geht, kann nicht schlecht sein." Ich war im zwanzigsten Jahr. Ich konnte nicht tanzen und hatte keine Bekanntschaft, hatte auch an Vergnügungen kein Interesse. Ein schönes Buch oder eine Handarbeit waren mir das Liebste.

Am Morgen weckte ich die Tante und wollte mich verabschieden, da sagte sie: „Gib mir das Portemonnaie, nimm eine Krone heraus." Ich fragte: „Ist das mein Lohn, oder ist es für das Bettzeug?" (Das wollte sie von mir.) Sie darauf: „Für alles." Ich gab's wieder hinein und sagte: „Danke für das Almosen, aber solange ich gesunde Hände und Füße habe, brauche ich das nicht. Das Bettzeug jedoch wird von einer armen Freundin abgeholt." Ich musste ihr die verkrüppelte Hand küssen, das war immer so. Es war das letzte Mal, ich sah sie nie wieder.

Beim Vormund ging es mir gut; es war ein altes, ergrautes Paar, das mich wirklich wie ein eigenes Kind behandelte. . . .

Das Ehepaar Mittelmeier war vor Jahrzehnten mit zwei Kindern nach Amerika ausgewandert und kürzlich zurückgekommen, um sich in der Nähe von Graz in einem Haus mit Garten zur Ruhe zu setzen. Johanna Kalisch beschreibt im Folgenden ausführlich den Lebensweg der zwei alten Leute und das Zusammenleben mit ihnen. Schon nach wenigen Monaten fassen die beiden aber den Entschluss, wieder nach Amerika zurückzukehren.

Johanna wird in ein Lebensmittelgeschäft nach Leoben vermittelt, wo sie trotz miserabler Wohn- und Arbeitsbedingungen mehr als ein Jahr im Dienst bleibt, weil sie keinen Ausweg sieht. Schließlich verlässt sie 1924 fluchtartig die Stelle, ohne ihren ausständigen Lohn ausbezahlt zu bekommen. Nach Wien zurückgekehrt, findet sie eine Stelle als Stubenmädchen in einem Internat, welche sie drei Jahre lang behält.

Auf einer Tanzveranstaltung gibt es ein zufälliges Wiedersehen mit Roman, einem Tischlergesellen aus Kärnten, den sie in Leoben kennen gelernt hat und der sich um sie bemüht. Sie verliert ihn allerdings wieder aus den Augen und lernt einen anderen jungen Mann namens Valentin kennen.

Meine Freundin nahm mich einmal mit zum Tanzen. Ihr Bruder, ein Freund von ihr und ein anderer Bursch wollten mich zum Tanz auffordern. Ich konnte es nicht gut und schämte mich, ich passte auf die Handtascherln auf. Nach 14 Tagen kamen wir wieder hin, da brachte ich den Mut auf und lernte alle damals bekannten Tänze von dem einen Burschen, der mich nicht mehr ausließ. Es war eine schöne Zeit.

Drei Jahre gingen wir mitsammen, doch als sich ein Kind anmeldete, wollte er es weghaben. Er war vorher sehr krank gewesen, auch ich hatte Kopfgrippe gehabt. Ich dachte erst, durch die Krankheit hat sich's etwas verzögert. Es war aber nicht so. Ich teilte es ihm im Spital mit. Er war auf einmal schroff und gemein zu mir, weil ich das Kind behalten wollte. Er wich mir aus, obwohl ich mich immer gewehrt hatte, intim zu werden, denn wir hatten kein Heim und von niemandem Hilfe. Auch sagte man damals: „Ledige Kinder bekommen wieder ledige Kinder." Er sagte immer: „Das macht nichts, dann heiraten wir." Er zeigte mir auch eine Kammer, die der Hausherr als Abstellraum hatte, die er sich herrichten würde. „Für den Anfang geht es schon." Als es ernst wurde, wollte er nichts mehr davon wissen.

Da kam für mich wieder eine schreckliche Zeit. Meine Tante starb, sie verbrannte. Meine Freundin kam am Abend und brachte mir eine Zeitung; sie zeigte auf die Überschrift: „Gelähmte verbrannt". Ja, es stimmte die Adresse, nur der Name nicht; statt Anthofer stand Ernsthofer. Ich war drei Jahre nicht mehr bei ihr gewesen. Es hieß, die Benzinflasche stand neben der Petroleumlampe; durch eine Explosion hätten die Tante und das Bett zu brennen begonnen. Ich ging zur Polizei und sagte, dass es nur die Fanni getan haben konnte, denn sie hat auch mich umbringen wollen. Man sagte, Frau S., die Universalerbin, werde bespitzelt. Es waren 32.000 Schilling gefunden worden. Schriftliches Testament war keines da. Man sagte mir auch, ich habe keinen Anspruch, da ich nur verschwägert bin. . . .

Nach ein paar Wochen stand in der Zeitung, dass Fanni die Tante absichtlich mit Benzin übergossen und angezündet hatte. Nach dem Tod vom Onkel war ich erbberechtigt; das hatte die Tante verhindert, indem sie das Testament zerriss. Bei ihr war es so, dass kein Testament zu finden war und nun doch eine fremde Frau alles bekam.

Als auch Valentin das alles in der Zeitung las, tauchte er wieder auf. Hätte ich geerbt, wäre ich ihm gut genug gewesen, so aber ließ er mich links liegen.

Ich war drei Jahre Stubenmädchen in einem Internat, hatte geregelte Freizeit und gutes Essen. Als ich im fünften Monat schwanger war, drängte die Gnädige mich hinaus. Ich wusste weder ein noch aus.

In Sievering waren Baracken, mit hohen Holzplanken umgeben. Es war im Krieg ein Gefangenenlager gewesen, nach dem Krieg ein Obdachlosenheim. Das erfuhr ich und ging einige Male hin. Es war furchtbar, auf einem Lehmboden standen Eisenbetten, Strohsäcke und derbe Kotzen* darauf, unterm Bett alte Kartons oder Koffer oder ein Paket, sonst nichts. Daneben war eine Küche. Die Frauen bekamen morgens und abends eine Suppe. Es durfte sich tagsüber niemand dort aufhalten. Als ich das dritte Mal bat, mich aufzunehmen, machte sie die hintere Tür auf, zeigte auf das Gras und sagte, dass die Armen mit einer Kotze im Gras schliefen und ich nicht dorthin passe.

Es waren Schulferien, die meisten Kinder bei den Eltern, so konnte ich doch bis zum siebenten Monat im Internat bleiben. Der Verwalter, ein ehemaliger Oberstleutnant, hatte für meine Lage ein Einsehen. Die Chefin drängte, und eines Tages rief mich der Verwalter in die Kanzlei. Ich konnte meine Tränen nicht zurückhalten, als ich meine Not klagte. Er meinte, solange Ferien sind, brauche ich nicht mit den Zöglingen zusammenkommen. Wir reinigten die Klassen. Fensterputzen und schwere Arbeiten brauchte ich nicht zu machen. Als ich dann zu einer Freundin zog, sagte er mir: Wenn alles vorbei ist – er meinte die Geburt –, kann ich zu jeder Zeit kommen, auch wenn ich in Not bin. Die Hilfe, die mir die Frau und Mutter verweigert hat, hat mir ein Mann, ein Familienvater, angeboten.

Ich ging zu meiner mütterlichen Freundin, die mir schon öfter helfen wollte. Sie hatte eine winzige Küche, das Zimmer war nicht groß. Es schliefen vier Personen in zwei Betten. Ich sah, dass es nicht möglich war, dort unterzukommen. Die Älteste, die mit mir zur Schule gegangen war, war verheiratet. Sie wohnte im ersten Bezirk, in einem alten Haus. Die Wohnung war noch von seinen Eltern.

Sie hatten ein stockfinsteres Zimmer, ein Kabinett, das an eine Kusine, eine Angestellte, vermietet war, eine Küche, einen großen Vorraum, wo Klo, Wasser und eine Tür zu einem Büro waren. Im Vorzimmer, in einer Nische mit Vorhang, stand ein Bett; da schlief eine Schwester, die arbeiten ging und nur abends nach Hause kam. Sie hatten noch so eine Zelle ohne Fenster, jedoch mit einer Tür; dort schlief eine alte, taube Frau, die tagsüber bei ihrer Schwester war, die ein Milchgeschäft hatte, bei der sie etwas half und dafür ihr Essen bekam. Da sie anspruchslos war und von der Fürsorge einige Schilling bekam, war sie auch mit ihrem Los zufrieden. Mich haben sie dort aufgenommen.

Ich kaufte mir einen alten Diwan, eine Steppdecke, eine Wolldecke, Bettzeug, Polster – die Wäscheausstattung hatte ich schon beisammen. Weißes Bettzeug, Handtücher, Geschirrtücher, Hemden und Hosen nähte ich mir mit der Hand. In meiner Freizeit nähte und stickte ich Deckerl für die Wand.

Ich bekam wieder einmal ein Lebenszeichen von Roman. Er wohnte im dritten und arbeitete im ersten Bezirk. So trafen wir uns jeden Tag. Er sah, was mit mir los war, und es machte ihm nichts. Er sprach von einer Wohnung, er fing nach Arbeitsschluss an, Möbel für uns zu machen. Es war Sommer. Abends hatte er immer Fieber, er musste in Krankenstand gehen; ohne viel Behandlung schrieb ihn der Arzt wieder ab*.

Er sorgte sich sehr um mich, hatte immer etwas zu essen mit und sagte immer, er habe schon gegessen. Sonntags brachte er Schnitzel mit, die ihm die Zimmerfrau machte, oder wir kehrten irgendwo zum Essen ein. Er wäre ein guter Familienvater geworden, wenn er nicht gestorben wäre. Nur 24 Jahre wurde er alt. Ich hatte immer Pech.

Wir waren im gleichen Alter. Wir saßen im Stadtpark und schmiedeten Pläne. Er redete immer von *unserem* Kind, es möge ein Bub werden und Roman heißen. Weinte ich, tröstete er mich und sagte, es könnte dem Kind schaden.

Meine Freundin Franzi kam acht Tage früher ins Wochenbett. Wir wollten eben schlafen gehen, als sie Schmerzen bekam. Sie schrieb an ihren Mann, der bei einer Zeitung arbeitete und abends seinen Dienst antrat, und an ihre Mutter. Beim Schreiben tropften Tränen aufs Papier. Sie sagte, sie werde sterben, das ließ sie sich nicht ausreden. Ich holte ein Taxi und fuhr mit ihr ins Spital. Dort fragten sie bei der Aufnahme, wer denn so weit sei, denn ich war kleiner, hatte aber einen größeren Umfang. Ich gab ihre Sachen ab und ging zu ihrer Mutter. Ins Haus konnte ich nicht, so rief ich sie herunter. Vom Schlafen war keine Rede mehr, alle waren wach. Um sieben Uhr Früh rief sie an, um neun Uhr war das Kind da – ein Junge.

Vier Tage später war es bei mir so weit. Ich ging ins Tröpferlbad, dann zur Fürsorge ins Alte Rathaus. Man schickte mich zum Fürsorgerat, den ich nicht antraf – wieder ins Rathaus, dort stellten sie mir ein Armutszeugnis aus, mit dem ich am Nachmittag zuerst zur Mutter meiner Freundin, dann ins Spital ging.

Ich war zu eng gebaut, musste vier Tage leiden. Es war furchtbar, was ich mitmachte. Ich bat, dass man einen Kaiserschnitt machen solle, aber der Zimmerarzt sagte: „Die Natur muss es herbringen." Ich wollte nur sterben, um den Schmerz loszuwerden. Es waren sieben Betten, bei allen ging's schnell. Am vierten Tag zu Mittag kam ein alter Professor mit einem jungen Arzt. Da ich bei der Tür lag, horchte er mich ab, gab's dem jungen weiter: Die Herztöne hatten ausgelassen. Man holte Zimmerarzt und Hebamme, in zehn Minuten war das Kind da.

Aber wie sah es aus! Es war ganz blau und gab kein Lebenszeichen von sich, der Kopf war deformiert. Ich glaubte, dass es tot sei, und sagte: „Deshalb ließen sie mich so lange leiden!" Das Kind wurde gebadet, bei den Füßen genommen und mit einem Tuch auf den Rücken geschlagen, ihm wurde ein Röhrchen in den Mund gesteckt und Luft eingeblasen. Diese Prozedur wurde ein paarmal wiederholt, dann schlug es die Hebamme in eine Windel. In der Wand war ein Türl, dort legte sie es hinein.

Mein Bett wurde in den Operationssaal geführt, ich wurde niedergeschnallt, ein Arzt hielt mir die Hände nieder, und ich wurde genäht, die Wunde mit Jod eingestrichen. Ich bäumte mich auf, es war, als ob ich im Feuer liege. Dann lobte mich der Arzt, ich sei sehr tapfer gewesen. „Und nächstes Jahr sehen wir uns wieder." – „Mich sehen Sie nie wieder!", sagte ich.

Ich kam in ein anderes Zimmer und schlief fest ein. Ich hatte vier Tage vor Schmerz kein Auge schließen können, ich hatte also viel einzubringen. Als ich aufwachte, waren zwanzig Mütter mit ihren Kindern im Saal. Drei Tage war mein Körbchen leer. Ich hatte nicht den Mut zu fragen. Nach den Mahlzeiten wurde ich gepumpt, damit die Milch zuschießt.

Ich sah immer zu, wenn die Kinder gebadet wurden, als mir am vierten Tag ein Kind auffiel, das ein spitzes Kopferl hatte – und richtig, es war mein Junge, mein Roman! Als mir am nächsten Morgen, wir schliefen noch halb, die

Schwester den Thermometer herausnahm, legte sie alles weg und lief um einen Arzt. Er fühlte den Puls, fragte, ob ich schlecht geträumt oder schlechte Nachricht erhalten und mich aufgeregt habe, und trug mich in ein separates Zimmer. Es durfte niemand zu mir außer einer Fürsorgerin, die mich nach dem Vater ausfragte. Das Kind blieb im Saal, man brachte es mir zur Trinkstunde.

Am siebenten Tag sollte er getauft werden. Ich schrieb einer Freundin, die mir versprochen hatte, als Patin zu kommen. Ich schrieb Roman eine Karte. Es rührte sich niemand. Einmal kam eine Schwester, brachte mir von der Mutter meiner Freundin Biskuit und Milch. Sie schrieb mir, dass Franzi und Kurti schon zu Hause seien, sie dürfe nicht zu mir. Mein Kind war zwei Wochen alt und musste getauft werden. Da ich ganz verlassen war, bat ich die Schwester, ob sie mir in Vertretung meiner Freundin – die Adresse und den Namen gab ich ihr mit – das Kind zur Taufe tragen könne. So wurde er getauft wie ich, auch Mutter hatte niemanden für mich gehabt.

Mein Zustand konnte sich nicht bessern, ich konnte es nicht glauben, dass Roman mich im Stich ließ. Nahmen Not und Elend denn kein Ende?

In der dritten Woche kam die Frau des Freundes von Valentin und erzählte mir, wie er sich freute, dass ich einen Buben bekommen hatte, und wie er sich unter den Tisch trank. Er werde mich bald besuchen.

Der, auf den ich mit großer Sehnsucht wartete, kam nicht. Ich wusste nicht, dass er im Spital lag. Ich erfuhr es erst, als ich nach sieben Monaten vom Kinderheim entlassen wurde und seine Zimmerfrau aufsuchte. Da lag er im Sterben. Es war der Tag vor dem Heiligen Abend. Er war abgemagert, kalter Schweiß stand ihm auf der Stirne, er konnte kaum sprechen. Ich fragte, ob seine Eltern wissen, dass er im Spital ist. Er verneinte und sprach: „Sie sind so arm, dass sie die Fahrt nicht machen können." Am nächsten Tag, ich konnte nicht schlafen, rief ich das Spital an. Man sagte mir, in der Nacht sei er verschieden – galoppierende* Lungenschwindsucht.

Ich kam vom Spital nach Gersthof ins Kinderheim*. Man gab mir meine Sachen, ich solle mich anziehen und nachkommen. Als ich die Stiegen hinunterwollte, knickte ich ein und konnte mich nur schwer fortbewegen. Ich hatte einen Nervenschock*, mich schüttelte es, meine Zähne klapperten. Im Heim musste ich noch eine Zeit liegen, die Schwester schimpfte: „Wir sind in keinem Spital, wir brauchen Gesunde!" Ich kam ins Ammenhaus, hatte noch zwei Mädchen zu betreuen und musste Milch abliefern, da Kinder ohne Mutter dort waren. Dafür bekamen wir ein Neberlgeld*, als wir das Heim verließen.

Roman war ein starkes Kind, die Schwestern sagten: „Unser Schwergewichtler." Zweimal hat ihn sein Vater besucht.

Als er drei Monate alt war, hat man ihn abgeschrieben, er sollte auf einen Pflegeplatz kommen. Das Schicksal meinte es gut mit uns: Roman bekam geschwollene Drüsen unterm Ohr, wie eine Pflaume, und hatte etwas Fieber. Als er fünf Monate war, sollte er wieder in den nächsten Tagen abgeholt werden. Wir durften noch zwei Monate beisammen bleiben, da Feuchtblattern auftraten. Dann wurde es ernst. Er hatte schon zwei Zähne und war ein dickes Wuzerl*. Einmal, an einem Vormittag, kam die Schwester, brachte meine Kleider und holte mein Kind. Angezogen brachte sie es mir zurück. Gleich darauf kam eine fremde junge Frau, die sagte: „Den nehm ich mir." Wir mussten uns trennen. Am Franz-Josefs-Bahnhof nahm ihn mir die Frau ab. Das ging so schnell, ich hörte noch lange das Weinen. Mir war, als hätte sie mir das Herz herausgerissen.

Nach sieben Monaten war ich wieder in der Freiheit. Ich wusste nicht, wohin. Ich ging ziellos, gedankenlos umher. Abends ging ich zur Freundin. Als ich ihren Sohn Kurti sah, weinte ich mich aus.

Ich suchte mir gleich wieder Arbeit. Die Sommermonate war ich in Klosterneuburg. Ich fuhr jeden Monat zu meinem Kind, kaufte Schuhe und Bekleidung, Bilderbücher. Er, zehn Monate, lief schon fest, als ich ihn mit Keuchhusten ansteckte. Erst wusste ich es gar nicht. Ich hatte ein Kind, das hustete, herumgetragen und den Kurti angesteckt. Als der Arzt sagte, es wäre Keuchhusten, schrieb ich der Pflegemutter und fragte, ob Roman hustete. Doch sehr bald hatte auch ich den Krampfhusten. Ich glaubte, der Magen kommt beim Mund heraus.

Roman litt nach der Geburt am Stimmritzenkrampf. Er wurde, wenn er Angst hatte oder weinte, blau und wurde bewusstlos. Das hatte er bis zwölf Jahre. In der Zeit, als er Keuchhusten hatte, hatte er oft dreimal am Tag einen Anfall. Als sein Vater kurze Zeit später hinkam, war er wieder gesund, er traute sich jedoch nicht auf die Beine.

Alsbald hatte ich mich sehr verkühlt; ich hustete, spuckte Blut, hatte ein Stechen in Rücken und Brust. Ich bekam Bestrahlungen, Tropfen und Pulver. Da ich nicht bei der Krankenkasse angemeldet war, wurde ich von der Fürsorge versorgt. Ich war in einer Lungenheilstätte, wo ich ausgeheilt wurde. Ich war in dieser Zeit auch seelisch fertig, ich fürchtete, dass es meinem Kind auch einmal so gehen könnte wie mir, dass es herumgestoßen wird, wenn ich einmal nicht sein sollte. Ich wollte das alles vermeiden, denn ich hatte nur ihn, um den ich so viel mitmachen musste.

Als ich wiederhergestellt war, kam ich wieder in das Internat und war ein Dreivierteljahr dort; ich hatte inzwischen meinen Mann in Grünbach kennen gelernt.

Ich wurde wieder krank, bekam eine Kolik, ich hatte starke Schmerzen und Schüttelfrost. Ich musste mit Gelbsucht ins Spital. Da meine Kolleginnen sich weigerten, so lange meine Arbeit zusätzlich zu ihrer zu machen, ging ich gegen Revers* heraus. Ich war schwach, da ich vier Wochen fasten musste. Am nächsten Tag hatte ich wieder einen Anfall. Ich durfte nur Suppe und Püree essen. Ich sollte die Sonntage einarbeiten, es war Pfingsten vor der Tür. Ich schrieb, dass ich drei Sonntage nicht frei wäre, wir uns nicht treffen könnten. Da schrieb mein Mann: Kündige und komm!

Aber wir bekamen keine Wohnung, mussten einige Monate im Arbeiterheim logieren. Wenn mein Mann in die Arbeit ging, war ich auf Wohnungssuche. Man schickte mich von Pontius zu Pilatus, überall hat's ein Hindernis gegeben: „Wenn S' verheiratet wären...", „wenn S' Möbel hätten ..." und so weiter.

Wir wollten noch in Wien heiraten, doch die Krankheit hatte mir einen Strich durch die Rechnung gemacht. Wir waren schon angemeldet gewesen. Ich musste mich in Grünbach neu anmelden, es dauerte wieder sechs Wochen. Endlich war es so weit. Wir hatten eine Küche bekommen, vorläufig, als man mir schrieb: „Da Sie einen eigenen Haushalt haben, können Sie Ihr Kind am . . . abholen." Wir mussten uns ein Bett ausborgen, in einem Bett konnten nicht drei Personen schlafen. Die Sorgen nahmen ihren Anfang. . . .

Auf den letzten vier Manuskriptseiten beschreibt Johanna Kalisch die zunächst sehr schwierigen Lebensbedingungen in der Bergarbeitersiedlung in Grünbach am Schneeberg (Niederösterreich) und den Werdegang ihrer insgesamt drei Kinder: Roman wurde Glaser, Karl, der Zweitälteste, absolvierte die Handelsschule und war in der Personalverrechnung eines Großbetriebs tätig, die zuletzt geborene Tochter, Herta, lehnte eine Schneiderlehre ab und wurde Dienstmädchen bzw. Haushälterin.

Johanna Kalisch lebte bis zum Tod ihres Mannes Anfang der 1960er Jahre als Hausfrau in Grünbach. Ihren Lebensabend verbrachte sie zuerst an der Seite ihrer zwei jüngeren Kinder, zuletzt in einem Wiener Pensionistenheim, wo sie im Alter von 87 Jahren im März 1990 starb.

Ihre Aufzeichnungen beschloss Johanna Kalisch 1988 mit einem Dank an Gott „dass ich anständige, brave Kinder habe und aus aller Not heraus bin". Insgeheim war sie zu diesem Zeitpunkt aber auch „froh, dass ich so alt bin", und befürchtete für die Allgemeinheit, dass „die schöne Zeit nicht von langer Dauer sein (wird)".

1. Einziges Kinderfoto von Luise Zipperle, im Alter von etwa fünf Jahren (ca. 1927)

2. Hochzeit von Emilie und Rudolf Anthofer, Onkel und Tante von Johanna Kalisch;
Johanna Anthofer, die Mutter der Autorin, als Zweite von rechts in der mittleren Reihe
(ca. 1900)

3. Johanna Kalisch, in Weiß, am Tag ihrer Firmung im Alter von 17 Jahren mit ihrer Arbeitskollegin und Firmpatin Toni (ca. 1920) ...

4. ... und mit einer anderen Bediensteten des Internats, in dem sie drei Jahre lang als Hausgehilfin beschäftigt war (ca. 1926)

6. ... und rechts außen, mit Arbeitskollegen als Tapezierer in Badgastein (1930)

5. Alois Schönthaler, links, mit seinem Bruder Karl (1916) ...

7. Familie Schönthaler bei einem Sonntagsausflug (1942)

9. ... und in seiner Zeit auf dem landwirtschaftlichen Gut Reuhof im Weinviertel, wo er sich u. a. auch als Hobbymaler betätigte (ca. 1935)

8. Johann Hörnstreit, „noch ohne Brille" (rechts außen), mit seinen Großeltern, Tante Resi und Bruder Franz (1923) ...

10. Franz Huber mit Braun-Hengst Pluto, herausgeputzt für eine Pferdeschau in St. Johann im Pongau (1933)

12. „Das kleine Reserl im Bauerndirndl mit drei Jahren" (1922) ...

11. Theresia Eggers Mutter, rechts, mit der Magd eines Nachbarhofes (ca. 1918)

13. ... und in der ersten Volksschulklasse, links außen, vor dem Lehrer (1925)

14. Beim Maschindreschen in Pettenbach (Oberösterreich); Theresia Eggers Vater steht in der Mitte der zweiten Reihe, ihr Ziehvater in der hinteren Reihe, links außen (ca. 1927)

15. Theresia Egger als junge Hoferbin vor ihrem Anwesen „Schneider am Brand" (1937)

16. Maria Mair im vierten Schuljahr, in der hinteren Reihe, Sechste von links (ca. 1935)

18. ... und als knapp Vierzehnjährige, kurz bevor sie als Arbeitskraft auf den Hof ihres Vaters kam (1938)

17. Maria Mair (rechts) mit einem Mädchen aus Wien, in ihrer Zeit bei Pflegeeltern in St. Peter in der Au, Niederösterreich (ca. 1934) ...

20. ... und mit Tante Jenny im Prater (ca. 1932) ...

19. Ernestine Wollner mit ihrer Mutter vor dem Kindergarten in Wien-Margareten (1930) ...

21. ... und (als Fünfte von links in der hintersten Reihe) bei einem Aufenthalt in der Lungenheilstätte Grödig bei Salzburg (1937)

22. Ernestine
Wollner (1966) …

23. … und „mit
Mama, Bruder
Robert und unserem
ersten ‚Kind'" (1971)

THERESIA EGGER

wurde am 12. August 1919 in Pettenbach (Oberösterreich) als uneheliche Tochter einer Dienstmagd geboren. Da der Vater, ein Bauernsohn, den elterlichen Hof noch nicht übernehmen konnte, war an eine Heirat der Eltern nicht zu denken. Deshalb wuchs die Autorin in Nachbarschaft zu beiden Elternteilen auf dem Hof ihrer Taufpaten auf.

Theresia Eggers schriftliche Lebensaufzeichnungen setzen sich aus zahlreichen Einzelmanuskripten zusammen und umfassen insgesamt rund 300 Maschinschreibseiten. Die Texte haben vielfach thematisch-episodischen Charakter und umfassen – ihrem Arbeitstitel „Aus den Kindertagen – bis zum Lebensabend" entsprechend – den Zeitraum von der Geburt bis zum 66. Lebensjahr. Neben Texten mit primär autobiographischem Charakter finden sich in ihren Aufzeichnungen auch Beschreibungen des bäuerlichen Lebens, ausgestorbener Handwerksberufe sowie selbst verfasste Mundartgedichte. Den Texten sind Fotos, Zeugnisse und verschiedene andere Dokumente beigefügt.

Der Großteil der Manuskripte entstand in den Jahren 1984 bis 1986, nachdem die Autorin über Aufrufe in alltagsgeschichtlichen Rundfunksendungen mit der „Dokumentation lebensgeschichtlicher Aufzeichnungen" an der Universität Wien in Kontakt gekommen war.

Theresia Egger sah sich selbst als „Schreiberin über Vergangenes", wollte aber über ihre erlebte Umgebung bewusst „unverblümt" und keineswegs „nur Gutes berichten". In einem „Vorwort" zu ihren Aufzeichnungen aus dem Jahr 1986 nannte sie vor allem zwei Schreibmotivationen: Erstens wollte sie „der Nachwelt aufzeigen, welch verschiedene Art von Menschen einem über den Weg laufen von der Kindheit bis ins Seniorenalter"; zweitens erlebte sie das Schreiben als „eine Erleichterung, weil ich mir dabei viel von der Seele rede".

Zeitlebens war Theresia Egger an der Veröffentlichung ihrer Schriften interessiert, sah jedoch ihre geringe Schulbildung als Hindernis an. Ausschnitte aus Theresia Eggers lebensgeschichtlichen Aufzeichnungen wurden bereits in früheren Bänden dieser

Buchreihe, nämlich in den Bänden 5: Mägde, 11: „Als das Licht kam" und 36: Großväter, veröffentlicht.

Der hier abgedruckte Textbeitrag setzt sich aus einer auf 10 Maschinschreibseiten zusammengefassten Darstellung der Kindheits- und Jugenderinnerungen der Autorin sowie einem kurzen Text mit dem Titel „Der Familienrat tagt" zusammen.

Das war meine Kindheit, meine frühe Jugend!

Ich verbrachte meine Kindheit bei meinen Taufpatenleuten. Es war dies ein älteres, kinderloses Ehepaar, welches eine kleine Landwirtschaft sein Eigen nannte. Die Wiese reichte für zwei Kühe; dazu kam ein Gemüsegarten, und ein Stück Eigenwald war dabei.

Als Vorgeschichte über meine Eltern ist Folgendes zu berichten: Als mein Vater vom Ersten Weltkrieg heimkam, bestand die Aussicht, später einmal den elterlichen Hof übernehmen zu können. Da seine Eltern noch voll Schaffenskraft waren und auch zwei Töchter im Hause ihr Daheim hatten, war vorläufig nicht daran zu denken. So war für eine junge Bäuerin kein Platz.

Meine Mutter war die Tochter eines Kleinbauern, der zugleich auch das Wagnerhandwerk als Zubuße* ausübte. Ihre Mutter starb mit 36 Jahren und hinterließ den Gatten mit drei unversorgten Kindern. Sechs Wochen nach dem Tod der Frau heiratete der Mann wieder. Die zwei größeren Kinder verblieben bei der Stiefmutter, wo sich bald wieder Nachwuchs einstellte. Das jüngste Dirndl, Roserl, meine Mutter, kam zu ihrer Taufpatin, der Tante Sefa. Diese hatte nur eine Tochter und einen ansehnlichen Bauernhof. So wuchs meine Mutter dort in geordneten Verhältnissen auf, umsorgt und behütet von der Tante, zu der sie auch „Mutter" sagte. Schnell verblassten die wenigen Erinnerungen an ihre verstorbene Mutter.

Es waren stolze Bauersleute, in deren Obhut sie heranwuchs. Dort galt der Spruch: „Nur wer Besitz hat, ist ein ganzer Mensch." Leute, die weder Haus noch Hof hatten, waren in ihren Augen Bettelleute. Beamte, die wohl ein sicheres Einkommen hatten, betrachteten sie als bessere Bettelleute.

Einen Lohn für Familienmitglieder gab es damals nicht. Aber als umsichtige Leute legten sie für ihr Mündel ein Sparbuch an. Sie sollte, falls sich einmal eine Heirat ergibt, nicht unbemittelt dastehen. Auch ihr Vater legte für die Tochter ein Sparbuch an für eine spätere Aussteuer. Doch all diese Ersparnisse wurden durch die Inflation nach dem Ersten Weltkrieg total entwertet.

Meine Mutter wurde sehr streng erzogen. Es bestand keine Möglichkeit, wie es vielfach Brauch war, einen Verehrer in ihre Schlafkammer aufzunehmen. Sie musste durch das Schlafzimmer der Zieheltern durchgehen, um in ihre Schlafkammer zu gelangen. So war der Weg für einen Liebhaber versperrt. Aber es finden sich immer Mittel und Wege, wenn zwei verliebte junge Menschen zusammenkommen wollen. So traf sich Rosl mit ihrem Verehrer Toni auf einer Tanzveranstaltung. Ein einziges Mal gab sie dem Drängen ihres Freundes nach, und dies eine Mal genügte, um in andere Umstände zu kommen. Das war nachher ein böses Erwachen, als sie merkte, dass sie in anderen Umständen war. Es folgten bitterböse Monate für die lebensfrohe Dirn*. Der Verehrer Toni wollte es nicht wahrhaben. Ihm kam das sehr ungelegen, da er an eine Heirat nicht denken konnte. Er hatte von daheim keinen Lohn, und nun sollte er für ein ungewolltes Kind sorgen. Für ein Kind wegzahlen* war damals eine große Belastung, und seine Eltern hätten dieses Geld geben müssen.

Wenn eine Heirat in Aussicht gewesen wäre, hätte man diese Schwangerschaft als kein so großes Übel angesehen. Wie mir Nachbarn später sagten, musste meine Mutter in diesen Monaten alle schweren Arbeiten verrichten, die einer Schwangeren nicht zustehen. Insgeheim hoffte man, es werde dadurch zu einem Abortus kommen. Meine Mutter war in dieser Zeit ein armes, schutzloses Geschöpf. Der Bittgang zu ihrer Stiefmutter, um Aufnahme zur Entbindung und einen Platz fürs Kind, war umsonst. Später hatten zwei ihrer eigenen Töchter je ein außereheliches Kind und fanden wohl Aufnahme bei ihr. Das eigene Blut zählt eben mehr als das der Stieftochter. Nachbarn sahen mit Bedauern die schlechte Behandlung der werdenden Mutter.

Am 12. August 1919 kam es zu einer Frühgeburt. Als Achtmonatskind erblickte ich, ein ungewollter und ungeliebter Bankert*, das Licht der Welt. Meine spätere Ziehmutter trug sich schon zuvor, während der Getreideernte, als Taufpatin an. Der Anlass war ein grünender Palmbuschen, der in ihrem Arbeitsbereich stand. Nach altem Brauch bedeutet ein grünender Palmbuschenhaselstecken junges Leben. Da sie selber auf Kindersegen nicht mehr hoffen konnte, rechnete sie freudig mit einem Patenkind. Das kam meiner Mutter gelegen. Sie bat die Frau ums „Aus-der-Taufe-Heben" bei ihrem erwarteten Kind. Am Tag nach der Geburt brachte mich die Frau zur Taufe, und ich erhielt ihren Namen, Theresia. Ins Geburtshaus zur Mutter durfte man mich nicht mehr bringen. Es fanden sich Inwohnerleute* zur Pflege. In dieser armseligen Behausung, die von Rauch geschwängert war, hustete der Säugling andauernd.

Es sei angeführt, meine Mutter musste am dritten Tag nach der Entbindung schon wieder alle schweren Arbeiten verrichten. Damals musste das Wasser für das Vieh vom Hof draußen in den Stall in großen Zubern getragen werden. Da war ein so genanntes Zwieschaff mit zwei Henkeln, wo eine Stange durchgeschoben wurde. Das schwere Geschirr wurde von zwei Personen auf der Schulter in den Stall getragen. Für meine Mutter waren diese und andere Arbeiten viel zu schwer, und sie zog sich dadurch ein Unterleibsleiden zu, an dem sie ihr ganzes Leben zu leiden hatte. Dies führte auch zu ihrem viel zu frühen Tod. . . .

Es ist nicht zu verübeln, wenn meine Mutter keine Kindesliebe zu mir empfand. Sie hätte mich am liebsten verschenkt, aber es fand sich niemand. Die Bäuerin Sefa frug wohl öfters nach, was mit dem Kind sei, ob es noch nicht gestorben sei. Dies wäre der größte Wunsch der Familie gewesen. Sie meinte, dieses Kind könnte man in einen heißen Backofen legen, es würde auch da nicht sterben. Zum Leidwesen dieser harten Menschen überstand ich alle Unbill.

Nach sechs Wochen nahm mich die Taufpatin zu sich. Es waren viele Verwandte da, welche auf Erbschaft hofften. So bekam ich bald den Neid und die Missgunst dieser Leute zu spüren. Die Ziehmutter war aus einer Bauernfamilie, war aber als Magd tätig gewesen. Ihr Mann, um vieles älter, war aus armer Familie. Er war zuerst Knecht, später Fabriksarbeiter. Er hatte einige Ersparnisse, und die Frau bekam von ihrem Vater ein Erbteil. Damit kauften sie nach dem Ersten Weltkrieg ein kleines Anwesen. . . .

Bei diesen herzensguten, aber schrulligen Leuten wuchs ich auf. Ich hörte immer gewisse Sprüche wie: „Übergeben – und nimmer leben!" – „Wenn du brav bist, kriegst du einmal unser Häusl, wenn wir gestorben sind."

Meine Ziehmutter brachte für meine Mutter in ihrer Verwandtschaft eine Heirat zustande, sodass meine Mutter unter die Haube kam, wie man landläufig sagt. Sie wurde eine Bäuerin, trug aber nichts zum Lebensunterhalt für mich bei. Eher wollte sie ihr Kind zu sich nehmen, um zeitig eine Arbeitskraft zu bekommen. Auf diesen Handel wollten meine Patenleute nicht eingehen. So zogen sie mich um Gotteslohn auf, wie man so sagt.

Mein Vater, das heißt, seine Eltern wurden wohl verpflichtet, für das Kind einen Beitrag zu leisten. Doch der Vater lieferte öfters die paar Schilling nicht ab, sondern verbrauchte dieses Geld für sich. Hernach gab es in beiden Familien Unfrieden. Seine Eltern wollten es nicht glauben, dass ihr Sohn das Geld nicht ablieferte.

Mein Vater war in nächster Nähe, und wir sahen uns oft. Ich wurde erzogen, meinen Erzeuger zu grüßen, die Hand zu reichen. Dabei erinnere ich mich an einen Vorfall, der in das Vorschulalter hineinreicht. Im Nachbarhaus war in einer Männerrunde auch mein Vater dabei. Ich ging hin und wollte ihm das Handerl reichen. Er aber schob die Kinderhand weg und meinte: „Du brauchst mich nicht grüßen, es tuts so auch." Als ich jedoch größer war und gut lernte, war er stolz auf mich.

Zu den Zieheltern sagte ich Göd* und Godn*. Ich durfte diese nicht als Vater und Mutter anreden. Ich erinnere mich an manchen Dialog mit Besuchern: „Was habts ihr da für ein Dirndl? Ist die euer Kind?" – „Nein, nur eine Angenommene." – „Wer ist die Mutter, und was zahlt sie?" – „Nicht, was schwarz unterm Nagel ist", erwiderte die Ziehmutter. Das war so ein altes Sprichwort für schuftige* Leute. „Und wer ist der Vater, was zahlt dieser ans Kind?" – „Er ist wohl ein Bauernsohn und zahlt mit Müh und Not ein paar Schilling. Jeder Knecht muss mehr zahlen für sein Kind." – „Na, seids ihr aber dumm, dieses Kind aufzuziehen!", war immer der Ausruf. Diese Redensarten kann ich mein ganzes Leben nicht vergessen.

Oft hörte ich bittere Klagen, wohl nicht zu Unrecht, über meine Mutter. Da hieß es: „Sie ist doch eine Körndlbäuerin*. Wenn sie schon kein Geld erübrigt für ihr Kind, soll s' wenigstens ab und zu einen Laib Brot geben oder etwas Mehl. Uns wäre mit allem geholfen, und wenn's nur ein Hendlfutter* wäre." Meine Mutter wird dies aus ihrer Sicht wohl nicht verstanden haben. ...

Ich war wenig im Hause der Mutter und des Stiefvaters zu Gast. Das Verhältnis meiner Mutter zu mir war alles andere als gut zu bezeichnen. Ich spürte eher öfters einen Hass. Mutterliebe habe ich nie gekannt. Am Tage des Muttertagsfestes möchte ich mich am liebsten in die Erde verkriechen. ...

Auch das Verhältnis zu den Halbgeschwistern war nicht besonders gut. Mutter sagte mir, ich habe am Hof kein Anrecht auf ein Erbteil. Sie starb mit fünfzig Jahren als Mitbesitzerin. So hatte ich Anspruch auf den Pflichtteil. Man sagte mir, indem meine Mutter nie was für mich geleistet hat, soll ich dieses bescheidene Erbteil beanspruchen. Dafür hatte ein Teil meiner Halbgeschwister kein Verstehen. Über Neid, Missgunst, Einmengung in fremde Angelegenheiten gäbe es gar viel zu erzählen.

Als mich einst meine Taufpatin als Achtmonatskind zu sich nahm, gab es, wie sie mir später erzählte, allerhand Gerede, vermengt mit bösen und guten Ratschlägen. Da war eine ältere Tischlermeistergattin, die selber keine Kinder hatte. Aber sie hatte viel an den Kindern anderer zu bekritteln. Meiner Ziehmutter erteilte sie auch weise Lehren. Sie meinte: „Wenn dieses Kind so schlimm und unartig wird, wie ihre Mutter in der Schulzeit war, soll es am besten im ersten Bad ertränkt werden." Wahrlich ein guter Ratschlag!

Und was waren die Unarten meiner Mutter? Im Winter, auf dem Weg zur Schule, setzte sie sich auf ihre Schultasche und rutschte damit einen kleinen Hang hinunter. Darüber war diese weise Frau so schockiert. Einen Schlitten gab es damals um die Jahrhundertwende kaum für die Kinder. Ski kannte man noch gar nicht. So wurde meiner Mutter dieses harmlose Vergnügen als sehr böse Tat angerechnet.

Wenn ich zur Schule ging oder einen Gang ins Dorf zum Einkauf machte, wurde ich oft von neugierigen Leuten gefragt, wer ich bin und wohin ich gehöre. Sagte ich den Namen der Zieheltern, hieß es: „Das kann nicht wahr sein, weil diese Leute keine Kinder haben."

Ein anderes Mal nannte ich auf solch eine Fragerei den Hof und Namen meiner Mutter. Das war auch nicht richtig, da ich nicht bei meiner Mutter lebte. Da dachte ich: „Jetzt bleibt mir für meine Zugehörigkeit nur noch der Vater als letzter Ausweg." Bei einem neuen Verhör sagte ich den Namen und Hof meines Vaters. Auch das war wieder falsch. So wusste ich überhaupt nie, zu wem ich gehöre und wo mein richtiges Zuhause ist.

Als ich meinen Vater nicht mehr grüßen durfte, weil er es so wünschte, dachte ich mir: „Nun darf ich wohl auch meinen Stiefvater, den Ehemann meiner Mutter, nicht mehr als Vater ansprechen." Bei der nächsten Gelegenheit redete ich den gutmütigen Mann, der mir nie was in den Weg legte, nur mit seinem Hofnamen an. Nun war es aber weit gefehlt, weil ich nicht Vater sagte. Es war wohl alles falsch, was ich tat und sagte.

Im Nachbarhaus war ich halb daheim. Dort war oft eine Männerrunde beisammen zum Kartenspielen, Kegelscheiben oder Knüppelwerfen*. Auch mein Vater war dort gern zu Gast. Da war einmal ein sehr achtbarer Bauer beim Kartenspiel. Dieser hatte sechs Kinder, die teils schon erwachsen waren. Aber alle waren von kleiner Statur und nicht besonders gut und kräftig gewachsen. Darum wurde dieser Bauer arg bespöttelt. Mein Vater tat sich besonders hervor, indem er meinte: „Deine sechs Kinder, diese Zwutschkerln*, bringe ich alle zusammen in einen Tabaksbeutel hinein." Der Bauer schluckte diese dumme Redensart hinunter und dachte sich wohl seinen Teil, weil er wusste, wie wenig mein Vater zu meinem Lebensunterhalt beitrug. Mein Vater prahlte ja in meiner Anwesenheit, was sein Töchterl vergleichsweise für ein prächtiges Kind sei. Aber mit den paar Schilling, die er notgedrungen für mich zahlen musste, wäre ich nicht groß und stark geworden. Da wäre ich eher verhungert.

Damals kostete das Kilogramm Butter drei Schilling fünfzig. Er zahlte in meinen ersten Lebensjahren fünf Schilling im Monat, später sieben Schilling, und das nicht freiwillig. Da musste schon das Jugendamt nachhelfen. Jeder Knecht zahlte mehr für sein Kind. Die Ziehmutter erreichte am Jugendamt sehr wenig. Man vertröstete die Frau mit folgenden Worten: „Wenn das Mündel aus der Schule kommt, wird vom Kindesvater eine Nachzahlung verlangt", was aber nie der Fall und nur eine absurde, lächerliche Ausrede vom Jugendamt war. Wegen der Alimenteforderungen gab es zeitweise arge Gehässigkeiten. Der Hof des Vaters grenzte an die Gründe der Zieheltern an. Da wurden gelegentlich Flurschäden verursacht, die als Bosheitsakt gewertet wurden.

Nach der kurzen Bekanntschaft mit meiner Mutter, ging mein Vater ein Verhältnis mit einer angesehenen Bauerntochter ein, wo bei einer Heirat eine gute Mitgift zu erwarten war. Aus dieser zweiten Verbindung kam bald ein Knabe zur Welt. Hier brauchte Vater keine Alimente zahlen, da mit einer, wenn auch späteren, Heirat zu rechnen war. Ich zählte 15 Lenze, als mein Vater endlich heiraten und den Hof übernehmen konnte.

Die Zeit zum Volksschulbesuch rückte heran. Ich war kein sehr kräftiges Kind, und der Schulweg den Berg hinauf, besonders im Winter bei Schneeverwehungen, bereitete meiner Ziehmutter Sorgen. Es waren von diesem Weiler keine anderen Kinder, und ich musste allein durch den Wald gehen. Auf dem Hof, wo meine Mutter aufwuchs, hatte man schon immer an mir was auszusetzen und zu nörgeln gehabt. Die Bäuerin meinte immer: „Dieses Dirndl müsst ihr einmal mit dem Buckelkorb* in die Schule tragen. Werdets sehen, die geht nicht selber und allein den Weg."

Man besprach sich wohl mit dem Schulleiter wegen einer Rückstellung, da ich nicht sehr kräftig war. Aber der Lehrer meinte, ein Jahr Rückstellung heißt zugleich um ein Jahr später Arbeitskraft. So wenig Verständnis hatten damals die Landlehrer. Alles drehte sich nur darum, möglichst bald eine billige Arbeitskraft zu bekommen. Somit eröffnete sich für mich ein neuer Lebensabschnitt. Zur Erleichterung meiner Godn ging ich vom ersten Tag an ohne Furcht und Zögern allein zur Schule. Oft erzählte sie mir später, wie sie mir am ersten Schultag die Haare geflochten und mit Bangen gewartet hatte, was nun kommen würde. Ich sagte nur: „Bist du fertig? Aftand* geh i!" Das Herz der Frau hüpfte vor Freude.

Ich musste am Hofe meines Vaters vorbeigehen. Dort trieb ein großer Gänserich mit seinem Harem sein Unwesen. Oft flog mich der große Vogel an, und ich konnte mich seiner kaum erwehren. Zu Hilfe kam mir niemand.

In der Schule war es am Anfang nicht leicht für mich. Ich hatte keine Geschwister oder Nachbarskinder, die mir behilflich waren. Meine Zieheltern waren ältere Leute und hatten kein Verstehen für das Lernen. Ich wurde auch oft eingeschüchtert und sollte mit niemand reden. Es könnte gar jemand fragen, wie viel die Kuh Milch gibt und anderes. Auch spürte ich bald in der Schule, wie Kinder, die bei ihren Eltern aufwuchsen, auf einer höheren Stufe standen als Ziehkinder. Als ich einmal als Einzige in der Klasse die Antwort auf eine schwierige Frage wusste, staunte der Lehrer. Hernach meinte er: „Manchmal findet eben eine blinde Henne auch ein Korn." Die Klasse brüllte vor Lachen. Nicht umsonst sagt man oft, dass Kinder sehr grausam sein können.

Einmal sollten wir einen Aufsatz schreiben über die Vorstellungen von unserem späteren Leben. Wir wurden ermuntert, kräftig aufzuschneiden, sozusagen extra hohe Ansprüche an das Leben zu stellen. So wagte ich in meiner Kühnheit zu schreiben, dass ich mir später ein Auto kaufen möchte, um damit Reisen zu machen und die Welt bewundern zu können. Als ich dies vorlas, meinte der Lehrer, ich sollte mir eher einen Radlbock* anschaffen, weil diesen würde ich eher gebrauchen in meinem späteren Dasein. Es gab großes Gelächter, und ich genierte mich sehr.

Zu meinem Schulbeginn, 1925, gab es an den kleinen Landschulen außer einem Lesebuch und alten zerfledderten Rechenbüchern aus der Monarchie kaum andere Lehrbücher. Als wir nach einigen Jahren endlich neue Schulbücher bekamen, die die Eltern, in meinem Fall die Zieheltern, bezahlen mussten, wurde das Lernen zur Freude. Ich holte rasch auf und wurde zur Vorzugsschülerin. Ich hätte liebend gerne die Bürgerschule besucht, was unmöglich war.

Ich war von klein auf zur Arbeit bestimmt. Meine Zieheltern legten keinen Wert auf guten Lernerfolg. Da hieß es immer: „Du kannst ruhig in der Schule sitzenbleiben. Wichtig ist nur der im Leben, der zur Arbeit tüchtig wird."

Mein Vater erkundigte sich öfters über meine Lernerfolge und war auf einmal stolz auf sein Kind. Seine Eltern luden mich an hohen Feiertagen zu Besuch ein, wie es eben für Enkelkinder Brauch und Sitte war. Meine Zieheltern waren sehr froh, als endlich das Eis gebrochen war und das außereheliche Kind anerkannt wurde.

Öfters sagte mein Vater zu mir: „Wenn du brav bist, erbst du einmal was von mir." Ich, in meiner kindlichen Naivität, glaubte dies. Aber mein Ziehvater belehrte mich darüber mit folgendem derben Spruch: „Von deinem Vater erbst du höchstens einmal seinen Lohdarm* zu einem Trinkglas." Wer gab schon freiwillig ein Erbe her für ein außereheliches Kind? Ich habe auch nie im Leben von der Seite meines Vaters was erhalten.

Wiederholt hörte ich, wie die Zieheltern zu mir sagten: „Wenn wir dich nicht aufgenommen hätten, wärest du verdorben und gestorben." Da sprachen sie wohl die Wahrheit. Aber es war eine bittere Wahrheit.

Das Essen war sehr einfach und bescheiden. Butterbrot gab es nie. Butter war ja eine wichtige Einnahmequelle. Zweimal im Jahr wurde ein Schweindl für den Hausgebrauch geschlachtet. Es wurde aber sehr sparsam aufgeteilt, und ich hätte viel mehr davon essen können. Mein Wunsch nach Kakao war auch vergebens. Die Vollmilch musste entrahmt werden zum Butterrühren. Nach der Schule musste ich öfters ins Dorf gehen, um Butter und Eier zu verkaufen. Es kam vor, dass ich die Butter nicht verkaufen konnte und wieder heimbrachte. Das war eine böse Sache, da ich doch für das eingenommene Geld Zucker und andere Lebensmittel heimbringen sollte.

Zur Zeit der Getreideernte wurde auf großen Höfen ausgeholfen. Auch die Kinder mussten mithelfen. Ich freute mich immer auf das gute und üppige Essen. Einen Heißhunger hatte ich auf Bauernkrapfen. Zu meiner Schande erinnere ich mich, wie ich einmal zu Mittag sechs Stück davon vertilgt habe.

An Kleidung hatte ich nur das Allernotwendigste. Viel steuerte meine Firmpatin bei. Ich machte dafür Botengänge und andere Gefälligkeiten, um mich dankbar zu erweisen. Auch gutes, kräftiges Essen gab es dort für mich. Mein Ziehvater war ein älterer Mann und hatte kein Verständnis, dass ein junges Ding öfter was Neues zum Anziehen braucht. Das Wachstum macht sich eben bei der Kleidung bemerkbar. Meine Ziehmutter musste immer ohne sein Wissen für mich bei der Schneiderin was Neues anfertigen lassen. Als ich schon erwachsen war, sagten mir Leute, wie sehr man es einst merkte, dass ich kaum das Nötigste zum Anziehen hatte.

Aber so ging es damals vielen Kindern. Manche hatten es noch viel schlechter und schwerer als ich. Nicht nur die Ziehkinder, auch die eigenen Kinder der Bauersleute wurden oft sehr früh zur schweren Arbeit herangezogen. Obwohl die Entlohnung der Dienstboten karg war, konnten sich viele keine fremden Arbeitskräfte leisten.

Mir wurde oft vorgesagt, was ich doch für ein gutes Leben habe. Dies wollte ich aber gar nicht zur Kenntnis nehmen. Es war ja eine armselige Zeit. Freilich, eine Generation davor war das Leben bestimmt noch härter in vielen Dingen. Ich hatte eine Sparbüchse mit den Schillingen, die ich von Verwandten bekam. Wenn in der Kasse bei den Ziehelltern wieder einmal Ebbe war, musste ich meine Sparschillinge herausrücken. Da maulte ich natürlich sehr. Man sagte mir, ich sei ein undankbares Geschöpf. Aber auch in anderen Familien plünderte man die Sparschweine der Kinder, wenn „Not am Mann" war.

Ein besonderes Kapitel war das Schuhwerk. Da war ein Schuhmacher, der die ländliche Bevölkerung mit seinen nicht gerade meisterhaften Werken belieferte. Ab und zu tauchte er mit einem Paar so unmöglicher Schuhe auf, die niemand haben wollte, weil sie derart verpfuscht waren. Es hieß, da hätte er wieder einmal preiswerte Schuhe für das Dirndl. Noch seien sie zu groß, aber sie werde schon hineinwachsen. Ich war für jedes Schuhwerk dankbar, wenn es auch Blasen abgab, oder wenn die Schuhe so groß waren, dass ich sie mit Papier ausstopfen musste. „Not macht erfinderisch", heißt nicht umsonst ein alter Spruch. Bei hohen Schnürschuhen ging ja das Ausstopfen ganz gut.

Probleme gab es mit dem Ziehvater, weil ich die Röcke so lang – bis zu den Knöcheln – tragen sollte. Es ist schon was Wahres dran, wenn es heißt, dass ältere Menschen die Kinder nicht verstehen.

Ich ging noch zur Schule, als die Ziehmutter durch einen Schlaganfall rechtsseitig gelähmt wurde. So musste ich das Melken lernen und vor der Schule die Stallarbeit machen. Ich war nicht sehr kräftig, und die Hände schmerzten. Als die Ziehmutter wieder aufstehen konnte, ging sie in den Stall und schaute mir beim Melken zu. Dabei nörgelte sie dauernd an mir herum, worüber ich sehr erbost war. Da rief sie immer: „Zieh nur an, zieh nur mehr an!"

Mir zitterten die Knie, die Hände schmerzten, und die Leutchen quengelten dauernd herum. Nach einer gewissen Zeit ging die Godn wieder in den Stall und probierte am Euter, ob noch Milch vorhanden war. Es ist klar, dass nach einiger Zeit sich wieder Milch ansammelt. Mir wurde aber vorgeworfen, ich hätte die Kuh nicht zur Zufriedenheit ausgemolken. So fing ich an, mich gegen diese Anschuldigungen zu wehren, und es gab auch von mir böse Worte. Ich wurde frech und wollte mir nicht mehr alles gefallen lassen. . . .

Auf Wiese und Acker musste ich schon sehr früh mithelfen. Junge Menschen haben zur Arbeit noch keine so feste und freudige Beziehung. So war auch ich öfters lustlos bei der Arbeit. Die Zieheltern konnten dies nicht verstehen. Die Godn meinte öfters, meine Mutter sei so eine tüchtige, arbeitsame Frau, und ich trete anscheinend gar nicht in ihre Fußstapfen. Der Göd meinte hingegen, ich sollte doch die Arbeit lieben, wie eine Mutter ihr Kind liebt. Man bedachte nicht, dass ich selber im kindlichen Alter war und der Liebe bedurft hätte. Auch war ja die Kraft noch nicht vorhanden.

Es war damals noch Brauch, dass die Dienstmägde ihre Buntwäsche an Sonn- und Feiertagen oder an Bauernfeiertagen waschen mussten. Auch von mir verlangte man es so.

Obwohl wochentags oft genügend Zeit für die Wäsche gewesen wäre, musste ich sonntags für die Familie, also nicht nur für mich, die Wäsche waschen. Ich fing an, mich dagegen aufzulehnen, aber es nützte mir nichts. Es brachte mir nur den Vorwurf ein, ich sei ein undankbares Geschöpf. So wurde ich behandelt wie ein Dienstbote und musste, wenn auch unter Murren, alles tun, was mir geschafft* wurde.

Im Frühjahr, um die Eismänner*, war es oft regnerisch und sehr kalt. Gewöhnlich musste ich allein draußen arbeiten. Um diese Zeit wurden Rüben und anderes gesetzt. Wenn die Finger ganz steif vor Kälte waren, ging ich zum Nachbarn, um mich dort in der Stube aufzuwärmen.

Zu Besuch kamen viele Verwandte, aber zur Arbeit war ich allein mit meinen Patenleuten. Ein richtig liebevolles Verhältnis war nie vorhanden. Ich hörte immer nur von der Undankbarkeit der Pflegekinder, deren sie zuvor schon mehrere hatten. An Kindes statt wollten sie mich nicht annehmen, da ich dann das Erbe bekommen hätte, und sie wollten sich an niemand binden.

Als ich ein paar Jahre der Schule entwachsen war, starben beide Zieheltern innerhalb eines Jahres. Beide machten erst am Totenbett ein Testament zu meinen Gunsten. Ich wurde somit Universalerbin. Eigentlich hatten sie niemand, dem sie von Herzen gern das Haus geben wollten. Es hieß immer, wer sich um uns in den alten Tagen umschaut, der wird den Besitz erben.

Nun ging der Erbschaftsstreit an. Die nahen Angehörigen wollten das Testament anfechten. Da ich minderjährig war, nahm sich das Jugendamt der Sache an. Somit war ich einer unliebsamen Angelegenheit enthoben. Das Testament konnte nicht angefochten werden.

So war ich die rechtmäßige Besitzerin einer kleinen Landwirtschaft mit einem Binkerl* Schulden. Einen Besitz erben war damals eine große Sache. Jene, die ein Erbe erwarteten, mussten sich oft jahrzehntelang gedulden und viel ertragen. Manche durften nie heiraten. Anderen wurde die Heirat vorbestimmt, der Partner nach Gutdünken ausgewählt. Oft war der Partner ein Mensch, zu dem man sein ganzes Leben keine Liebe und Zuneigung fand. ...

In dieser Situation versuchte der leibliche Vater, sich in Theresia Eggers Leben einzumischen.

Mein Erzeuger sorgte sich nun um mich in verschiedener Weise. Nicht, dass er mir finanziell oder materiell unter die Arme griff. Er beauftragte junge Burschen, abends zu spionieren, wer an mein Kammerfenster kommt, ob ich etwa Liebhaber in meine Kammer aufnehme. Da war in nächster Nähe ein kleiner Wald. Dort standen diese Aufpasser auf Wachtposten und harrten der Dinge, die da kommen sollten. Ich habe aber nie den Verehrern die Tür geöffnet. Ich wurde streng erzogen, und ein sündiges, tolles Liebesleben lag mir fern.

Nun berief Vater den Familienrat ein. Er bestellte meine Mutter zu der Firmpatin ins Nachbarhaus. Dort erklärte er, ich solle großjährig erklärt werden, um eine baldige Ehe einzugehen. Er wusste für mich einen Bauernsohn, der ein tüchtiger Zimmermann war. Ich kannte diesen nur vom Hörensagen und sollte nun ja und amen zu diesem Kuhhandel sagen. Ich hatte von diesem Geschäft schon eine Ahnung, weil mir die Gasslburschen* beim Fensterln davon berichteten. So war ich irgendwie gegen dieses Ansinnen gerüstet. Auch hatte ich einen Verehrer, der wiederum Vater nicht in den Kram passte, weil er keinen Beruf erlernt hatte.

So entspann sich folgender Dialog. Vater sagte: „Du lasst ab vom Ferdl und heiratest den Zimmermann Hans!" Ich war auch nicht verlegen und schnabelte* ihm aufi: „Ich lass ohne weiters ab vom Ferdl, der ist mir gar nicht so wichtig. Aber deinen Hans nehm ich auch nicht. Den kenne ich ja kaum, und ungeschaut kauft man nicht mal ein Stück Vieh. Auch möchte ich nicht so bald meine Jugend mit dem Ehejoch vertauschen." – „Überhaupt", war mein Schlusswort, „Vater hat ja auch nicht meine Mutter geheiratet." Er war zornig und meinte, nun seien wir fertig miteinander und hätten uns nichts mehr zu sagen. So war der hitzige Disput beendet.

Mutter sagte, sie verstehe es von meiner Warte, dass mir eine so zeitige Heirat keine Freude bereitet. Auch hatte sie Bedenken, dass sich damit der Kindersegen früh und auf lange Jahre einstellen kann, was für eine Frau alles andere als angenehm ist. Vater meinte es wohl gut, aber mit seiner kurz angebundenen, barschen Art war er schlecht beraten. Hätte er unseren beliebten Schulmeister in die Sache eingeweiht, wäre es bestimmt anders verlaufen. Wenn dieser mir gelegentlich von dem tüchtigen Zimmermann erzählt hätte und wie dieser auf einem eigenen Besitz vieles verbessern könnte, wäre mir schon ein Licht aufgegangen, und ich hätte mit mir reden lassen. Vaters Rat aber schlug dem Fass den Boden aus. . . .

Theresia Egger bemühte sich eine Zeit lang, ihr kleines Anwesen alleine zu bewirtschaften, was ihr aber aus gesundheitlichen Gründen bald nicht mehr möglich war. Deshalb verpachtete sie einen Teil des Hauses. Die darauf folgende Zeit war für die Autorin geprägt von Schwierigkeiten mit ihren Pächtern, aber auch mit Vertretern der Gemeinde, durch die sich die allein stehende Frau benachteiligt fühlte.

Von 1937 bis 1942 arbeitete Theresia Egger in der Infektionsstation des Allgemeinen Krankenhauses in Wels. Aufgrund einer schweren Krankheit musste sie diese Stelle jedoch wieder aufgeben. Nach ihrer Genesung verrichtete sie auf dem Hof ihrer leiblichen Mutter die häuslichen Arbeiten, war aber von der Mutter und den Halbgeschwistern nur geduldet.

Am 28. August 1950 heiratete Theresia Egger den Gerbermeister Hans Egger aus St. Johann im Pongau und zog ins Land Salzburg. Die Hoffnung, mit dieser Heirat ein besseres Leben zu beginnen, wich jedoch auch hier bald dem Empfinden, „für die Familie vom ersten Tag an nur eine billige Arbeitskraft" zu sein. Sie scheute sich jedoch, in ihre Heimat zurückzugehen.

Später besuchte sie einen Buchhaltungskurs in der Volkshochschule. Mit den erworbenen Kenntnissen war es ihr möglich, im Firmenbüro ihres Mannes zu arbeiten.

In ihrer Freizeit restaurierte und bemalte Theresia Egger Bauernmöbel, erlernte die Hinterglasmalerei und schrieb schon seit ihrer Jugend Gedichte. Außerdem entwickelte sie großes Interesse an ländlichen Traditionen sowie an Heimat- und Ahnenforschung.

Theresia Egger verstarb am 22. April 1988, im 69. Lebensjahr, in St. Johann im Pongau.

LUISE ZIPPERLE

wurde am 20. Dezember 1922 in Wien-Alsergrund als lediges Kind eines Dienstmädchens geboren. Sie wuchs unter mütterlicher Obsorge in Wiener Neustadt auf.

Ihre Mutter hatte im hohen Alter damit begonnen, ein Buch zu führen, in welchem sie verschiedene Erinnerungen, insbesondere die Erlebnisse bei einer Fußwallfahrt nach Mariazell im Jahr 1934, niederschrieb. Luise Zipperle führte dieses „Tagebuch" weiter und machte es sich zur Gewohnheit, täglich Eintragungen zu machen, bis heute.

In den frühen 1980er Jahren zeichnete die Autorin, inzwischen im Ruhestand, aus eigenem Antrieb die Geschichte ihres Lebens, insbesondere ihrer harten Kindheit, auf. Wie sie selbst feststellt, empfand sie dabei ein „befreiendes Gefühl". Nach Abschluss ihres Lebensberichts meldete sich Luise Zipperle 1985 aufgrund einer Radiosendung in der „Dokumentation lebensgeschichtlicher Aufzeichnungen" und sandte in der Folge eine Reinschrift ihres autobiographischen Manuskripts ein, welche ihre Tochter mit Schreibmaschine erstellt hatte.

Das handschriftliche Originalmanuskript ist nicht erhalten geblieben. Im folgenden Textbeitrag sind die ersten 26 des insgesamt 57 A4-Seiten umfassenden Typoskripts in gekürzter Form wiedergegeben.

An den Anfang ihrer Lebenserzählung stellte die Autorin einen Abriss des Lebens ihrer Mutter. Diese stammte aus einer kinderreichen Wiener Neustädter Eisenbahnerfamilie. Als eines der älteren von neun Kindern musste sie schon früh ihren Platz räumen und wurde 1894 als Zehnjährige zu Verwandten nach Mähren geschickt. Die kinderlose Tante, zu der sie kam, konnte das Mädchen im Gegensatz zu den finanziell überforderten Eltern ausreichend versorgen. Mit dem Ende der Schulzeit war Luise Zipperles Mutter vorerst gezwungen, in der Landwirtschaft zu arbeiten. Auf der Suche nach besser bezahlter Arbeit ging sie als Dienstmädchen nach Wien, konnte dort auch Fuß fassen und kehrte nur in der Notzeit des Ersten Weltkriegs vorübergehend zu den Verwandten in Mähren zurück.

Nach dem Ende des Ersten Weltkriegs fuhr meine Mutter wieder zurück nach Wien, um in Dienst zu gehen. Ob Bestimmung, Schicksal, oder wie immer man es nennen will, durch eine Bekannte lernte meine Mutter meinen Vater kennen und glaubte, dass auch sie nun eine Familie gründen würde.

Leider kam sie aber an die falsche Adresse, denn mein Vater dachte nicht im Geringsten daran, eine Familie zu gründen. Er wollte sein ungebundenes, lockeres Leben – von dem meine Mutter keine blasse Ahnung hatte – weiterführen und keinerlei Verantwortung tragen.

Nun blieb meiner Mutter nichts anderes übrig, als mit mir unter dem Herzen wieder in Dienst zu gehen, bis ihre schwere Stunde käme. Sie musste sehr schwer arbeiten und wurde eine Woche vor meiner Geburt beinhart vor die Türe gesetzt – knapp vor Weihnachten –, denn ein Dienstmädchen mit Kind war für damalige Verhältnisse nicht tragbar.

Schweren Herzens packte sie ihre paar Habseligkeiten zusammen und fuhr zu ihrer jüngeren Schwester, wo sie die Zeit bis zur Niederkunft bleiben konnte. Am 20. Dezember 1922 erblickte ich das Licht der Welt, hatte aber anscheinend keine rechte Freude daran, denn man musste mit allen Mitteln versuchen, mir den ersten Schrei zu entlocken, wie mir meine Mutter später erzählte.

Ich war also da, und für meine Mutter begannen nun die großen Schwierigkeiten, denn ihrer Schwester konnte sie nicht länger zur Last fallen. In Dienst konnte sie meinetwegen nicht mehr, also blieb ihr keine andere Wahl, als mit mir armem Wurm zu meinem Vater nach Wiener Neustadt zu fahren und die Wohngemeinschaft ohne Trauschein aufzunehmen. Sie erlebte aber keine allzu guten Stunden mit ihm.

Mein Vater erbte von seinen Eltern in Hollabrunn ein Häuschen. Die beiden Schwestern meines Vaters, die in Wien lebten, hätten es gerne gesehen, wenn mein Vater dieses Haus mit meiner Mutter bewirtschaftet und ein ordentliches Leben geführt hätte. Die ganze Liebe zur Arbeit und zum eigenen Besitz wäre für meine Mutter doch die allergrößte Freude gewesen, und mir wäre viel, viel Hunger erspart geblieben.

Leider Gottes waren für meinen Vater nur Frauen und gute Freunde wichtig, mit denen er feiern konnte. So konnte es nicht anders kommen: Er brachte alles durch, von dem Geerbten blieb kein roter Heller übrig, und wie immer in solchen Fällen zogen sich die guten Freunde und Freundinnen zurück. ...

Für sein Kind hatte er keinen Groschen übrig, im Gegenteil: Er fiel nun ganz meiner Mutter zur Last, denn arbeiten wollte er ja nicht! Meine Mutter bemühte sich nun sehr um Arbeit und fand, wie so viele andere Frauen in dieser Zeit, einen Waschplatz bei einer Kohlenhändlerfamilie mit zehn Personen. Sie musste alle zwei Wochen für je zwei Tage zum Wäschewaschen kommen. Es war eine sehr, sehr schwere Arbeit: Den ganzen Tag hinter dem Waschtrog stehen und fest bürsten, das gibt ganz schön aus! Dennoch war meine Mutter glücklich, denn außer dem Essen für uns beide bekam sie noch zwanzig Schilling, und damit war der Hunger wieder ein wenig gebannt.

Diese beiden Tage, die für meine Mutter große Mühe und Plage waren, erschienen mir jedes Mal wie ein Geschenk des Himmels, denn ich konnte mich satt essen und hörte am Abend, wenn das Dienstmädchen im Stall zu tun hatte, immer schöne Märchen und Geschichten. Wie schön waren diese Tage!

Im Sommer konnte die Mutter auch außer den Waschtagen bei dieser Familie arbeiten, denn es gab noch Äcker und einen großen Garten, und so ging es halt doch immer weiter. Meine Mutter tat alles gerne, nur um uns über Wasser zu halten.

Nun muss ich nochmals zurückkommen zu meinem Vater, der für meine Mutter immer unerträglicher wurde, weil er ganz einfach nicht arbeiten wollte und das bisschen, was vorhanden war, auch noch schmälerte. Da kam eines Tages meiner Mutter der Zufall zu Hilfe und veränderte blitzschnell die Situation.

Ich war erst ein paar Monate alt, meine Mutter hatte aber einiges zu erledigen und ließ mich deshalb in der Obhut meines Vaters zurück. Sie kam aber früher als erwartet zurück und erwischte meinen Vater dabei, wie er sich mir gegenüber unsittlich benahm. Das war für meine Mutter

Alarm. Sie ging sofort zu meinem Vormund, der die Meldung an das Jugendamt weitergab, und auf schnellstem Wege wurde durch einen Gerichtsbeschluss meinem Vater die Räumung des Sparherdzimmers* übermittelt, und er musste ausziehen.

Nun war meine Mutter eine große Sorge los, aber eines ist ganz sicher: dass meine Mutter Furchtbares erlebt haben musste. Denn es kam kein Mann mehr in unsere Nähe, meine Mutter blieb zeitlebens allein mit mir.

Eines späten Abends beim Nachhausefahren mit mir im Kinderwagen – es war wieder Waschtag gewesen – hörte meine Mutter eine Stimme, die ihr ein großes Opfer abverlangte. Sie sah ganz erschrocken umher, konnte aber nichts entdecken und schenkte dem Ganzen keine Beachtung. Eines Tages jedoch war diese Stimme wieder da und noch einige Male, immer mit dem Auftrag, ein Opfer zu bringen, bis meine Mutter innerlich das Versprechen gab, mit mir eine Fußwallfahrt nach Mariazell zu machen, wenn ich älter geworden sei. Von da an hörte meine Mutter nichts mehr.

So vergingen die Jahre recht und schlecht, mit sehr vielen Tagen ohne ein Stück Brot, geschweige denn etwas anderem. Ich erinnere mich sehr genau: Wenn ich meine Mutter fragte, was es zu essen gäbe, sagte sie immer: „Was von gestern übrig ist", und ich antwortete: „Es ist ja nichts übrig geblieben", weil wir da ja auch nichts hatten. „Na eben", sagte die Mutter, „dann gibt es leider nichts."

Wenn ich einmal, was äußerst selten vorkam, im Sommer ein Glas kalte Milch und eine Buttersemmel bekam, war das für mich ein Königreich, und ich könnte auf das allertollste Essen mit Freuden verzichten, wenn ich noch einmal diesen herrlichen Geschmack der Buttersemmel und des Glases Milch empfinden könnte, den ich damals als Kind empfand. Oder ein Schusterlaberl* mit heißem Leberkäse* vom Pferdefleischhauer, das war eine wahre Köstlichkeit – leider aber allzu selten! . . .

Es ging uns nun so schlecht, dass meine Mutter nicht mehr aus noch ein wusste, aber es wurde uns wieder einmal von einem guten Menschen geholfen, und zwar durch den Schwiegersohn der Kohlenhändlerfamilie, zu der meine Mutter waschen ging. Dieser war Offizier und vermittelte meiner Mutter, dass sie dreimal in der Woche aus der Küche der Kaserne, wo er stationiert war, Essen holen konnte. Wir bekamen immer schöne Portionen, sodass wir uns richtig satt essen konnten und manches Mal auch noch für den nächsten Tag was übrig blieb.

Auch an eine Zuckerfabrik im Marchfeld schrieb meine Mutter. Wir bekamen dann von dort zweimal im Jahr einen Karton Würfelzucker gratis. ...

Es ist für mich unvergessen, wie Herr Grünzweig – ein Jude, der mit Bettwäsche von Haus zu Haus ging – mir hin und wieder ein Zehngroschenstück in die Hand drückte, damit ich mir was kaufen konnte. Wie dankbar war man für jede Kleinigkeit!

Einmal bekam ich bei der Familie des Hausmeisters ein Mittagessen, das mir prächtig schmeckte, nur, als ich dies freudestrahlend meiner Mutter erzählte, bekam ich Besuchsverbot für die Hausmeisterwohnung – es war nämlich Hundefleisch. Aber mir hatte es so gut geschmeckt und auch wieder einmal meinen Hunger gestillt. ...

In der Arbeitersiedlung nahm Luise Zipperles Mutter aufgrund ihrer religiösen Lebenshaltung eher eine Außenseiterstellung ein. Da die Notsituation kein Ende fand, erinnerte sie sich ihres vor Jahren abgelegten Gelübdes und unternahm zwei Wallfahrten nach Mariazell. Als auch dies keine Veränderung brachte, entschloss sie sich ein Jahr darauf zu einer dritten Wallfahrt, gemeinsam mit der Tochter.

Im Sommer 1935, ich war im dreizehnten Lebensjahr, sagte meine Mutter zu mir: „Es bleibt uns nichts anderes übrig. Wir müssen das Opfer bringen und zusammen nach Mariazell gehen. Ich wollte es dir so gerne ersparen, mein Kind, aber ich muss nun mein vor langen Jahren gegebenes Versprechen halten und mit dir gehen. Denn ich kann dir nichts mehr zu essen geben, meine beiden Opfer waren anscheinend zu wenig."

So zogen wir mit einem Rucksack, in dem das Notdürftigste an Kleidung eingepackt war, und einer Flasche schwarzem Kaffee gegen den ärgsten Durst los. Ich glaube fest, dass meine Mutter nicht einen Groschen Geld hatte, denn ich sah nichts dergleichen, wenn wir irgendwo Rast machten. Aber eines hatte sie zur Genüge: Mut! Ich muss sie noch heute bewundern, wenn ich daran denke, was sie auf sich genommen hat. Es war ein Mittwoch, als wir bei strahlendem Sonnenschein frühmorgens in Wiener Neustadt aufbrachen, um die Wallfahrt anzutreten.

Der erste Tag brachte uns nach Gutenstein, wo meine Mutter in einem Gasthaus um etwas zu essen und um Quartier bat. Die Wirtsleute waren nicht allzu begeistert, gaben uns aber doch zu essen, und auch schlafen durften wir, ohne zu bezahlen, als wir sagten, wohin unser Weg führen sollte. Nach einem guten Frühstück ging es am nächsten Morgen wieder weiter.

Immer zur rechten Zeit, gerade wenn der Hunger wieder rumorte, trieb meine Mutter etwas Essbares auf. Meist war es nicht allzu viel, etwa eine Kohlrübe oder ein paar Möhren, wenn irgendwo eine Frau in einem Garten war, wo wir gerade vorbeikamen, manches Mal aber auch ein Stück Schmalzbrot.

An diesem Tag kamen wir bis zur „Kalten Kuchl" – so heißt dort die Gegend – wo wir in einem Bauernhaus bei sehr guten Menschen Quartier und reichlich zu essen bekamen, als meine Mutter unser Reiseziel nannte. Außerdem durften wir in der so genannten „guten Stube" schlafen, in herrlichen Betten. Am nächsten Morgen bekamen wir ein ausgiebiges Frühstück und eine ordentliche Wegzehrung mit auf den Weg sowie viele gute Wünsche für ein gutes Gelingen unserer Pilgerreise.

Frohen Mutes gingen wir unseres Weges, und ich habe nur dies in unheimlicher Erinnerung: Als wir den Weg durch den „Langen Wald" gingen – ich glaube, der heißt wirklich so – sagte meine Mutter, es würde uns hier niemand suchen, wenn uns etwas zustoßen sollte. Wir trafen nur einen Mann, und der war uns schon unheimlich genug, obwohl er uns sehr freundlich grüßte. Der Weg durch diesen Wald war sehr schön, vor allem weil uns die ärgste Hitze erspart blieb, die das Gehen auf offener Straße zur Qual machte.

Als wir diesen Wald hinter uns gebracht hatten und wieder in bewohnte Gegenden kamen, sahen wir ein Gewitter aufziehen und mussten uns daher vorzeitig um eine Unterkunft für die Nacht umsehen, wenn wir nicht nass werden wollten. Wir hatten diesmal einige Schwierigkeiten, bis wir zum „Gasthof an der österreichischen Grenze" kamen. Die Wirtsleute waren nicht gerade entzückt über uns und unser Ansinnen: ein kostenloses Quartier und etwas zu essen. Wir bekamen dann doch eine warme Suppe, mussten aber im Stall übernachten. Meine Mutter machte kein Auge zu, weil immer wieder Ratten lautlos umherhuschten und sie alle Ängste ausstand, dass uns diese Viecher beißen könnten. Gott sei Dank passierte nichts, und wir konnten nach einem Frühstück frisch gestärkt – gewaschen haben wir uns beim Brunnen im Hof – und für die Gutmütigkeit der Wirtsleute dankend, unbeirrbar unserem Ziel entgegengehen.

Auf einmal war es so weit. Wir waren über einen Berg marschiert, und, auf der Höhe angelangt, da sahen wir plötzlich im Sonnenglanz das Heiligtum – die Basilika von Mariazell – vor uns liegen. Dieses Gefühl kann man nicht beschreiben, das einen in so einem Augenblick bewegt. Wenn man, nach so vielen Strapazen und Entbehrungen, die eine Fußwallfahrt mit sich bringt – vor allem ohne Geld und nur auf gute Menschen angewiesen – das heiß ersehnte Ziel vor Augen hat.

Mit freudig bewegtem Herzen legten wir den Rest des Weges zurück und gingen, so wie wir waren, verstaubt und verschwitzt gleich zur Gnadenmutter von Mariazell, um unser Opfer in einem stillen Gebet der barmherzigen Mutter zu Füßen zu legen. Ich kann das Gefühl meiner lieben Mutter nicht beschreiben, als sie weinend vor dem Gnadenaltar niederkniete, aber ein klein wenig nachfühlen kann ich es heute schon.

Eine Frau, die auch gerade in der Kirche war, fragte mich, woher wir kämen, und als ich es ihr sagte, war sie sehr beeindruckt. Sie drückte mir etwas Geld in die Hand, damit wir uns was zu essen kaufen konnten.

Bei Familie Murg fanden wir freundliche Aufnahme und brauchten nichts für die Übernachtung zu bezahlen. Sehr hart waren dagegen die frommen Frauen vom Marienheim, von denen wir eigentlich mehr Nächstenliebe erwartet hätten. Vor lauter Hunger machte ich nämlich kein Kreuzzeichen vor dem Essen, worauf mich eine Schwester sofort belehrte: „Wenn man nicht betet, braucht man auch nicht essen!"

Diese Schwester hatte sicher in ihrem Leben noch nicht so viel Hunger leiden müssen wie ich.

Das Mittagessen bekamen wir im Pfarrhof von Mariazell auch gratis; so ging es uns unter dem Schutzmantel Mariens nicht schlecht. Leider ging auch diese Zeit vorbei, und wir mussten wieder an die Heimreise denken. . . .

Diese dauerte noch fast eine Woche und führte – wiederum großteils zu Fuß – vorerst nach Bruck an der Mur, wo eine Schwester der Mutter besucht wurde, und dann über Mürzzuschlag und den Semmering zurück nach Wiener Neustadt.

Um Mitternacht sind wir endlich im Stadtpark von Wiener Neustadt angekommen, und nach einer kurzen Rast auf einer Bank schritten wir den letzten Rest des Weges – ungefähr eine halbe Stunde – mit letzter Kraft und Energie zu Ende. Als wir in unsere ärmliche Behausung eintraten, waren wir glücklich und froh, wieder daheim zu sein, alles gut überstanden und ein schon lange gegebenes Versprechen eingelöst zu haben. Dass uns die Muttergottes von Mariazell beschützt hat, muss man wohl nicht eigens erwähnen!

Irgendwie bekam meine Mutter nun doch immer wieder Arbeit. Sie war ja nicht zu faul oder zu bequem. Außerdem sammelten wir Heilkräuter, die man im Schatten trocknen musste und in einem Lagerhaus abliefern konnte, wo man laut Gewicht sofort Bargeld dafür bekam. Im Wald sammelten wir Holz und Bockerln*, um wenigstens im Sommer den Brennstoff nicht kaufen zu müssen. Strom konnte man sich ja nicht leisten, als Lichtquelle besaßen wir eine Petroleumlampe.

Eine der schönsten Erinnerungen meiner Kindheit ist wohl die, wenn meine Mutter selbst den Teig für einen Laib Brot knetete, diesen dann in ein Simperl* gab und zum Bäcker trug, der gegen ein kleines Entgelt diesen Laib mitgebacken hat. Wie köstlich schmeckte dieses Brot, wenn mir meine Mutter das erste Stück, das Scherzl, reichte! Es war leider viel zu selten, bleibt mir aber bis heute unvergessen. Trotz der harten Zeiten und aller Umstände denke ich gerne daran zurück, denn Zusammenhalten und Füreinander-da-Sein erlebt man nur in wirtschaftlich schweren Zeiten.

Unsere Nachbarn auf der einen Seite waren so gemischte Leute. Die Frau war eine Zigeunerin, aber schon „verblüht". Er, eine verkrachte Existenz mit heruntergetretenen Absätzen, hatte immer einen verbeulten Rock an – auch im Sommer –, um darin die Rumflasche zu verstecken. Wie er zu Geld kam, weiß ich nicht, denn es waren ja alle arbeitslos. Wie selig er immer daherwankte, wenn er wieder mal „getankt" hatte, habe ich heute noch vor Augen.

Es gab drei Sorten von Kindern in dieser Familie. Die Frau hatte drei schon erwachsene Kinder, von ihm waren auch zwei Söhne da, und gemeinsam hatten sie noch sechs Kinder. Es herrschten furchtbare Zustände, denn so viele Betten hätten in der Zimmer-Küche-Wohnung ja gar nicht aufgestellt werden können, obwohl das Zimmer groß war. Also schlief man eben, wie man zusammengehörte: die Buben bei den Buben und die Mädchen ebenfalls beisammen. Der Jüngste durfte immer bei den Eltern schlafen und wurde noch gestillt, als er schon vier Jahre alt war. Das geschah im Sommer ganz ungeniert im Freien, auch wenn wir anderen Kinder da drumherum waren. Ich konnte das nicht begreifen.

Wenn dieser Mann mal keinen Rausch hatte, ging er die Wohnung sauber machen, denn die Frau war im Sommer immer heraußen im Hof; aber auch im Winter tat sie außer kochen nicht viel. Wir kamen mit diesen Leuten trotzdem gut aus, denn gestritten wurde in dieser Familie nur unter den Kindern; mit anderen Leuten gab es keine Zerwürfnisse, soweit ich das verfolgen konnte. Alle grüßten sich, man saß draußen auf der Wiese zusammen, und es wurde allerlei erzählt, wovon wir Kinder meistens nichts verstanden haben oder auch weggeschickt wurden.

Mit den drei jüngeren Mädchen der Familie haben wir sehr viel zusammen gesungen. Zwei davon gingen mit mir in die gleiche Klasse – eine war sitzengeblieben –, und wir verstanden uns ausgezeichnet. Nur brachte ich eines Tages Läuse aus der Schule heim. Ich saß eine Bank vor den beiden, und da wir die Köpfe immer zusammensteckten, ist es halt passiert. Nachdem mich meine Mutter hergenommen und mir den Kopf mit Petroleum eingerieben hatte, waren die Läuse zwar weg, aber ich hatte auch Wunden davongetragen; der Hals hat diese Prozedur nicht ohne Weiteres verkraftet. All dies tat der Freundschaft jedoch keinen Abbruch, und wir teilten weiter Freud und Leid, auch als wir dann schon erwachsen waren.

So manche Sommernacht, wenn die lieben, kleinen Haustiere, die nur nachts kommen, wenn anständige, müde Menschen zu Bett gehen, uns recht quälten, nahmen wir Decke und Polster, um auf der Wiese vor dem Haus zu schlafen. Es passierte nicht die kleinste Geringfügigkeit. Wir waren wie eine große Familie, es brauchte niemand Angst zu haben, und wir hatten auch keine. Wir hielten zusammen wie Pech und Schwefel. . . .

Meine Mutter nahm mich überallhin mit, wo sie Arbeit hatte, und am Vormittag war ich in der Schule – somit war ich doch nicht allzu oft zu Hause. Aber einmal erlebte ich etwas, als ich zufällig daheim war – nicht sehr erfreulich, aber dennoch ein Erlebnis meiner Kindheit. Es traf mich ganz unverschuldet und mit der ganzen Härte, im wahrsten Sinne des Wortes:

Es war ein herrlicher Sommertag, und Lesen war meine große Leidenschaft. Ich hatte mir ein Buch aus der Schulbücherei mit nach Hause genommen, welches sehr spannend und faszinierend war. Um mich ungestört meiner Lektüre widmen zu können, von der mich die anderen Kinder sicher abgehalten hätten, legte ich mich ins Bett. Möglicherweise bin ich vor Hunger oder vor Müdigkeit eingeschlafen. Wir wohnten ebenerdig, und ich hatte die Türe von innen mit einem Haken verschlossen. Jedenfalls hörte ich nicht, wie meine Mutter heimkam und hereinwollte. Trotz aller Bemühungen war ich nicht wach zu kriegen. Man wollte sogar mit einem dicken Stock die Türe ausheben, was aber nicht gelang. Endlich hatte ein Nachbar die Idee nachzusehen, ob das Fenster offen wäre. Somit konnte er einsteigen und die Türe von innen öffnen.

Was dann passierte, war ganz furchtbar: Meine Mutter stürzte herein, den dicken Stock in der Hand, und schlug auf mich ein wie eine Verrückte. Ich wusste nicht, wie mir geschah. Als die Wut verraucht war, sah meine Mutter erst, was sie angerichtet hatte. Mir sprangen überall dort, wo sie mich getroffen hatte, fingerdicke Riegeln* auf, wie ich dies niemals vorher und auch in meinem späteren Leben nie mehr hatte. Meine Mutter hat es nie verwinden können, dass sie sich von den Nachbarn so hatte hineinhetzen lassen. Sie hat oft und oft bedauert, was damals passierte.

Wenn ich meine Jugendzeit mit der heutigen Jugend vergleiche, möchte ich fast Mitleid haben, denn so hart unsere Jugend war, wir hatten immer fröhliche Spiele miteinander, wie zum Beispiel „Räuber und Gendarm", „Ist die schwarze Köchin da?", „Uhren verkaufen", „Verstecken" und vieles mehr, was sich eben Kinder einer so großen Hausgemeinschaft einfallen lassen. Wie oft haben wir am Abend miteinander gesungen. Es gab auch einige Mandolinespieler, die uns viele Sommerabende mit ihrem Spiel verschönten. . . .

Ganz besondere Erlebnisse waren für meine Mutter und mich Theaterbesuche. Der Jungfrauenverein und die Kolpingbrüder, also christliche Vereine, führten sehr schöne Volksstücke auf, alles mit Laienspielern. Das Haus war immer ausverkauft, wenn es eine Aufführung gab. Der Saal, wo gespielt wurde, hatte nicht annähernd die Größe eines Kinosaals, aber die Atmosphäre war unvergleichlich. Es war fast wie eine große Familie, und alle waren für das Dargebotene dankbar. Meine Mutter war eine sehr fleißige Kartenverkäuferin, daher hatten wir den doppelten Genuss: eine schöne Aufführung, noch dazu gratis. So bescheiden war man damals und so dankbar für ein paar unterhaltsame Stunden im Kreise Gleichgesinnter.

Nach so einer Aufführung geschah dann Folgendes. Es war für mich persönlich ein wirklich furchtbares Erlebnis: Wir gingen am späteren Abend – eben als die Theatervorstellung zu Ende war – in Richtung Flugfeld*, wo unsere Wohnung lag, und hatten nicht mehr weit zur Haustüre. Es ging ein starker Sturm, und wir mussten uns ganz schön dagegenstemmen, um weiterzukommen. Das Haus, in dem wir wohnten, bildete einen u-förmigen Block und war für uns Kinder ein herrlicher Spielplatz, da wir immer geschützt waren gegenüber dem freien Flugfeld, welches unmittelbar dahinter lag. Dieser Sturm, mit dem wir auf dem

Heimweg schon so arg zu kämpfen hatten, weitete sich zu einem Orkan aus, und ich wusste nicht, wie mir geschah. Ich wurde von einer Bö erfasst und mit aller Wucht wie ein Blatt ganz willenlos davongetrieben in Richtung Eisenbahnschienen der Südbahntrasse. Ich musste laufen, ob ich wollte oder nicht, ich hatte keine Kraft, mich dagegen zu stemmen. Zum Glück standen einige Männer vor der Haustür beisammen, und einer von ihnen bekam mit, was da los war. Er lief mir ohne Zögern nach, um mich mit starker Hand zurückzuführen zu meiner ganz verzweifelten Mutter. Möglicherweise hat mir dieser Mann sogar das Leben gerettet.

Die Schuljahre gingen bis zur ersten Hauptschulklasse gut vorüber, aber dann bekam ich einen Fachlehrer, dem ich anscheinend nicht sympathisch war. Der Lernerfolg ließ nach, und ich musste die Klasse wiederholen. Ich kam auch an eine andere Schule, wo ich fast eine Stunde Fußmarsch hatte für eine Strecke – im Winter, wenn viel Schnee lag, noch länger. Aber dort hatte ich eine Lehrerin, die ich heiß verehrte. Sie verstand es, mit uns Kindern umzugehen, und machte uns das Lernen wirklich zur Freude.

Nach diesem Jahr kam ich wieder in die Hauptschule zurück – leider wieder zu diesem Fachlehrer. Ich war dann sehr froh, als ich im Dezember die Schule verlassen konnte. Damals musste man nicht bis zum Schulschluss warten, sondern konnte, sobald man vierzehn Jahre alt war, auch während des Jahres austreten.

Mein Wunsch wäre es nun gewesen, die Schneiderei zu erlernen. Meine Mutter ging mit mir zu einer Meisterin, bei der ich hätte anfangen können. Dies scheiterte jedoch an den Finanzen, denn man musste damals einen Betrag von 30 Schilling per Monat bezahlen, und dieses Geld konnte meine Mutter nicht aufbringen. Also musste ich mich um etwas anderes umschauen, um mir mein Brot selbst zu verdienen, wie es so schön heißt.

Durch Bekannte wurde ich an eine Familie mit vier Kindern vermittelt und musste gleich fest zupacken bei allen anfallenden Arbeiten. Der Jüngste war erst ein paar Monate alt und brauchte viel Liebe und Betreuung. Ich hatte ja mit kleinen Kindern keinerlei Erfahrung, aber ich hatte den guten Willen, alles recht zu machen, und ich kann heute sagen, dass es mir gelungen ist. Denn als die Familie aus beruflichen Gründen in eine andere Stadt übersiedeln musste, war es ein schwerer Abschied für beide Seiten. Man wollte mich sogar mitnehmen, aber ich konnte doch meine Mutter nicht alleine lassen.

Nun sprang meine Firmpatin ein, die mich schon von klein auf kannte und mir viele Hungertage ersparte. Sie war wie eine zweite Mutter zu mir und brachte mich zu einer ihr gut bekannten Familie nach Felixdorf, wo ich unter anderem die Ziegen des Dorfes und die der Familie hüten musste. Das war eine Arbeit! Diese Tiere sind ja so heikel und schreien unentwegt, wenn das Futter nicht passt. Aber leider gab es auf der Heide nichts Besseres, und notgedrungen mussten sie halt fressen, was da war. Wir waren zu zweit und hatten ganz schön zu tun, um die Tiere beisammenzuhalten und sie dann am frühen Nachmittag wieder nach Hause zu treiben. Es ging mir bei dieser Familie – bis auf die Arbeit mit den Ziegen – eigentlich recht gut. Dieses Ehepaar hatte selber keine Kinder, und ich durfte überall mitgehen, wenn eine Tombola war oder ein Kirchtag. Ich bekam auch immer kleine Geschenke, hatte genug und gut zu essen, und sie waren auch zufrieden mit mir.

Dennoch rückte ich eines Tages – ich war allein zu Hause geblieben – mit Sack und Pack in Richtung Wiener Neustadt aus. Ich bekam ganz furchtbare Schmerzen im Bauch, wusste nicht ein noch aus und war am Boden zerstört, als die Bescherung losging. Ich getraute mich nicht zu fragen, weil ich mich schämte – aufgeklärt wurde man ja auch nicht –, also war für mich das Naheliegendste, zu meiner Mutter nach Hause zu gehen. Ich dachte an nichts und niemanden, nur mein Weltschmerz zählte.

Dass sich die Familie um mich Sorgen machen würde, da die Verantwortung für mich ja bei ihnen lag, kam mir überhaupt nicht in den Sinn. Ich wollte nur heim. Es war ein weiter Weg von Felixdorf nach Wiener Neustadt, und die Hitze auf der staubigen Straße, auf der ich dahinzog, war fast unerträglich. Ich selbst muss ein Bild des Jammers gewesen sein, denn ein Handwerksbursche, der in der gleichen Richtung unterwegs war, wollte mir meinen Koffer tragen helfen, was ich dankend ablehnte. Ich hatte Angst um mein bisschen Hab und Gut, also schleppte ich mich mühsam weiter, bis ich nach Stunden, müde und verstaubt, aber restlos glücklich, wieder bei meiner Mutter zu Hause war. Sie fiel fast in Ohnmacht, als ich bei der Türe hereinkam und von meinem Abenteuer erzählte. Was ein Mensch auszuhalten imstande ist, habe ich damals erstmals am eigenen Leib erfahren.

Meine Firmpatin, die ich am nächsten Tag gleich aufsuchte, um ihr alles zu gestehen, hat mich eigentlich besser verstanden als meine Mutter, denn die hielt es noch immer nicht für notwendig, mich aufzuklären, dass ein Mädchen eben zur Frau wird, und die ganzen Umstände, die zum Leben dazugehören. Es war von Seiten meiner Mutter eigentlich eine „Vogel-Strauß-Politik".

Meine Mutter kannte einen Religionsprofessor. Von seiner Mutter erhielten wir zu Weihnachten immer ein großes Paket mit Lebensmitteln und Süßigkeiten sowie viele andere nützliche Dinge, was einem gerade in dieser Zeit das Herz erfreute. Dafür waren wir auch sehr, sehr dankbar. Besagter Professor verwendete sich für mich bei den Schwestern des Klosters in Theresienfeld, sodass ich einen Freiplatz für die zweijährige Haushaltsschule bekam. Diese Schule wurde mit einem Abschlusszeugnis beendet.

In diesem Kloster waren auch schwer erziehbare Mädchen untergebracht, die aus irgendeinem Grunde mit dem Gesetz in Konflikt geraten waren und nun hier ihre Strafe verbüßen mussten, mit denen man aber im Grunde genommen sehr gut auskam. Die Klosterfrauen waren alle sehr um uns bemüht, ganz besonders aber um diese schwer erziehbaren Mädchen. Wir wurden nicht abgesondert, sondern alle waren beisammen – die Privaten mit den Straffälligen –, und wir hatten immer ein gutes Einvernehmen. Wenn wir uns mit einer Aufsichtsschwester in Gruppen zu je zehn Mädchen unterhielten und verschiedene Spiele machten, ging es immer munter und lustig zu.

Tagsüber wurden wir mit den verschiedensten Aufgaben betraut, da ja alles, was wir im Hause brauchten, selbst hergestellt wurde, ob es nun Bekleidung, Wäsche oder Schuhe waren. Auch eine große Landwirtschaft gehörte dazu und wurde von den Schwestern selbst betreut. Es gab nur einen Mann im Kloster, der für die Reparaturen zuständig war, die von den Schwestern nicht gemacht werden konnten. Dieser Mann hatte eine eigene kleine Wohnung, wo er mit seiner Frau lebte.

Alle Mädchen trugen die gleichen Kleider und Schürzen, je nach Jahreszeit leichte oder warme Kleider und am Sonntag zum Kirchgang auch einen Hut zur Sonntagskleidung. Im Sommer war es ein Stroh- und im Winter ein Filzhut. Nur die Leibwäsche und die Schuhe waren unser Eigentum. Alles war mit einer Nummer gekennzeichnet, so konnte nichts vertauscht werden. Wenn wir am Sonntag in die hauseigene Kapelle zum Gottesdienst gingen, mussten wir uns auf einem langen Gang umziehen, wo genau nach laufender Nummer, die wir bei Eintritt in das Kloster bekommen hatten, die jeweiligen Kleider an Haken hingen. Wenn alle fertig umgezogen waren, gingen wir zum Gottesdienst und anschließend zum gemeinsamen Frühstück. Trotz der vielen Mädchen ging diese Prozedur immer ohne großes Rangeln oder Murren vonstatten.

Einmal in der Woche war Wannenbad, und das war ganz toll, denn es gab dafür ein eigenes Hemd, welches nicht ausgezogen werden durfte – auch nicht beim Waschen! Es gab viele Kabinen mit Wannen, und wir kamen immer in Gruppen, damit nicht alle auf einmal da waren, denn das wäre platzmäßig nicht möglich gewesen. Es wurde halt auf den ganzen Tag aufgeteilt.

Nun war dieser Vorgang, mit diesem Hemd zu baden, ja nicht allzu praktisch, also zog ich es aus, um es nach dem Baden, bevor ich aus der Kabine ging, wieder überzuziehen und somit keinen Ärger mit der Schwester zu bekommen. Wären wir erwischt worden, hätten wir einer Strafe gewiss sein können. Deren gab es einige, wenn gegen die bestehenden Gesetze verstoßen wurde. Man suchte schon, diesen Strafen auszuweichen.

Wenn ein Mädchen zum Beispiel bei einer Lüge erwischt wurde, musste es mit einer dunklen Haube mit einer daran aufgenähten langen, roten Zunge den ganzen Tag umhergehen. Kein sehr angenehmes Gefühl! Am Abend musste dann um Verzeihung gebeten werden, erst dann durfte die

Haube abgenommen werden. Keine von uns hatte Freude an einer derartigen Strafe, und es kam äußerst selten vor, dass ein Mädchen so „verziert" gesehen wurde. Wenn man in einer großen Gemeinschaft leben muss, muss man halt auch die Gesetze einhalten, die da vorgeschrieben sind.

Wir hatten abwechselnd Küchendienst und mussten servieren, Geschirr abwaschen und wieder alles sauber machen. Es war immer ein Mordsspaß, weil wir ja viele waren.

Einmal im Monat gab es Besuchserlaubnis, und jedes Mal fühlten beide Teile zuerst die große Wiedersehensfreude, jedoch auch den großen Trennungsschmerz, wenn es Abschied nehmen hieß. Da packte einen halt das Heimweh, ob man wollte oder nicht. Es ging mir ja sehr gut, denn ich hatte genug und gut zu essen; auch lernten wir bei den Schwestern wirklich viel, vor allem bei den Handarbeiten. Auch die Gemeinschaft mit den Mädchen war schön, aber immer wieder, wenn die Besuchszeit aus war, gab es auch den harten Trennungsschmerz.

Da ich immer sehr gerne gesungen habe und meine Stimme gut war, wurde ich eines Tages zu Mutter Cäcilie gerufen und musste vorsingen. Da meine Stimme anscheinend den Erwartungen entsprach, wurde ich gefragt, ob ich im Kirchenchor mitsingen wolle; allerdings müsste ich die Proben fleißig besuchen. Ich war natürlich sehr stolz auf meine neue Aufgabe und habe keine Probe versäumt. Es war wieder etwas Neues in mein Leben getreten. . . .

Mit Riesenschritten nahte das schönste Fest des Jahres – Weihnachten – heran, und mit viel Liebe und Eifer studierten wir ein Theaterstück ein, in dem ich einen Engel darzustellen hatte. Ich war mit Feuereifer bei der Sache, denn dies war ja ein wunderbares Erlebnis für mich. Die Aufführung war ein großer Erfolg, und alle Mädchen, die mitgewirkt hatten, waren sehr stolz. Die Zuseher sparten nicht mit Beifall, und dies war der allerschönste Dank für uns alle, die wir das Stück mit so viel Eifer einstudiert hatten.

Nach der Aufführung gab es dann eine allgemeine Bescherung, und jedes Mädchen bekam ein kleines Packerl mit etwas Nützlichem und Süßigkeiten. Es war alles so festlich und stimmungsvoll für uns, dass man am liebsten vor Freude geweint hätte.

Es ging dann gemeinsam in den Speisesaal zu einem Festessen und um Mitternacht in die Kapelle zur Christmette. Wie schön und froh man in einer Gemeinschaft feiern kann, habe ich hier erstmals erlebt und auch nie mehr so innig wie hier.

Wir hatten ja auch zu Hause jedes Jahr einen kleinen Baum, der aufgeputzt wurde. Wir stellten eine schöne Krippe darunter, die heute noch in meinem Besitz ist. Dann gingen wir bei Kälte und knirschendem Schnee in die Domkirche – eine gute halbe Stunde zu Fuß – um in der Christmette die Geburt unseres Herrn mitzufeiern. Wenn wir dann wieder unser Heim erreicht hatten, räumten wir vor Hunger den so mühsam aufgeputzten Baum wieder ab, um diesen zu „entlasten". So ging dies jedes Jahr, und gerade darum war diese Weihnacht im Kloster etwas so Einmaliges und Erhabenes, so ein inniges Erlebnis, wie man es nicht beschreiben, sondern nur erleben kann. . . .

Im Kloster ging das Leben den gewohnten Gang, bis zu dem Tag, an dem uns die liebe Mutter mitteilte, dass wir uns alle am Nachmittag in der „Klasse" einfinden mögen. Es war dies ein großer Raum, wo für alle Mädchen lange Sesselreihen hintereinander standen. An der Stirnseite dieses Raumes war ein breiter Kathder, wo gleichzeitig drei Schwestern sitzen konnten, um uns Mädchen zu beaufsichtigen.

Wir waren ja alle ahnungslos gegenüber allem, was sich „draußen" zu entwickeln begonnen hatte, da wir ja hinter dicken Mauern vollkommen von der Außenwelt isoliert waren. Wir waren eine Welt für uns, mit allem, was dies mit sich bringt.

Die liebe Mutter kam nun in die Klasse und stellte einen Radioapparat auf den Kathder und schaltete ein. Wir starrten alle gebannt darauf und warteten, was nun kommen würde. Es gab da einige Reden, und dann hieß es: „Es spricht unser Bundeskanzler Dr. Schuschnigg . . ." Ich kann mich nicht mehr an den Wortlaut erinnern, nur dies blieb mir in ganz bewusster Erinnerung und machte uns alle sehr betroffen, diese letzten Worte: „Gott schütze Österreich!" Es war unheimlich, weil man ja nicht wusste, was nun kommen würde; nur, dass etwas auf uns zukommen würde, war auch für uns Ahnungslose gewiss.

Es dauerte nicht mehr allzu lange, und die „Befreier" kamen auch in Theresienfeld vorbei, um mit Lastautos und Panzern in Richtung Wiener Neustadt weiterzufahren. Wir durften zuschauen, und zu diesem Zweck wurde das große Tor geöffnet, welches sonst immer verschlossen war. Es waren junge Soldaten, die uns freundlich zuwinkten und von den Menschen an der Straße freundlich begrüßt wurden.

Einige Tage nach diesem Ereignis kam meine Mutter ganz aufgeregt in das Kloster und holte mich heim. Ihr war die ganze Situation unheimlich geworden. Das Haus, in dem wir wohnten – es lag auf dem Gelände des Flugplatzes –, wurde nun zur Hälfte vom Militär beschlagnahmt. Für meine Mutter, die nun immer wieder den neuen Gruß „Heil Hitler!" hörte und nichts damit anzufangen wusste, war ich nun eben die ganze Stütze, um all dies leichter ertragen zu können. Ich packte also meine paar Habseligkeiten zusammen, durfte mich aber nicht von all meinen lieb gewordenen Freundinnen verabschieden, damit diese nicht rebellisch wurden, und ging mit meiner Mutter nach Hause. Das Kloster wurde übrigens später aufgelassen, und die noch darin befindlichen Mädchen durften vorzeitig nach Hause.

Für mich hieß es nun wieder auf Arbeitssuche zu gehen, und ich fand diese bei einem netten, älteren Ehepaar. Es waren zwei wirklich liebe, alte Leute, die mich gleich ins Herz schlossen und mich am liebsten ganz für sich gehabt hätten. Aber dagegen hatte meine Mutter etwas!

Da nun immer mehr Militär als Besatzung kam und unser ganzes Haus in Anspruch nahm, mussten auch die restlichen Parteien das Haus räumen und in andere Wohnungen übersiedeln, die man zugewiesen bekam. Nunmehr waren alle Parteien, die einstmals hier gewohnt hatten, zerstreut, und damit ging ein Lebensabschnitt, der viel Kummer und Leid, aber auch viel Freude in sich geborgen hatte, zu Ende. Es ging uns – bis auf einige Ausnahmen – allen gleich schlecht, und dennoch habe ich in meinem späteren Leben nicht mehr diesen großartigen Zusammenhalt erlebt wie bei diesen 32 Hausparteien der „Werft" – so wurde das Haus genannt, von dem heute, durch die späteren Kriegseinwirkungen, nichts mehr vorhanden ist.

Mit dem Verlassen unserer kleinen, armen, aber doch so vertrauten Welt der Kindheit war ein großes Kapitel meines Lebens abgeschlossen. Wir übersiedelten nun in die innere Stadt, in ein altes, denkmalgeschütztes Haus, welches von Bomben zwar weitgehend verschont blieb, dann aber doch der Spitzhacke zum Opfer fiel. Ein paar Monate verbrachte ich noch bei dem alten Ehepaar, musste dann aber, wie alle Mädchen meines Alters, das Pflichtjahr* machen oder zum Arbeitsdienst* gehen.

Ich für meine Person wäre ja gerne mit meiner Freundin nach Pommern gefahren, um dort das Pflicht- oder Landjahr zu machen. Aber dagegen hatte meine Mutter etwas und brachte so viele Einwände, dass ich mich überreden ließ – unter der Bedingung, dass meine Mutter alles rückgängig machte. Ich hatte mich schon abgemeldet und meine Sachen gepackt, am nächsten Morgen wäre die Reise losgegangen. Meine Mutter brachte alles in Ordnung, und mir erwuchsen daraus keine Schwierigkeiten. Nun kam ich zu einer Gastwirtin, und das Schöne daran war, dass dieses Gasthaus gleich unserer neuen Wohnung gegenüber lag und ich nicht weit zu gehen hatte. Um 7 Uhr 30 begann mein Dienst und endete meistens erst gegen 22 Uhr oder auch noch später, wenn die Studenten ihre Abende hatten und ich bedienen musste.

Ich war „Mädchen für alles", musste einkaufen, aufräumen, beim Kochen helfen, Inventar putzen – ganz schön anstrengend. Kurzum, es gab nichts, wo ich nicht Verwendung gefunden hätte. Nur beim Essen wurde gespart, und die Bezahlung ließ überhaupt zu wünschen übrig – vier Mark pro Woche. Gäste waren ja vorhanden, diese hatten aber, wie die meisten damals, kein Geld und ließen anschreiben. Es dauerte immer geraume Zeit, bis wieder einmal bezahlt wurde. Es war ein Weiterwursteln.

Wir waren zu zweit und mussten uns ganz schön dranhalten. Auch mit dem Essen war es nicht weit her. Eines Tages bekamen wir zu Mittag Gemüse und Fleisch – eine Rarität –, und wir wunderten uns sehr. Doch als wir das Fleisch genauer ansahen, war es verschimmelt und den Gästen nicht zumutbar. Das reichte uns: Wir verweigerten die Arbeit und gingen nach Hause. Da bekam es unsere Arbeitgeberin doch mit der Angst zu tun. Sie holte uns unter viel gutem Zureden ab. Wir sollten doch die Arbeit wieder aufnehmen, sie würde alles wieder gutmachen. Wir waren gutmütig genug, dies zu glauben, aber leider hat sich nichts geändert. ...

Da die Zeiten sehr schwierig waren und Geld natürlich Mangelware, ging das Geschäft so recht und schlecht; nur einige Stammgäste gab es, die das Konsumierte auch regelmäßig bezahlen konnten. Zu ihnen gehörten auch zwei Studentenverbindungen. Unter ihnen gab es sehr nette, freundliche Burschen, aber auch solche, die nur hoch hinaus wollten und auf einen freundlichen Gruß nicht einmal dankten. Einer von diesen hatte es mir angetan. Obwohl er eigentlich immer sehr ernst und reserviert war, bekam ich jedes Mal Herzklopfen, wenn er nur zur Türe hereinkam.

Eines Tages begann er sich doch für mich zu interessieren und begleitete mich immer, wenn ich mit dem Hund ausgehen musste. Ja, und so begann meine erste Liebe, die im Leben wohl das Schönste ist. Ich war überglücklich, obwohl ich ja keinerlei Erfahrungen besaß, was das männliche Geschlecht anging. Wir verlebten eine wunderschöne Zeit, und es wurde von Heirat gesprochen. Nur etwas störte mich und gab mir auch ein wenig zu denken: Für meine Mutter hätte es in seinem Haus keine Besuchserlaubnis gegeben, von anderen Verwandten ganz zu schweigen. Seine Meinung war die, dass er mich heirate und keine Verwandten. Das war schon ein arger Schock für mich. Aber ich dachte halt, dass sich dies im Laufe der Zeit sicher einrichten würde.

Da kam aber etwas ganz anderes, Furchtbares dazwischen und änderte die Situation mit einem Schlag. Es gab noch einen Stammgast, der sich auf einmal für mich zu interessieren begann, obwohl er mein Vater hätte sein können. Mein Interesse an ihm war null, denn ich hatte ja meinen über alles geliebten Karl. Ich gab dem anderen deutlich zu verstehen, dass er sich keine Hoffnungen machen sollte. Aber da geschah etwas ganz Entsetzliches. Dieser Mann wohnte im selben Haus wie meine Mutter und ich. Er hatte im Hof ein Untermietzimmer.

Als ich eines Abends – es war wieder sehr spät geworden – vom Dienst nach Hause ging und das Tor aufsperrte, stand dieser Mann dahinter und schleppte mich gegen meinen Willen in seine Behausung. Er versperrte sofort von innen die Türe und tat mir ganz brutal Gewalt an. Trotz meines Schreiens kam mir niemand zu Hilfe, denn unsere Fenster gingen auf die Straße hinaus, und im Inneren des Hauses wohnten überwiegend alte Leute, die nichts hörten. Als dann später diese Sache doch bekannt wurde, sagte eine Nachbarin, sie hätte Schreie gehört, aber nicht gewusst, woher diese gekommen seien.

Nun musste ich meinem Karl das Vorgefallene erzählen, und damit war für uns beide alles aus. Ich weinte sehr viel um meine erste Liebe, aber ich musste seinen Entschluss akzeptieren.

Als dieser Mensch, der mir Gewalt angetan hatte, wieder nüchtern war, tat ihm das Geschehene sehr leid. Aber es war leider nicht mehr zu ändern, und als sich dann ein Kind anmeldete, musste ich von meiner Mutter aus den Heiratsantrag dieses von mir ungeliebten Menschen annehmen und mit ihm zum Standesamt gehen. Ich wollte nun, um des erwarteten Kindes willen, alles vergessen und eine gute Frau und Mutter werden. Es zeigte sich jedoch, dass der Altersunterschied viel zu groß und die Liebe für ihn reine Routine war. Es gab keine Zärtlichkeit, die ich mir so sehr gewünscht hätte, es zählten nur seine Freunde. Wenn ich etwas sagte, wurde immer die Gattin des Freundes befragt, was sie dazu meinte. Bekam ich mal ein Geschenk, bekam auch die Frau des Freundes dasselbe. Wenn ich ihr etwas anbieten wollte, nahm sie nichts – nur von meinem Mann. Diese Zustände wurden für mich unerträglich, ja zur Qual, und das Ganze ließ sich nur insofern ertragen, als er beim Militär war und immer nur Kurzurlaube bekam.

Das Baby sollte im März kommen. Es wurden schon Wetten abgeschlossen, was es werden würde. Ich musste mich mit meinem Bauch fotografieren lassen, damit er das Bild überall herumzeigen konnte. Es kam eben eines zum anderen. Eines Tages wurde mir die ganze Sache zu bunt, und obwohl ich noch so jung war – 17 Jahre –, verweigerte ich beim nächsten Urlaub die ehelichen Pflichten. Zu der

Zeit war das ein schreckliches Vergehen – einem Soldaten und Vaterlandsverteidiger so etwas anzutun, das war ja furchtbar!

Meine Mutter wollte vermitteln und dem furchtbaren Krach, der darob entstanden war, ein Ende bereiten. Mit einem Betrunkenen zu verhandeln fand ich aber unter meiner Würde. Wenn schon, hätte er mich mit Liebe bekehren können, aber so nicht!

Im Jänner des darauf folgenden Jahres bekam ich mein Baby, viel zu früh, und ich habe es auch gleich wieder verloren. Damit war für mich endgültig Schluss, und wir ließen uns scheiden. Warum unsere Ehe, die ich von meiner Seite doch mit viel gutem Willen eingegangen war, zum Scheitern verurteilt war, hat dieser Mann bis zum Schluss nicht begriffen.

Schrecklich war für mich nur, dass ich mein Baby, auf das ich mich trotz aller widrigen Umstände sehr gefreut hatte, verlor. Die Scheidung ging ohne Schwierigkeiten vorüber, da ja kein Kind zu versorgen war und ich selbst keinerlei Ansprüche stellen konnte und wollte. Die Schuld musste ich natürlich auf mich nehmen, wegen meiner Verweigerung. Dies war mir gleichgültig, ich wollte nur aus diesem Zwang raus und keinen Dritten und Vierten in meiner Ehe mitbestimmen lassen. . . .

Auf einem Radausflug lernte Luise Zipperle bald darauf ihren zweiten Mann kennen, einen Soldaten aus Südtirol, der als Flugzeugmotorenschlosser auf dem Wiener Neustädter Flughafen arbeitete. Nach seiner Versetzung brach die Beziehung vorerst ab. Als die junge Frau jedoch bemerkte, dass sie erneut schwanger war, ergriff ihre Mutter die Initiative und machte den Kindesvater ausfindig. Im Februar 1943 kam eine Tochter zur Welt; die Heirat wurde auf die Zeit nach dem Krieg verschoben.

Ab dem ersten Luftangriff auf Wiener Neustadt, im August 1943, verschärften sich die Lebensbedingungen in der durch Bomben zuletzt fast gänzlich zerstörten Stadt zusehends. Nach Kriegsende war die Autorin mehrmals Bedrohungen und Gewalt durch sowjetische Besatzungssoldaten ausgesetzt.

Als ihr Verlobter aus US-amerikanischer Kriegsgefangenschaft entlassen wurde, konnte zu Ostern 1946 in Graz geheiratet wer-

den; 1950 kam noch ein Sohn zur Welt. Die Familie fand zuerst bei Verwandten des Mannes in der Umgebung von Graz Unterkunft und bezog später eine Werkswohnung. Zur Aufbesserung des Haushaltseinkommens begann Luise Zipperle als Hilfsarbeiterin in der Maschinenfabrik Andritz zu arbeiten, wo auch ihr Mann beschäftigt war. In diesem Betrieb war sie bis zu ihrer Pensionierung im Jahr 1982 tätig, über 20 Jahre als Sekretärin des Betriebsrats.

Seit 1995 ist die Autorin verwitwet und lebt heute in einer Eigentumswohnung in Graz.

Ihr lebensgeschichtliches Manuskript beschließt sie mit einem Appell für Bescheidenheit und Zuversicht: „Zum Abschluss meines Berichtes möchte ich noch sagen, dass mein Leben – ein winziges Staubkorn im Weltenall – trotz großer Not und schwerer Zeiten gut verlaufen ist. Ich möchte all jenen Menschen, die mit dem ihnen auferlegten Schicksal nicht fertig werden, raten, ihr so kostbares Leben nicht zu vergeuden. Wenn man, wie heute üblich, nicht überall mithalten kann, weil dies möglicherweise am Geld scheitert – es gibt so viel Schönes auf unserer Erde! Man muss nur den Willen haben, es zu sehen und auch anzunehmen . . ."

MARIA MAIR

wurde am 8. September 1924 in Wolfsbach bei Amstetten in Niederösterreich geboren. Da ihre Mutter, eine bäuerliche Dienstmagd, wenige Tage nach der Geburt starb, wuchs die Autorin als Halbwaise zuerst bei mütterlichen Verwandten, später auf mehreren Pflegeplätzen auf, wo sie sehr unterschiedliche Erfahrungen mit ihren Zieheltern machte. Maria Mairs leiblicher Vater trat in ihrem Leben erst in Erscheinung, als sie schon vierzehn Jahre alt und somit als vollwertige Arbeitskraft auf dem eigenen Hof gut zu gebrauchen war. Das konfliktreiche Verhältnis zu ihrem Vater und ihrer Stiefmutter prägte und überschattete lange Zeit die Lebensgeschichte der Autorin.

Der folgende Textbeitrag konzentriert sich auf die Kindheits- und Jugendjahre und gibt etwa die erste Hälfte der lebensgeschichtlichen Erzählung wieder, die Maria Mair in den Jahren 1998/99 unter dem Titel „Mein Lebenslauf" handschriftlich auf 40 A4-Seiten zu Papier brachte. Den unmittelbaren Anstoß zur Niederschrift gab ein vom Seniorenreferat der Niederösterreichischen Landesregierung ausgeschriebener Literaturwettbewerb zum „Internationalen Jahr der älteren Menschen" 1999. Dafür fertigte eine Bekannte eine Reinschrift des Texts mit dem Computer an.

Über ihr persönliches Verhältnis zum Schreiben berichtet Maria Mair in einem Begleitbrief Folgendes: „Es fehlte mir immer die Zeit dazu, es wären auch früher schon die Zeilen voll geworden. Nur wer früh anfängt, wird ein Meister, es ist bei jedem Beruf so. Ich war eine gute Schülerin, aber leider wurde mir statt dem Bleistift das landwirtschaftliche Werkzeug in die Hand gedrückt, daran habe ich mich gewöhnt." Ein Schreibmotiv der Autorin steht auf besondere Weise in Zusammenhang mit ihrem Dasein als unehelich Geborene bzw. als Halbwaise: „Bei uns ist es Sitte, dass bei einem Begräbnis von dem Verstorbenen ein Teil seines Lebenslaufs von Geburt an bis zu seinem Sterbetag durchgegangen wird. Von meiner Kindheit und Jugendzeit weiß niemand, weil ich in der Fremde aufgewachsen bin und keine Geschwister hatte. So entschloss ich mich, meinen Lebenslauf auf Papier zu bringen."

Ebenso bemerkenswert sind die Erfahrungen der Autorin während der Niederschrift ihrer Lebensgeschichte: „Nach längerem Schreiben wurde mir immer bewusster, was für eine Erleichterung ich in mir hatte. Ich kam gar nicht nach mit dem Schreiben all dessen, was ich von meinen Gedanken vorgelegt bekam." „Von der Seele und mit dem Herzen geschrieben", lautet demgemäß auch der Nachsatz Maria Mairs zum Manuskript.

Dem nachfolgenden Teilabdruck liegt die handschriftliche Originalfassung ihrer Lebenserinnerungen zugrunde, die an einigen Stellen geringfügig gekürzt wurde; einige nachträgliche, eigenhändige Ergänzungen wurden an entsprechender Stelle integriert.

Ich, Maria Mair, geborene Fehringer, erblickte am 8. September 1924 das Licht der Welt.

Das Glück dieser Erde verließ mich just am vierten Tag meines Lebens, der auch gleichzeitig mein Namenstag ist. Meine Mutter verstarb, ohne mir richtig „Guten Tag" zu sagen oder mich zu liebkosen und zu streicheln. Das Einzige, was mir wohl immer Freude bereitet hat, ist, ein Kind Mariens zu sein, auch wenn dies mit sehr schmerzlichen Gefühlen verbunden ist.

Ein Pferd war schuld an meiner ganzen Lebensmisere. Noch bevor ich geboren wurde, trat es meiner Mutter so unglücklich in den Bauch, und so kam ich früher auf die Welt als erwartet.

Mein ehrenwerter Herr Vater konnte mich leider auch nicht gebrauchen, denn dafür, dass er meiner Mutter ein Kind angedreht hatte, war ich der ledige Schandfleck und musste selbst sehen, wo ich blieb.

Mit vier Tagen war das natürlich schlicht und einfach nicht zu bewältigen. Die Zeiten waren armselig und vor allem hart. Meine Taufpatin, Mutters Schwester, nahm mich die ersten Tage zu sich. Nach einem Monat hatte sie einen Unfall, bekam Lungenblutung und musste für längere Zeit in ein Spital. Gott sei Dank erbarmte sich meine Großmutter und nahm sich meiner an. Obwohl auch meine Großmutter kränkelte, ging sie trotzdem zu einem Bauern und arbeitete unermüdlich. In einem kleinen Leiterwagerl nahm sie mich mit auf die Felder und wo immer sie zu tun hatte. Im Sommer, in der ärgsten Hitze, war ich das beste Futter für die

228

Bremsen. Anscheinend fanden sie es ganz in Ordnung, mich bei lebendigem Leibe zu zerbeißen.

Als ich schon etwas krabbeln konnte, kroch ich mit innigem Vergnügen in die Weide zu den Pferden. Ich knabberte mit Vorliebe alte Brotrinden, aber die Pferde waren natürlich viel schlauer als ich und nahmen sie mir immer weg. Doch sie waren meine allerbesten Freunde, denn keines von ihnen tat mir auch nur das Geringste zu Leide.

Ich war noch keine zwei Jahre alt, da ging meine Großmutter einmal in den Garten. Sie wollte etwas ins Haus tragen, kam am Stiegengeländer zu Sturz und konnte nicht mehr aufstehen. Ich spielte nichts ahnend beim Sandhaufen. Die Zeit verging, ich wurde müde und schlief ein. Mein Großvater kam erst spät am Abend nach Hause, fand seine verletzte Gattin und holte aus der Nachbarschaft Hilfe. Die Nachbarin suchte mich und fand mich schlafend im Garten. Sie wickelte mich in eine Decke und behielt mich so lange bei sich, bis meine Großmutter wieder gesund war. Ich überstand fast eine halbe Sommernacht im Garten gut. Das alles erzählten mir wiederholt die verschiedensten Leute, besonders eine Frau unter Tränen. So erfuhr ich aus meinen ersten Kindheitstagen.

Als meine Großmutter sich von ihrem Sturz erholt hatte, ging sie wieder zum Bauern arbeiten und nahm mich mit. Gott sei Dank wurde es für Großmutter dann leichter, weil ich schon zwei Jahre zählte; so durfte ich auch schon mit dem Pferdegespann auf die Felder mitfahren. Natürlich war das auch nicht immer zum Besten; andere Kinder schmissen oft Steine nach mir. Aber ein Kind hat Schutzengerln auch bei sich! Ein alter Knecht verjagte die Kinder öfter mit der Peitsche, dann liefen sie schnell davon.

Das Häuschen meiner Großeltern stand einsam am Waldrand. Im Sommer kamen oft Zigeuner vorbei und schlugen nicht weit von uns ihr Lager auf. Ich freute mich jedes Mal darauf, denn da konnte ich mit den Kindern spielen; denen war meine Herkunft egal. Einmal biss mich ein streunender Hund ins Bein, er gehörte jedoch nicht zu den Zigeunern, aber sie kamen mir zu Hilfe, verjagten den bissigen Hund, verarzteten meine Wunde und verbanden sie. Danach brachten sie mich nach Hause.

Als ich wieder einmal bei den Zigeunerkindern spielte, kam ein Gendarm und gab ihnen einen Zettel. Was darauf stand, wusste man, auch ohne den Schrieb gelesen zu haben. Am anderen Tag waren sie weg. Irgendjemand hatte sie wohl angezeigt, doch das erfuhr ich erst viel später.

Ich verstand als fünfjähriges Mädchen die Welt nicht mehr: Warum wurde ich von der Fürsorge meinen Großeltern entrissen und kam auf einen Pflegeplatz, wo nie die Sonne schien? Ein sechsjähriger Bub war ebenfalls dort. Ich weinte am Anfang viel über den Verlust meiner heiß geliebten Großeltern. Mit der Zeit kam ich dahinter, dass sie gar nicht so weit von mir entfernt wohnten. Ich probierte es ein paar Mal, sie zu besuchen. Als man mir daraufkam, wurde ich furchtbar geschlagen und bekam nichts zu essen. Hunger hatten wir sowieso immer. Wenn gerade niemand anwesend war, schnitten wir uns heimlich Brot ab. Leider sind wir oft zu tief geraten, und es wurde bemerkt. Dafür wurden wir wieder geschlagen, aber lieber ein paar Schläge mehr als immer Hunger.

In einer Zentrifuge wurde Milch gedreht, um Obers und Magermilch zu trennen. Blitzschnell wurde der Kopf unter das Rohr gehalten, wo die Magermilch rauskam, um ein paar Schluck zu ergattern. Wir wechselten uns beim Drehen ab, um so den ärgsten Hunger zu stillen. Beim Obers wäre das nicht gegangen, das hätte man wahrscheinlich bemerkt. So füllten wir unsere Mägen. Die Leute meinten oft kopfschüttelnd: „Habt ihr denn nichts zu essen? Ihr seid so mager." Die Wahrheit trauten wir uns nicht zu sagen.

Es war ein kleines Anwesen, eine kleine Landwirtschaft, wo ich diese traurigen Tage meiner Kindheit verbrachte. Gott sei Dank war ich nur ein Jahr dort. Der Junge ist auch weggekommen, musste dann aber wieder zurück; er war von der Verwandtschaft.

Ich wurde sechs Jahre, der Junge sieben, und wir kamen beide in die Schule. Der Herbst war kalt, und zum Anziehen hatten wir fast nichts. Wenn wir in der Schule etwas brauchten, und sei es bloß ein Bleistift, trauten wir uns nichts zu sagen. Die Lehrerin schrieb dann alles auf einen Zettel und gab ihn uns mit nach Hause.

Die Geschäfte waren früher bis sieben Uhr abends geöffnet. Der Onkel, so mussten wir unseren Brotherrn* nennen, schickte mich eine Viertelstunde vorm Zusperren ins Dorf zum Greißler, um für ihn Zigarren zu holen. Wenn man schnell ging, schaffte man das Ganze gerade noch. Es war schon stockfinster und eisig kalt, der Wind pfiff um die Häuser, und ich fürchtete mich schrecklich.

Ich konnte mich nicht besonders gut ausdrücken in sprachlichen Dingen, aber als Kind hat man schließlich trotzdem die Augen und Ohren offen. Als ich einmal in den Stadel spielen gehen wollte, hörte ich plötzlich ein Keuchen und Stöhnen vom hintersten Heuhaufen. Da lag der Onkel auf dem Boden und zitterte seltsam, ich dachte er stirbt. Die Magd, die unter dem Onkel lag, sah ich nicht. Ich lief aufgeregt zur Tante, um Hilfe zu holen. Für meine Aufmerksamkeit wurde ich wieder geschlagen. Ich verstand die Welt nicht mehr. Der Onkel, das spürte ich deutlich, mochte mich nicht, überhaupt nach dieser Angelegenheit. Ich half gerne der Magd im Stall bei den Kühen, Ziegen und Kälbern. Da war der Onkel immer böse und meinte: „Kinder haben im Stall nichts zu suchen!"

Eines Abends schickte er mich wieder zum Dorfladen um Zigarren. Verwundert fragten mich die Leute, warum ich denn immer so spät kam, wo das Geschäft doch am Schulweg lag. Da hätte ich die Zigarren ja gleich mitnehmen können. Zurück lief ich jedes Mal, weil es ja bergab ging, und außerdem entfloh ich so der Finsternis.

Dieses Mal kam auf halbem Weg ein Radfahrer hinterher. Ich erschrak und fing an zu weinen. Der Radfahrer stieg ab vom Fahrrad und redete mir gut zu. Es regnete, und so hängte er mir wohlgesonnen seinen Rock um. Er begleitete mich, und als wir näher zum Haus kamen, huschte eine finstere Gestalt hinter einem Birnbaum hervor. Der Radfahrer begleitete mich zur Haustüre, sie war verschlossen. Die Tante rief von drinnen, ich soll zur nächsten Türe gehen, sie hatte keinen Schlüssel. Bevor wir zur nächsten Tür gelangten, lief ich vom Radfahrer weg, weil ich Angst hatte, die finstere Gestalt tauche wieder auf. Ich rannte in Panik quer über die Wiese zu den unteren Häusern; sie waren ebenfalls verschlossen. Ich getraute

231

mich nirgends anzuklopfen, doch daneben stand ein Gasthaus.

Die Wirtin erkannte mich und rief mir zu: „Kind, um Gottes willen, was tust du so spät auf der Straße, noch dazu bei solchem Wetter?" Ich wusste nicht, was ich ihr antworten sollte. Schweigend nahm sie mich mit in die Küche, trocknete mich und mein Packerl ab, holte ein Kopftuch und ein Manterl von einem ihrer Kinder. Danach gab sie mir eine Schale Milch. Sie begleitete mich nach Hause und wollte allerlei von mir wissen, doch ich war so geschockt, dass ich nicht antworten konnte. Mit der Tante ging alles gut, das hatte ich wahrscheinlich der Wirtin zu verdanken. Die Tante war ja auch eine unterdrückte Person, das erkannte ich dazumals schon. Sie erbarmte mir auch oft. Der Onkel war damals nicht anwesend, irgendwas war nicht in Ordnung. Ein paar Mal kam ein fremder Mann, da wurden wir Kinder hinausgeschickt.

Es war Anfang November, und ich bekam eine heftige Mittelohrentzündung; trotzdem musste ich zur Schule gehen. Meine Haare waren vom Eiter total verklebt. In der Schule brach ich zusammen. Die Frau Lehrerin ließ einen Arzt holen. Ich erwachte im Krankenhaus wieder und hatte keinen blassen Schimmer, wie ich dorthin gekommen war. Eine Krankenschwester nahm den Fiebermesser, mir wurden die Haare abrasiert, und ich wurde operiert.

Tagtäglich musste ich mit der Schwester die Wunde neu verbinden gehen. Das tat sehr weh. Jedes Mal war ein älterer Arzt zugegen, der sehr ungeduldig und überhaupt nicht nett war. Ich fürchtete mich vor ihm. Zu den anderen Kindern kamen die Eltern und Geschwister oder die Großeltern, nur zu mir kam niemand . . .

Erst viel später, als ich schon erwachsen war, habe ich erfahren, dass von zwei Seiten Anzeige erstattet worden war. Was dabei rauskam, hat nie jemand erfahren, es wurde mir nie erzählt. Es wurde früher viel vertuscht oder rausgekauft*. Was mir blieb, war nur die Erinnerung an eine schlimme Zeit.

Auf meinen alten Pflegeplatz musste ich, Gott sei Dank, nicht mehr zurück. Vom Krankenhaus weg kam ich in das

Armenhaus nach St. Peter, wo lauter alte, gebrechliche Leute waren. Es gab noch kein Kinderdorf. Dort waren Klosterschwestern, die mich mit Liebe aufnahmen. Wieder musste ich mit der Fremde Vorlieb nehmen. Die Angst wuchs wieder in mir.

Es dauerte nicht lange, da gab es eine Weihnachtsfeier. Es kamen etliche Männer, auch ein Arzt war dabei, der sagte zu einer Schwester: „Die Kleine gefällt mir nicht." Eine Schwester musste mit mir nochmals zur Untersuchung gehen. Bei der Weihnachtsfeier war auch ein älterer Herr. Er sprach mit einer Schwester über mich. Das erkannte ich, weil ihr Blick immer auf mich fiel. Nach einigen Tagen holte mich dieser Herr mit seiner Frau zu sich nach Hause. Da war erst richtig Heiliger Abend, aber ich war zu müde und zusammengedrückt, um mich an dem Fest zu erfreuen. Ich wollte nur schlafen. Nach den Feiertagen musste ich wieder ins Spital zur Mandeloperation.

Als ich wieder gesund war, holten mich meine neuen Pflegeeltern zu sich nach Hause. Ich durfte das erste Mal in meinen Leben Vater und Mutter sagen. Da waren noch eine ältere Tochter, eine Magd, weil eine kleine Landwirtschaft dabei war und ein Gemischtwarengeschäft, dann ein kleiner Hund, aber der hatte mit Kindern keine Freude, er brummte gleich. Eine Katze bekam ich, weil der Arzt sagte, sie sollen mich viel zu Tieren lassen, damit die Angst vergeht und ich mehr zu sprechen beginne.

Ich ging mit meiner neuen Pflegemutter schon frühmorgens Brot holen. Da war ein Bernhardinerhund. Die Bäckersfrau sagte, er tut Kindern nichts. Es dauerte nicht lange, da ging ich schon alleine Brot holen. Ich bekam von der Bäckersfrau immer einen Lebkuchen, und der Hund begleitete mich. Wenn er über der Türschwelle lag, stieg ich öfter drüber oder setzte mich auf ihn. Das gefiel mir und auch dem Hund.

Eine Schwester des alten Herrn – sie wohnte nebenan – kam zu den Mahlzeiten, und tagsüber war sie auch oft hier. Oh, das war eine strenge Person! Sie hatte einen gewissen Wahn in sich. Sie war eine allein stehende Frau, aber ihr Humor* war grauenhaft, und ich konnte ihr oft nichts recht machen. Aber wenn Kirtag war, da gab sie mir immer Geld, dass ich mir was kaufen konnte. Da steckte ich gerne die verdrossenen Tage von ihr ein.

Ich verbrauchte nicht das ganze Geld, sondern ich gab mir auch was in meine Sparkasse, wo ich ohnehin schon mehr beisammen hatte. Ich hatte ja Zeitung ausgetragen, da bekam ich auch ein paar Groschen. Meine Pflegeeltern schickten mich oft Geld aufgeben. Da musste ich dem Postmeister das Geld vorzählen und bekam als Lohn Geld für Eis oder sonst etwas. . . .

Anfang Februar fing ich erst wieder mit der Schule an. Ein Halbjahreszeugnis bekam ich nicht, weil ich so lange von der Schule weg war. Ich ging in eine Klosterschule, die Schwestern gaben mir Nachhilfestunden, und ich konnte mühelos mit den anderen Kindern in die nächste Schulstufe aufsteigen. Ich durfte dann schon bei Theateraufführungen mitspielen und Gedichte aufsagen. Einmal kam Herr Dollfuß auf Besuch ins Schloss, und ich war es, die ihm einen Blumenstrauß überreichte. (Ich bekam einen Kuss von ihm.) Er war ein kleiner, sehr kinderliebender Mann. Ich war mächtig stolz darauf. Die Schule machte mir großen Spaß, und eine Schulfreundin hatte ich auch. Sie hatte eine behinderte Schwester, auf die wir aufpassen mussten; wir nahmen sie überallhin mit.

Nicht mit jedem Mädchen ging es so rosig. Einmal hatten wir im Unterricht eine Ansage zu schreiben. Ein Mädchen schaute immer rüber, was ich schreibe. Ich wollte das nicht, und gab ihr mit dem Ellbogen einen Stoß, wodurch sie sich in die Zunge biss. Ihre Mutter kam den nächsten Tag in die Schule und sagte zur Schulschwester, ich hätte ihrer Tochter einen Zahn ausgestoßen. Die Schwester glaubte das nicht, doch die Frau ließ nicht ab davon. Ich spürte, dass dies ein Unrecht war. Ich war sehr traurig. So stark war der Stoß gar nicht.

Ich erledigte schon viele Botengänge, putzte für alle die Schuhe und ging frühmorgens zum Bäcker frisches Brot holen, dann zur Kirche und zur Schule.

Ein junger Bäckerlehrling ging von Haus zu Haus Brot austragen. Wir begegneten uns oft, er war ein lieber Junge, seine Mutter war sehr arm und kränklich. Wir saßen einmal auf einer Stiege beisammen, und er erzählte mir von seiner

Mutter. Vater hatte er keinen mehr. Früher hatte ein Lehrling fast nichts. Ich war sehr betroffen darüber und gab ihm einmal von meinem Ersparten. Er solle seiner Mutter dafür was kaufen, aber er wollte es nicht annehmen. Ich sagte immer wieder, es sei eine Spende von Hand zu Hand, wie wir es in der Schule lernten. Dies zu verwirklichen, sei doch was Schönes. So nahm er es an.

In der nächsten Religionsstunde wurde mir ein großes Lob vom Herrn Pfarrer ausgesprochen, und ich sollte diese Frau einmal besuchen. Ich musste meinen Pflegeeltern immer sagen, wo ich hingehe. Sie erlaubten es mir und gaben mir außerdem ein Packerl mit. Die Frau bedankte sich mit Tränen in den Augen. Sie hatte als Kind die englische* Krankheit und konnte kaum gehen. Sie meinte, ich sollte sie wieder einmal besuchen.

Einmal war Pferderevision* – ich sah den ganzen Markt voller Pferde – sie waren ja meine Lieblinge. Ich wollte gerade zur Schule, aber so – dieses eine Mal – nicht: „Wenn die Schule aus ist, sind die Pferde nicht mehr hier", dachte ich. Ich versteckte meine Schultasche und konnte mich nicht genug satt sehen an den Pferden. Der Vormittag ging vorüber, und ich schwänzte die Schule. Mittags hatten wir eine Stunde schulfrei, nachmittags ging ich zur Schule, aber da hatten wir eine andere Lehrerin. Am nächsten Tag hätte ich eine Entschuldigung mitbringen sollen, die ich nicht hatte – so ist alles aufgeflogen. Ich musste alles nachschreiben und meine Pflegeeltern um Verzeihung bitten. Als Kind ist man halt oft kein Goldengel. Ich kränkte mich über mich selbst und über so manche Fehler, die das Leben mit sich bringt. Aber es kamen wieder schöne, glückliche Tage. Man wird ja schließlich älter und nimmt an Weisheit zu, doch alles kommt halt auch nicht von alleine.

Früher getraute man sich ja nichts zu sagen . . . Was mich eines Morgens überraschte – ich bekam meine erste Menstruation. Man war über nichts aufgeklärt, und ich hatte wieder furchtbare Angst. Ich weichte meine Wäsche in einem Schaff mit kaltem Wasser ein und trug es auf den Dachboden. Als die Wäscherin kam – das wusste ich im Vorhinein, weil ich die Wäsche wechseln musste –, trug ich das Schaff vom Dachboden herunter, wechselte das Wasser und stellte es hinter den Waschtisch. Früher gab es noch keine Einlagen. Nach etlichen Monaten kamen sie mir darauf, denn eine Schwester schickte mich von der Schule heim, weil ich so blass war. Meine Pflegemutter ging mit mir zum Arzt; da kam alles richtig ans Tageslicht. Aber eine Aufklärung, wieso man das hat, gab's nicht.

Ich glaubte, ich müsste wieder ins Spital, aber das ist mir, Gott sei Dank, erspart geblieben. Die Angst wurde wieder leichter in mir.

So wuchs ich trotzdem als glückliches, freudestrahlendes Mädchen heran. Doch leider sollte das nicht allzu lange andauern, wieder bekam ich einen Dämpfer und musste mit Schrecken erkennen, dass die Menschen mehr zum Bösen als zum Guten neigen.

Als ich vierzehn Jahre alt wurde, meldete sich plötzlich mein Vater. Er hatte vor etlichen Jahren geheiratet, die Ehe blieb kinderlos. Jahrelang war es ihm egal gewesen, was mit mir geschah, doch auf einmal sollte ich zu ihm kommen! Ich war in Amstetten schon gemeldet zum Weiterlernen, doch daraus wurde nichts. Es wurde sogar das Gericht in Anspruch genommen. Mein Vater hatte keinen guten Leumund, und er war der Polizei kein Unbekannter, weil er in seinen Jugendjahren in Raufereien und Auseinandersetzungen verwickelt war.

Ich erkannte gleich, dass ich nicht mit Elternliebe aufgenommen wurde. Ich weinte viel, und mein Vater versuchte mit Brüllworten, mein Vertrauen zu erzwingen. Ich hatte meinen Vater nie gekannt, und meine Stiefmutter war mir auch fremd – wieder musste ich eine fremde Welt kennen lernen. Meine Seele war verwundet. Es fing wieder so an, wie es schon einmal war. Ich konnte kaum schlafen, vermochte nicht zu essen, und es schlug sich alles auf den Magen. Mein Vater trank viel und häufig. Er betrieb eine kleine Landwirtschaft. Nebenberuflich fuhr er die Milchkannen der Bauern zur Molkerei. Bei der Rückfahrt kehrte er da und dort bei den Bauern ein.

An einem Sonntag kam er wieder einmal betrunken nach Hause. Er schrie mich an, ich gab ihm keine Antwort – schließlich hat man mit vierzehneinhalb Jahren noch nicht die richtigen Worte dafür. Er schlug blindlings auf mich ein.

Ich blutete stark, schnappte meinen Mantel vom Haken, warf ihn aus dem Fenster und rannte blutüberströmt von zu Hause fort. Ich irrte über eine Stunde durch den Wald, ich wusste ja, dass sie mir nachkommen werden. Unterdessen wusch ich mir bei einem Bach das Ärgste ab, ging dann noch eine Stunde zur Bahnstation und fuhr mit dem Zug ein paar Stationen ohne Geld. Dem Schaffner sagte ich weinend, dass ich zu meiner Taufpatin will.

Die war gar nicht so überrascht, sie hatte das sowieso kommen gesehen. Ich hatte ihr ja nicht einmal schreiben dürfen, und sie durfte auch nicht mehr zu uns ins Haus kommen. Ich blieb etliche Tage bei meiner Taufpatin, wo ich mich rasch erholte und wieder klar denken konnte. . . .

Es war damals eine harte Zeit. Heute denke ich oft darüber nach: Wenn mir nur meine Stiefmutter gute Worte zugeredet hätte – aber sie war ja auch so „robust". Was hatte sie schon anderes gehört? Männer haben nun mal eine dunkle Seite, ob sie diese ausüben oder nicht. Mein Vater hatte einen Beruf, der ihm nicht zusagte – er war kein Landwirt und wäre nie einer geworden. Die Arbeit verlangte er von anderen. Er wäre und ist ein guter Händler gewesen, aber wer unter seine Tragflächen kam, der war verloren. Er ging über Leichen – wahrscheinlich hat er es so gelernt und in sich aufgenommen. Aber seine Familie hätte ihm doch was bedeuten sollen! Er hat Ziehharmonika gespielt, ohne Noten zu brauchen. Seine Mutter war Viehhändlerin und ebenfalls so robust – er hatte das Blut von ihr. Gott hat es so gewollt, dass er mit meiner richtigen Mutter nicht in den Ehestand kam. Darum musste sie sterben, und ich bin auf der Strecke geblieben.

Wenn ich schon erwachsen gewesen wäre, hätte ich im Stillen gesagt: „Mein Gott, warum hast Du mich verlassen?" In meinem späteren Leben machte ich öfter von diesem Spruch Gebrauch, aber in betender und bittender Weise, nicht mit Hass, auch nicht gegen meine Eltern. Das Leben ist nun mal eine Lektion: Die Steine fliegen immer wieder dorthin, wo schon mehrere liegen.

Nun wieder zur Sache: Die Fürsorge kam und brachte mich nach Krenstetten zu einem Bauern. Die Bäuerin war schwer erkrankt. Außerdem gab es noch einen Bruder des

Bauern, eine behinderte Schwester, ein Kind und eine grob-
schlächtige, grantige Magd. Sie nannte mich nie beim Namen, sondern sagte immer nur „du Mensch" zu mir. Mir
kam es in den Sinn, dass man mit solchen Redensarten Vorlieb nehmen muss, wenn einem niemand zeigt oder sagt,
dass es schönere Ausdrücke gibt. Wenn man keine vernünf-
tigen Leute um sich hat, muss man selber draufkommen
und lernen. Wahrscheinlich ist es früher vielen so ergangen,
und sie konnten aus ihrer Haut nicht heraus. Am meisten
hat es die ledigen Kinder getroffen. Sie wurden am ärgsten
hin und her gestoßen.

Ich gewöhnte mich rasch an die harte Arbeit. In der Früh
bald aus dem Bett, und abends wurde es auch oft spät. Die
Bäuerin hatte im Gemüsegarten Salatpflanzen gesetzt, aber
niemand goss sie. Ich ging nach der Stallarbeit raus in den
Garten, um zu grasen* und zu gießen. Die Magd suchte
mich und fand mich arbeitend im Gemüsegarten. Sie
schimpfte: „Jetzt ist Feierabend! Wer hat dir das geschafft*?" – „Mein Gott, schon wieder in eine Schwelle* geraten", dachte ich mir, „aber Kopf hoch, von der lass ich mir
keinen Trauerschleier umhängen!" Den anderen Tag redete
sie kein Wort mit mir, am Abend ging ich wieder raus und
machte fertig. Erst sagte sie nichts, schaute mich nur wütend an. Dann schleuderte sie mir zu: „Mach dir deine
Zöpfe mal rauf!" Aber die Pflanzen wuchsen kräftig.

Es fiel vielerlei Arbeit an. So viel Wäsche – zum Waschen
gab es damals noch keine Waschmaschine, geschwemmt
wurde Sommer und Winter im Teich. Ich dachte im Stillen:
„Irgendwann muss die Magd ja wieder anfangen zu sprechen – auffressen kann sie mich ja nicht." Es gab so viel an
Frauenarbeit, die anfiel, wenn die Bäuerin auf längere Zeit
im Spital war. Da musste man sich gegen die Männer zur
Wehr setzen, damit auch die häusliche Arbeit geschah. Die
Magd hätte ja dies in die Hand nehmen sollen! Aber wo ist
ihr Mut geblieben?

Mein Gott, zwei Körbe Wäsche zum Ausbessern! Ich
musste die Sonntage hernehmen. Es war Kriegsanfang, man
bekam nichts zu kaufen, aber es gab eine Nähmaschine, und
ich war beim Nähen gut eingearbeitet. Das tat ich aus Liebe,
es wäre ja fast mein Beruf geworden. Ich habe später Klei-

der zugeschnitten und selbst genäht, für mich und für andere. Genauso kaufte ich mir eine Haarschneidemaschine und schnitt anderen die Haare. Mein Mann brauchte nicht zum Friseur gehen; nur zweimal im Jahr, aber man kannte keinen Unterschied.

Ich durfte noch nicht in der Menscherkammer* schlafen. Ober der Küche hatte ich mein Zimmer. Da war noch kein elektrisches Licht eingeleitet, und es ging auch nicht zum Absperren. Bauers Bruder nutzte dies aus – ich war noch keine fünfzehn Jahre alt. Es war um Mitternacht. Als er nach Hause kam, schlich er sich in mein Zimmer. Ich wusste ja nicht einmal, wer es war. Aber ich spähte ihm nach. Es war mondhell, und ich sah, wie er in die Kammer zur Magd ging. Ich stand eine Weile bei der Zimmertür des Bauern und wusste nicht, ob ich klopfen sollte oder nicht, um zu sagen, was mir sein Bruder angetan hat. Ich weinte eine Weile, klopfte aber nicht. Es käme ja nur eine Schreierei heraus, die ich ohnedies hasste, und das hätte mich noch mehr aufgeregt. Ich ging wieder zu Bett und dachte nach: „Wenn es die Fürsorge erfährt, muss ich wieder weg. Wer weiß, wo ich wieder hinkomme?" Also Stillschweigen, was auch nicht so leicht war.

Am nächsten Nachmittag holte ich die leeren Milchkannen von der Sammelstelle. Bauers Bruder war mit den Pferden am Acker. Von Wolfsbach gingen einige Leute auf diesem Weg zur Bahnstation, auch ein junger Mann, schon des Öfteren kreuzten sich unsere Wege. Er ging von der Bahnstation nach Hause und ich in die entgegengesetzte Richtung. Wir grüßten uns, und er bemerkte gleich, dass etwas nicht in Ordnung war. Er fragte mich, was schuld sei. Er erkannte, dass ich ihm nicht die richtige Antwort gab. Er schüttelte mich, und ich musste es ihm sagen, sonst wäre er zum Haus gegangen und hätte nachgefragt. Mit bittenden Händen sagte ich ihm die Wahrheit, aber er solle ja niemandem etwas sagen, da ich der Fürsorge unterstehe und sonst wieder von hier fortmuss. Er versprach es mir, und wir gingen voneinander.

Als ich mit den Kannen zurückkam, lag Bauers Bruder beim Baum und blutete am Kopf. Ich getraute mich nicht, ihn anzurühren. Die Pferde standen ruhig. Ich wollte nach

Hause laufen, aber die Pferde ... Ich spannte sie aus und nahm sie mit nach Hause in den Stall. Dann suchte ich den Bauern, und die Magd sollte auch mitgehen.

Bauers Bruder war sehr benommen. Sie stellten ihn auf und warteten noch etwas zu. Mit einem harten Gegenstand war er auf den Kopf geschlagen worden. Nach einer Weile kam er zu sich. Der Bauer wollte ein Pferd einspannen und den Arzt holen, aber sein Bruder war dagegen. Trotzdem kam es so weit.

Nach ein paar Tagen war er wieder auf den Füßen. Ich wurde ein paar Mal gefragt, ob jemand vorbeigegangen sei, aber da sind ja mehrere Leute gegangen. Für mich war das wieder ein furchtbarer Schock. Zu Bauers Bruder sagte ich, er soll mich ja nicht mehr anrühren, aber ich spürte es die ganzen Jahre, dass etwas schief lief, wenn er zu Hause war. Es kam der Krieg, und er musste einrücken; trotzdem kam er viel nach Hause.

Mit siebzehn Jahren lernte ich einen guten Freund und jungen Mann kennen, doch leider verlor ich ihn durch den Krieg. Er starb im Alter von zwanzig Jahren. Geblieben ist mir nur das Totenbild und eine schmerzerfüllte Erinnerung. Wieder einmal musste ich mit großem Kummer und Leid fertig werden. Mein Herz war schwer – wieder einen guten Menschen verloren!

Der Bauer tröstete mich. Er hatte auch seine Frau – sie war noch ziemlich jung – verloren, und ein kleines Kind war ihm geblieben. Das war damals sehr traurig. Die Bäuerin verstorben, die Magd kam weg, aber die Arbeit nahm zu. Der Krieg riss die jungen Männer weg. Viele Mütter und Eltern weinten um ihre Söhne. Wir mussten mit Ausländern arbeiten, die oft diese Arbeit gar nicht konnten.

Der Krieg ging dem Ende zu. Der kleine Sohn kam in die Schule, die Tochter kam aus der Schule. Der Bauer wollte, dass ich mich mit ihm verbinde. Sein Bruder kam auch wieder nach Hause. ...

Als Bauers Bruder erkannte, dass sich zwischen Bauer und mir etwas ändern könnte, hetzte er die ganze Verwandtschaft und die Kinder gegen mich auf. Nur der Kleine tat nicht mit. Ich hatte im Sinn, von diesem Haus wegzugehen, wo ich acht Jahre für alles hergehalten und die Bäuerin ersetzt hatte. Es war keine Kleinigkeit. Ich war damals erst vierzehneinhalb Jahre und wurde schon als vollwertig eingestuft.

Ich blieb noch fast ein halbes Jahr, dann wurde es aber ernst. Es war schon alles geplant, und ich kam zum nächstgelegenen Ort, eineinviertel Gehstunden entfernt. Wieder ein starker* Posten mit starkem Hauspersonal, wie es halt früher bei den Bauern war. Das Haus lag nahe beim Ort, aber es war keine Nacht sicher vor Einbruchsdiebstählen, welche ich ein paar Mal erlebt habe. Die Wäsche war nicht sicher, ob sie im Kasten war oder nass auf der Leine hing, auch nicht bei Tageslicht. Bei Nacht, wenn sie eingebrochen haben, dehnten sie mit einem Wiesbaum* das Kellerfensterkreuz auf. Ich hatte in der Früh kein Brot im Haus – dazumals hat man ja noch selbst gebacken. Das Fleisch, sämtliche Marmeladegläser, Krapfen vom Vortag und auch mein Fahrrad haben sie mitgenommen.

Die Polizei samt ihren Hunden kam ihnen nicht auf die Spur, denn sie hatten Pfeffer gestreut. Den Lohn, den ich am Vortag für das Personal holte, hatte ich, Gott sei Dank, unter einer Zeitung und einem Buch liegen, sonst wäre auch das Geld fort gewesen. Am Vortag konnte ich es nicht mehr austeilen, weil bei meinen Chefleuten eine Kellnerin ausfiel und sie mich baten, ihnen auszuhelfen. Darum war ich auch beim Einbruch nicht zu Hause. Die böse Überraschung bekam ich erst am Morgen zu sehen. Mein Zimmer war komplett durchwühlt. Die Hausleute hatten nichts gehört. Ich bekam mein Fahrrad nicht ersetzt. Es ging alles nicht mit rechten Dingen zu.

Der Bauer, von dem ich weggegangen war, sah öfter nach mir, auch die Tochter kam ein paar Mal. Aber was nützte mir das schon? Sie waren mir nicht mehr so gesinnt. Was sollte die Nachlauferei? Ich wollte das nicht und entschloss mich, Krankenschwester zu werden.

Meine Eltern haben das erfahren, und so stand eines Tages meine Stiefmutter weinend vor mir und bat mich, doch wieder zu ihnen zu kommen. Ich ging auf ihre Bitte ein. Schließlich war ich kein Kind mehr, und das Leben in der Fremde hatte mich auch so manches gelehrt. Aber mein Vater hatte sich nicht gebessert. Er war oft unausstehlich. Wie konnte das Mutter nur aushalten? Sie haben es ausgenützt, denn eine fremde Person konnten sie sich nicht mehr leisten. Unterm Krieg ging's mit Ausländern und nach dem Krieg mit Durchwanderern, die vorübergehend Arbeit suchten, bis ihnen etwas Besseres unterkam, und zu essen brauchten sie ja auch was.

Mir ging der Wunsch, Krankenschwester zu werden, nicht mehr aus dem Kopf. Mit landwirtschaftlichen Arbeiten war ich von klein auf bestens vertraut, und sie machten mir nichts aus, aber Vaters ewige Flucherei konnte ich einfach nicht ertragen. Was für ein Dämon steckte nur in ihm!

Ich überlegte, wo ich jemand herkriegen könnte, der meine Arbeit machte. „Er könnte auch einmal den Hof und alles haben", dachte ich. Es sollte ein Mann sein, damit Mutter nicht so draufzahlte mit der schweren Arbeit. Bei einem fremden Menschen könnten sie ja das nicht so machen, wie bei einem eigenen Kind. Da hätte sich auch Vater etwas einschränken müssen. Er hätte einmal eine andere Seite zu hören bekommen sollen. Was kann ein Mädchen schon ausrichten? Früher war man als schwaches Geschöpf unterdrückt. Ich schuftete von früh bis spät in die Nacht hinein, bekam kein Geld und erntete stattdessen als Lohn nur schlechte Worte. Wer hält das aus? Ich war nicht gegen die Eltern – aber einem jeden das Seine! Etwas Freude muss der Mensch auch ernten, sonst geht man seelisch zugrunde. Ich fühlte in diesem Haus nie ein gutes Auskommen. Von einer Eltern-Kind-Beziehung überhaupt keine Spur! . . .

Ich bekam eines Tages Post von einer Entwicklungshelferin. Wir kannten uns von früher, aber sie konnte nur alle zwei Jahre heimfahren und vierzehn Tage bleiben. Nachher steigerte sich das, und sie bekam drei Wochen frei. Wir waren in Kontakt, und ich hatte schon für einen Freund einen Brief bereit. Dieser Freund wäre ganz recht für hierher gewesen, denn ein Junge konnte vielleicht mehr Ausgleich bringen als ein Mädchen. Für meine Eltern hatte ich auch ein Schreiben bereit, dass es so nicht weitergehe: Ich bekam kein Geld, und sie haben mich auch nicht adoptieren lassen. Ich war ja ein lediges Kind, und die hatten früher kein Recht auf ein Erbe. Erst Ende der sechziger Jahre ist in Kraft getreten, dass auch ledige Kinder einen Anteil bekommen, wenn ein leiblicher Elternteil stirbt.

Die Nacht kam heran, in der ich weggehen wollte – wie es in mir war, kann ich heute noch nicht in Worten ausdrücken. Doch wie das Leben so spielt: Das Schicksal wollte es anders, und ich wurde wieder um mein Glück betrogen. Mir war es schon vorgegangen, dass aus diesem Vorhaben nichts wird. Ich konnte schon ein paar Nächte nicht schlafen. Just in jener Nacht erkrankte meine Stiefmutter schwer. Sie kam ins Zimmer und klagte über ein furchtbares Brennen am Rücken, welches sich schon nach vorne ausbreitete. Sie fragte mich, warum ich auf sei und angezogen. Ich maß ihr das Fieber – es war nicht wenig. Der Plan war aus. Ich musste wieder auspacken, die Briefe verbrennen, ein Telegramm aufgeben – Telefon gab's noch keines –, außerdem zum Arzt und in die Apotheke. Gott sei Dank war noch Zeit, dass ich die Krankenschwester angetroffen habe. Das Telegramm nahm sie mit als Beglaubigung – ich war ja schon gemeldet. Bei meiner Taufpatin hätte ich übernachtet und wäre von dort abgereist.

Mutter ging es zehn Tage ganz schlecht. Die Arbeit brach nicht ab: eine schwer kranke Person, meine Arbeit ohnehin und Mutters Arbeit noch dazu. Aber Arbeit ist ein gutes Mittel für gebrochene Herzen und Seelen. Ich musste meinen Kreuzweg weiter gehen und alle Wünsche aus dem Kopf schlagen. Lieber Tag und Nacht arbeiten, als so eine Krankheit!

Als die Krankenschwester wieder heimkam, besuchte sie mich. Ich musste ihr mitteilen, dass auch mein Vater einen Unfall hatte. Er war in der Molkerei von der Rampe gefallen. Er brach sich zwei Rippen und verletzte sich noch dazu das Hüftgelenk. Da war Mutter schon gesund. Das Schicksal hatte für uns alle schwer zugeschlagen. In ein paar Stunden, ja sogar Sekunden kann sich vieles verändern. Mutter bekam obendrein noch offene Füße. Ich bin auch zu Hause eine Weile vom Krankenschwestersein nicht herausgekommen. Ich brauchte diesen Beruf öfter bei den Tieren, auch aus der Nachbarschaft holten sie mich zu den Kälberkühen und Ziegen.

Bei meinem Vater war es noch schlimmer: Nun musste ich auch das Milchfuhrwerk übernehmen. Vierzehn Wochen lang bin ich gefahren. Das war keine Kleinigkeit, die schweren 25-Liter-Milchkannen, wo ohnedies die leere Kanne schon schwer ist! Damals hat es auch noch keine Milchbänke gegeben. Man musste alle vom Boden aufheben. Wer würde das heute noch tun? Von den Jungen niemand mehr. . . .

Ich hätte mehrere Fähigkeiten gehabt, doch es hat nicht sein wollen. Es hätte mir auch nichts genützt – früher musste man ja zahlen, wenn man einen Lehrplatz einnahm, und irgendwo muss man auch aus- und eingehen können; ich wollte niemandem zur Last fallen. „Warum ist das Leben so kompliziert?" – das fragte ich mich oft im Stillen, doch eine Antwort darauf bekam ich nie. An eine Daseinsverbesserung glaubte ich schon gar nicht mehr. Ich verkroch mich in die Arbeit und hatte kein Lust, mich zu vergnügen. Andere Mädchen in meinem Alter gingen tanzen und unternahmen sonntags mit ihren Freundinnen etwas, doch ich blieb zu Hause und sagte ganz selten zu. Ich war schon eine Zeit hier und kannte noch kaum Leute vom Ort.

Einmal war ein Musikfest im Ort, wo sie Ehrendamen brauchten, doch ich sagte nicht zu. Als sie immer noch jemanden brauchten, sagte ich beim dritten Mal ja, aber ich konnte mit keinem der Nachbarsmädchen mehr hingehen, weil schon alle eingeteilt waren. Meinen Eltern wäre es gleich nicht recht gewesen, weil ich dann nicht zur Stallarbeit heimkam.

Ich lernte einen Freund kennen, doch ich konnte ihm nichts versprechen, weil ich selbst hier noch nicht zu Hause war. Ich hatte diesen Freund für hierher vorgesehen, als ich mit der Krankenschwester abreisen wollte. Das wäre vielleicht ganz gut verlaufen; meine Eltern hätten seine Eltern als Gegenüber gehabt.

Ich war oft traurig. Meine Stiefmutter eiferte mit meiner verstorbenen, richtigen Mutter, die sie gar nicht kannte. Einmal war ein Nachbar hier, er half beim Schweineschlachten – als sie wieder so anfing. Ich ging in die Scheune und weinte. Gott ist mein Zeuge! Ich wollte fast abhauen. Ich gab mir selbst die Schuld: Warum habe ich meiner Stiefmutter versprochen, wieder zurückzugehen?

Als ich von dem Bauern in Krenstetten weg auf eine andere Stellung wechselte, kam über eine kurze Zeit ein Freund. Er meinte es gut. Ich aber ging auf die Bitte meiner Stiefmutter ein und stellte meinen Freund auf die Seite, weil sie sagte: „Ohne Anhang!" Ich hatte Mitleid mit meiner Mutter und habe mir das selbst eingebrockt. Selbst getan ist selbst gelitten! Diese Reue wird immer in mir bleiben. Man macht oft vieles verkehrt. . . .

Nach mehreren persönlichen Enttäuschungen und Verzichtserfahrungen heiratete Maria Mair 1961 einen Witwer mit drei Kindern, dem sie in verzweifelter Lage eine Stütze und helfende Partnerin sein konnte. Trotz andauernder Zwistigkeiten mit ihrem Vater arbeiteten sie und ihr Mann, der hauptberuflich in einem Kraftwerk beschäftigt war, weiter in der Landwirtschaft der Eltern mit. Erst nach einem zeitweiligen Abbruch der Beziehungen entschied sich der Vater aufgrund einer Erkrankung und zunehmender Arbeitsunfähigkeit im Jahr 1966 zur lange versprochenen Übergabe des Hofes.

Obwohl ihr einziges gemeinsames Kind nach wenigen Tagen starb und trotz mancher äußeren Belastungen verlief Maria Mairs Ehe ausgesprochen harmonisch. Neben dem Milchfuhrwerk und der Arbeit in der eigenen Landwirtschaft hatte Maria Mair ihren Vater und ihre Stiefmutter im Ausgedinge zu betreuen, und bald erkrankte auch ihr Mann schwer am Herzen. Aus diesem Grund wurde die Wirtschaft nach 16 Jahren dem Stiefsohn übertragen.

Maria Mairs Mann starb 1992. Seit dem Tod ihrer Stiefmutter im Jahr 1995 lebt sie allein in einem kleinen Auszugshäuschen nahe Ernsthofen im westlichen Niederösterreich. Neben der Pflege von Haus und Garten, dem Engagement in einer christlichen Hilfsgemeinschaft und der gelegentlichen Teilnahme an Seniorenreisen widmet sie ihre Zeit im Alter vor allem ausgesetzten Katzen und anderen Tieren, welche sie bei sich beherbergt.

Auf den letzten drei Seiten ihrer Lebensaufzeichnungen beschäftigt sich die Autorin unter der Überschrift „Gegenfragen" nochmals kritisch mit den einzelnen Stationen ihrer Lebensgeschichte und gelangt auf der Suche nach einem hintergründigen Sinn des Erlebten unter anderem zu folgendem Resümee:

„In den jüngeren Jahren hat man Träume und Sehnsüchte, und auf einmal durchkreuzt so manches unser Leben, und eine raue Wirklichkeit holt uns ein. . . . In meinem Herzen war es oft schwer, vieles zu ertragen, aber Sich-dagegen-Auflehnen hätte mir auch nichts genützt. Menschliches Leben hat nun einmal bei allem Schönen und Beglückenden auch mit Leid zu tun. Leid, Kreuz und Tod sind Realitäten unseres Lebens. Da kann man nicht einfach den Kopf hängen lassen und sich in Depressionen verlieren. . . . Man darf sich selbst nicht in Mitleid zerfließen lassen, sondern muss weiterkämpfen. Zu leben ist es überall, wenn wir auch hin und wieder auf Grenzen stoßen. Wir dürfen auch oft spüren, dass schon in dieser Welt vieles wird, was wir nie für möglich gehalten hätten."

ERNESTINE WOLLNER

wurde am 19. September 1925 als uneheliches Kind einer Büroangestellten in Wien geboren. Ihr Vater war der Vorgesetzte ihrer Mutter, Generaldirektor eines Speditionsunternehmens, verheiratet und jüdischer Abstammung. Die ersten eineinhalb Lebensjahre verbrachte Ernestine Wollner bei Pflegeeltern, anschließend wuchs sie in einem Haushalt mit ihrer Mutter, Großmutter und einer Tante in Wien-Margareten auf. Nachdem ihr Großvater, ein Zahlkellner und später Pächter eines Wiener Kaffeehauses, 1927 gestorben war, bestritt die Familie ihren Lebensunterhalt – abgesehen von gelegentlicher Arbeitslosenunterstützung und einer kleinen Witwenrente – vorwiegend durch Heimarbeit.

Die Mutter Ernestine Wollners war die jüngste von insgesamt sechs Schwestern. Die älteren hatten den gemeinsamen Haushalt bereits verlassen und, zum Teil mit jüdischen Ehepartnern, eigene Familien gegründet. Die Machtübernahme der Nationalsozialisten im Jahr 1938 brachte für die Familie daher besondere Belastungsproben mit sich, zumal ebenso enge verwandtschaftliche Bindungen zu überzeugten Nationalsozialisten bestanden. Die Abstammung von einem ihr unbekannten jüdischen Vater wurde Ernestine Wollner erst in dieser Zeit zum Problem. Nur dank der Unterstützung durch regimetreue Familienangehörige konnte sie diese Zeit relativ unbeschadet überstehen und sogar eine Bürolehre absolvieren.

Die Autorin trat aufgrund eines Zeitungsberichts im Jahr 1994 in Kontakt mit der „Dokumentation lebensgeschichtlicher Aufzeichnungen" und beteiligte sich in den folgenden Jahren an zahlreichen Schreibaufrufen. Themenbezogene Beiträge von ihr sind bisher in zwei Bänden dieser Buchreihe veröffentlicht worden. (Band 46: Dorothea Muthesius (Hg.) „Schade um all die Stimmen . . ." Erinnerungen an Musik im Alltagsleben, 2001; Band 50: Kurt Bauer (Hg.): Faszination des Fahrens. Unterwegs mit Fahrrad, Motorrad und Automobil, 2003). Ein weiterer lebensgeschichtlicher Text von ihr findet sich in der Broschüre: Nikola Langreiter, Margit Schulz-Ulm (Hg.): „Ich wurde es, ohne daran zu denken . . ." Geschichten vom Älterwerden und Altsein, Wien 1999.

Ernestine Wollner schreibt unter anderem gerne Leserbriefe und Kurzgeschichten, wobei es ihr um einen kritischen Blick auf die heutige Gesellschaft geht, die ihrer Meinung nach viel „Gesellschaftskritik" verdient. Sie betrachtet Schreiben „als eine gewisse ‚anonyme Form‘ von Kommunikation für ‚Kontaktgeschädigte‘".

Die eigentliche „Kunst" besteht für sie jedoch im Zuhören – und „in Ermangelung dessen greift man eben zur Feder".

Der hier unter einem Pseudonym abgedruckte Textbeitrag über ihre Kindheit und Jugend wurde auf direkte, persönliche Anregung von Seiten der „Dokumentation lebensgeschichtlicher Aufzeichnungen" binnen weniger Tage im September 2002 geschrieben. Die Textgliederung wie die Kapitelüberschriften stammen von der Autorin.

Meine Kindheit

Mamas langjähriger Interpretation zufolge brachte mich der Storch. Dazu musste er allerdings in den 9. Wiener Bezirk ins Allgemeine Krankenhaus fliegen, und das just am 19. September, wo er doch schon längst auf seinem Flug in den Süden sein sollte ...

Vielleicht hat er aber einen großen Umweg gemacht, obwohl das Bündel in seinem dünnen, langen Schnabel das beachtliche Gewicht von viereinhalb Kilogramm hatte. (Möglicherweise wäre es besser gewesen, er hätte mich fallen lassen ...) Dennoch brachte er mich heil und ganz an meinen Bestimmungsort. Es war anno 1925.

Eine „Schand" damals, so ein kleines Menschlein einer Mutter zuzuordnen, die noch nicht einmal ganz 20 Jahre alt und (o Gott!) noch unverheiratet war. Schrie ich wohl deshalb gar so jämmerlich, als mich dieser große Vogel in ihre Arme legte?

Was folgte, weiß ich natürlich nur aus Erzählungen der (kinderlos gebliebenen) nächstälteren Schwester von Mama, Tante Jenny. Mama selbst hat nie, nie, über diese Zeit gesprochen. Und sie wusste in der Folge auch nicht, dass ich „es" erfahren habe, ohne sie jemals darauf anzusprechen.

Als Mamas „Storchenzeit" drohte sichtbar zu werden, quartierte sie sich bei einer Freundin ein. Großmutter und Mamas ältere Schwestern – sie war die Jüngste – wussten von dem „Unglück". Nur Großvater war ahnungslos. Die Familie tischte ihm irgendwas Glaubwürdiges über den Verbleib seiner jüngsten Tochter auf.

Sechs Wochen nach der Storchenlandung landete ich bei Pflegeeltern im 23. Bezirk, in Atzgersdorf. Und Mama kehrte wieder heim – zur Freude ihres Vaters. Ich selbst kann mich an diese Zeit natürlich nicht mehr erinnern.

Der ganze Schwindel kam zirka eineinhalb Jahre später auf, als es dem Großvater auffiel, dass Tante Jenny in regelmäßigen Wochenendabschnitten zu einer ganz bestimmten Zeit von daheim wegging – angeblich mit einem Freund, den ihren Eltern vorzustellen sie sich hartnäckig weigerte. Und Großmutter, die wusste, wohin sie ging, hielt dicht.

Da wurde es dem Großvater eines Tages zu bunt, und er ging seiner Tochter nach – er wollte den Kerl kennen lernen, den ihm seine Tochter vorenthielt. Wie groß war sein Erstaunen, als Tante Jenny auf ein kleines Haus zuging, aus dessen Garten ihr ein niedliches, kleines Ding mit ausgestreckten Ärmchen entgegenlief . . .

Zunächst wartete er eine Weile. Dann betrat er das Haus ebenfalls. Der langen Rede kurzer Sinn: Das niedliche, kleine Ding saß auf Tante Jennys Schoß und krähte vergnügt, während Jenny bei seinem Anblick leichenblass wurde.

„Mein Gott, wem gehört denn die Kleine?" Tante Jenny brachte kein Wort heraus. Die anwesende andere Frau bat ihn, Platz zu nehmen. „Mein Vater", stellte Tante Jenny ihn vor, und: „Sieh mal, Erni, dein Großvater!" Was diesen wiederum veranlasste zu glauben, ich wäre Tante Jennys Kind. Doch da blieb dieser nichts anderes übrig, als mit der Wahrheit herauszurücken: „Nein, die Kleine gehört der Mizzi."

Es folgte ein längeres Palaver, in dessen Verlauf mein Großvater (der Kinder liebte) die Sache in die Hand nahm und erklärte, es käme nicht in Frage, dass dieses Kind „bei fremden Leuten" aufwachse. Die Wenn und Aber der Anwesenden wischte er mit einer Handbewegung weg. „Mit dem Jugendamt setze ich mich auseinander – das Kind gehört zu seiner Mutter und in seine Familie. Packen Sie alles zusammen! Wir nehmen sie gleich mit." Protest war angesichts des großen, kräftigen Mannes und seines sicheren Auftretens sinnlos.

Tante Jenny nahm das Köfferchen, Großvater nahm mich auf den Arm: „Machen Sie sich keine Sorgen, ich regle das schon!", und weg waren wir. (Damals war es noch nicht so schwierig mit Behörden und so . . .)

Mama fiel fast vom Stockerl. „Jetzt weißt es endlich, Alois", so Großmutter, „endlich ist die Geheimniskrämerei vorbei." – „A-a-aber . . .", stotterte Mama. – „Lass nur, Mizzi, das wird schon – jedenfalls, das Kind bleibt da, basta!", und zu seiner Frau gewandt: „Also weißt, Marie, dass du mir das verheimlicht hast . . ."

Hätte er Tante Jenny nicht nachspioniert, wäre mein ganzes Leben wohl völlig anders verlaufen. Denn ein halbes Jahr später starb er – erst 58.

Meine bewusste Erinnerung beginnt erst mit meiner Kindergartenzeit im Alter von fünf Jahren. Mama war wenig zu Hause. Sie war wohl – wie üblich Anfang der dreißiger Jahre – auf Arbeitssuche und ich großteils in Großmutters Obhut. Schon damals spürte ich wohl Mamas Distanziertheit und genoss daher die liebevolle Zuwendung Tante Jennys ganz besonders. „Verwöhn das Kind nicht so!", meinte sie, wenn Tante Jenny mich abbusselte und das eine oder andere „durchgehen" ließ. Großmutter musste zwischen den beiden Schwestern meinetwegen oft vermitteln.

Knapp drei Wochen vor meinem sechsten Geburtstag trabte ich an Mamas Hand meinem ersten Schultag entgegen. Mama wusste wohl, was auf mich zukam, und so wurde ich zum ersten Mal mit dem Wort „Vater" konfrontiert. „Wenn dich die Frau Lehrerin nach deinem Vater fragt, hast du zu sagen: ,Der ist gestorben'", wurde ich belehrt. Und auf meinen fragenden Blick: „Tu, was ich dir sage!" Sicher war die Frau Lehrerin informiert worden, denn nach meiner diesbezüglichen Antwort nahm sie gleich das nächste Kind vor.

Erst in der Folge fiel mir auf, dass mit mir etwas „nicht stimmte". Nach den Wochenenden erzählten die anderen von ihren Vätern und was sie so gemacht haben, während ich zu Hause bei Großmutter saß. „Wieso ist mein Vater gestorben, Mama?" – „Frag nicht, es ist nun einmal so, ich will nix mehr hören!" Großmutter wich auch aus, und Tante

Jennny: „Wenn du größer bist, reden wir darüber." Ich gab auf.

Wer war mein Vater? Der Direktor einer großen Speditionsfirma, 36, verheiratet, zwei Kinder, mosaisch. Mama, damals 18, war seine Sekretärin. Er war ihre erste ganz große Liebe – so sagte sie mir viel, viel später einmal.

Mehr war aus ihr nicht herauszubringen, aber ein kleines Bildchen hatte sie von ihm. Ein großer, schlanker und dennoch stattlicher Mann – ein Herr – mit Stirnglatze und schönen, braunen Augen. „Du siehst ihm sehr ähnlich", sagte Mama, als sie mir das Bild zeigte. Damals war ich schon zwölf! Das war und blieb ihr einziger Kommentar.

Großmutter, eine stille, milde Frau führte den Haushalt, Tante Jenny half so schlecht und recht, sie hatte dafür „keine Hand", und Mama war nach wie vor wenig daheim. Vom damaligen Arbeitslosengeld lebte man gerade nur von der Hand in den Mund, und Großmutters kleine Rente reichte auch hinten und vorne nicht. Tante Jenny verdiente sich ein paar Schilling mit „schwarzer"* Heimarbeit – Stricken für eine einschlägige Fabrik –, und Mama fand, ebenfalls „schwarz", Heimarbeit für eine Lederfabrik. So war halbwegs durchzukommen.

Und nur allzu bald fand Mama, ich könnte im Haushalt mithelfen. So putzte ich – gerade sieben geworden – die Schuhe aller, wischte Staub, trocknete das Geschirr ab und half Großmutter die Wäschekörbe am Waschtag vom Keller in den dritten Stock und auf den Dachboden zu bringen, um sie dort zum Trocknen aufzuhängen.

Die Nachmittage gehörten den Hausaufgaben, die ich Mama am Abend vorlegen musste und von ihr genauest kontrolliert wurden. Ebenso wurde die für den nächsten Tag herzurichtende Schultasche kontrolliert und alles, was ihrer Meinung nach dort nicht hineingehörte, konfisziert. Widerspruch war völlig sinnlos.

Nun war ich offenbar in ein Alter gekommen, in dem ich versuchte zu rebellieren – was ebenso sinnlos war. Dem kleinsten Aufmucken folgte zumeist eine Ohrfeige, Großmutters Protest war vergeblich. „Du und die Jenny, ihr verwöhnt das Kind zu sehr – überlassts das mir!" Dass ich mich dann, wenn ich „was angestellt" hatte, hinter den beiden versteckte, war sonnenklar. Es nützte mir wenig; ihr gezielter „Klaps" fand mich doch immer.

Bisweilen kam eine Beamtin vom Jugendamt vorbei, um nach „dem Rechten" zu sehen. (Das Jugendamt hatte die Vormundschaft.) Aber da war immer alles paletti*. Die Wohnung war sauber, deren Insassen ebenfalls. Und gut gedrillt beantwortete ich die Fragen der Beamtin artig und zufrieden stellend. Mama spielte ihren Charme – und den hatte sie – bei diesen Besuchen derart aus, dass ich mir beinahe wünschte, diese Beamtin käme öfter . . .

Was hätte ich darum gegeben, von Mama einmal in den Arm genommen zu werden, ein Lob zu hören, dass ich dieses oder jenes gut gemacht habe, aber es gab nur Schelte, wenn mir beim Geschirrabtrocknen mal was runterfiel und zerbrach. „Mein Gott, Mizzi, sie ist ja noch ein Kind!", so Großmutter. – „Deshalb kann sie trotzdem besser aufpassen." Und der darauf folgende Kommentar zu meinen Tränen: „Heul nicht schon wieder, pass nächstens besser auf!"

O Gott, konnte ich ihr denn gar nichts recht machen? Mit der Zeit habe ich gelernt, Tränen runterzuschlucken, selbst wenn ich daran beinahe erstickt wäre.

Natürlich war es unvermeidbar, dass auch in der Schule mal etwas schief ging. Diesbezügliche Notiz im Schulheft – unterschreiben lassen! Worauf ich alle Engel anrief, mir beizustehen. Mama schrie nie – dazu war sie zu diszipliniert. Ein Blick aus ihren kühlen, blauen Augen und der schmale, strenge Mund, der „Besserung" forderte, waren schlimmer als sonst was. Großmutter schwieg – es hatte keinen Sinn, für mich Partei zu ergreifen, aber sie strich mir im Vorbeigehen über den Kopf, und Tante Jenny steckte mir – heimlich – ein Zuckerl zu.

Einmal habe ich gewagt, Mama eine – in ihren Augen – „freche" Antwort zu geben und dabei mit den Schultern zu zucken. Na, mehr hab ich nicht gebraucht. Sie prügelte mich windelweich – bis Großmutter ihr in den Arm fiel: „Es ist genug, Mizzi."

So lange Tante Jenny bei uns wohnte, war noch jemand da, mit dem ich „kuscheln" konnte und ein bissel Blödsinn machen. Aber eines Tages zog sie aus, zu meinem künftigen Onkel Viktor: ein Gentleman vom Scheitel bis zur Sohle –

ein Mann, nein, ein Herr. Mit jenen Manieren ausgestattet, die er seiner verarmten Offiziersfamilie schuldig war. Und wenn ich zu Besuch war, arbeitete er auch an meinem „Schliff", worüber Tante Jenny allerdings mit Argusaugen wachte. Und sie hatte immer ein Zuckerl oder Schokolade bereit, wenn ich den Tränen nahe war.

Mädchen aus meiner Schulklasse durfte ich kaum mit nach Hause bringen. Dies wurde äußerst selten erlaubt, und Mama traf die Auswahl. Bei einer war ihr dieses nicht recht, bei einer anderen jenes. So gewöhnte ich mich ans Alleinesein, und Bücher wurden schon sehr frühzeitig meine Freunde. Das wiederum gefiel Mama, was sie allerdings nicht betonte, denn Positives wurde als selbstverständlich erachtet.

Meine Zeugnisse waren recht gut, nur verdarb mir die Note im Rechnen dasselbe immer wieder, sehr zu Mamas Unmut. Dennoch zahlte sie mir Nachhilfestunden, da Sitzenbleiben drohte, wenn ich den „Nachzipf"* nicht schaffen sollte. Das konnte ich Mama keinesfalls antun. Die Ferien waren total verpatzt. Ich büffelte, was das Zeug hielt. Die Prozentrechnungen wollten nicht und nicht in meinen Kopf hinein. Doch – dem Himmel sei Dank! – eines Tages begriff ich es. Der Nachzipf war, wenn auch knapp, überstanden.

Ich habe wirklich mit letzter Kraft diese verdammten Rechnungen geschafft; ich konnte es Mama, der es nicht leicht gefallen war, diese Stunden zu bezahlen, doch nicht antun zu versagen. Das war die Triebfeder. Im darauf folgenden Semester hatte ich in Rechnen keine Note Drei, sondern Zwei. Die Anstrengung hatte sich gelohnt. Wenn ich geglaubt hatte, von Mama endlich einmal ein Lob einzuheimsen, hatte ich mich gründlich geirrt. Ihr trockener Kommentar: „War auch höchste Zeit!" Ich biss die Zähne zusammen – ja nicht heulen! Und so war es mit allem. Mein restliches, wirklich gutes Zeugnis: Betragen – 1, Fleiß – 1, Deutsche Sprache – 1, Geschichte – 1, Geographie – 2, Rechnen – 2 und so weiter – alles selbstverständlich! Großmutter und Tante Jenny fingen meine Verzweiflung auf. „Na, du weißt ja, wie Mama ist . . ."

Die Besuche der Jugendamtsbeamtin waren immer seltener geworden. Eines Tages blieben sie ganz aus. Mama hatte das Sorgerecht bekommen. Doch – noch strenger konnte sie kaum werden. Ich zerfranste mich, bemühte mich, „brav" zu sein (auch in der Schule), half im Haushalt, wo ich konnte, sah Großmutter beim Kochen zu, um auch das zu erlernen (was sich alsbald als wichtig erwies), hütete mich, zu widersprechen, auch wenn mir nur allzu oft danach war – mit einem Wort: Ich versuchte alles, um es Mama ja recht zu machen. Um nur ein einziges, ein einziges Mal zu hören, ich hätte dies oder das gut oder richtig gemacht. Um nur einmal – einmal – von ihr in die Arme genommen zu werden.

Wenn ich versuchte, sie schüchtern zu umarmen, wehrte sie es ab: „Lass diese Gefühlsduselei!" Ich habe viel geweint – nachts, wenn es niemand sah.

Warum liebt Mama mich nicht?
Warum umarmt sie mich nicht?
Warum küsst sie mich nicht?
Was habe ich dir getan, Mama?
So viele Fragen – aber keine Antwort.

Es waren wohl diese ohne Antwort gebliebenen Fragen, die mich relativ frühzeitig lehrten, Distanz zu halten, Gefühle zu unterdrücken, sie einfach nicht zuzulassen. Ich hatte einfach Angst, zurückgewiesen zu werden. Nur bei Tante Jenny „lag ich richtig". Sie gab mir, was Mama – streng, diszipliniert, unnahbar – offenbar einfach nicht geben konnte.

Und dennoch – darauf bin ich erst gekommen, als ich bereits 57 war – konnte sie auch anders. Nach ihrem Tod fand ich in ihrem Nachlass eine Eisenkassette. Und darin Briefe, die sie ihrem Mann geschrieben und die dieser aufgehoben hatte. (Sie haben 1943 geheiratet.) Diese Briefe offenbaren mir eine völlig andere Frau. Eine Frau, erfüllt von warmherziger Liebe, Verständnis, Einfühlungsvermögen und Empfindsamkeit. An ihrem Grab hatte ich keine Tränen – aber hier brach es aus mir hervor. So hemmungslos hatte ich noch nie geweint. Warum er? Warum nicht ich?

Die Sorge um sein Wohlergehen musste man nicht erst zwischen den Zeilen herauslesen, so offensichtlich war sie. Die wohl geformten Sätze – eine einzige dezente Liebeserklärung. Die versteckte Leidenschaft, die da mitschwang, war fast spürbar. Hier bot sich mir das (schriftliche) Idealbild einer kompromisslos liebenden Frau. Hätte ich Mamas schöne, gleichmäßige Schriftzüge nicht gekannt, hätte ich an deren Echtheit gezweifelt.

Gut, die Familie wusste, dass diese Ehe außerordentlich gut war, dass in den 39 Jahren kaum ein lautes Wort zu hören war, dass sie einander respektierten (er war um zehn Jahre jünger als sie) und dass ihr Zusammengehörigkeitsgefühl sichtbar ausgeprägt war. Aber niemand hätte auch nur im Entferntesten geglaubt, dass sich hinter dieser kühlen und distanzierten Fassade so viel Gefühl verbarg.

Ich habe jedenfalls nichts davon abbekommen, kein bisschen. Die Briefe habe ich verbrannt, die Asche in eine kleine Dose geschüttet, und diese am Kopfende ihrer Grabstätte tief eingegraben. Und niemandem davon erzählt. Das hätte sie nicht gewollt. (Vielleicht hätte ich sie auch nicht lesen sollen – aber es war zu verlockend.)

Ihr Mann war neun Monate vor ihr verstorben. Sie hat seinen Tod nicht verkraftet. In diesen letzten neun Monaten stand ich ihr bei, so gut ich konnte. Jetzt kamen wir einander näher. Jetzt umarmte sie mich, schmiegte ihre Wange an meine, küsste mich. 57 lange Jahre hatte ich darauf gewartet. Doch sogar jetzt unterdrückte ich die Tränen, die aufkommen wollten.

Zwei Tage später starb sie (nach zwei Tagen im Krankenhaus). Es war vier Tage nach Weihnachten 1982. Die Trauergäste wunderten sich wohl, dass ihr Sarg mit – Mimosen (!) – bedeckt war, denn niemand wusste, dass ausgerechnet dies ihre Lieblingsblumen waren. Sie passten so gar nicht zu der Frau, die sie gekannt hatten. Und ich hatte buchstäblich Himmel und Hölle in Bewegung gesetzt, um diese Blumen – im Jänner – aufzutreiben.

Ein halbes Leben lang habe ich um die Liebe dieser Frau gekämpft, die meine Mutter war. Vergeblich. Manchmal hasste ich sie dafür – aber das hielt nie lange an; denn ich habe es immer wieder versucht. Mein Vater war nie auch nur ansatzweise ein Gesprächsthema. Alles, was sie mir sagte, war, dass ich nach ihm getauft wurde – er hieß Ernst (Braun), und so wurde aus mir eine Ernestine. Hat er sie vielleicht so tief verletzt, dass sie ihre Enttäuschung darüber

auf mich projizierte? Hatte sie erwartet, dass er sich scheiden ließe, um sie zu heiraten? Sie musste doch gewusst haben, dass in jüdischen Familien Scheidung tabu war.

War es die von Großvater aufgedeckte „Schande", dass
sie ein uneheliches Kind hatte? Ich habe ihre Schwestern,
meine Tanten, gefragt – aber Mama hatte hartnäckig geschwiegen, auch ihren engsten Vertrauten gegenüber. Selbst
Tante Jenny konnte ihr Versprechen, mit mir darüber zu reden, wenn ich „größer" sei, nicht einhalten.

Eines muss hier dennoch erwähnt werden. Ich habe diesen so hartnäckig verschwiegenen Vater nie vermisst. Und
vielleicht hat sie auch deshalb nie über ihn gesprochen, damit ich ihn nicht vermisse.

Ihre Strenge war sowieso die eines Vaters – Mutterliebe
in einer anderen Form habe ich durch Tante Jenny erfahren.
Sie war eineinhalb Jahre vor Mama gestorben. Ich saß im
Krankenhaus an ihrem Bett. Ihre Augen waren geschlossen,
und ein kleines Lächeln huschte über ihre Lippen, als sie
meine Stimme hörte. („Sie hat auf Sie gewartet", sagte die
Nachbarin.) Zehn Minuten später tat sie ihren letzten Atem-
zug. Geliebte Jenny – deine Liebe hat mir über vieles hin-
weggeholfen. Ich küsste ihre Hände, die mich so oft liebevoll gestreichelt hatten – leb wohl! – drehte mich um und
ging. Ich ertrug es nicht.

Bruder Robert

1941. Das so genannte „Pflichtjahr"* nach der Schule war
angesagt. Für mich jedenfalls. Denn als „Mischling 1. Grades" kam der „Arbeitsdienst"*, der eine deutsche Uniform
vorschrieb, für mich nicht in Frage. Die erste Halbzeit dieses „Dienstes am deutschen Volk" verbrachte ich in einer
Bauernfamilie im Burgenland, die zweite bei einer jungen
Frau mit zwei kleinen Kindern in Wien. Doch davon soll
hier nicht die Rede sein; das wäre eine eigene Geschichte.

Jedes zweite Wochenende hatte ich sonntagnachmittags
frei. Dass ich diesen Tag zu Hause verbrachte, war klar. Eines Tages erreichte mich ein Brief. Verwundert drehte ich
ihn hin und her, denn er hatte keinen Feldpoststempel.
Dazu muss gesagt werden, dass ich mit einigen Frontsolda-

ten, und zwar jenen, die von niemandem Post bekamen, korrespondierte. (Es gab da einmal einen diesbezüglichen Aufruf, dem ich natürlich folgte – eine Möglichkeit zu schreiben, die ich nicht auslassen konnte.)

Absender war auf diesem Brief keiner, und auch die Schrift war mir eher fremd. „Na, mach ihn schon auf!", sagte Frau Lorenz, meine „Pflichtjahrmutter". Neugierig geworden, riss ich den Brief auf: „Liebe Erni!", stand da, worauf ich erst einmal nach der Unterschrift sah: „Deine Tante Luise". Nanu? Tante Luise war die älteste Schwester meiner Mutter. Sie wohnte in Floridsdorf, nahe der Floridsdorfer Brücke.

Auch *die* hat ihre – meine – persönliche „Geschichte", denn hier bekam ich – bereits 17 – von Mama meine letzte (öffentliche) Ohrfeige. Es war vor 12 Uhr Mitternacht nach einem Besuch bei Tante Luise, und wir warteten auf die letzte Straßenbahn. Wir standen da, aber keineswegs alleine, denn auch zwei junge Fliegerleutnants flaxten* da rum und fingen zu kokettieren an. Ich – nicht faul – warf die Blicke natürlich zurück, was Mama offenbar gar nicht passte. „Schau nicht immer so hin!", raunte sie mir zu. Na gut, so hab ich eben kurz weggeschaut. Aus den Augenwinkeln aber sah ich, dass sie mir – offensichtlich amüsiert – eine Kusshand zuwarfen. Ich dachte falsch, als ich dachte, Mama sähe nicht her, und diese Kusshand zurückwarf. Na, mehr brauchte ich nicht: „Hab ich dir nicht gesagt, du sollst dich nicht so auffallend benehmen?" – und klatsch, hatte ich ihre Hand im Gesicht. O Gott! Aber der Himmel rettete mich, indem er die erwartete Straßenbahn in die Haltestelle einfahren ließ. Und zum Glück stiegen die beiden auf der hinteren Plattform ein . . . Die letzte „Watschen" – ich werde sie wohl nie vergessen.

Doch zurück zu dem unerwarteten Brief von Tante Luise. „Ich würde mich freuen, Dich an Deinem nächsten freien Sonntag bei mir zur Jause zu sehen . . ." So weit, so gut. Aber dann kam der Nachsatz: „. . . mit Deinem Bruder Robert".

Was war das? Ich las es wieder und wieder. Es stand noch immer da. „Was schaust du so entgeistert?", so Frau Lorenz. Warum ich ihr wortlos den Brief gab, weiß ich nicht. „Du hast einen Bruder – wieso hast du das nie erzählt?" Ich wand mich wie ein Aal. Was sollte ich sagen? Und alles, was ich gerade noch rausbrachte, war die Bitte, ausnahmsweise schon den kommenden Sonntag (außertourlich*) frei zu bekommen. Sie merkte wohl, dass es sich hier um etwas Besonderes handelte, und stimmte zu.

Ich sauste zum nächsten Telefonhüttl und rief Mama im Büro an. (Sie wollte von meinem Kommen immer verständigt werden, damit sie anzutreffen war.) „Ich komm diesen Sonntag, Mama." – „Wieso, du hast doch erst am nächsten Sonntag frei?" – „Ich möchte meinen Bruder kennen lernen", rutschte es mir heraus. Ein paar Sekunden Funkstille. „Dass diese Luise nicht den Mund halten kann!", und klick, legte sie auf.

Frau Lorenz hatte in diesen Tagen von Donnerstag bis Sonntagmittag wohl ihre liebe Not mit mir. Ich schusselte herum, machte damit die Kinder kribbelig und lag nachts wach.

Ich hatte einen Bruder! Wie er wohl aussehen mag? Groß, schlank, blond – wie stellte sich eine knapp Sechzehnjährige einen jungen Mann schon vor – damals? Eben. Groß, schlank, blond. Na ja, eigentlich nicht schlecht. Ein Bruder. Ein Beschützer. Einer zum Ins-Kino-Gehen, ohne dass Mama misstrauisch sein kann. Bei all diesen „Vorstellungen" vergaß ich aber, sein Alter nachzurechnen. Schließlich war ja Mama erst knapp zwanzig, als ich kam.

So lebte ich diese dreieinhalb Tage in einer Traumwelt, die mir äußerst gut gefiel. Noch nie haben drei Tage so lange gedauert. Die Straßenbahn am Sonntag kam eine Ewigkeit lang nicht daher, und der relativ kurze Weg nach Hause zog sich wie ein Strudelteig. Die drei Stockwerke hinauf nahm ich in jeweils zwei Stufen auf einmal und kam außer Atem zur Türe. Die war zugesperrt. Wieso? War niemand zu Hause? Ich hatte doch angerufen. Ich klopfte. Der Schlüssel wurde innen umgedreht, und Mama stand vor mir. Es war kein Funken Freude in den Augen, mich zu sehen. Aber das war ich ja irgendwie eh schon gewöhnt.

„Küss die Hand!", sagte ich – artig wie immer – auch mit 16 (und übrigens auch noch bis zu ihrem Tod – da war ich 57). Mit einem knappen „Komm rein!" trat sie zur Seite.

Und da – da traf mich doch fast der Schlag. Aus der Traum vom großen, blonden Bruder, vom Beschützer, von was weiß ich nicht noch alles . . .

Da stand ein Bub – kleiner als ich, schwarzhaarig, mit Pickeln im Gesicht, mit einer kurzen, unter den Knien endenden Hose, Kniestrümpfen und hohen Schuhen –, der schrecklich verlegen zu mir aufblickte. „Na, schöne, dunkle Augen hat er wenigstens", dachte ich konsterniert.

„Das ist deine Schwester Erna", sagte Mama trocken, ging zum Gasherd und fing an, Kaffeewasser aufzustellen. Wir standen beide rum und wussten nicht, was tun. Da machte er den Mund auf: „D-d-d-du bist a-a-aber ein hü-hü-hübsches M-M-Mädchen." – „Mein Gott, der stottert ja auch noch!" Mama, offenbar wenig begeistert über diese positive Meinung und meine Wirkung auf ihn, forderte uns barsch auf, zum Kaffee zu kommen.

Die Atmosphäre war unter jeder Kritik. Schweigend tranken wir unseren Kaffee, keiner blickte den anderen an. Bis Mama schroff sagte: „Was weißt du von Tante Luise?" Natürlich hatte ich den Brief mit und legte ihn auf den Tisch. Ihre Augen wurden härter, ihr Mund immer schmäler; dann steckte sie den Brief in ihre Handtasche. „Gnade der armen Tante Luise, wenn Mama den nächsten Besuch bei ihr macht!", dachte ich.

Bingo!* „Ihr geht dort nächsten Sonntag natürlich nicht hin . . ." Wir getrauten uns nicht einmal an Widerspruch zu denken. Und in diesem Moment trafen sich unsere Augen zum ersten Mal bewusst – wir dachten beide dasselbe . . . Es war wie eine erste, winzig kleine Verschwörung. Gott sei Dank hat Mama mein Zwinkern übersehen.

Eine gequälte „Unterhaltung" kam in Gang – Robert stotterte tatsächlich –, und wenn ich geglaubt haben sollte, Mama fände eine Erklärung für die Situation, dann hatte ich mich gründlich getäuscht.

Gegen Abend musste ich wieder „nach Hause" zu meiner „Pflichtjahrmutter". Ihre – verständlichen – Fragen waren für mich ein einziges Spießrutenlaufen. Ich wusste nicht, was ich antworten sollte: „Ja, ich hab einen Bruder – Robert heißt er und ist 14 Jahre alt. Ein lieber Bub . . .", fügte ich noch hinzu. Wider Erwarten hatte sie so viel Fingerspitzengefühl, nicht weiterzufragen, und außerdem mussten die Kinder ins Bett gebracht werden, was sowieso mühsam genug war. (In dieser Beziehung scheint es keinen „Fortschritt" zu geben, am Abend sind sie am muntersten.)

Schließlich zog ich in Erwägung, am nächsten freien Sonntag dennoch zu Tante Luise zu fahren. Ich wagte es nicht, griff aber zu einer Notlüge in der Hoffnung, dass Mama nicht draufkäme. Ich rief sie im Büro an und sagte, ich müsse den außertourlichen Sonntag einbringen. Na, hoffentlich ging das mal gut. (Welch ein Glück, dass damals kaum ein Telefon in einem „normalen" Haushalt installiert war.) So fuhr ich mit einem flauen Gefühl im Magen (wenn ich log, hatte ich immer ein schlechtes Gewissen) zu Tante Jenny: Die wird doch wohl auch wissen, was da eigentlich los ist." Außerdem konnte ich zu ihr immer kommen, ohne mich groß anmelden zu müssen.

Sie hat mir sofort angesehen, warum ich kam. „Na, setz dich erst mal hin. Ich mach uns eine Jause." Und auf meinen Rundum-Blick: „Nein, Onkel Viktor ist nicht zu Hause." Meine Erleichterung war kaum zu übersehen. „Wir sind ganz unter uns", fügte sie lächelnd hinzu. Sie wusste Bescheid über meine Scheu, die ich vor seiner ausgeprägten Korrektheit hatte.

„Du weißt es also schon?" Sie stand hinter mir und hatte ihre Hände auf meinen Schultern liegen. Wie gut diese Berührung tat – ich legte meinen Kopf zurück, um ihr noch näher zu sein. Da erzählte ich ihr der Reihe nach, wie es dazu kam. „Na, die wird der Luise was erzählen!" – „Aber wie ich dich kenne", meinte ich, „wirst du das schon wieder gerade biegen." – „Na ja", seufzte sie nur und setzte sich neben mich. „Wie lange ist er schon hier?", fragte ich. „Zirka drei Wochen, die erste Woche hat ihn Mama bei Tante Luise untergebracht." – „Aha!"

Tante Luise hatte vier Kinder, meine Cousins: Edi – 16 Jahre, Grete – 14, Angela – 13 und Walter – 10. Es wussten also alle schon Bescheid. Mir standen innerlich die Haare zu Berge: „Was denkt sich Mama eigentlich?" Hatte sie womöglich alle zum Stillschweigen verdonnert, um mir gegenüber nicht nur meinen Vater, sondern nun auch einen Bruder zu verdrängen? Wie lange wäre ihr das gelungen, hätte Tante Luise nicht geplaudert? Nun ja, zumindest hätten auf Dauer die Kinder das sicher nicht für sich behalten können.

Fragend blickte ich Tante Jenny an. Ich kannte sie zu gut, um nicht zu bemerken, dass auch sie zögerte. Also hatte Mama auch hier ihre Hand im Spiel. „Nun, ich werde dir das Notwendigste (!) sagen . . ."

Robert, im Juni 1927 geboren, wurde unmittelbar nach der Geburt zu Pflegeeltern gegeben. Dort waren bereits zwei eigene Kinder – wesentlich ältere Mädchen – vorhanden. Es waren Bauern in Niederösterreich, es war kein „Stammhalter" zu erwarten, da die Pflegemutter keine Kinder mehr bekommen konnte. Also – ein Bub musste her. (Die näheren Umstände, wie es dazu kam, habe ich nie erfahren. Darüber ließ man offenbar auch Robert im Unklaren.) Robert war voll des Lobes über diese Pflegefamilie, die „Alten" hatten endlich einen Buben, und die älteren Schwestern verwöhnten ihn, den „Kleinen".

„Wer war sein Vater?", so meine verständliche Frage. „Hm" – Tante Jenny war offensichtlich in einer Zwickmühle. Mir schwante etwas – schließlich hatte ich, trotz Mamas striktem Verbot und daher justament, diverse Schundromane gelesen. Und darin kamen „solche Sachen" ja vor. „Na sag schon, dass es nicht meiner war!"

Schweigend schüttelte Tante Jenny den Kopf. Und fügte hinzu: „Aber sag nicht der Mama, dass du es von mir weißt! Diesmal wird Luise dichthalten, und das wissen die Kinder sowieso nicht." Großmutter konnte nichts mehr sagen, sie war 1940, ein Jahr davor, gestorben.

„Und wieso kommt er jetzt – mit 14 – zu uns?" Die näheren „Umstände" blieben im Dunkeln. Nur so viel: Irgendein missgünstiger Nachbar (und solche gab es nach 1938 mehr als genug) mobilisierte aus irgendeinem Grund das Jugendamt. Vielleicht war ihm aufgefallen, dass der „kleine Schwarzhaarige" so gar nicht in die blonde Familie passte, und dass er ein Pflegekind war, wusste man in dem kleinen Dorf ja. Hellhörige, Parteiabzeichen tragende Beamte kramten daraufhin in den längst vergessenen Akten und stellten fest, dass hier ein „Mischling 1. Grades" sein „undeutsches Unwesen" trieb. Also war auch sein Vater Jude.

Gegen den Protest der Pflegeeltern holten sie ihn – fast in einer Nacht- und Nebelaktion – von dort weg, verfrachteten ihn, in jugendamtlicher Begleitung, in den nächsten Zug nach Wien und brachten ihn in die Kinderübernahmestelle* in der Lustkandlgasse. Und Mama bekam eine schriftliche Aufforderung, ihn dort abzuholen. Daraufhin setzte sich Mama mit den Tanten zusammen, die ja von Roberts Existenz wussten, aber schon lange (14 Jahre) nicht mehr daran dachten. Was tun? Sie kamen zu dem Schluss, dass man ihn dort auf keinen Fall lassen konnte, wusste man doch, was mit „Judenkindern" passieren konnte.

Mama war den ganzen Tag im Büro, Tante Jenny ebenfalls – also erklärte sich Tante Luise bereit, ihn vorläufig aufzunehmen; sie war sowieso zu Hause (bei vier Kindern), und auf einen kommt es auch nicht mehr an, meinte sie. Womit Roberts „Odyssee" begann – wenn auch nur innerhalb der Familie.

Zu diesem Zeitpunkt näherte sich mein Pflichtjahr dem Ende. Ich kam nach Hause, und Mama holte Robert von Tante Luise zu uns. Jetzt erwies es sich als äußerst günstig, dass ich schon als Kind zur Hausarbeit angehalten worden war, dass ich Großmutter liebend gerne beim Kochen zugesehen und den „letzten Schliff" meiner „hausfraulichen Tugenden" im Pflichtjahr bekommen hatte.

Mama ging zur Arbeit, Robert (noch) zur Schule, und ich – ich „führte" den Haushalt. Das heißt, ich tat, was Mama mir schaffte*: stöberte die beiden frühmorgens aus den Betten, damit sie nicht zu spät kämen, richtete das Frühstück und die Jausenbrote, kochte, putzte, nähte, stopfte Strümpfe, putzte Schuhe, und was halt so alles zu einem Haushalt dazugehört. Kommentar einer Nachbarin: „Wirst amal a tüchtige Hausfrau, Mädl. Der Mann, der dich kriegt, wird a Freud ham . . ."

Das Kochen an sich wäre ja noch gegangen (ich hatte Talent und Freude daran), hätte es nicht die verdammten Lebensmittelkarten gegeben. Die einzuteilen war alles, nur nicht einfach. Auch, wenn das morgens mit Mama besprochen wurde. So lernte ich improvisieren – und es gelang.

Robert war ein unkomplizierter Esser, ihm mundete einfach alles. „F-f-fein – w-w-wo hast d-d-du so gut ko-ko-kochen g-g-gelernt?" Er stotterte fürchterlich. Ich gewöhnte mich langsam daran, Mama machte es total nervös. Und wenn er ihre Ungeduld merkte, stotterte er noch mehr. Wenn wir beide alleine waren, war es nicht so arg: „Langsam, Robert, red langsam!" Es hat im Laufe der Jahre ein ganz klein wenig abgenommen, dieses Stottern. Jahrzehnte später ereignete sich dann etwas Unbegreifliches: Einige Wochen nach Mamas Tod war das Stottern weg. Nur wenn er sehr aufgeregt war, kam es ansatzweise wieder. Oder war es gar nicht so unbegreiflich? Er hatte unter Mamas Dominanz eminent gelitten. Viel mehr als ich.

Inzwischen hatte ich Arbeit in einem Büro gefunden. Es war eine schwierige Sache gewesen. Denn zunächst wollte das Arbeitsamt mich – als „Mischling 1. Grades" – als Hilfsarbeiterin in eine Rüstungsfabrik stecken. Mich, die ich doch so gerne Abi* gemacht und Germanistik studiert hätte. Nix da – für Judenkinder ist kein Platz! Dass uns beide, Robert und mich, nicht die Gestapo holte, schien sowieso wie ein Wunder – ein Wunder, das erklärbar war:

Onkel Viktor, Tante Jennys Ehegatte (der Offizier mit den tadellosen Manieren), war ein „Illegaler"* gewesen. Und er hatte eine Schwäche für seine intelligente Schwägerin Mizzi, meine Mutter. Trotz all unserer Konflikte wollte es Mama unter keinen Umständen zulassen, dass ihre Tochter (plötzlich war ich ihre Tochter) zur Hilfsarbeiterin degradiert werde.

Ausweg? Der Gang zu Onkel Viktor um Hilfestellung. Keine Ahnung, wie er das angestellt hatte. Vermutlich ließ er „Verbindungen" spielen, und so musste ich schlussendlich auf dem Arbeitsamt eine ziemlich strenge Prüfung über mich ergehen lassen, und Mama legte mein tadelloses Abschlusszeugnis vor. Jenes Zeugnis, von dem sie damals gemeint hatte, es hätte noch besser sein können! Hier aber war sie ganz „liebende Mutter", die die Vorzüge ihrer „gescheiten" Tochter pries und deren Intelligenz doch besser eingesetzt werden könne als bei einem Fließband ... Ich traute meinen Ohren nicht. Das sollte Mama sein?

Besagte Prüfung verlief positiv. Ich durfte als Praktikantin mit Lehrberufsausbildung (Berufsschule am Hamerlingplatz) in einer Apothekeneinrichtungs-Großhandlung anfangen. Es war der 1. März 1942. Robert, inzwischen 15 geworden, sollte auch „etwas lernen". Was dabei herauskam, war eine Lehre als Vulkaniseur. Auch hier hatte Onkel Viktor seine Hand im Spiel.

So, was nun mit Robert? Man konnte den jungen Burschen doch nicht sich selbst überlassen. Tante Luise war sehr kränklich geworden – Onkel Franz, ihr Mann war zu den Fahnen „geeilt worden" (er war vorher uk*-gestellt), und Cousin Edi, inzwischen 17, wollte unbedingt freiwillig zur Wehrmacht. Vorzeitig. Was tun?

Na ja, es gab ja noch eine Schwester meiner Mutter – die Drittälteste, Tante Elsa. So packte Robert wieder einmal seine „Siebensachen" (so viele waren es ja gar nicht) und zog zu Tante Elsa. Tante Elsa war eine relativ unkomplizierte Person. Sie hatte einen 25-jährigen Sohn, der mit seinem Vater noch vor dem 13. März 1938 emigrierte. (Die näheren Umstände dieser Familienbande zu schildern würde zu weit führen. Es würde Seite um Seite füllen.)

Kurz und gut, Tante Elsa nahm Robert nach längeren Verhandlungen im Beisein von Mama, Tante Jenny und Onkel Viktor bei sich auf. Merkwürdigerweise wäre er viel lieber bei Mama und mir geblieben – vor allem bei Mama. Denn obwohl sie ihm nicht gerade „mütterlich" entgegenkam, himmelte er sie förmlich an (ich kannte das nur allzu gut). Nun ja, welch ein Unterschied zwischen seiner bäuerlichen Pflegemutter und seiner „richtigen", städtisch orientierten, zierlichen, blonden Mutter. Er nützte jede Gelegenheit, an Wochenenden bei uns anzutanzen, was Mama mit der ihr eigenen kühlen Distanz quittierte.

Ehrlich gestanden, ich war auch nicht sehr begeistert, denn irgendwie herrschte zwischen Mama und mir ein unausgesprochener „Waffenstillstand". Vorläufig. Sie hatte meinen zukünftigen Stiefvater kennen gelernt und verhielt sich vergleichsweise friedlich. Eigentlich sahen wir einander nur am Morgen, wir besprachen, was ich einkaufen und kochen sollte. Ich brachte nach dem Büro auch die Wohnung in Ordnung und stellte ihr das Abendessen bereit, wenn sie zu diesem Zeitpunkt noch nicht daheim war. Wusste sie, dass sie sich „sehr verspäten" würde, rief sie mich im Büro an: „Geh schlafen, ich komm heut sehr spät . . ." So war es auszuhalten.

Eines Sonntags, als Robert zu Mamas Leidwesen wieder mal angetanzt kam, war sie auffallend nervös – eine Seltenheit bei ihr. Die Wohnung wurde inspiziert, ob ich auch alles ordentlich gemacht hatte, das einzige „schöne" Kaffeegeschirr, das wir hatten und das sonst nie „in Aktion trat", wurde hervorgeholt. „Benehmt euch!", sagte Mama, „Willi kommt zur Jause." Dann klopfte es. Und da stand er: nicht gerade groß, aber blond und drahtig – in SA*-Uniform.

Mama errötete wie ein junges Mädchen, wir aber standen wie vom Donner gerührt. Der? Wie damals, bei unserem ersten Zusammentreffen, blickten Robert und ich einander in die Augen, und wie damals waren wir uns wortlos einig. Wir mochten ihn von Anfang an nicht.

Die Situation war aber auch zu grotesk. Eine Frau, mit 36 in der Blüte ihrer Jahre, christlichsozial erzogen, und ihre beiden halbwüchsigen „Judenkinder", denen der SA-Mann gerade die Hand entgegenstreckte . . .

1943/44

Ein denkwürdiger Tag, dieser 21. Dezember 1943. Heute haben sie also geheiratet: Mama, 37, und Willi, 28. Vor drei Monaten war ich 18 geworden. Welch eine verrückte Konstellation!

Was Mama dazu bewogen hatte, dass ich an diesem Abend trotz geladener Gäste dabei sein durfte, weiß ich nicht. Erinnern kann ich mich allerdings nur allzu gut daran, dass ich von Mama instruiert wurde, tunlichst das Wort „Mama" zu unterlassen.

Willis Familie (seine Mutter, Schwester und deren Mann, ein Schweizer) wusste zwar Bescheid, aber wir kannten einander noch nicht. Tante Jenny war alleine da – Onkel Viktor war 1942 verstorben, Tante Jenny mit erst 42 bereits Witwe. Weiters Tante Elsa, ohne meinen Bruder Robert (das wäre in dieser Situation möglicherweise doch des „Guten" zu viel gewesen . . .). Von den „außen stehenden" Gästen wusste lediglich Mamas Chef Bescheid.

In der großen, schön eingerichteten Wohnung in einer Seitengasse des Schwarzenbergplatzes (arisiert*?) – herrschte reges Treiben. Mama machte mit dem ihr eigenen Charme die Honneurs*; das türkisfarbene Kostüm passte gut zu ihrem blonden Haar, und Willi war nicht einmal an diesem Tag in Zivil. Lediglich Reithose und Reitstiefel hatte er gegen die lange Uniformhose und Halbschuhe ausgetauscht, was das „SA-hafte" doch ein wenig milderte.

Meine Aufgabe bestand darin, die Gäste hereinzubitten, ihnen Hut und Mantel abzunehmen und mich – nach deren Vollzähligkeit – in der Küche nützlich zu machen.

Was es hier alles gab, war – für Ende 1943 – sagenhaft. Es duftete nach Braten, ich bereitete Salate aller Art zu; es war einfach all das vorhanden, von dem ein Lebensmittelkarten-empfänger nur träumen konnte: Beinschinken, vielerlei Käsesorten, Eier, Butter etc. und eine Hochzeitstorte (von Schwiegermutter), die mir bei ihrem Anblick das Wasser im Munde zusammenlaufen ließ.

Das Speisezimmer war halb hochzeitlich, halb weihnachtlich geschmückt – schließlich war in drei Tagen Weihnachten. Auf der weiß gedeckten Tafel befand sich feinstes Porzellan, kristallklare Wein- und Sektgläser (alles arisiert?). Die Stimmung war angeregt. Waren wir tatsächlich bereits im vierten Kriegsjahr?

Mama strahlte. So hatte ich sie noch nie zuvor gesehen. Sie war verheiratet – endlich. Sogar mich traf ein freundlicher Blick. Na ja, ich gab schließlich auch mein Bestes – als Zuträgerin und Abserv-iererin – und fiel eigentlich kaum auf. Lediglich die taxierenden Blicke von Willis Familie entgingen mir nicht, worauf ich diese besonders freundlich bediente – Mama zuliebe.

Toasts wurden ausgesprochen: Auf Willi, den Bräutigam, den Sohn, den Schwager . . . (das alles war er ja bereits). Bei dieser Sekt-Anstoß-Runde war ich anwesend, und da passierte mir ein ungeheurer Lapsus: „. . . und ich könnte dich zum Großvater machen . . ."

Ein Blitz traf mich aus Mamas Augen, aber ehe noch jemand diese Ungeheuerlichkeit richtig zur Kenntnis nehmen konnte, rettete Tante Jenny die Situation mit einem neuen Trinkspruch. Ich ergriff die Flucht in die Küche und stürzte dort ein Glas Cognac runter. Es war mein erster, und ich verkutzte* mich daran nicht einmal, so konsterniert war ich über mich selber. Was war mir da wohl eingefallen? Was sollte ich jetzt bloß tun?

Wie immer erschien Tante Jenny, mein rettender Engel: „Zieh dich an und fahr nach Hause! Ich mach das schon alles hier für dich." – „Beeil dich, bevor Mama rauskommt!"

So schnell war ich wohl noch nie in einem Mantel drin und bei einer Tür draußen. Es war beißend kalt, nach 12 Uhr Mitternacht und die letzte Straßenbahn schon weg. So machte ich mich auf den Weg vom ersten in den fünften Bezirk. Über den Himmel der total verdunkelten und fast menschenleeren Stadt glitten die Scheinwerfer der FLAK (Fliegerabwehrkanonen), und an der gegenüberliegenden Straßenseite torkelten ein paar betrunkene Landser* in Richtung ihrer Kaserne.

Tausende Gedanken schwirrten mir durch den Kopf. Ich hatte Mama blamiert – wie konnte ich nur? Und das vor „versammelter Gemeinde". Sie wird mich in der Luft zerreißen. Sie wird mich mit totaler Verachtung strafen. Sie wird – sie wird – sie wird . . .

Aber nichts von alledem konnte schlimmer sein als das, was tatsächlich auf mich zukam. Denn dass mein „Orakel" Gestalt annehmen könnte, daran dachte ich nicht im Entferntesten. Vorläufig aber konnte ich aufatmen. Am Tag nach der Hochzeit fuhren die beiden nach Polen. Dort hatte Willi seine „Geschäfte", und von dort waren auch all die vorher beschriebenen Köstlichkeiten.

Zehn Tage später war Silvester 1943/44.

Gusti war in der Berufsschule nicht nur meine Banknachbarin, sie war auch meine beste Freundin. Soweit es möglich war – zwischen Praktikum, einem ganzen Schultag pro Woche, und bei der Entfernung zwischen Kagran und Margareten (21. und 5. Bezirk) –, noch Freizeit herauszuschinden, waren wir unzertrennlich. Sie wohnte nahe der „schönen, blauen Donau" mit ihrer Mutter in einem kleinen Häuschen, das ein winziger Garten umgab. Die Mutter war eine Frau ungefähr in Mamas Alter – aber welch ein Unterschied! Sowohl im Äußeren als auch im Wesen. Sie weinte viel. In den ersten Kriegswochen bereits hatte sie ihren Mann verloren.

Gusti hatte einen „Sandkastenfreund", der auch ihre erste Liebe war. Dieser wiederum hatte einen Freund, den ich von den Besuchen bei Gusti her kannte. Er war ein Jahr älter als ich, schlaksige einsneunzig, dunkelblond und steckte in einer schwarzen Panzeruniform, was ihn noch länger erscheinen ließ.

Im vergangenen Sommer waren wir vier öfters baden und Boot fahren, und Otto – so hieß der „Lange" – war ein lustiger, wenn auch etwas einfacher Bursche. Nichtsdestotrotz hatten wir uns ein wenig ineinander verliebt – mein Gott, wir waren jung, und ein bisschen Herumalbern tat uns ganz gut in „Zeiten wie diesen" – damals. Außerdem war er in der Letztausbildung in einer Wiener Kaserne, und es war zu erwarten, dass er nur allzu bald werde einrücken müssen. Zum Leidwesen seiner Mutter, die bereits ihren älteren Sohn ans „Vaterland" verloren hatte.

Der Sommer verging, der Herbst zog ins Land, und wir waren in unserer kargen Freizeit ein unzertrennliches Kleeblatt. Den Silvesterabend 1943 vereinbarten wir, bei mir zu Hause zu verbringen. Gusti und ich sparten schon die Brot- und Fleischmarken, um ein bisschen feiern zu können. Die Burschen waren für den Alkohol zuständig.

Sechs oder sieben Wochen später fiel mir auf, dass mit mir „etwas nicht stimmte". Eigentlich schon etwas früher, aber das wollte ich nicht wahrhaben und wartete zu. Doch dann fing ich an, mir ernsthaft Gedanken zu machen. Was war zu tun? Der Gang zum „rettenden Engel", Tante Jenny, war angesagt.

Zuerst druckste ich rum, dann platzte ich damit heraus, dass „bestimmte Dinge" auf sich warten ließen. „Na ja, du weißt, was das heißen kann ... Du wirst in anderen Umständen sein. Warst schon bei einem Arzt?" – „Nein." – „Hast es schon jemandem gesagt?" – „Nein."

Tante Jennys verstorbener Mann hatte einen sehr guten Freund, einen Frauenarzt. Dort meldeten wir uns an – und erhielten die Bestätigung für Tante Jennys Vermutung.

„Vergiss es!", sagte der Doktor zu ihr, als er „die" Frage in ihrem Blick las. „O Gott – Mama!", war mein erster Gedanke. „Wir müssen es Mama sagen", stellte Tante Jenny auf dem Heimweg fest. „Daran kommen wir wohl nicht vorbei."

„Ich geh mit dir", nahm sie mich daheim in die Arme. „Armes Kind!" und „Erzähl es bitte niemandem!" Sie hatte wohl so eine Ahnung, wie Mama reagieren würde.

Abtreibung war damals ein Tabu-Wort und wurde nur hinter der vorgehaltenen Hand geflüstert. Man wusste es nicht mit Bestimmtheit – aber man hörte von Folgewirkungen bei Entdeckung: Arbeitslager, Zuchthaus, KZ; für die Beteiligten alles zusammen fast ein Todesurteil.

So wusste ich nun auch, warum Tante Jennys erste Frage war, ob ich es schon jemandem gesagt hatte. Nicht einmal Gusti wusste davon. Ich hatte wohl instinktiv geschwiegen. Und Otto? Da hätte ich mich „geniert".

Mama und ich hatten uns seit ihrer Hochzeit nicht mehr gesehen. Auch der vorher übliche Telefonkontakt von Büro zu Büro war abgebrochen. Mama wollte also nach meiner taktlosen Bemerkung nichts mehr von mir wissen. Wie also wird sie auf diese Nachricht reagieren?

Tante Jenny meldete uns telefonisch an. Ich hatte drei schlaflose Nächte, und im Büro waren alle über meinen Mangel an Konzentration erstaunt. Am Abend des dritten Tages fuhr ich mit Tante Jenny zu Mama. Willi war, Gott sei Dank, geschäftlich unterwegs. Wir drei waren alleine.

„Was gibt's?", fragte Mama, noch ehe wir eingetreten waren. Mir war jedenfalls totenübel. Ich muss leichenblass gewesen sein, denn Tante Jenny drückte mich auf den im Vorzimmer stehenden Sessel und brachte mir ein Glas Wasser.

„Was ist also los?" Mama sah es nach wie vor nicht gerne, wenn Tante Jenny so behutsam mit mir umging. „Können wir nicht ins Zimmer gehen?", fragte sie. „Gehts rein, setzts euch nieder! Willst einen Kaffee, Jenny?"

Sie ging in die Küche und kam mit zwei (!) Tassen wieder. „Was ist also los? Redets nicht lange herum, ich hab keine Zeit!" Tante Jenny kannte ihre Schwester nur allzu gut. „Die Erna kriegt ein Kind", sagte sie nur. Mamas kalte Augen wurden eiskalt, ihr schmaler Mund glich einem Strich. „Das muss weg!" – mehr sagte sie nicht.

„A-a-aber" brachte ich nur raus. „Halt du den Mund!"
Dann wurde ich, die Hauptperson, in die Küche geschickt.
Ich sollte nicht hören, was die Schwestern besprachen. Eine
halbe Stunde später wurden wir kühl verabschiedet. „Ruf
mich übermorgen an, Jenny!", so Mama. Draußen waren
wir.

„Ich kann nix machen", sagte Tante Jenny, „Mama besteht ‚darauf', und möglicherweise ist es für dich sowieso
das Beste." – „Und was passiert?" – „Du weißt, Mama und
Willi haben gute Beziehungen, und mit ‚diesen' setzt sie
sich morgen in Verbindung."

Die „gute Beziehung" war die Gattin eines den beiden
bekannten Arztes. Und so befand ich mich einige Tage später mit Tante Jenny auf den Weg dorthin. Ihre Tasche war
auffallend schwer. „Was hast denn da drinnen?" Dann sah
ich es. Drei Flaschen erlesensten Cognacs, ein Schinkenbein
(offenbar aus Polen) und in der Handtasche ein Kuvert mit
eintausend Mark. Ein schöner Batzen Geld für damalige
Verhältnisse. Ich starrte sie an. – „Ist nicht allzu viel, bei
dem Risiko, das er eingeht", flüsterte Tante Jenny, „Mama
hat wohl einen Freundschaftspreis gekriegt." „Na, jedenfalls lässt sie sich's was kosten", dachte ich. Für mich? –
Eher nicht!

Daher also das etwas abgelegene Haus in einem „Nobel-
viertel" in Döbling*, an dessen Fassade nichts darauf hin-
wies, dass hier ein Arzt seine Praxis hätte. Kein Wartezim-
mer mit dem Schildchen „Ordination" – ein ganz gewöhnli-
ches, aber vornehmes Vorzimmer, dessen eine Tür sich nun
öffnete. Mir wurde immer flauer im Magen – ich hatte nicht
die geringste Ahnung, was mir bevorstand.

„Geh nur, ich warte hier auf dich!", Tante Jenny drückte
fest meine feuchte Hand. Vor mir stand ein mittelgroßer
Mann in einem braunen Anzug, der mich mit einer Geste
bat, einzutreten. Und während ich an ihm vorbeiging, blickte ich kurz in seine Augen – und die gefielen mir nicht.

Ich stand in einem großen Zimmer, das von einem großen Schreibtisch und einer mächtigen englischen Club-Gar-
nitur in Leder beherrscht wurde, an den Wänden offenbar
kostbare Bilder, die schweren Brokatvorhänge waren zuge-
zogen. Vornehm – aber bedrückend. An einer Seite befand

sich eine getäfelte Wand, die sich plötzlich wie von Geister-hand zur Seite schob. Und hier stand jenes „Gestell", das ich von meinem Besuch bei Tante Jennys Arzt (leider) schon kannte. Daneben ein Glasschrank mit diversen Instrumen-ten und sonstigem medizinischen Kram.

„Zieh dich aus! Ich gehe mir die Hände waschen." Ich war es nicht gewöhnt, mit „du" angesprochen zu werden, selbst in der Schule wurden wir gesiezt. Auch das gefiel mir nicht. Ich zog die Strümpfe runter und schlüpfte aus dem Höschen; mehr war schließlich auch bei dem ersten Doktor nicht nötig.

„Das Kleid auch!" Er stand vor mir, nun in einem weißen Kittel. Eingeschüchtert durch die Umgebung und seinen et-was schroffen Ton entledigte ich mich – zögernd – auch des Kleides. Seine Augen musterten mich. „Den Rest auch noch!" Der „Rest" war ein Hemdchen und der BH. Da schrillten in mir unbewusst die Alarmglocken. Blitzschnell raffte ich alles zusammen und beeilte mich, hier rauszu-kommen. Gott sei Dank war die Türe nicht verschlossen, und ich stand im Vorzimmer. Tante Jenny erfasste die Situa-tion blitzschnell und – weg waren wir.

Angesichts meiner Panik hatte sie erst gar nicht den Ver-such einer Debatte unternommen. In der unteren Diele an-gekommen, streifte ich mir hektisch Kleid und Mantel über und steckte das zusammengeknüllte Höschen in den Man-telsack. So hasteten wir um die Ecke – zur nächsten Straßen-bahnhaltestelle. „Die Tasche", keuchte ich, „die Tasche!" Die hatte sie stehen lassen. „Ach was, ich hab ja noch den Tausender in der Handtasche, und besser die Tasche ist weg, als dass du noch die ‚Draufgabe' gewesen wärst."

„Dieses Schwein" fügte sie noch hinzu. Eine für sie äu-ßerst ungewöhnliche Ausdrucksweise. „Und was sagen wir Mama?" – „Tja, sie ist mit Willi ein paar Tage nach Krakau gefahren und hat gesagt, wenn sie zurückkommt, will sie ‚alles erledigt' haben."

Also noch ein paar Tage Galgenfrist. Aber diese Tage waren die Hölle. Die Arbeit im Büro tat ich wie in Trance, ich dachte an nichts anderes mehr als an das nächste Zu-sammentreffen mit Mama. Der Tag von Mamas Rückkehr rückte bedrohlich näher. Mir wurde von Tag zu Tag übler, woran aber nicht mein Zustand Schuld hatte. Die Aussprache mit Mama lag mir schwer im Magen.

Eines Abends saß ich wieder mit Tante Jenny in der Straßenbahn zum Schwarzenbergplatz. Mama öffnete. „Kommts rein!", sagte sie diesmal gleich und – noch im Vorzimmer: „Alles erledigt?" Ich blickte zu Boden. Tante Jenny schüttelte schweigend den Kopf. Mama wurde blass. „Geh in die Küche!", herrschte sie mich an. Auch dieser Kriegsrat fand ohne mein Beisein statt. Und ich hatte viel zu viel „Angst" vor Mama, um aufzumucken – wie schon immer.

Diesmal dauerte es länger als eine halbe Stunde, bis sie mich ins Zimmer rief. Mir schlotterten die Knie. „Setz dich!", ihr scharfer Ton ließ nichts Gutes ahnen. „Du wirst dieses Kind nicht bekommen, ich habe mit Jenny schon alles Weitere besprochen, und diesmal muss es klappen." Ich versuchte nicht einmal zu widersprechen, ich hätte sowieso kein Wort herausgebracht, bei dem Kloß, der mir im Hals saß.

Nun wurde die Angelegenheit eben anders eingefädelt. Eine Hebamme war aufgetrieben worden, die „ins Haus" kommen sollte und nur 500 Mark verlangte – an einem Samstag, damit ich das Büro nicht schwänzen musste. Tante Jenny war natürlich auch da. Zwar hatte ich wenig Ahnung von den „Dingen", hatte aber doch schon einiges über „Engelmacherinnen" gehört. Und *das* war nicht eben Vertrauen erweckend.

„Ich mach's nicht, schick sie nach Hause!" – „Das kannst du Mama nicht antun." – „Und was tut Mama *mir* an?" – „Du solltest sie verstehen – es ist für sie nicht einfach. Der Willi ist noch so jung, sie hat's auch nicht leicht." – „Hab's ich vielleicht leicht? Muss ich ein Leben lang tun, was sie befiehlt?" – „Du bist erst 18, und sie ist dein Vormund." (Damals war man erst mit 21 volljährig.) „Na und? Vor 18 Jahren war sie zur selben Zeit mit mir schwanger." Tante Jenny schwieg nachdenklich. Da klopfte es.

Als Tante Jenny öffnete, stand eine ältere, behäbige und gemütlich wirkende Frau vor uns: „Kommen Sie herein!" Die Frau musterte mich freundlich: „Na, wie weit sind wir denn schon?" – „Ich will nicht, ich will es nicht!", presste ich hervor. „Aber keine Angst, Kindchen, es geht ganz schnell, und ich kenn mich da aus."

Tante Jenny schwieg. Ich riss mich zusammen. „Nein", sagte ich, und es klang sehr bestimmt, „nein, Sie brauchen mir gar nicht zuzureden, ich will nicht, dass Sie ‚es' machen." – „Hast du dir das überlegt?", so Tante Jenny. „Ja, es kommt nicht in Frage, egal, was Mama sich noch alles einfallen lässt." Die Festigkeit in meiner Stimme erstaunte mich selbst.

Die Frau hatte begonnen, ihre Tasche auszuräumen, schickte sich nach kurzem Zögern aber an, wieder alles zu verstauen. „Gut, aber ich bekomme trotzdem mein Geld . . .", und sie hielt die Hand auf. „Setzen Sie sich, trinken Sie noch einen Kaffee mit uns!" Tante Jenny war die Ruhe in Person. Dann ging die Frau – um 500 Mark reicher, ohne etwas getan haben zu müssen.

„Ich wollte Mama nix ‚zu Fleiß' machen, ich hatte einfach Angst. Schreckliche Angst." – „Schon gut", Tante Jenny tätschelte mich, „schon gut, kriegst das Kind eben – ich bin ja auch noch da!" – „Sie wird das Geld zurückhaben wollen." – „Das geb ich ihr von mir, ich hab noch ein bissel was am Sparbuch, und du wirst nix sagen . . ." Ich fiel ihr um den Hals – was sonst hätte ich tun sollen? Diesmal fuhr Tante Jenny allein zum Schwarzenbergplatz . . . Sie hat mir nie erzählt, was sich dort abgespielt hat. Meinen Fragen ist sie stets ausgewichen.

Das alles war zirka Anfang März. Ich habe Mama erst wieder gesehen, als sie mich aus dem Kreißsaal führten. Es war exakt neun Monate nach Mamas Hochzeit am 21. Dezember – es war der 21. September 1944. Zwei Tage nach meinem eigenen 19. Geburtstag am 19. September. Sie stand auf dem Gang und sah dem Wägelchen, auf dem ich lag, das Baby im Arm, entgegen. Sie würdigte das Bündel keines Blickes.

„Wie geht's dir?", fragte sie kühl. (Tante Jenny war krank und konnte nicht kommen, und so hatte sie Mama zugeredet, wenigstens „vorbeizuschauen".) Ich griff nach ihrer Hand, sie zog sie zurück. Mein Gott, wie weh das tat – in dieser Situation! Sie ging noch bis ins Zimmer mit, wünschte mir „Alles Gute!", drehte sich um – und ging wieder. Ihr „Enkelkind" hat sie geflissentlich übersehen. (Man macht sich schließlich nicht gut als Großmutter – mit einem um zehn Jahre jüngeren Mann, der gerade eben 29 geworden war.) . . .

Zwölf Wochen nach der Geburt endete der Mutterschutz, und Ernestine Wollner musste wieder ihre Berufstätigkeit aufnehmen. Der Vater ihres Sohnes war inzwischen zum Kriegsdienst einberufen worden. Um ihr Kind nicht in eine Kinderkrippe geben zu müssen, nahm sie ein Angebot ihrer Mutter an und erledigte Büroarbeiten für das Unternehmen ihres Stiefvaters. So konnte sie ihr Kleinkind nebenher beaufsichtigen und im Kriegswinter 1944/45 notdürftig selbst versorgen. Anfang April 1945 flüchtete Ernestine Wollner mit ihren Angehörigen vor der näher rückenden Sowjetarmee aus dem zerbombten Wien.

Trüber April

Wie fernes Donnergrollen hörte sich das Näherkommen der Geschütze, das Dröhnen der Panzerketten an. Doch ist es nicht die Kriegsmaschinerie der (schon lange nicht mehr siegreichen) deutschen Truppen, der Feind aus dem Osten hatte unsere Grenzen erreicht.

Der LKW, auf dem ich sitze, holpert über die zerklüftete Landstraße an diesem kalten, verregneten 3. April 1945. Am Lenkrad Rudi, ein Freund von Mama und Willi; der sitzt neben ihm, Mama in der Mitte.

Die besten Plätze auf der Ladefläche, auf einer Bank, haben Willis Mutter und seine Schwester Fritzi. Deren Mann, ein Schweizer, hat sich in den letzten Wochen klammheimlich in seine Heimat „abgesetzt". Zu seiner „Ehrenrettung" sei erwähnt, dass er seiner Frau ein nicht unbeträchtliches Vermögen zurückgelassen hat.

Der Rest der Ladefläche ist angefüllt mit Koffern, Kisten, zusammengerollten (echten) Teppichen und sonstigem Kram. Knapp neben der Ladeklappe wurde mir, einem kleinen Koffer und dem Kinderwagen ein Plätzchen eingeräumt. Fröstelnd ziehe ich den dünnen Mantel um mich, fische eine der umherliegenden Decken hervor und lege diese noch zusätzlich über den Kinderwagen, in dem mein kleiner Sohn schläft. Ich habe keine Ahnung, wohin die „Reise" geht, hatte nur etwas von „Waldviertel" gehört.

Mama hat, wie immer, kategorisch erklärt, dass ich mitzu-
fahren habe. Tante Jennys und mein Protest wurden abge-
schmettert: „Die beiden kommen mit!"

Was tat ich? Ich fügte mich. Ich war einfach zu schwach,
mich durchzusetzen. Wie immer. Vielleicht wäre es mir gelungen, mich doch ein einziges Mal durchzusetzen, hätte
ich geahnt, *was* mich erwartet.

Links und rechts zerstörte Häuser, Bombentrichter,
Schrottautos, verbrannte Felder, Menschen mit Karren unterwegs, auf denen ihre Habe aufgestapelt ist. Es ist früh
dunkel geworden. Ganz weit weg, aber deutlich vernehm-
bar, die ersten „Stalinorgeln"*.

Es ist finster geworden, als wir müde und durchgefroren
ankommen. In Mauerbach, wo Rudis Mutter ein Haus hat,
das unbeschädigt ist. Erleichtert atme ich auf und freue
mich auf ein warmes Zimmer, vor allem wegen Klein-Werner. Doch ich habe die Rechnung wieder einmal ohne Mama
gemacht. Ich hatte auf dem Wagen zu bleiben, im Hause sei
nicht genügend Platz, „man" müsse froh sein, überhaupt
für eine Nacht hier unterkommen zu dürfen. Großzügig
werden mir noch zwei Decken überlassen – ich fasse es einfach nicht.

Kein Lichtschein dringt aus den verdunkelten Fenstern
des Hauses, und auch hier geistern die Scheinwerfer der
FLAK über den nächtlichen Himmel. Und ich habe jede
Menge Zeit zum Nachdenken: „Warum bin ich mitgefah-
ren? Warum habe ich nicht einfach nein gesagt? Warum
kann ich mich – verdammt noch mal! – nicht durchset-
zen? Warum biete ich ihr nicht endlich die Stirne? Warum hat sie so viel Macht über mich? Schließlich bin ich
doch erwachsen (bin ich es?) – lässt sie es mich je werden?
Warum mag sie dieses unschuldige Kind nicht? Warum?
Warum?" Aber die Dunkelheit rings um mich schweigt.
Und ich selbst finde keine Antworten. Verzweifelt drücke
ich dieses Kind, um dessen Ins-Leben-Kommen ich so hart
gekämpft hatte, an mich. „Hört denn dieser Kampf nie auf –
werde ich ihn immer verlieren? – Ja", sagt meine innere
Stimme.

Werner greint – er hat Hunger, der Flascherlinhalt ist nur
noch lauwarm. Ich muss ihn umwickeln – aber wie? Ich pa-

cke ihn ins Wagerl, stülpe eine der Decken über uns beide, reibe mir die Hände halbwegs warm. Geübte Griffe beherrscht man auch im Finstern. Ich habe keine Uhr, aber es müssen zirka zwei Stunden vergangen sein – zwei Stunden, während denen Werner nahezu pausenlos greint, unterbrochen von kurzem Röcheln. Nicht nur deshalb, sondern weil mir die eisige, feuchte Kälte in die Knochen kriecht, fasse ich mir ein Herz, hole den Kleinen aus dem Wagen, gehe zum Haus und klingle. Klingle ein zweites Mal, bis ich schlurfende Schritte höre und eine Frauenstimme fragt: „Wer ist da?" – „Ich war am LKW vom Rudi."

In der Türe steht eine ältere Frau. „Jessas na!" ruft sie, als sie mich mit dem Kind auf dem Arm sieht. Ich erkläre nur kurz, ich sei eine Bekannte der Leute, die mit Rudi gekommen sind. „Ja, warum san S' denn net a reinkommen?" – „Es hat geheißen, es sei kein Platz mehr im Haus." – „Na, Bett hab ich keins frei, aber kommen S och mit dem Tschapperl in die Küche, Sie san ja ganz ausg'frorn.' Und: „Mein Gott, was hat denn das Butzerl?", als sie ihn röcheln hört. „Wahrscheinlich hat er sich ein bisserl verkühlt."

Rudi, den das Klingeln auch geweckt haben dürfte, erscheint im Türrahmen. „Was hast denn die junge Frau da draußen lassen, Bua?" Bua sagt sie zu dem Lackel von Sohn. Er sagt ihr leise etwas ins Ohr, sie macht eine wegwerfende Handbewegung. „Du sollst net immer auf andere Leut hören. Geh wieder ins Bett, musst morgen früh raus!"

Mollig warm war es hier. Sie fachte das verglühende Feuer im Herd an, schenkte mir heißen Tee ein und bereitete für Werner Kamillentee zu. Dann deutete sie mir, ihn auszuziehen, worauf sie ihm einen warmen Brustwickel machte und auf die Ofenbank packte. Sie brachte zwei Decken und einen Polster – ich sollte mich auch hierher legen und ein wenig schlafen. „Danke, haben Sie vielen Dank!", stammelte ich. – „Is scho recht, i geh wieder ins Bett, wenn Sie was brauchen, es ist alles da, und – legen S' nach, dass der Herd net auskühlt."

Mama traf fast der Schlag, als sie mich am nächsten Morgen mit dem Kind beim Tisch sitzen sah. Willi blickte etwas indigniert, und bevor sie noch etwas fragen konnten, sagte

Rudi, der soeben auftauchte: „Es ist alles in Ordnung, eurer ‚Bekannten' war's doch zu kalt am Wagen." Er wusste ja Bescheid darüber, dass nicht unbedingt jeder über die familiären Verhältnisse informiert sein müsse.

Rudi hatte noch einen Bekannten mitgenommen, er saß nun mit im Führerhaus und Mama bei Schwiegermutter und Fritzi. Los ging's – es war der 4. April, und es regnete noch immer oder schon wieder.

Werner wachte auf und weinte. „Was hat er denn?", fragte Schwiegermutter. Nach einem Blick auf seine geröteten Wangen sagte ich, er hätte offenbar Fieber, und das Röcheln gefalle mir gar nicht: „Ich weiß es nicht, aber es schaut aus, als hätte er eine Lungenentzündung." – „Wird schon nicht so arg sein, da bildest dir wieder einmal was ein, wahrscheinlich ist er grantig." Typisch Mama. „Wenn er nur grantig wär, hätt er kein Fieber und tät nicht so röcheln." – „Hast das Fieber gemessen?" – „Nein, womit denn?", fauchte ich zurück. „Na also!" Dieses steinerne Herz erweichte nicht einmal Kinderweinen. Wie auch? Auch meine Kindertränen wurden einst nicht beachtet und mit einem „Heul nicht schon wieder!" abgetan.

Wir hatten freie Bahn, und es ging flott dahin; an einer Wegkreuzung bog Rudi ab, Arbesbach stand auf dem Richtungspfeiler. Kurz danach blieb er vor einem kleinen Bauernhaus stehen und hupte ein paar Mal, worauf eine jüngere Bauersfrau herauskam. Rudi stieg aus, holte mich samt Kinderwagen und Koffer: „Hier ist die junge Frau", sagte er und gab mir die Hand. „Wir fahren ein Stückerl weiter, da setz ich die anderen ab. Alles Gute, Erna!" Er stieg in den LKW und brauste davon. Er dürfte seine „Direktiven" bekommen haben unterwegs.

Hanni – so hieß die Bäuerin, eine gebürtige Burgenländerin – hatte mich schon erwartet; ich war ihr vom Gemeindeamt als „Einquartierung" angemeldet worden. Sie bemerkte meine Erschöpfung, sah, dass mit dem Kind „etwas nicht stimmte" und nahm sich rührend unser an. „I hob nur a kloane Kammer für di", sagte sie und öffnete eine Türe nahe dem Eingang. Es war wirklich „a kloane" Kammer: ein Bett, ein wackeliger Tisch, ein Sessel, ein alter Kasten. Der Kinderwagen hatte gerade noch Platz.

„Hoazn kann ma do net, oba i pack dir a paar hoaße Ziagl ins Bett, und die Duchant* is a recht woarm." Werner verschmähte die angebotene frische, warme Milch, greinte, hüstelte.

„Mei, der Kloane hot jo Fiaba, und heint* erwisch ma den Herrn Doktor net, der is bei oana Geburt. I werd eahm Essigpatscherln* mocha und an Lindenblütentee, vielleicht mog er den."

Er mochte den mit Honig gesüßten Tee, offenbar war er vom Fieber ziemlich durstig. Sie legte im Herd reichlich Holz nach, damit es in der Küche richtig warm wurde, wir badeten den Kleinen vorsichtig, rieben seinen winzigen Brustkorb mit warmem Öl ein, verpassten ihm einen Dunstwickel und Essigpatscherln und wickelten ihn warm ein. Hanni legte unter die Matratze des Kinderwagens ebenfalls zwei heiße Ziegel, und so versorgt schlief er endlich ruhig ein. Ich war erleichtert.

Obwohl todmüde, schlief ich sehr unruhig und sah dauernd nach dem Kleinen. Der aber schlief „durch". Gegen Morgen – ein leichter Schlaf hatte mich dennoch übermannt, weckten mich die typischen Bauernhofgeräusche. Kühe muhten, Hühner gackerten, Milchkannen schepperten. „Michl", rief Hanni, „tui a Huiz eina!" (Bring Holz herein!)

Wer war Michl? Eine Stunde später wusste ich es. Der Sohn ihrer Schwägerin, die bei der Nachricht vom „Heldentod" ihres Mannes einen Nervenzusammenbruch erlitten hatte und seither in einer psychiatrischen Klinik war. Michl, zirka 13 Jahre alt, war ein großer, kräftiger Bursche, der seiner Tante Hanni fleißig an die Hand ging. Seine gewinnende Art war dazu angetan, ihn einfach zu mögen.

Klein-Werner meldete sich. Trotz der „Vorbehandlung" des Abends fieberte er immer noch, sein Atem ging stoßweise, und sein Hüsteln gefiel mir nicht. Auch Hanni schüttelte den Kopf: „Der Doktor muass her!" Sie schickte Michl rüber, um ihn zu holen. Michl kam mit der Nachricht zurück, dass er nicht erreichbar sei, er aber Post hinterlassen hätte.

Auch an diesem 5. April regnete es, hörte auf, regnete wieder. Das trostlose Wetter färbte, nebst der Sorge um den

Kleinen, auf unsere Stimmung ab. Hanni tat schweigsam ihre tägliche Arbeit, und ich trug das Kind umher. Wenn er lag, röchelte und hüstelte er noch mehr.

Der Vormittag zog sich hin, und ich wurde immer nervöser. Am frühen Nachmittag kam er endlich, der Herr Doktor. Ein vierschrötiger Mann, dessen wache Augen so gar nicht zu seiner Gesamterscheinung passten. „Aha, da ist ja der kleine Patient – legen Sie ihn hier auf den Tisch! Was haben Sie bisher gemacht?" Ölfleckerl, Dunstwickel, Essigpatscherln – er fand das alles „gut gemacht".

„Na ja, a Lungenentzündung hat er, der kleine Kerl." Ich hatte also richtig getippt. „Machen S' alles wie bis jetzt und" – er kramte in seiner großen Arzttasche und fischte eine Tablettenschachtel heraus – „lösen S' alle zwei Stunden eine Tablette im Tee auf. Net verzagen, junge Frau! Der Herrgott woaß woi, wos er tuat", verfiel er in seinen Dialekt. Es war wohl tröstlich gemeint. Hier muss bemerkt werden, dass es 1945 noch kein Penicillin* gab, und auch sonst sah es mit guten Medikamenten eher trist aus.

Am Abend machte Michl sich wichtig, packte, wie Hanni am Vortag, heiße Ziegel in mein Bett und in den Kinderwagen und schleppte noch eine Decke heran, „damit's der Bui* jo recht woarm hot". Ich legte den „Buim" aber nicht in sein Wagerl, sondern nahm ihn zu mir ins Bett. Irgendwann schlief ich – erschöpft – doch ein. Hie und da schreckte ich hoch, sah nach dem Kind – es lag friedlich da und schlief. „Gott sei Dank, es geht ihm besser!", dachte ich.

Der 6. April dämmerte herauf. Irgendwo krähte ein Hahn. Eine Tür schlug zu. Hanni war eine Frühaufsteherin. „Na, mein Kleiner, wie geht's dir denn?" Ich drehte mich zu ihm. „Schnurli!" – das war sein Kosename – „Schnurli . . .!" Er lag da und schlief – aber seine Wangen waren wachsbleich. „Schnurliiii!" Ich griff nach den Händchen – sie waren eiskalt. Ich sprang auf, riss die Türe auf: „Hanni, Hanni!"

„Jo, i kimm scho, wos schreist denn so?" Mit einem Blick erfasste sie die Situation: „Jessas na, der Bui!" Und in meine Fassungslosigkeit hinein: „I hob mas oba scho denkt, wia da Dokta gestern gsagt hot: ‚Der Herrgott woaß scho, wos er tuat'", und nahm mich in die Arme.

Sie schleifte mich in die Küche und machte mir einen starken Kaffee: „Den kannst jetzt braucha." Michl, der die Aufregung gehört hatte, kam herbei: „Wos is'n los?" – „'s Kindl is tot", sagte Hanni leise. „Mein Gott na, do muass i jo zum Dokta renna." Er war bereits erwachsen genug, um zu wissen, dass dieser einen Totenschein ausstellen musste. Verlegen umarmte er mich: „Des tuat ma jo so load."

Als ich wieder halbwegs denken konnte, meinte ich, ich müsse Mama informieren, wusste aber nicht, wo ich sie antreffen könnte. Ich schnappte meinen dünnen Mantel und lief durch den Regen ein paar Häuser weiter, wo die Schwiegermutter und Fritzi untergebracht waren. Die saßen bereits am Frühstückstisch und blickten erstaunt auf, als ich so aufgeregt daher kam.

„Das Kind ist tot", sagte ich ohne Umschweife, „wo ist die Mama?" Schwiegermutter ließ alles liegen und stehen, holte Mantel und Schirm: „Ich begleite dich . . ."

Wir stapften über die aufgeweichte Dorfstraße und blieben vor einem schmucken Haus stehen, das sich von den anderen ärmlichen Bauernhöfen merklich unterschied. „Gemeindeamt – Bürgermeister XY" verkündete das Schild an der Eingangstüre. Nach Vorstellung und Begrüßungszeremonie wurden wir in den oberen Stock, erste Türe rechts, verwiesen. Wir klopften an. „Wer ist da?", fragte Willi. „Ich", so die Schwiegermutter. – „Na, dann komm doch rein!" Sie machte die Türe auf, schob mich hinein und blieb draußen stehen. „Duuu . . .", sagte Mama gedehnt und: „Wie siehst du denn aus?"

Mit einem Blick hatte ich alles erfasst: das große, helle, gemütlich warme, typische Bauerngästezimmer, freundliche Karo-Vorhänge an den Fenstern, das gleiche Karo-Bettzeug. Und unter diesem saßen Mama und Willi vor einem reich bestückten Frühstückstablett. Willi legte die Zeitung beiseite: „Was ist?"

Ich stand da, die nassen Haare hingen mir ins Gesicht, das Wasser troff vom Mantel in die Schuhe und auf den Boden. Mama: „Was machst du hier?" – „Das Kind ist tot." – „Na und?" Ein kalter Blick traf mich – diesmal direkt ins Herz. Ich stand wie angewurzelt – das gab's doch nicht! „Ist eh besser, in Zeiten wie diesen", murmelte Willi und widmete sich wieder seiner Lektüre.

„Lungenentzündung, hast es ja nicht geglaubt! Und die Nacht am LKW ...", weiter kam ich nicht. Ich war wohl ein wenig lauter geworden. „Sei nicht hysterisch – mach hier keine Szene!", und sie strich sich Butter auf ein Kipferl.

Dieses Bild, das ich wohl nie vergessen werde: das helle, warme Zimmer. Während man mich mit dem Kind in eine enge Kammer verbannt hatte, logierten die beiden im Haus des Bürgermeisters. „Und mach die Türe leise zu, wenn du gehst!"

Ich ging. Aber ich knallte die Türe zu und stürmte vorbei an der Schwiegermutter – nix wie weg hier! Es hatte aufgehört zu regnen, und zaghaft versuchten ein paar Sonnenstrahlen durchzubrechen. Ein richtiges Aprilwetter – an diesem 6. April. Am 3. waren wir aufgebrochen. So entscheidend kann sich ein Leben ändern, in so kurzer Zeit – so schnell kann ein kleines, kurzes Leben enden ...

Der Doktor war soeben gegangen, auf dem Küchentisch lag der Totenschein. Es war also doch wahr! Ich setzte mich, legte das Gesicht in meine Arme und weinte, weinte. Michl verschwand verlegen, Hanni setzte sich zu mir: „Recht so, woan di aus!"

Die beschriebene Szene habe ich niemandem erzählt – nur Tante Jenny, als ich wieder in Wien war. Ich schämte mich. Ich schämte mich für meine Mutter.

Ich habe sie erst gegen Ende des Jahres wieder gesehen. Knapp vor dem Einmarsch der Russen in Arbesbach wurde ihnen der Boden zu heiß, sie traten die Flucht an. Die endete in Salzburg, aber das erfuhren wir erst viel später. Schwiegermutter und Fritzi blieben.

Hanni hatte wieder ihre Tagesarbeit aufgenommen, ich stand beim Fenster. Die Sonne hatte sich durchgesetzt, ein bunter Regenbogen spannte sich über den blau gewordenen Himmel. „Schau, Schnurli, ein Regenbogen!" Ich ging in die Kammer und schob gedankenverloren das Wagerl hin und her, Hanni hatte ihn wieder hineingelegt.

Am Abend holte sie ihn. „Host a schens Gwandl für eahm? Mia miassn eahm aufbahren, oba geh nur, i moch des alloan, muasst net zuaschaun ..." Ich war ihr dankbar dafür.

„Kimm eina!" Sie führte mich in die „gute Stube". Da lag er. Ein friedlich schlafendes Engerl, das Licht der beiden Kerzen umflackerte das bleiche Gesichtchen. Die übliche „Nachtwache" war angesagt. Leute, die ich gar nicht kannte, kamen vorbei, die Frauen mit schwarzen Kopftüchern, sprachen ein Gebet, gingen wieder oder blieben, um weitere Gebete zu murmeln.

Wieso hatte ich bis jetzt noch nicht daran gedacht? Womit sollte ich ein Grab kaufen, einen Sarg, die Beerdigung bezahlen? Ich hatte nicht so viel Geld. Ich zerbrach mir die ganze Nacht den Kopf. Am nächsten Morgen überwand ich mich und ging zu Schwiegermutter und Fritzi. Ich wusste nicht, was ich sonst hätte tun können. Ich hatte an Fritzis „Vermögen" gedacht.

Womit ich trotzdem nicht gerechnet hatte, traf ein. Obwohl ich wenig Kontakt mit ihr gehabt hatte, erklärte sie sich bereit, dafür aufzukommen: „Das Geld wird bald sowieso nichts mehr wert sein." Und so kam von völlig unerwarteter Seite Hilfe in letzter Minute.

Und der Himmel strahlte wieder, als wir hinter dem kleinen Sarg hergingen: „Leb wohl, mein Kleiner! Dein Leben stand wohl von Anfang an unter keinem guten Stern."

Den zirka drei Wochen später folgenden Ansturm der russischen Soldateska überstand ich heil, obwohl das, was sich abspielte, unbeschreiblich war.

Anfang Juni bot sich eine Gelegenheit, wieder nach Wien, nach Hause, zu Tante Jenny zu fahren. Sie hatte gottlob ebenfalls alles gut überstanden. Wir lagen uns in den Armen. Fassungslos hörte sie sich meine Geschichte an. „Wie kann Mizzi nur so herzlos sein?" Tränen standen in ihren gütigen, braunen Augen.

Epilog

Der Anstand gebietet es mir, meine Mutter, zumindest in Bezug auf das letzte Kapitel, zu rehabilitieren. Der Anstand – oder das doch etwas schlechte Gewissen, das alles nach so vielen Jahren noch einmal hervorgezerrt zu haben? Nun, beides wohl, irgendwie.

282

Unter den Briefen ihres Nachlasses fanden sich unter anderem auch zwei, die dieses Kapitel in einem anderen Licht erscheinen lassen:

Feber 1944, Mama an Willi unter anderem: „. . . und wie findest du Wulff oder Ulla?"

März/April 1944, Willi an Mama: „. . . Ich hoffe, du bist in diesem Sanatorium gut aufgehoben und hast alle Prozeduren und diverse Behandlungen bestens überstanden . . ."

Alarmiert rief ich mir sämtliche damaligen Daten ins Gedächtnis. Sie stimmten, mit kleinen Abweichungen, überein. Und „Wulff" und „Ulla" ließen keinen Zweifel mehr zu. Mama war zum gleichen Zeitpunkt wie ich in „anderen Umständen" gewesen.

Trotz der offenbaren „Verschlüsselung" der Texte – es war nicht ratsam, Dinge beim Namen zu nennen, die gefährliche Konsequenzen nach sich ziehen konnten; man konnte damals nicht wissen, in welche Hände Schriftstücke gelangen könnten – wurden mir die Zusammenhänge klar. Mama war nie in ihrem Leben derart krank gewesen, um „Prozeduren" oder „diverse Behandlungen" über sich ergehen lassen zu müssen. Es handelte sich hier eindeutig um einen Abbruch.

Und da fiel es mir wie Schuppen von den Augen: Deshalb also die intensiven Bemühungen, mir das Kind auszureden, deshalb das mangelnde Interesse an meinem Kleinen, der versteckte Hass – sofern man so ein unschuldiges Wesen hassen kann – und die Gleichgültigkeit gegenüber seinem frühen Tod.

Robert und ich waren je ein „Malheur" – dieses aber wäre ein Wunschkind gewesen. Und das hatte ich, ohne es zu ahnen, verhindert.

In den Nachkriegsjahren stürzte sich Ernestine Wollner ins Berufsleben, arbeitete, angestellt wie auch freiberuflich, als Sekretärin in verschiedenen Metiers und legte dabei großen Wert auf Abwechslung und Selbstbestimmung. Ab 1967 war sie bis zu ihrer Pensionierung 15 Jahre lang beim ORF als Chef-Sekretärin tätig.

Der Vater ihres Sohnes kehrte zwar aus dem Krieg zurück, die Beziehung wurde aber nicht wieder aufgenommen. Alle weiteren

Partnerschaften Ernestine Wollners blieben kinderlos. Von zwei Ehemännern trennte sie sich nach mehrjährigen Beziehungen.

Unverändert spannungsgeladen gestaltete sich das persönliche Verhältnis zu ihrer Mutter. Diese kehrte mit ihrem Mann Willi im Frühjahr 1946 nach Wien zurück. Trotz schwieriger Ausgangsbedingungen und einer zweijährigen Inhaftierung des Mannes aufgrund seiner nationalsozialistischen Vergangenheit konnten die beiden mit Unterstützung der Autorin und anderer Familienmitglieder eine eigene Firma aufbauen.

Die auch im Textbeitrag mehrmals anklingenden Bemühungen, die Mutter-Tochter-Beziehung ins Reine zu bringen, dauern – weit über den Tod der Mutter im Jahr 1982 hinaus – bis heute an. In einem Begleitbrief zu ihren Texteinsendungen hält die Autorin ihre zwiespältigen Gefühle im September 2002 folgendermaßen fest:

„Wenn ich von meiner Mutter träume, was selten genug der Fall ist, ist sie immer jung, ungefähr wie in der Zeit, als ich noch ein Kind war. Ich selbst befinde mich aber in der Gegenwart. Und welcher Traum auch immer es sein möge, immer ist Wasser zwischen uns: ein Bach, ein Fluss – was wohl das Trennende zwischen uns symbolisiert.

Gesprächsweise würde ich nie ein negatives Wort über sie verlieren. ‚Meine Mutter war eine bemerkenswerte, gescheite und ungeheuer disziplinierte Frau', ist mein Tenor. Wovon ich notabene nach wie vor überzeugt bin. Trotz allem. Und ich würde nie preisgeben, was ich in diesem Tatsachenbericht niedergeschrieben habe. Doch habe ich ein denkbar schlechtes Gewissen, und nur das Wissen, dass der Leser sie ja nicht kennt, beruhigt mich – einigermaßen. Meine Gedanken an sie sind stets mit gemischten Gefühlen verbunden. Dennoch lächle ich ihrem Bild an der Wand zu, und sie, wenigstens auf diesem Foto, zurück. Und so habe ich jetzt, was ich nie hatte – ihr Lächeln."

Wie ihre Mutter lernte auch Ernestine Wollner erst in mittlerem Alter einen – ebenfalls um rund zehn Jahre jüngeren – „Partner fürs Leben" kennen und verbrachte mit ihm 27 glückliche Ehejahre. Sein plötzlicher und früher Tod im Jahr 1992 beendete jedoch alle Hoffnungen auf ein gemeinsames Altersdasein. Da auch die wichtigsten familiären Bezugspersonen zwischenzeitlich verstorben sind, lebt die Autorin seither zurückgezogen in einem Seniorenheim in der Umgebung von Wien.

GENOVEVA HORN

wurde am 8. Jänner 1934 in St. Oswald im Bezirk Judenburg (Steiermark) als zweites von fünf unehelichen Kindern einer Bauerntochter geboren. Die ersten Lebensjahre verbrachte sie auf verschiedenen Pflegeplätzen, bis sie von ihrem leiblichen Vater aufgenommen wurde, als dieser 1938 heiratete. Das Verhältnis zu ihrer Stiefmutter gestaltete sich alles andere denn harmonisch; Genoveva Horn erlebte ihre Kindheit als eine Zeit ständiger Demütigungen und Benachteiligungen.

Einen konkreten Anstoß zur schriftlichen Aufarbeitung ihrer Lebensgeschichte erhielt die Autorin dadurch, dass sie von einem österreichischen Gericht als Schöffe nominiert wurde und dadurch verstärkt über Gerechtigkeit und die gängige Rechtspraxis nachzudenken begann. Mit ihrer schriftlichen Lebensgeschichte wollte sie unter anderem ein Beispiel dafür geben, dass „eine schlechte Jugend nicht unbedingt einen schlechten Menschen vorprogrammiert." Eine andere einschneidende Erfahrung, die eine intensivere Beschäftigung mit der Vergangenheit zur Folge hatte, war der Verlust allen persönlichen Hab und Gutes durch den Brand ihres Wohnhauses im Jahr 1991. Schließlich mag auch die Lektüre etlicher Bände aus der Buchreihe „Damit es nicht verlorengeht . . ." dazu beigetragen haben, dass Genoveva Horn in zwei Etappen, 1993 und 1999, ihre Lebenserinnerungen niederschrieb. Zwei ihrer Töchter fertigten in der Folge eine maschingeschriebene, leicht redigierte Abschrift an.

Im ersten Teil beschrieb die Autorin auf 70 handschriftlichen DIN-A4-Seiten den Verlauf ihres Lebens von der Geburt bis zu ihrem 21. Lebensjahr. Sechs Jahre später entstand „nach langen Überlegungen und auf Anregung anderer" eine Fortsetzung im Umfang von 50 Seiten über Arbeitssuche, Familiengründung und ein keineswegs unbeschwertes Leben nach ihrem Umzug nach Vorarlberg, wo sich die Autorin bis heute als „Fremde" empfindet. In ihren Augen würde vielmehr dieser zweite Teil der Lebensgeschichte aufgrund der darin aufgezeigten aktuellen Probleme der Arbeitsmigration und Entwurzelung eine Veröffentlichung verdienen.

*Hier kann jedoch nur annähernd die erste Hälfte der Kind-
heits- und Jugenderinnerungen in leicht gekürzter Form wiedergegeben werden, auf Wunsch der Autorin unter ihrem Mädchen-
namen. Namen anderer Personen wurden anonymisiert. Die
Grundlage für den hier abgedruckten Textbeitrag bildete das
handschriftliche Originalmanuskript.*

*Die Autorin wählte für ihre Lebensgeschichte den Titel: „Nur
von meinem Mann die Tochter!" Mit diesen Worten wurde sie
von ihrer Stiefmutter häufig Besuchern vorgestellt, was sie immer
als sehr schmerzliche Herabsetzung empfand.*

Als zweitältestes von fünf ledigen Kindern einer Bauerntochter wurde ich am 8. Jänner 1934 in St. Oswald geboren.
Meinem späteren Leben nach zu schließen, stand meine Geburt unter keinem guten Stern. Meine Mutter durfte mich
wohl bei sich zu Hause zur Welt bringen, aber behalten
durfte sie mich nicht, denn ihre Mutter war sehr streng und
hart. So wuchs ich auf verschiedenen Pflegeplätzen auf, bis
mein Vater eine andere Frau heiratete. Ich war damals, im
November 1938, fast fünf Jahre alt, und es sind dies die ersten eigenen Erinnerungen.

Bevor mich mein Vater zu sich nahm, war ich bei einem
älteren Ehepaar mit einem Sohn. Ich habe an diese Zeit keine schlechte Erinnerung. Ich habe diese Leute später öfters
gesehen, aber ich durfte mich nie zu erkennen geben. Die
Stiefmutter wollte es nicht. Wenn sie gewusst hätten, wie
schlecht es mir ging, dann wären sie sicher sehr traurig gewesen. Aber Vater wollte kein Kostgeld zahlen, und die eigene Mutter hat sich um mich nie gekümmert. Sie hatte die
seltene Begabung, ihre ledigen Kinder den Vätern zuzustellen. Mit den Männern hatte sie wohl auch kein Glück.

Meine älteste Schwester, Rosi, Jahrgang 1931, war von einem Hutfabrikanten und konnte bei der Großmutter väterlicherseits aufwachsen. Sie hat es ganz gut getroffen. Ihr Vater ist im Krieg gefallen. Nach mir kamen Zwillingsschwes-
tern, Angela und Anastasia, im Jahr 1937. Sie wuchsen auch
bei den Großeltern väterlicherseits auf, und auch ihnen ging
es gut. Ich habe sie oft beneidet. Sie waren so nett gekleidet
und durften sich Zöpfe machen. Ich musste mich schon sehr
früh selber frisieren und durfte nur einen Zopf machen.

Aber jedes Mal, wenn ich die Arme heben musste, um den Zopf zu machen, wurde mir schlecht. Ich durfte mich dann nicht auf das Sofa legen, sondern musste aufs Klo, und da war mir so mies, dass ich mich auf den Boden legte und eine Weile liegen blieb. Ich war so blutarm und unterernährt. Die Stiefmutter wollte es mir nie glauben und sagte immer, das sei meine Einbildung.

Im Jahr 1939 bekam meine eigene Mutter noch ein lediges Kind, den Hansl. Die Zwillinge und Hansl hatten denselben Vater, er war ein Bauernsohn aus der Gegend. Aber durch unglückliche Umstände hat er sie nie geheiratet. Damals kam der Hitler, und Sepp, der Vater der drei Kinder, war auch ein Hitleranhänger, wie so viele. Bei einer Unterhaltung in einem Gasthaus geriet Sepp unter Alkoholeinwirkung mit dem Nachbarn in Streit, und es gab eine Rauferei, wo der Nachbar tot liegen blieb. Meine Stiefmutter pflegte diese Tat lang und ausführlich den Leuten zu erzählen: dass meine Mutter einen Mörder zum Kindsvater hat, und wie froh mein Vater doch sein könne, dass er mit meiner Mutter nichts mehr zu tun habe. Die Stiefmutter war zeitlebens auf meine Mutter eifersüchtig und hat allerhand Geschichten über sie in meiner Anwesenheit erzählt.

Meinen Bruder Hansl hat meine Mutter auch nicht selber aufgezogen. Er kam von einem Pflegeplatz zum anderen und musste unter Schlägen und Hieben bei schlechten Bauern schon früh sein Brot selbst verdienen. Er war ein sehr armer Kerl. Nicht umsonst ist aus ihm ein sehr ernster Mann geworden.

Als mein Vater die Stiefmutter geheiratet hat, brachte sie einen sechs Monate alten Jungen, den Adolf, mit. Ich musste schon sehr früh auf ihn aufpassen. Er war sehr schwer zu tragen, und er war ihr Ein und Alles. Was sie ihm zu viel zu essen gab, das gab sie mir zu wenig. Ich konnte ihr nie etwas recht machen. Meinem Vater klagte sie andauernd, dass ich zu nichts zu gebrauchen sei, und mein Vater, der ein sehr jähzorniger Mann war, hat dann oft auf mich eingeschlagen. Ich habe meinen Vater von jeher gefürchtet. Am liebsten war es mir, wenn er nicht zu Hause war, obwohl meine Stiefmutter auch grob zu mir war. Mein Vater war sein Leben lang Holzknecht und Jäger. Er war vierzig Jahre lang ein gewissenhafter Arbeiter bei „Gewerke* Alfred Neuper", bis er am 30. Mai 1965 im* Holz tödlich verunglückte.

Anfang 1940 mussten mein Vater und ein Nachbar zur Musterung. Weil beide Männer blond und blauäugig und über 1,80 Meter groß waren, wurden sie automatisch zur Waffen-SS* eingeteilt. Ich kann mich noch gut erinnern: Als sie von der Musterung kamen, waren mein Vater und der Nachbar anders als sonst. Meine Stiefmutter hat dann erzählt, dass sie angeheitert waren. So habe ich Vater nie mehr gesehen. Er war sonst ein sehr nüchterner Mann.

Meine Stiefmutter hatte eine Schulfreundin, die Maria R. hieß. Sie hatte einen Zimmermann mit kleiner Landwirtschaft geheiratet. Man konnte zwei bis drei Kühe, ein paar Schweine, etliche Hühner und Angorahasen füttern. Die Angorahasen mussten jeden Tag gekämmt werden. Die Wolle, die beim Kämmen ausging, wurde gesammelt, und wenn genug beisammen war, hat sie Maria R. gesponnen und verkauft. Zu Geld wurde alles gemacht, jeder Liter Milch, jedes Ei. Die Hennen wurden jede einzeln gegriffen, ob sie ein Ei hatten, und eingesperrt, bis sie es gelegt hatten.

Bei dieser Frau war ich auch sehr oft. Sie hatte keine Kinder und war sehr sparsam, eher geizig. Der Mann ging jeden Tag zur Arbeit, und die Landwirtschaft hat die Frau betrieben. Hin und wieder hatte sie eine Magd; aber die blieben nie sehr lange. So musste ich dort so allerhand tun. Zum Milchzentrifugieren* konnte man mich schon brauchen. Allerdings musste ich mich auf einen Schemel stellen, damit ich den Treiber erreichte. Maria R. horchte dann immer, ob ich die Zentrifuge auch gleichmäßig trieb.

Als sie einmal einen guten Tag hatte, ging sie mit mir in ein Geschäft, und ich durfte mir eine Puppe aussuchen. Es war eine wunderschöne Puppe mit einem schönen Kleid und Haaren, die man kämmen konnte. Sie hatte auch Schlafaugen. Dann hat Maria R. mich wieder zu meiner Stiefmutter geschickt. Die Puppe wurde nicht alt. Als Adolf sie in die Hände bekam, war sie auch schon kaputt. Ich war so enttäuscht, und ich habe nie wieder eine Puppe bekommen. Als ich weinte, hat mich meine Stiefmutter geschlagen und gesagt, das hätte sie schon vorher sagen können, dass die Puppe nicht alt würde bei mir.

Geschlagen wurde ich viel. Es gab immer einen Grund. Den Nachbarn tat ich oft sehr leid, besonders der Familie Sch., das war ein Ehepaar mit zwei erwachsenen Söhnen. Norbert war im Krieg bei der Marine und ist mit dem Unterseeboot untergegangen. Sepp war auch im Krieg, er ist aber wieder nach Hause gekommen. Sie hatten einen Hund, den Foxi, einen grauen Drahthaarterrier. Ich mochte ihn sehr gern. Wir hatten damals noch keinen Hund. Herr und Frau Sch. arbeiteten auf der Säge.

Dann war da noch eine Nachbarin, die Frau G. Sie hatte sehr viele Kinder. Ihr Mann war auch im Krieg. Bei dem musste man sonst auf der Hut sein, dass er einen nicht allein erwischte, dann wollte er einem unter den Rock fassen. So einer war auch der R., auch ein Nachbar. Er hatte eine Cousine meines Vaters geheiratet. Dem G. wurde seine Leidenschaft später zum Verhängnis. Er hatte sich an einer seiner Töchter vergangen. Man hat ihn dann eingesperrt. Überhaupt hatte ich diesbezüglich immer einen guten Schutzengel, auch noch später. Meiner Stiefmutter konnte ich so etwas nie sagen.

Die Eltern meiner Stiefmutter hatten zwei Stunden entfernt einen großen Hof gepachtet. Ich war oft dort, musste aber viel arbeiten. Man musste Vieh hüten, Heuen, ins Getreide oder auf den Rüben- und Kartoffelacker gehen. Die drei Schwestern und ein Bruder der Stiefmutter waren gut zu mir. Ich war gerade wieder einmal bei ihnen, da kam Hias, der jüngste Bruder der Stiefmutter, und sagte, dass Adolf im Fluder* ertrunken sei. Es war am 9. Juli 1940, und er war zweieinviertel Jahre alt. Hias sagte zu mir – ich weiß es noch wie heute: „Dirndl, bist froh, dass d' nicht daheim warst, sonst wärst wieder du schuld gewesen!" Wenn ich zu Hause gewesen wäre, dann wäre das Unglück sicher nicht passiert, denn ich war trotz meiner sechs Jahre sehr gewissenhaft.

Zum Unglück kam es so: Meine Stiefmutter hatte Wäsche gewaschen und hatte übersehen, dass Adolf aus der Wohnung ging. Mein Vater hatte auf dem Sägewerk gearbeitet und das Kind auch aus den Augen verloren. Es war ein sehr windiger Tag, und Adolf hatte ein so genanntes Geißbubenhütl mit einer Fasanenfeder aufgehabt. (Mein Vater war einmal in der Südsteiermark auf der Jagd und hatte dem Adolf die Fasanenfeder mitgebracht.) Zu erklären war es nur so, dass der Wind ihm das Hütl vom Kopf geweht hat. Adolf war auf das Hütl sehr stolz. Er ist ihm wahrscheinlich nachgerannt und so ins Wasser gefallen. Den Hut hat man nie mehr gefunden.

Die Trauer über den Tod des Kindes war sehr groß. Meine Stiefmutter hat damals zu mir gesagt, warum nicht ich ertrunken sei! Das tat mir sehr weh. Sie hat mir sehr oft den Tod gewünscht. Und doch musste sie froh sein, wenn mir nichts passierte. Sonst wäre sie im Gefängnis gelandet, denn sie musste noch vor Gericht wegen Adolfs Tod und war daher vorbestraft. Ich finde es nicht Recht, dass man auch noch dafür bestraft wird, wenn man schon so ein Unglück erleiden muss.

Im darauf folgenden Herbst, am 9. September 1940, kam ich zur Schule. Es war ein schöner Herbsttag. Mein Schulweg nach Oberzeiring war zwei Kilometer lang. Am Morgen konnte ich mit den Schmied-Buben mitgehen. Sie waren bis auf einen älter als ich. Aber als die Schule aus war, da musste ich allein nach Hause, weil die andern Kinder noch Unterricht hatten. Da habe ich mich verlaufen und musste die Leute fragen, wie ich nach Unterzeiring komme, denn dort war ich zu Hause. Ich war vorher noch nie in Oberzeiring. Als ich dann nach Hause kam, hat mich mein Vater, der auf der Säge gearbeitet hat, gefragt: „Na, wie war es? Was hast du gelernt? Wie viele Herrgott gibt es denn?" Da habe ich ganz stolz gesagt: „Viele!" So eine dumme Frage!

Meine Stiefmutter konnte sehr gut nähen, und so waren immer viele Frauen da; hauptsächlich am Abend blieben sie sehr lange. Dann konnte ich immer erst spät ins Bett gehen, denn ich musste in der Küche schlafen, auf dem Sofa. Die Stiefmutter nähte oder strickte bis in die Nacht hinein in der Küche. ...

Weil ich immer sehr spät ins Bett kam, war ich nie ausgeschlafen. Am Morgen war ich immer der letzte Schüler aus meinem Dorf. Ich musste jeden Tag wie verrückt springen, damit ich annähernd pünktlich zur Schule kam. Aber meistens kam ich zu spät, und dann hieß es: „Ja, die Horn kommt wieder zu spät." Dass die Ursache aber bei meiner Stiefmutter lag, darauf kam die Lehrerin zuerst nicht. Sie ließ meine Stiefmutter einmal zur Schule kommen, und es gab eine Aussprache mit mir und der Lehrerin. Die Stiefmutter behauptete, dass ich auf dem langen Schulweg trödelte. Anfangs glaubte ihr die Lehrerin, aber sie kam schnell dahinter, wie es wirklich war.

Als ich zur Schule kam, wurde ich eingekleidet. Als Schultasche bekam ich einen Rucksack und eine Tafel mit Schwamm und Fetzen, ein paar Griffel, um auf der Tafel zu schreiben, und eine Griffelschachtel aus Holz. Der Schwamm musste immer feucht sein. Damit konnte man das Geschriebene auf der Tafel löschen. Der Fetzen war zum Trocknen da.

Als es draußen kälter wurde, kaufte man mir einen grünen Hubertusmantel zum Hineinwachsen. Der Mantel war aus Loden und hatte eine Kapuze. Der Rucksack und der Mantel begleiteten mich alle acht Schuljahre. Anfangs war der Mantel viel zu groß, aber mit den Jahren wuchs ich hinein. Am Ende war der Mantel ein durchsichtiger Fetzen, und die Farbe war auch ausgebleicht. Obwohl meine Stiefmutter eine gute Näherin war, war ich schlecht angezogen.

In dieser Zeit gab es Lebensmittel- und Kleiderkarten. Aber nur von Zeit zu Zeit wurde eine Spinnstoffmarke aufgerufen*, und dann bekam man ein paar Meter Stoff. Meine Stiefmutter war eine sehr eitle Person und hat aus dem Stoff für sich selber etwas gemacht. Für mich gab es dann von irgendwas Altem etwas. Bloß mit den Schuhmarken ging es nicht so. Da mussten wirklich Kinderschuhe gekauft werden, sehr zum Leidwesen meiner Stiefmutter.

Im Herbst 1940 musste mein Vater einrücken. Er kam nach Holland. Als er einmal auf Urlaub da war, brachte er mir ein Geschenk mit: einen Füllhalter und ein Dominospiel. Nun war ich die Einzige in der Klasse, die einen Tintenfüller hatte – außer der Lehrerin natürlich! Das Dominospiel nahm mir die Stiefmutter weg. Sie gab es meinem Bruder Franz. Er ist Jahrgang 1942.

Jetzt brauchte mich meine Stiefmutter wieder zum Kinderschauen, wie sie es nannte. Am Vormittag war sie zu

Hause, und am Nachmittag, wenn ich von der Schule kam, ging sie „auf die Stör*"', das heißt, sie ging in die Häuser nähen. Ich konnte es mir nicht erlauben, dass ich in der Schule nachsitzen musste. Einige Kinder aus der Nachbarschaft mussten auf dem Heimweg an unserem Haus vorbeigehen, und wenn ich später kam, dann war die Rute schon im Wasserschiff*. Das tat sehr weh. Ich hatte oftmals am ganzen Körper Striemen und blaue Flecken, sei es von der Rute oder von Vaters Ledergürtel. Wenn ich von der Schule heimkam, dann musste ich, bevor ich essen konnte, zuerst die Windeln vom Bruder im Bach auswaschen. Im Winter war es besonders hart. Da musste ich heißes Wasser mitnehmen, damit ich die Hände zwischendurch eintauchen konnte. Sie waren ganz blau-rot gefroren. Unter diesen blau-roten Händen leide ich heute noch. Ich beneidete die Leute, welche so schöne, blasse, gepflegte Hände hatten. Meine waren schon damals als Kind voller Risse und Schrunde. Auch habe ich mir damals die Füße gefroren. Ich hatte schlechtes Schuhwerk, und die Winter waren hart. Die Frostbeulen taten sehr weh.

Das Wasser für den gesamten Hausgebrauch und zum Wäschewaschen musste ich vom Gutshof ungefähr zehn Minuten weit mit zwei Kübeln holen, denn im Haus, wo wir wohnten, war kein Wasseranschluss. Ich war sehr klein, und wenn ich links und rechts einen Eimer trug, dann streiften sie fast den Boden. Wenn Schnee lag – damals war niemand zum Schneeschaufeln, die Männer waren ja im Krieg –, dann waren neben dem schmalen Gehweg Rillen von den Eimern.

Immer wenn die Stiefmutter nicht daheim war, musste ich meinen dreijährigen Bruder Franz zum Wasserholen mitnehmen. Wenn er nicht mehr gehen wollte und ich ihn nicht tragen konnte, hat er so geschrien, dass er keine Luft bekam, blau im Gesicht wurde und dann umfiel. Das hat mal eine Nachbarin gesehen, die wusste, dass er sehr zornig und verwöhnt war. Da hat sie gesagt: „Setz ihm einen Kübel Wasser auf, dann vergeht ihm der Zorn!" Als es wieder einmal so weit war, habe ich es ausprobiert, und es hat geholfen. Nun musste ich aber Angst haben, dass es jemand erfährt, denn sie hätten mich sicher erschlagen.

Meine Mutter ging von Arzt zu Arzt wegen dieser „Anfälle", wie sie es nannte, aber es konnte ihr keiner helfen. Einer sagte, ein paar auf den Hintern würden da wahre Wunder wirken. Da war sie sehr beleidigt. Und so hat es halt geheißen, Franz habe einen Herzfehler! Es ist gut, dass sie mir nie draufgekommen ist. Schon wenn Franz nasse Hosen hatte, bekam ich die Schläge, denn *ich* hatte ihn nicht auf den Topf gesetzt.

Holz tragen und Wasser holen, das waren meine Arbeiten. Das Holz musste ich von weiter herholen. Der Holzstadel hatte mehrere Abteilungen, er musste fünf Nachbarn Platz bieten. Beim Holzholen musste ich immer aufpassen, dass die Nachbarn R. und G. nicht in der Nähe waren. Vor denen war ich auf der Flucht.

Wir brauchten sehr viel Holz, und ich hatte eine Buckelkraxe*, wo ich so viel Holz wie möglich aufgeladen habe. Eine Nachbarin hat einmal gesagt, wenn sie mir nachgeschaut hat, dann war es, als ob die Kraxe Beine hätte. Als ich dann nicht mehr daheim war, sollten die Brüder das Holz holen. Die waren aber nicht mehr so dumm wie ich; da musste es schon die Stiefmutter selber holen.

Im Jahr 1944 kam Michl zur Welt. Jetzt musste ich auf zwei aufpassen. Die Buben wurden sehr verwöhnt und waren gut genährt. Weil ich ein lediges Kind war, kam öfters eine Fürsorgerin. Die war sehr besorgt, weil ich so klein und blass war, und ließ immer ein paar Schachteln Traubenzucker und Lebertran da. Den Traubenzucker, den kriegten die Buben, bloß den Lebertran musste ich nehmen. Einmal, als die Fürsorgerin bemerkte, dass ich so klein und mager sei, da sagte die Stiefmutter: „Ja, sie ist halt sehr heikel!" Aber ich bekam immer zu wenig zum Essen, obwohl es uns gar nicht so schlecht ging. Denn fürs Nähen bekam meine Stiefmutter Lebensmittel: mal einen Laib Brot, Butter, Mehl oder Fleisch und Speck, oder Eier. Die Bauern waren froh, wenn sie mit Naturalien zahlen konnten.

Frau G., eine Nachbarin von uns – wir wohnten damals im selben Haus –, hatte viele Kinder. Der Älteste war Siegfried, er war zu der Zeit etwa sechs Jahre, und er musste mit der jüngeren Schwester aufs Klo gehen. Sie war drei. Damals kannte man noch kein Spülklosett, sondern es gab bloß ein großes Loch, wo sich Alt und Jung draufsetzten. Siegfried musste Hildegard draufsetzen und sie festhalten. Aus irgendeinem Grund hat er sie losgelassen, und so ist sie in die Jauchegrube gefallen und ertrunken. Siegfried ist im Schock fortgerannt und hat sich versteckt. Bis man das Unglück bemerkt hat, war schon alles zu spät. Man hat noch Wiederbelebungsversuche gemacht, aber es hat nichts geholfen. Ich sehe sie noch heute, wie sie auf dem Boden liegt. Das Haus hat noch tagelang nach Jauche gestunken. Der arme Bub hatte von da an kein gutes Leben. Jetzt ist er schon lange tot; er ist in der Schweiz an Tuberkulose gestorben.

Nun war ich auch schon etwas älter, ungefähr zehn Jahre. Ich war da schon zeitweilig bei Frau R., meiner späteren Firmpatin. Dort musste ich viel arbeiten. Wie schon erwähnt, hatte sie eine kleine Landwirtschaft und selten eine Magd. Ich wurde hin und her geschoben, mal brauchte mich meine Stiefmutter, mal Frau R. Einmal hatte Frau R. eine Magd, die wurde vom Herrn R. schwanger. Als es aufkam, hat Frau R. gewartet, bis das Kind da war. Die Magd hat sie fortgejagt, das Kind, es war ein Bub und hieß Peter, wollte sie aufziehen. Sie selber war ja kinderlos. Aber mit dem Buben hatte sie nicht viel Glück, wahrscheinlich waren auch die ganze Ernährung und der Umgang mit schuld. Heute würde man sagen, er ist ein mongoloides* Kind. Ich musste jeden Tag ziemlich weit laufen, damit ich für einen Liter Kuhmilch einen Liter Ziegenmilch bekam. Die war für Peter bestimmt, denn er war auch noch rachitisch. Früher sagte man dazu die „englische Krankheit".

Frau R. war auch ziemlich grob und hatte keine Erfahrung mit Kindern, denn sonst hätte sie das Fläschchen* nicht in eine leere Bierflasche getan. Als ich einmal sagte, der Grießbrei sei zu dick und täte Peter nicht gut – ich hatte ja von zu Hause mit meinen zwei Brüdern etwas Erfahrung –, da meinte sie: „Wenn er das nicht aushält, dann ist der Schaden auch nicht so groß, dann derpackt* er das Leben sowieso nicht." Im Sommer hat sie den armen Kerl sitzend im heißen Sand eingegraben. Mir tat er oft so leid, dass ich einmal einen Regenschirm über ihm aufspannte, denn er schwitzte fürchterlich. Frau R. behauptete, die Sonne solle ihm die Krankheit aus den Gliedern ziehen; er brauchte viele Jahre, bis er so halbwegs gehen konnte. Er ist heute noch ein bedauernswertes Geschöpf.

Ich musste jeden Tag um fünf Uhr in der Früh aufstehen. Zuerst musste ich den Stall ausmisten, bis Frau R. die Kühe gemolken hatte, dann die Milch in die Molkerei bringen, dann noch mit den Kühen auf die Weide gehen und aufpassen, dass sie nicht in den Rüben- oder Getreideacker gingen. Und das alles vor dem Schulunterricht! Da ich von der Weide aus auf die Kirchturmuhr sehen konnte, wusste ich immer, wann Zeit zum Heimtreiben war. Wenn ich bei Frau R. war, kam ich trotzdem nie zu spät in die Schule.

Am Abend nach der Feldarbeit und nach dem Melken musste ich mit den Kühen wieder auf die Weide, so zwei Stunden. Da kam es schon vor, dass ich in der Dunkelheit das Vieh heimtreiben musste. Und wenn Frau R. böse auf mich war, dann bekam ich kein Abendessen. „Ein leerer Sack liegt auch!" Das war einer ihrer Aussprüche. ...

Im Frühjahr oder im Herbst, wenn am Morgen noch Reif lag, war es sehr kalt mit bloßen Füßen! Dann hab ich mich hingehockt, die Beine angezogen, und den Rock darüber. Wenn ich aufstehen musste, sah man, wo ich gesessen bin. Dort war der Platz dunkelgrün, während rundum alles weiß war. Heute, wo ich das niederschreibe, bin ich sechzig Jahre alt und voll Rheuma. Kein Wunder! Und mein Kreuz ist auch hin* vom schweren Lasten- und Kindertragen! Damals hab ich mir vorgenommen, wenn ich Kinder hätte, dass ich sie nicht so schinden lassen würde. Ich habe meine Kinder auch nie auf Plätze gegeben, wo man Kinder hatte. Denn das Kinderaufpassen ist eine schwere Arbeit. Ich habe es am eigenen Leib erfahren.

Von Zeit zu Zeit musste ich wieder zu meiner Stiefmutter, die Buben waren auch schon größer, und ich wurde gebraucht. Vater war im Krieg und bekam nur selten Urlaub. Die einheimischen Männer waren alle fort, und in unserem Dorf wimmelte es nur so von Kriegsgefangenen. Da waren Russen, Polen und Franzosen. Einer war dabei, der hieß Gustav und war auf einem Gutshof Traktorführer. Gustav fuhr damals einen „Lanz-Bulldog"*, einen Holzvergaser*.

Meine Stiefmutter hat für die Gefangenen gewaschen und die Wäsche ausgebessert. Sie war eine arbeitsame Person, bloß ein liebes Gefühl für mich hat ihr gänzlich gefehlt. Sie sagte immer, von der Nase aufwärts sähe ich dem Vater ähnlich, vom Mund abwärts der Mutter. Wenn Besuch kam, der unsere Verhältnisse nicht kannte, dann sagte sie immer: „Das Dirndl g'hört nicht mir, das ist bloß von meinem Mann!" Mir tat es immer weh, wenn sie so sprach, denn ich wollte so gern eine Mutter haben. Am Muttertag hatte ich zwei zu beschenken, aber wenn ich eine brauchte, dann hatte ich keine.

Ich hatte nie Spielzeug, die Rodel durfte ich nicht nehmen, die gehörte den Brüdern. Aber einmal, an einem Wintermorgen, da sagte die Stiefmutter, ich müsse die Rodel nehmen und ein Paket beim G. in Oberzeiring abgeben. Sie habe es schon hergerichtet und beim G. wisse man auch Bescheid. Ich dürfe aber nicht in das Paket schauen.

Als ich eine Weile gegangen war, kamen immer mehr Kinder und wunderten sich, dass ich auf einmal eine Rodel hatte, und fragten: „Was ist in dem Paket drin?" Es war ganz normal zugebunden. Ich sagte: „Mutter hat es verboten, da hineinzuschauen." Aber die Neugierde war größer, und so mussten alle schwören, dass niemand etwas sagen dürfte. Wir machten das längliche Paket auf, und dann sind wir fast zu Tode erschrocken. Es war ein totes Kind drin, mit gefalteten Händchen, welche mit einem Seidenbändchen zusammengebunden waren.

Jetzt wusste ich, warum ich das Paket beim G. abgeben musste, denn die hatten einen taubstummen Mann, welcher gleichzeitig auch Totengräber war. Später kam ich drauf, dass eine Nachbarin eine Totgeburt hatte, die Hebamme ging eine Zeit lang ein und aus. Ich habe nie wieder ein Paket aufgemacht, so saß mir der Schrecken im Leib, und den anderen Mitschülern auch.

Erst viele Jahre später hat sich jemand verplappert. Und wie es in einem kleinen Dorf so ist, haben ein paar nachgerechnet und sind draufgekommen, dass das Kind unmöglich von ihrem Mann sein konnte, denn der war auch im Krieg. Das Kind gehörte irgendeinem Kriegsgefangenen. Das war damals eine gefährliche Sache.

Einmal wurde eine Bauerntochter von einem gefangenen Franzosen schwanger. Sie hat das Kind mit Rattengift

abtreiben wollen und ist dann elend zugrunde gegangen.
. . .

Auch bei uns ging ein Franzose, der Gustav, aus und ein. Er war ein feiner Kerl, und wenn die Stiefmutter über mich geschimpft hat, hat er es immer abschwächen wollen. Wenn Gustav da war, wurde immer fein aufgedeckt. Die Buben hatten immer Hunger, sie konnten essen, bis sie fast platzten. Mir hat die Stiefmutter ein Stück Brot gegeben und mich dann hinausgeschickt. Aber Gustav mochte mich auch gern und hat gesagt: „Vevi hat auch Hunger!" Wenn ich noch etwas wollte, dann bekam ich unter dem Tisch einen Tritt.

Ich musste nach der Schule öfter etwas einkaufen, auch für die Nachbarn, zum Beispiel Brot oder Hefe für zehn Pfennig. Bei der Hefe konnte es schon sein, dass ich vielleicht die Hälfte auf dem Heimweg aß. Meine Stiefmutter hat dann furchtbar gebrüllt. Aber ich konnte wie so viele Kinder der Hefe nicht widerstehen. Da war sie so wütend, dass sie mir auf der heißen Herdplatte die Finger anbrennen wollte. Aber allein konnte sie es nicht machen, da hat sie die Nachbarin geholt. Frau G. hat mich gehalten, die Stiefmutter hat mir von beiden Händen die Fingerspitzen auf den Herd drücken wollen. Aber ich habe die Finger umgebogen, so hat es mir die Fingerknöchel auch noch verbrannt. Ich habe heute noch an beiden Händen die Narben. Das habe ich den beiden bis heute nicht verziehen. Heute würde man für so etwas eingesperrt. Und es wäre auch recht so.

Ich war nicht gerne zu Hause, in der Schule war es am schönsten. Wenn Ferien waren, war ich immer furchtbar traurig. Meistens musste ich sowieso bei Frau R. arbeiten. Mit dem Essen war sie sehr geizig, obwohl sie in der Vorratskammer einen ganzen Sack mit Würfelzucker hatte und auch sonst so allerhand gute Sachen. Was im Gemüsegarten gewachsen ist, das hat sie alles verkauft. Einmal kam in den Ferien noch ein Mädchen von einer Bekannten zu Frau R. arbeiten. Sie war ein paar Jahre älter als ich und sehr schlau. Ich war eher naiv und dumm. Weil wir immer hungrig waren, kam die Fritzi auf die Idee, man könnte vom Garten Möhren essen; aber wenn man sie herausgezogen hätte, dann hätte man das am Loch gemerkt. Und so hat sie die

Karotten ausgerissen und das Kraut wieder hineingesteckt. Nach ein paar Stunden wurde das Kraut welk. Als Frau R. nachschauen ging, hatte sie nur das Kraut in den Händen und die Rübchen waren weg. Also waren die Mäuse schuld. ...

Als ich dann älter war, ungefähr zehn Jahre, da war ich auch viel bei den Großeltern, den Eltern der Stiefmutter, arbeiten. Ich musste dorthin zu Fuß gehen, obwohl ein Postauto gefahren wäre. Man musste schon schnell gehen, dass man die Strecke in zwei Stunden bewältigte. Aber die drei Schwestern waren gut zu mir, und das Essen war reichlich und gut. Die Buben waren dann nicht mehr so dumm, die fuhren mit dem Postauto.

Als ich einmal unterwegs war, kam ein furchtbares Gewitter. Ich fand einen Bretterstadel als Unterschlupf. Auf einmal gab es einen fürchterlichen Krach, und ich hab gesehen, wie der Blitz in ein Hausdach eingeschlagen hat. Ich traute mich lange nicht aus dem Stadel, aber allmählich wurde es dunkel, und ich musste nach Hause. Meine Stiefmutter war gar nicht besorgt, sondern hat noch geschimpft. Als ich ihr den Grund erzählt habe, da hat sie gesagt: „Ach was, Unkraut verdirbt nicht, und ein Mistviech stirbt nicht!" Das war alles.

Mit den Lehrern hatte ich Glück. Bloß die Handarbeitslehrerin mochte mich nicht. Bei der war meine Stiefmutter schon in die Schule gegangen. ... Ich musste andauernd Socken, Stirnbänder und Handschuhe stricken für das Winterhilfswerk* (WHW). Die Sachen bekamen dann die Frontsoldaten. Meine Stiefmutter war immer die Angesehenste in dem Verein, weil sie am meisten Socken, Handschuhe und Stirnbänder ablieferte. Aber gestrickt habe ich sie. Die Socken könnte ich im Traum auch heute noch stricken. Wie habe ich die anderen Mädchen beneidet, wenn sie sticken oder häkeln oder knüpfen konnten! Das durfte ich nie.

Wenn ich mich auch nur mal zur Nähmaschine setzen wollte, hat sie schon fürchterlich geschimpft. Mit der Nähmaschine nähen und Rad fahren lernte ich erst mit 16 Jahren, als ich schon lange nicht mehr zu Hause war. Wir hatten nur ein Fahrrad, das gehörte meinem Vater, und der ließ mich auch nicht ran. Ich musste es heimlich nehmen. ...

298

Ein großer Lichtblick war eine nette Nachbarin, die mich gern mochte. Dort konnte ich mir Bücher zum Lesen holen. Wir wohnten damals neben einer Säge, und da waren so schöne Gebüsche. Mein Vater hatte mitten in ein Gebüsch Tische und Bänke hineingemacht, das war dann mein Lieblingsplatz. Man konnte hinausschauen aber nicht hinein – und so herrlich lesen und träumen, wenn ich nicht auf die Brüder aufpassen musste. Meine Stiefmutter durfte davon nichts erfahren, denn wenn sie gesehen hätte, dass ich lese, hätte sie gleich ein paar zerrissene Socken von ihren Wäschekundschaften gehabt, die ich ausbessern musste. . . .

In den letzten Kriegsmonaten des Jahres 1945 wurde der Schulunterricht wegen häufigem Fliegeralarm und Tieffliegerangriffen zuerst in einen Luftschutzkeller verlegt, später überhaupt ausgesetzt. Trotz vielfältiger Bemühungen der Ortsbewohner, Nahrungsmittel und Wertgegenstände in Sicherheit zu bringen, kam es nach Kriegsende zu manchen Plünderungen und Gewalttaten. Das allgemein gute Verhältnis der Bevölkerung zu den französischen Kriegsgefangenen erwies sich als Schutz gegen Übergriffe von Seiten der Besatzungsmacht. Genoveva Horns Vater wurde verhaftet und als Angehöriger der Waffen-SS für einige Monate in einem Gefangenenlager in Wolfsberg (Kärnten) interniert.

Als nach längerer Zeit die Lage ruhiger wurde, hat man mit dem Schulunterricht wieder begonnen. Meine Freude war sehr groß, als ich meinen Lieblingslehrer wieder bekam. Er war vor dem Zusammenbruch von den Nazis aus der Schule abgezogen und in ein Lager gebracht worden. Zum Glück ging der Krieg nicht mehr lange, und er konnte in den Wirren flüchten. Zu seinem Abzug kam es, weil er ein Kaufmannstöchterlein kritisierte, welches sehr dumm und eingebildet darauf war, dass ihr Vater ein Nazi war. Er sagte einmal zu ihr: „Links ein Mascherl, rechts ein Mascherl, und im Kopf ein Hascherl." Das war damals zu viel. Er konnte froh sein, dass er mit dem Leben davonkam.

Sie hatte ihre Zöpfe beidseitig mit schönen Bändern hinaufgebunden. Aber sie hatte genauso Läuse wie wir alle. Das war für sie erniedrigend. Meine Mutter hat die Läuse bei mir folgendermaßen bekämpft: Da wurde Petroleum auf den Kopf geschüttet, dass es mir überall herunterrann, auch in die Augen. Das tat furchtbar weh. Ich war bei den Ohren so offen, es brannte wie Feuer. Dann den Kopf fest eingebunden, und einige Tage oben gelassen. Da war ich schon sehr froh, wenn die Prozedur vorbei war. Wenn eine das Kopftuch den ganzen Tag aufhatte, dann wusste man schon, was da los war. Die diskreteren Mütter haben ihren Töchtern nach der Schule die Haare eingepudert. Puder gab es nämlich auch dagegen, aber meine Stiefmutter nahm Petroleum. Ich weiß nicht, warum sie mich so gern peinigte und hasste. Ich war auch ein Kind wie jedes andere, sogar ernsthafter. Zu lachen hatte ich nichts. Nach dem Petroleum wurden einem die Haare mit Seife gewaschen, und dann war wieder Platz für neue Läuse.

Nun war ich auch schon elf Jahre alt und wurde so hin und her geschoben; mal brauchte mich meine Stiefmutter, mal Frau R. Bei Frau R. war ich viel lieber als zu Hause, obwohl ich viel arbeiten musste. Der mongoloide Ziehsohn war auch sehr schwer zu tragen, denn laufen konnte er viele Jahre nicht. Frau R. wollte, nachdem keine Aussicht war, dass das Pflegekind einen Nachfolger abgeben könnte, mich für Eigen annehmen. Aber obwohl ich daheim übrig war, hätte mich mein Vater nicht hergegeben. Damals habe ich es nicht verstanden, aber heute bin ich froh darüber. . . .

Als meine Schwester Elli zur Welt kam, brauchte mich meine Stiefmutter wieder mal. Ich musste neben der Schule den Haushalt machen und auf die Kinder aufpassen. Um Punkt sechs Uhr Abend musste vom nahen Gutshof die Milch geholt werden. Wie ich schon einmal erwähnte, hatte ich nie Spielsachen. Eines Tages bekam ich von der Nachbarin einen Katalog, wo man Kuckucksuhren bestellen konnte. Ich habe dann mit einer Schere die Kuckucksuhren ausgeschnitten. Als die Zeit zum Milchholen war, da habe ich auf dem Tisch die Papierschnitzel und die Schere liegen gelassen. Nach dem Abendessen, als die Stiefmutter irgendwas zuschneiden wollte, war die Schere nicht mehr da. Sie schrie mich an, wo ich die Schere hätte, ich hätte sie ja zum Ausschneiden gehabt. Aber sie war nirgends zu finden. Da hat sie mich geschlagen und gesagt: „Na warte, wenn der Vater von der Arbeit nach Hause kommt!"

Da habe ich die Nerven verloren und bin in meiner Angst auf und davon. Ich wollte zu meiner Mutter, die war inzwischen verheiratet und hatte zwei Kinder von dem Mann. Ich wusste ungefähr, wo sie wohnte, und bin dann in stockdunkler, eisiger Nacht durch knietiefen Schnee gewatet – es war ja Jänner –, ohne Kopftuch und nur mit einer grauen Strickjacke bekleidet. Die Hände hatte ich unter den Armen verschränkt, denn Handschuhe hatte ich keine. Bei jedem Stall, wo noch Licht brannte, habe ich die Kühe beneidet, dass sie im warmen Stall sein konnten.

Ich war einige Stunden unterwegs. Ziemlich spät kam ich dann zu meiner Mutter. Dort waren schon alle im Bett. Meine Mutter staunte nicht schlecht, als sie mich sah. Ich erzählte ihr alles. Aber sie sagte, bleiben könne ich nicht, und brachte mich am nächsten Morgen wieder zurück. Ich kann mich noch gut erinnern, es war am 6. Jänner 1946, heiliger Dreikönigstag. Es war furchtbar kalt. Als wir über das Feld gegangen sind, hat der Schnee nur so geglitzert. Meine Mutter hat mir ein Kopftuch gegeben, es war hellblauer Barchent* mit dunkelblauen Punkten. Ich habe das Kopftuch viele Jahre gehabt. Das war so ziemlich das Einzige, was ich von meiner Mutter bekam.

Den ganzen Weg hat mich meine Mutter mit Vorwürfen überschüttet, und zu guter Letzt hat sie mir noch von dem Tag erzählt, als man mich getauft hatte. Auf dem Nachhauseweg von der Taufe mussten sie über eine Brücke, die über den Graben führte – das Zuhause meiner Mutter hieß ja Grabenbauer. Da habe sie überlegt, ob sie mich nicht fallen lassen sollte ... Ich habe dann in meinem Elend zu ihr gesagt, wenn sie es nur getan hätte! Wenn man sie zehn Jahre eingesperrt hätte, dann wäre sie heute wieder frei, und ich hätte nicht so viele Schläge erhalten. Da hat mir meine Mutter für diese Frechheit eine heruntergehaut.

Als wir zu meiner Stiefmutter kamen, war der Vater auch da, und beide haben auf mich eingeschlagen. Ich dachte, ich überlebe es nicht. Meine Mutter hat zugeschaut.

Mit der Schere hat sich alles aufgeklärt. Als ich am Vorabend die Kuckucksuhren ausgeschnitten hatte, ließ ich alles liegen, weil ich dachte, dass ich nach dem Milchholen ja wieder weitermachen würde. Aber meine Stiefmutter hatte die Papierschnipsel zusammengenommen, nicht bemerkt, dass die Schere drunter war, und alles verbrannt. Am Morgen, als sie im Herd Feuer machen wollte, kam die verglühte Schere zum Vorschein. Aber schuld war ich.

Dieser Vorfall war der Anlass, dass meine Stiefmutter ernstlich überlegte, ob man mich nicht lieber in eine – wie man damals sagte – „Besserungsanstalt" tun sollte. Aber das war nicht so einfach. Man hat in der Schule nach Schwierigkeiten gefragt. Bei den Lehrern war ich beliebt und bei den Mitschülern auch. Noten hatte ich gute. Wenn man mich gefördert hätte, wäre aus mir noch etwas geworden. Die Aufgaben konnte ich bei meiner Stiefmutter immer erst machen, wenn die Geschwister im Bett waren, und dann nur, wenn keine Nähkunden da waren, was sehr selten der Fall war. Bei Frau R. musste ich die Aufgaben beim Viehhüten machen, wenn es regnete, musste ich sie in einem Heustadel machen.

Die Nachbarn wurden auch gefragt, und da gab es zwei Gruppen. Die, die mit der Stiefmutter befreundet waren, für die sie umsonst genäht hat, die waren nicht auf meiner Seite. Aber meine Lieblingsnachbarin, die Frau Sch., mochte mich sehr gern und hat der Fürsorge auch erzählt, wie es mir so erging. Und sie haben ihr geglaubt. So wurde der Antrag abgelehnt. (Es wäre mir sicher in der „Besserungsanstalt" besser gegangen als zu Hause.)

Nun war es zu Hause fast nicht mehr zum Aushalten. Ich war viel bei einer meiner Schulfreundinnen. Es war eine arme Familie, eine Kriegerwitwe mit drei Töchtern und einem Sohn. Die wohnten in einer armseligen Hütte, und doch war es so gemütlich, obwohl wir zu Hause viel mehr hatten. Aber die Wärme kommt von innen. Ich verdanke dieser Frau und ihren Kindern die angenehmsten Erinnerungen aus meiner Schulzeit.

Es kam die Zeit, wo ich gefirmt werden sollte. Also brauchte ich eine Firmpatin. Die Stiefmutter sagte, ich soll selber eine suchen. So kam ich auf Frau Pepi N., die mochte mich gern. Ich dachte mir damals, ich könnte vielleicht bei ihr Köchin lernen. Es war ein Herrschaftshaushalt, der Familie gehörte das E-Werk, welches die ganze Gegend mit Strom versorgte. Ich ging auch hin, um sie zu fragen. Aber es war nur das Dienstmädchen da und hat mich ausgefragt, was ich denn von der Gnädigen wolle. In meiner Dummheit hab ich es ihr erzählt. Das war ein großer Fehler, denn das Dienstmädchen war viel bei uns und glaubte, dass ich zu nichts zu gebrauchen war, wie meine Stiefmutter immer behauptete. Mir wurde gesagt, dass sich die Gnädige hingelegt habe und nicht gestört werden dürfe. Also musste ich jemand anderen fragen. Da kam mir die Frau R. in den Sinn. So wurde sie meine Firmpatin. Weil sie wieder keine Magd hatte, bin ich ganz zu ihr gezogen. Ich will von jetzt an die Frau R. meine Patin nennen.

Wie schon erwähnt, musste ich dort viel arbeiten. Aber lieber habe ich gearbeitet, als immer die Ungerechtigkeiten. Allerdings fing der Tag schon um fünf Uhr morgens an und endete spät. Damals gab es auch die Sommerzeit und die Winterzeit. Man sagte zur Sommerzeit „die neue Zeit" und zur Winterzeit „die alte Zeit". Meine Patin weckte mich am Morgen mit den Worten: „Auf, auf, es ist schon fünf Uhr!" – das war die Sommerzeit. Und am Abend, wenn ich schon müde wurde, sagte sie: „Es ist ja erst neun Uhr!" – das war dann die Winterzeit. Sie war sehr geschickt beim Leute-Ausnutzen.

Wie sich später herausstellte, hätte mich Frau N. gern als Firmling gehabt. Sie hat erfahren, wie das damals war, und war auf das Dienstmädchen sehr wütend. Aber ich konnte nicht mehr zurück, denn ich hatte schon Frau R. gefragt.

Ich will nun erzählen, wie es bei meiner Firmung zuging. Am Morgen des besagten Tages fuhr ich auf dem Gepäcksträger sitzend mit meiner Patin in das Nachbardorf. Ich hatte ein kariertes Kleid an. Die Schuhe gehörten meiner Patin, die nicht viel größer war als ich. Nach der Firmung gingen wir in ein Gasthaus essen, je ein kleines Gulasch mit einer Semmel. Zur Feier des Tages gab es ein Kracherl zu zweit. Es war ja Nachkriegszeit, und das war damals schon als ein besseres Essen anzusehen. Als Firmgeschenk bekam ich einen Winterdirndlstoff. Er war weiß-blau kariert mit einer schwarzen Dirndlschürze. Die Patin sagte, die Uhr würde ich erst bekommen, wenn die Zeiten besser würden. Leider hat sie es dann vergessen . . .

Bei meiner Patin war ich ungefähr vier Jahre. Zu meiner Stiefmutter wollte ich nicht mehr. Wenn ich an meinen letzten Schultag zurückdenke, war es der dunkelste Tag in meinem noch jungen Leben. Ich war in der Schule am glücklichsten. Ich wollte so gern Lehrerin oder Schneiderin werden. Aber für ein lediges Kind, das zeitweilig bei der Stiefmutter oder bei Bauern aufwuchs, wo keine Magd sehr lang zu halten war, waren solche Hirngespinste, wie sie es nannten, nicht drin. Da ich im Jänner 14 Jahre alt wurde, hätte ich ja schon früher aus der Schule austreten müssen oder können. Das wäre der Wille meiner Patin und der Stiefmutter gewesen. Aber ich habe die Abmeldung verschlampt. Absichtlich! Dafür setzte es Hiebe, und ich bekam kein Abendessen mehr.

Als dann der Mai gekommen war, ist meine Stiefmutter persönlich zum Schulleiter gegangen und hat um Sommerbefreiung* für mich angesucht. Damit ich „die Suppe, die auf dem Hafendeckel* hängen bleibt", auch redlich verdiene. Das war ein Ausspruch meiner Stiefmutter. Ich wog damals 32 Kilogramm und war 1,40 Meter groß. Ich hatte immer Hunger.

Als ich mit der Schule fertig war und die Stiefmutter sah, dass meine Patin mir keinen Lohn geben wollte, da kam ich zu einem anderen Bauern, vulgo F. Mehr als die Feldarbeit konnte ich nicht. Aber das war egal, denn da waren eine Tochter und eine nahe Verwandte, welche für die Feldarbeit zu schön waren und lieber im Haus blieben und sich als Bauerntöchter aufspielten. So hatten sie jemanden für die grobe Arbeit. Die beiden Söhne – sie waren einige Jahre älter als ich – wollten mich als Freiwild betrachten. Ich musste ständig auf der Hut sein und schauen, dass mich keiner irgendwo allein erwischt. Man war sehr arm dran, wenn man niemand hatte, dem man sich anvertrauen hätte können. Und das war bei mir der Fall.

Aber so ging es vielen ledigen Kindern, die bei den Bauern aufwachsen mussten. Beim F. bekam ich fünf Schilling, und wie sich erst später herausstellte, war ich nicht versichert, also eine billige Arbeitskraft. So ist es auch nicht verwunderlich, dass damals so viele junge Leute nach Kaprun, Vorarlberg oder in die Schweiz gingen. . . .

Die folgenden Jahre verbrachte die Autorin auf mehreren Dienst-
plätzen in der engeren Umgebung, aber in relativer Distanz zum
Vaterhaus. In ihren Aufzeichnungen beschreibt sie sehr detailliert
ihre positiven und negativen Erfahrungen wie auch die unterschied-
lichen Aufgaben einer ländlichen Dienstmagd und eines im Haus-
halt tätigen Dienstmädchens.

1955 entschloss sich Genoveva Horn wie viele andere in dieser
Zeit, eine Anstellung im Gastgewerbe in Westösterreich zu su-
chen. Sie nahm eine Stelle als Zimmermädchen in Vorarlberg an,
wo sie ihren späteren Mann kennen lernte. Nach Ende der Saison
begann sie als Haushalts- und Verkaufshilfe in einer Bäckerei zu
arbeiten. 1956 heiratete sie und zog in das Elternhaus ihres Man-
nes. Zwischen 1956 und 1971 wurde sie Mutter von sechs Kin-
dern. Während dieser Zeit sorgte sie durch Heimarbeit bzw. als
Reinigungskraft in einem Gasthaus für einen Zuverdienst zum
Gehalt ihres Mannes, der als Maschinist bei einem Schiliftunter-
nehmen tätig war.

1991 verlor die Familie durch einen Brand ihres alten Holz-
hauses ihr gesamtes Hab und Gut, konnte aber in den darauf fol-
genden Jahren wieder ein Eigenheim errichten. Die Ehe war über-
schattet durch die langjährige Alkoholkrankheit des Ehemannes,
an deren Folgen er 1996 verstarb. Seither lebt die Autorin mit ih-
rer jüngsten Tochter in einem Teil des neu erbauten Hauses, ihr
Sohn und seine Familie bewohnen den anderen Teil.

„Eigentlich hätt i jo gar nit auf d' Welt kemma sollen"[1]

Lebensbedingungen und Lebenswelten unehelich Geborener, 1865–1945

Im Folgenden sollen die gesellschaftlichen Entstehungsbedingungen und Folgewirkungen von Illegitimität in historischer Perspektive beleuchtet werden, mit dem Schwerpunkt auf jenem Zeitraum, in den die Kindheitserzählungen dieses Buches fallen.

Im Besonderen werden dabei demographische und rechtliche Rahmenbedingungen sowie die Entwicklung des staatlichen Fürsorgewesens skizziert. Die josephinischen Gebär- und Findelanstalten verdienen als frühes Modell des Umgangs mit unehelichen Geburten Beachtung.

Säuglings- und Kindersterblichkeit lagen (und liegen auch heute noch) bei unehelich Geborenen höher als bei ehelichen Nachkommen. Ihre Sozialisationsbedingungen und Ausbildungschancen gestalteten sich im Allgemeinen ungünstiger, und diese Ungleichbehandlung hatte bis vor relativ kurzer Zeit auch ihre Wurzeln in rechtlichen Bestimmungen, z. B. im Erb- und Familienrecht.

Die folgenden Abschnitte stellen einen Versuch dar, diese institutionellen Rahmenbedingungen schlaglichtartig anzusprechen. Im Anschluss werden zentrale Aspekte der Lebenswelten unehelicher Kinder, Bezugspersonen, materielle Existenzbedingungen, gesellschaftliche Normen und Sanktionen sowie Ausgrenzungsmechanismen nachgezeichnet, wie sie auch in den Kindheitserzählungen mehr oder weniger deutlich zur Sprache kommen.[2]

---

1 Franz Huber, S. 113.
2 Zitate aus den vorhergehenden Beiträgen werden nicht eigens durch Fußnoten belegt, sondern durch Autorenhinweise im fortlaufenden Text.

„Als zweitältestes von
fünf ledigen Kindern einer
Bauerntochter geboren . . ."
(Genoveva Horn)

1. Demographische Streiflichter zum Phänomen der Unehelichkeit

Europaweit betrachtet, lassen sich in der Verteilung unehelicher Geburten langfristige Grundmuster sowie einige Räume mit traditionell hohen Illegitimitätsraten feststellen. Österreich unterscheidet sich von anderen europäischen Ländern dadurch, dass die Zahl der unehelich geborenen Kinder ab dem ausgehenden 18. Jahrhundert sprunghaft anstieg.[3, 4]

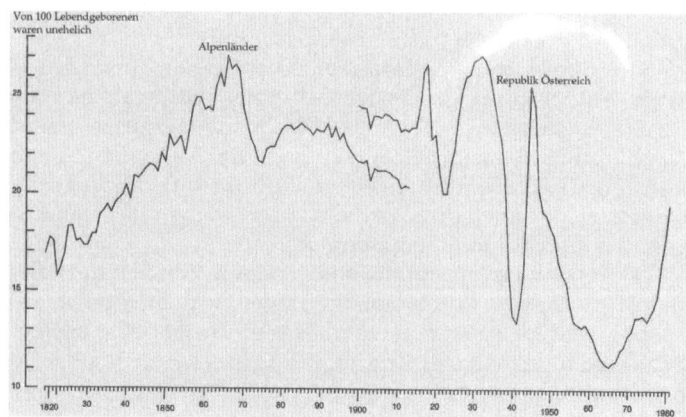

Unehelichenquote in Österreich von 1819 bis 1981

---

3 Vgl. dazu u. a. Michael Mitterauer: Familienformen und Illegitimität in ländlichen Gebieten Österreichs, in: Archiv für Sozialgeschichte 19 (1979), S. 123–188; Michael Mitterauer: Ledige Mütter. Zur Geschichte unehelicher Geburten in Europa, München 1983; Alois Haslinger: Uneheliche Geburten in Österreich. Historische und regionale Muster, in: Demographische Informationen 1982; Josef Kytir/Rainer Münz: Illegitimität in Österreich, in: Demographische Informationen 1986.
4 Die Abbildung ist entnommen aus: Haslinger a. a. O., S. 27.

1866 erreichte die so genannte Illegitimitätsquote einen historischen Höchstwert: 27,1 Prozent der in diesem Jahr geborenen Kinder waren unehelich. Danach folgte Österreich dem europaweit erkennbaren Trend einer sinkenden Unehelichenquote: Um die Jahrhundertwende wurden 22 Prozent aller Kinder von unverheirateten Frauen zur Welt gebracht, Mitte der 1920er Jahre war es zirka ein Fünftel. Abgesehen von einzelnen Spitzenwerten um die Enden der beiden Weltkriege und die Weltwirtschaftskrise von 1929 bis 1930 blieb die Tendenz bis über die Mitte des 20. Jahrhunderts fallend. Aufgrund der hohen Zahl von Eheschließungen in den 1950er und des (ehelichen) „Baby-Booms" der frühen 1960er Jahre sank der Anteil der unehelichen Geburten bis 1965 auf den historischen Tiefstand von 11,2 Prozent.

Seither ist wieder ein deutliches Ansteigen der Illegitimitätsquote bemerkbar, wofür einerseits die traditionsauflösende Modernisierung von Lebensverhältnissen und geänderte Werthaltungen, andererseits familienpolitische Neuerungen verantwortlich gemacht werden können. Seit den 1960er Jahren kam es zu Reformen, die die Rechtsstellung des unehelichen Kindes und der unverheirateten Mutter verbesserten; ab 1974 hatten allein stehende Mütter Anspruch auf ein erhöhtes Karenzurlaubsgeld und den Bezug von Sondernotstandshilfe bis zum dritten Geburtstag des Kindes.

2005 betrug der Anteil der unehelichen Geburten an der Gesamtgeburtenzahl 36,5 Prozent.[5]

Trotz aller Unschärfen, die sich aus unterschiedlichen Zählkriterien und Gebietsdefinitionen ergeben, waren und sind auch heute noch erhebliche regionale Differenzen erkennbar: So lässt sich ein historisch stabiles „Zentrum" der Illegitimität benennen, in dem der Anteil der unehelichen Geburten schon seit ca. 150 Jahren über dem österreichischen Durchschnitt liegt. Dieses Gebiet umfasst große Teile Kärntens (die Bezirke Klagenfurt, Feldkirchen, St. Veit/Glan, Völkermarkt und Wolfsberg) und der Steiermark (v.a.

---

5 Statistik Austria: Statistische Übersichten, 14.5. Natürliche Bevölkerungsbewegung, Relativzahlen, 16. 8. 2006: http://www.statistik.at/statistische_uebersichten/deutsch/pdf/k14t_5.pdf

die Bezirke Murau, Judenburg und Liezen).[6] In St. Veit/ Glan betrug der Anteil der unehelichen Geburten um 1870 60 Prozent, in einigen Pfarren sogar mehr als 80 Prozent.

Auch im Jahr 2005 führte Kärnten mit 51,7 Prozent die Statistik an, gefolgt von der Steiermark (46,6%). Es folgten Tirol, Oberösterreich und Salzburg mit Anteilen von 40,0, 39,4 und 38,8 Prozent. Für österreichische Verhältnisse gering war und ist die Illegitimitätsrate in Vorarlberg (28,1%) sowie in den östlichen Bundesländern Niederösterreich und Burgenland mit derzeit knapp über 30 Prozent.[7]

Die Illegitimitätskurve in Wien ist aufgrund der komplexeren sozialen Situation mit der gesamtösterreichischen nicht zu vergleichen: So war u. a. die Existenz der Wiener Gebär- und Findelanstalt[8] mit Ursache dafür, dass die Zahl der in Wien registrierten unehelichen Geburten im Verlauf des 19. Jahrhunderts wie in anderen europäischen Städten stark anstieg. Um 1850 war jedes zweite in Wien geborene Kind nicht-ehelicher Herkunft.[9] Ab den 1870er Jahren erfolgte auch hier eine langsame Trendumkehr. Um 1900 war der Anteil der unehelichen Kinder auf 30 Prozent gesunken, und 2005 weist der statistische Befund mit 29,2 Prozent[10] eine ganz ähnliche Relation aus. Aktuell scheint hier der hohe Anteil von ehelichen Geburten in der zugewanderten Bevölkerung den Ausschlag zu geben, dass die Illegitimitätsrate in Wien tendenziell hinter jener in anderen Bundesländern zurückbleibt.

---

6 Kytir/Münz: a. a. O., S. 9 f.
7 Statistik Austria: a. a. O.
8 Vgl. Verena Pawlowsky: Mutter ledig – Vater Staat. Das Gebär- und Findelhaus in Wien 1784–1910, Innsbruck-Wien-München 2001.
9 Ernst Bruckmüller: Sozialgeschichte Österreichs, Wien 2001[2], S. 289.
10 Statistik Austria: a. a. O.

„Wenn eine Heirat in
Aussicht gewesen wäre . . ."
(Theresia Egger)

2. Ursachen für unterschiedliche Illegitimitätsraten

Bereits die Statistiker der Habsburgermonarchie suchten nach den Ursachen des Anstiegs von ledigen Geburten, nach Unterschieden im historischen Verlauf und in der regionalen Verteilung.[11] Im zeitgenössischen Diskurs finden sich neben allgemein gehaltenen und wenig aussagekräftigen Klagen über „moderne Zeiten", „Unsitten" und „liederlichen Lebenswandel" auch Hinweise auf Zusammenhänge mit erhöhter Mobilität, Städtewachstum infolge von Zuwanderung, wirtschaftsstrukturellen Veränderungen u. Ä. In der familiengeschichtlichen Forschung werden unterschiedliche historische Wurzeln von Illegitimität in Österreich benannt: das jeweils dominante bäuerliche Erbrecht und die damit verbundene Verteilung von Grund und Boden, bestimmte landwirtschaftliche Produktionsformen sowie die dadurch erzwungene familiale Arbeitsorganisation, religiöse Faktoren und obrigkeitliche Heiratsbeschränkungen.[12]

2.1. Obrigkeitliche Heiratsbeschränkungen

Kirchliche und staatliche Heiratsbeschränkungen regelten in regional unterschiedlicher Ausprägung, teilweise bis ins 20. Jahrhundert, die Möglichkeiten von Frauen und Männern, eine legitime Ehe zu schließen. Bis 1765 war vor allem Unbemittelten die Eheschließung untersagt. Nach Aufhebung dieses Verbots unter Kaiserin Maria Theresia war in Österreich die Eheschließungsfreiheit bis 1820 im „Allgemeinen Bürgerlichen Gesetzbuch" (ABGB) festgelegt, bis

---

11 Vgl. etwa Gustav Adolf Schimmer: Die unehelich Geborenen in Österreich, in: Statistische Monatsschrift, Jg. 2 (1876); Franz v. Juraschek: Die unehelichen Geburten in Österreich seit dem Jahre 1830, in: Statistische Monatsschrift, Jg. 2 (1876). Zusammenfassend: Mitterauer: Familienformen und Illegitimität, S. 128 ff.
12 Vgl. Mitterauer: Ledige Mütter, insb. S. 81 ff.

auf Betreiben Tirols und Vorarlbergs staatliche Heiratsbeschränkungen in Österreich partiell wieder eingeführt wurden. Heiratswillige Personengruppen aus den unteren sozialen Schichten wie Dienstboten, Handwerksgesellen, Tag-
löhner und Inwohner benötigten nun einen Ehekonsens der
Gemeinde. Eine 1850 erlassene Verschärfung der Heiratsbeschränkungen ermöglichte es der Gemeindeobrigkeit, einen
Ehekonsens von allen heiratswilligen Personen zu verlangen, deren Einkommen nicht dauerhaft gesichert erschien.[13]
Mit dem Konkordat von 1855, das 1868 modifiziert wurde
(wie bereits erwähnt, erreichte die Illegitimitätsquote 1866
ihren Höchststand), unterstanden Eheangelegenheiten von
Katholiken der kirchlichen Gesetzgebung und Gerichtsbar-
keit.[14] Ein deutlicher Rückgang unehelicher Geburten setzte
mit Einführung der Zivilehe im Jahr 1938 ein, die Eheschließungen auch ohne kirchlichen Segen möglich machte.

2.2. Religiöse Faktoren

Vor allem in ländlichen Gegenden mit stark vom Katholi-
zismus geprägten gesellschaftlichen Normen stellten un-
eheliche Geburten eine offensichtliche Verletzung zentraler
Werte dar (Verbot vorehelicher Sexualität, Ideal der Jung-
fräulichkeit) und wurden dementsprechend sanktioniert.[15]
Es lassen sich allerdings kleinräumige Unterschiede im
Grad kirchlicher Bindung bzw. der Durchsetzung religiöser
Normen ausmachen, die im Zusammenhang mit anderen
Faktoren unterschiedlich hohe Illegitimitätsraten erklären
helfen.

---

13 Elisabeth Mantl: Heirat als Privileg. Obrigkeitliche Heiratsbeschrän-
    kungen in Tirol und Vorarlberg 1820–1920, Wien-München 1997.
14 Oskar Lehner: Österreichische Verfassungs- und Verwaltungsge-
    schichte mit Grundzügen der Wirtschafts- und Sozialgeschichte,
    Linz 2002³, S. 209.
15 Vgl. die materialreiche Studie über Auswirkungen sozio-ökonomi-
    scher Wandlungsprozesse auf Religiosität und Sittlichkeitsvorstel-
    lungen in bayrischen Landgemeinden an der Wende des 18. zum
    19. Jahrhundert: Fintan Michael Phayer: Religion und das Gewöhnli-
    che Volk in Bayern in der Zeit von 1750–1850, München 1970, insb.
    S. 156 ff.

So galt etwa die Bevölkerung der Diözese Gurk, wo die weitaus höchsten Illegitimitätsraten verzeichnet wurden, im 19. und 20. Jahrhundert als stark antiklerikal. „Die kirchenferne Haltung der bäuerlichen Bevölkerung ging hier jedenfalls so weit, dass im 19. Jahrhundert Bauern oft jahre- und jahrzehntelang mit ihren Lebensgefährtinnen zusammenlebten, ohne für ihre Verbindung den Segen der Kirche einzuholen. Viele der illegitimen Kinder stammten so aus eheähnlichen Verhältnissen, in denen auf die kirchliche Legitimation verzichtet wurde"[16], verdeutlicht Michael Mitterauer diese spezifische Situation. Freilich kann die weitgehende Erfolglosigkeit des Klerus bei der Durchsetzung kirchlicher Sexualnormen[17] nur als ein Faktor neben anderen zur Interpretation der hohen Anzahl unehelicher Geburten in Teilen Kärntens herangezogen werden. Ebenso bedeutsam sind das bestehende Anerbenrecht und die dadurch definierte Möglichkeit der Haushaltsgründung sowie die Form der Arbeitsorganisation und Familienwirtschaft.

2.3. Erbrechtliche Bestimmungen und Produktionsformen

Im ländlichen Bereich waren die Führung eines selbständigen Haushalts und damit die Möglichkeit einer Eheschließung eng mit der Hofübergabe bzw. der Vererbung des Besitzes verknüpft. Auffallend ist, dass die Gebiete mit den höchsten Unehelichenquoten in Österreich jene waren, wo der Besitz nach dem Tod des Altbauern an den ältesten Sohn vererbt wurde (Majorat). In Gebieten mit Anerbenrecht, wo also nur ein Kind den väterlichen Hof und die Wirtschaft übernahm, blieb den unversorgten Geschwistern, die auf dem Hof weiterlebten, der Weg zur Ehe verschlossen.[18] Entsprechend hoch war die Zahl der ledigen Mütter und unehelichen Kinder, die als meist unbezahlte

---

16 Dieser Antiklerikalismus dürfte auch mit dem Fortleben eines Kryptoprotestantismus in dieser Region in Zusammenhang stehen, Mitterauer: Ledige Mütter, S. 36.
17 Bruckmüller: a.a.O., S. 289.
18 Mitterauer: Ledige Mütter, S. 72.

Arbeitskräfte auf dem Hof Verwendung fanden. Vor allem bei jenen Bauern, die große Flächen bewirtschafteten oder personalintensive Viehzucht betrieben, gab es für die Kinder der unverheirateten Schwestern und Mägde genug Arbeit und somit eine ökonomische wie auch soziale Existenzgrundlage.

Dazu kam eine enge Wechselwirkung zwischen dieser Form der Arbeitsorganisation und einem hohen Heiratsalter, das eine weitere Ursache hoher Illegitimitätsraten darstellt. Der Gesindedienst, also der „Dienst in fremdem Haus" war eine „charakteristische Form für die Gestaltung der Jugendphase"[19] und prinzipiell mit dem Ledigenstatus verbunden. Dienstboten (auf dem Land wie in der Stadt) hatten unverheiratet zu sein, und ihr oft lange währender Ledigenstatus „prädestinierte" diese Bevölkerungsschichten für die Zeugung von unehelichen Kindern. Die überwiegende Mehrzahl der Mütter der Autorinnen und Autoren dieses Bandes ist dieser Personengruppe zuzuordnen.

Auch die Hoferben von Majoratshöfen setzten uneheliche Kinder in die Welt, da sie bis zur Hofübergabe oft lange warten mussten. Unter gewissen Umständen konnte es auch vorkommen, dass uneheliche Kinder die Wirtschaft übernahmen. Nachgewiesen sind solche Fälle für das 18. und 19. Jahrhundert im Kärntner Gurk- und Metnitztal.[20] Weit häufiger finden sich in den Autobiographien unehelich Geborener allerdings Hinweise auf nicht eingelöste Erbversprechen.

In Gebieten, in denen Realteilung, also die Aufteilung unter mehreren Erbberechtigten vorherrschte (Burgenland, Teile Niederösterreichs und Tirols, Vorarlberg), ermöglichte das Erbrecht zwar mehreren Kindern eine Haushaltsgründung, gleichzeitig führte die Teilung des agrarisch nutzbaren Bodens aber zu einer immer größeren Anzahl von Kleinbetrieben. Hier hielt sich die Nachfrage nach billigen Arbeitskräften in Grenzen, und zusätzliche „Esser" schmä-

---

19 Ebd., S. 68; ausführlicher zum Gesindeleben im Alpenraum: Michael Mitterauer: Historisch-anthropologische Familienforschung. Fragestellungen und Zugangsweisen, Wien-Köln 1990, S. 257–287.
20 Mitterauer: Familienformen und Illegitimität, S. 137 ff.

lerten die Subsistenzbasis. Entsprechend geringer war die Toleranz gegenüber unverheirateten Müttern und ihrem Nachwuchs. Nicht von ungefähr war und ist die Zahl von unehelichen Kindern in den (Weinbau-)Gebieten Ostösterreichs am geringsten.

Für die Interpretation der Illegitimitätsquote in der Stadt müssen weitere Faktoren in Erwägung gezogen werden.[21] Ähnlich wie auf dem Land – wo durch Veränderungen der landwirtschaftlichen Arbeitsweise ein zunächst steigender Arbeitskräftebedarf zu verzeichnen war – wurde die Zahl der unehelichen Geburten von der Ausdehnung des Dienstbotenwesens sowie durch starke Veränderungen im Übergang von kleingewerblicher Familienproduktion zu industrieller Fabrikarbeit beeinflusst. Bei den meisten ledigen Müttern in der Stadt handelte es sich um zugewanderte Dienstmädchen, Fabrik- und Hilfsarbeiterinnen, für die eine Eheschließung und Haushaltsgründung sehr erschwert war bzw. lange hinausgezögert wurde.

> „. . . die hatten früher
> kein Recht auf ein Erbe"
> (Maria Mair)

3. Zur Rechtsstellung unehelicher Kinder

Nicht-eheliche Beziehungen und Geburten waren in der österreichischen Gesellschaft bis in die 1960er Jahre hinein in starkem Maß gesellschaftlicher Stigmatisierung ausgesetzt. Ingrid Matschinegg, Verena Pawlowsky und Rosa Zechner vertreten sogar die Auffassung, dass ledige Mütter und uneheliche Kinder bis in das letzte Jahrzehnt des 20. Jahrhun-

---

21 Vgl. die „sozialgynäkologische Studie" des Prager Arzts Egon Weinzierl, der auf der Basis von 500 Interviews mit ledigen Müttern ein differenziertes Bild von den materiellen, sozialen und mentalen Voraussetzungen unehelicher Mutterschaft zeichnet: Egon Weinzierl: Die uneheliche Mutterschaft. Eine sozialgynäkologische Studie, zugleich ein Beitrag zum Problem der Fruchtabtreibung, Berlin-Wien 1925.

derts rechtlich und sozial massiv benachteiligt waren[22]. Die Geschichte der Nicht-Ehelichkeit steht auch exemplarisch für die Veränderung staatlicher und gesellschaftlicher Reaktionen auf eine Normverletzung. In den Debatten über Illegitimität wurden grundlegende gesellschaftliche Normen in Bezug auf Familie und Sexualität ausgehandelt und der Rahmen staatlicher Eingriffsrechte und -pflichten gegenüber der Familie abgesteckt.

Die rechtsgeschichtliche Entwicklung zeigt allerdings keineswegs eine durchgängige Diskriminierung unehelicher Kinder. Im Zuge kameralistischer Bevölkerungspolitik kam es im Laufe des 18. Jahrhunderts zu einer Neudefinition des gesellschaftlichen Stellenwerts von unehelichen Kindern und ledigen Müttern. So meinte Josef von Sonnenfels, dass uneheliche Kinder wertvolle Geschenke von ledigen Müttern an den Staat seien[23]. Die josephinische Rechtsreform zielte auf eine Gleichstellung unehelicher mit ehelichen Kindern ab, konnte aber langfristig nicht durchgesetzt werden.[24] Eine entsprechende Regelung wurde im ABGB von 1811 wieder zurückgenommen. Man beseitigte zwar die „Anrüchigkeit" der unehelichen Geburt und legte fest, dass eine solche Geburt „einem Kinde an seiner bürgerlichen Achtung und an seinem Fortkommen keinen Abbruch tun"[25] könne, gleichzeitig wurde aber bestimmt, dass „die unehelichen Kinder nicht gleiche Rechte mit den ehelichen genießen"[26].

22 Ingrid Matschinegg/Verena Pawlowsky/Rosa Zechner: Mütter im Dienst – Kinder in Kost. Das Wiener Findelhaus, eine Fürsorgeeinrichtung für ledige Frauen und deren Mütter. In: L'Homme, 5. Jg. (1994), Heft 2, S. 1–80, S. 61.
23 Josef v. Sonnenfels: Grundsätze der Polizey-, Handlungs- und Finanzwissenschaft I, Wien 1770³, S. 214 f.
24 Heinrich Mitteis/Heinz Lieberich: Deutsches Privatrecht, München 1978⁸, S. 71.
25 Kommentar zum ABGB, hrsg. von Heinrich Klang/Franz Gschnitzer, Bd. I/2, Wien 1962², S. 136; in der Folge zitiert als: Kommentar zum ABGB 1962.
26 Ebd., S. 104.

3.1. Gesetzliche Vertretung

Für die gesetzliche Vertretung eines unehelichen Kindes waren nicht die Eltern, sondern ein ehrenamtlicher Vormund zuständig. Nur unter bestimmten Voraussetzungen konnte ein Elternteil zum Vormund bestellt werden.[27] Diese Einzelvormundschaft sollte im Säuglingsalter die Auswahl der Pflegestelle für das Kind sowie die gerichtliche Heranziehung des Vaters zur Zahlung der Alimente sichern und die „Verhinderung des gesundheitlich und moralisch gefährlichen Pflegewechsels, ... der stets drohenden Verwahrlosung, der Vernachlässigung der Berufsausbildung"[28] gewährleisten.

Dass diese Institution Unzulänglichkeiten aufweisen musste, liegt auf der Hand. Wiederholte Kritik betraf vor allem die in vielen Fällen mangelnde Sorge des Vormunds um die Erziehung des Mündels und das häufige Versagen dieser Einrichtung bei der Sicherung der Alimentationsleistung, denn sehr vielen Vätern gelang es, sich der Alimentationspflicht zu entziehen. Den bestellten Vormündern mangelte es in den meisten Fällen an der nötigen Sachkenntnis, und traditionsgemäß zeigten sich die Behörden den Vätern illegitimer Kinder gegenüber äußerst nachsichtig, wodurch die wirtschaftlich meist schwächer gestellten Mütter mit dem größeren Anteil am Unterhalt des Kindes belastet wurden.[29]

Dass diese Institution auch immer wieder zu Missbrauch führte und uneheliche Kinder vom Vormund nicht nur schlecht betreut, sondern sogar betrogen wurden, illustriert das Beispiel von Anton S.[30], geboren 1886 in Velden. Nach dem Tod seiner Großmutter kam er zu seinem Vormund, einem Gastwirt und Kaufmann, in Pflege und erzählt darüber: *„Mein Vormund hat sich nicht um mich gekümmert, auch das*

---

27 Ebd., S. 174 f.
28 Othmar Spann: Die Berufsvormundschaft – ein neues Gebiet der Sozialwissenschaft. In: Neues Frauenleben, 24. Jg. (1912), Nr. 7–8, S. 188–190.
29 Vgl. Charles A. Gulick: Österreich von Habsburg zu Hitler, Band II/XV, Fürsorge, S. 198–249, S. 208. Berkeley-Los Angeles 1948.
30 Lebensbericht von Anton S., in: Eva Ziss (Hg.): Ziehkinder, Wien-Köln-Weimar 1994, S. 15–26.

Geldbeutelchen mit etlichen Silbertalern, das meine Tante Klara
meinem Vormund Marko im Jahr 1893 übergab – eine Erinnerung
an meine Großmutter – habe ich nicht zurückbekommen. Wenn ich
nicht beim Abschiednehmen vom hochwürdigen Herrn Pfarrer
Fritz und von Frau Schulmeisterin je eine Krone bekommen hätte,
wäre ich ohne Kreuzer Geld in die Lehre gekommen . . ."[31]

Von den Beiträgen dieses Bandes zeigen die Jugenderinnerungen Johanna Kalischs besonders eindrücklich, wie sehr uneheliche oder elternlose Kinder ohne Fürsprache entsprechend einflussreicher Erwachsener der Willkür ihrer Vormünder (in diesem Fall des eigenen Onkels und nach dessen Tod ihres Dienstgebers) ausgeliefert waren.

Den Unzulänglichkeiten der Einzelvormundschaft sollte mit der Einführung der Amts- oder Berufsvormundschaft Einhalt geboten werden, „... die allein die Gesamtheit der Lebensbedingungen der unehelichen Kinder zu erfassen imstande ist und durch welche die Fürsorge um sie auf die notwendige rechtliche Grundlage gestellt wird"[32]. 1910 wurden im Wiener Gemeinderat die Einführung der Berufsvormundschaft und gleichzeitig die Errichtung eines Amtes städtischer Berufsvormünder beschlossen. Dies kam einem Meilenstein in der Fürsorge für uneheliche Kinder gleich, auch wenn die Berufsvormundschaft zunächst auf Wien beschränkt war und anfangs nur einen Teil der ledigen Kinder erfasste.[33]

Im Wesentlichen wurden der Berufsvormundschaft zwei Aufgabenfelder übertragen: die Sorge für die Pflege und Erziehung des Kindes bis zu dessen Großjährigkeit sowie seine rechtliche Vertretung. Vor allem hatte der Berufsvormund sich aber um die Sicherstellung der Alimentationsleistung zu bemühen. In dieser Hinsicht diente die Neue-

---

31 Ebd., S 23.
32 Die städtische Berufsvormundschaft, in: Blätter für das Armenwesen. 11 Jg. (1912) Nr. 130, S. 193–202, S. 197.
33 Die schlimmen Erfahrungen Johanna Kalischs mit ihren Vormündern rühren genau aus dieser Übergangszeit während und nach dem Ersten Weltkrieg, als die Berufsvormundschaft in Wien zwar bereits eingeführt, aber für ältere Kinder und Jugendliche noch nicht praktisch umgesetzt war.

rung auch dazu, die Sozialkosten zu senken und die Gemeinden finanziell zu entlasten.

Nach und nach wurde die Berufsvormundschaft ausgeweitet, österreichweit aber erst im Laufe des Jahres 1922 eingerichtet. Bis zu diesem Zeitpunkt existierten also über mehr als ein Jahrzehnt hinweg unterschiedliche Modelle der Vormundschaft, da der größte Teil des Fürsorgewesens unter die Gesetzgebung der Gemeinden und Länder fiel. Johann Hörnstreit, geboren 1917 in Niederösterreich, unterstand nach eigenen Angaben *„der Vormundschaft der Landesfürsorge"* während Franz Huber, 1922 im Bundesland Salzburg geboren, berichtet, dass für ihn vom Gericht ein *„Kurator"*, nämlich der Bürgermeister, bestellt wurde, der im weiteren Verwandtenkreis mehrmals um ein *„Platzerl"* für ihn bitten musste.

Bis 1991 lag die gesetzliche Vertretung des unehelichen Kindes im Aufgabenbereich des Amtsvormunds (Jugendamt). Die gesetzliche Vertretung eines unehelichen Kindes durch die eigene Mutter wurde erst durch entsprechende Bestimmungen im Kindschaftsrechtsänderungsgesetz von 1989 ermöglicht, das 1991 in Kraft trat.

3.2. Namengebung

Ein wesentlicher Unterschied zu ehelichen Kindern bestand für uneheliche Kinder in der Verwandtschaftszugehörigkeit, denn sie waren „von den Rechten der Familie und der Verwandtschaft ausgeschlossen", daher im Rechtssinn – bis zu einer Teilnovelle des ABGB im Jahr 1914[34] – nicht einmal mit ihrer Mutter verwandt. Das ABGB wies unehelichen Kindern den Familiennamen der Mutter zu. Auch bei einer Eheschließung der Mutter nach der Geburt ging der neue Name der Mutter nur dann auf das Kind über, wenn es sich beim Ehepartner um den Kindesvater handelte und das Kind somit legitimiert wurde.

Heute ist die Namengebung umfassend geregelt: Das Kind trägt grundsätzlich den Namen der Mutter, aber sowohl der Ehemann der Mutter als auch der Kindesvater ha-

---

34 Kommentar zum ABGB 1962, S. 175; Mitteis/Lieberich, a.a.O., S. 71.

ben – das Einverständnis aller Beteiligten vorausgesetzt –
die Möglichkeit, dem Kind ihren Namen zu geben.

3.3. Unterhaltspflicht

Unterhaltspflichtig gegenüber dem unehelichen Kind waren Vater und Mutter (erst seit der ABGB-Novelle 1914
auch die mütterlichen Großeltern).[35] War der Vater nicht
imstande, das Kind zu verpflegen, so fiel die Verpflichtung
der Obsorge nach dem so genannten Maternitätsprinzip an
die Mutter.[36]

Matthäus Schierer, 1862 als erstes uneheliches Kind einer
Taglöhnerin im Waldviertel geboren, schildert die Vor-
gangsweise seiner Mutter, um vom Vater ihres Kindes, einem relativ wohlhabenden Bauernsohn, eine finanzielle Ent-
schädigung und Sicherstellung zu erhalten: *„Meine Mutter
betrat, nachdem sie genesen und ihr Entehrer keine Miene machte,
sich ihrer und seines Kindes anzunehmen, den Weg des Gesetzes,
verklagte den treulosen Liebhaber bei dem k.k. Bezirksgerichte in
Litschau und erlangte dadurch von ihm ... für sich die Kosten ihrer Niederkunft, ein Schmerzensgeld, und für ihr Kind, mich
selbst, ein Vermögen von 300 Gulden Ö. W. mit der Bestimmung,
dass hiermit allen Rechtsansprüchen ihrerseits an den Verurteil-
ten sowie allen Vaterpflichten desselben gegen sein Kind und die
Mutter desselben Genüge getan sei."*[37]

Häufig wird berichtet, dass Väter sich der Unterhalts-
pflicht zu entziehen versuchten oder ihrer Zahlungspflicht
erst nach dem Einschreiten der zuständigen Stellen nachka-
men; so auch der Vater von Theresia Egger, ebenfalls ein
Bauernsohn: *„Er zahlte in meinen ersten Lebensjahren fünf
Schilling im Monat, später sieben Schilling, und das nicht freiwillig. Da musste schon das Jugendamt nachhelfen. Jeder Knecht
zahlte mehr für sein Kind."* Nicht selten ist in diesem Zusammenhang auch von persönlichen Interventionen die Rede,
die institutionelle Entscheidungen auf lokaler Ebene beein-
flussen konnten – aufgrund der im Allgemeinen niedrigen

---

35 Kommentar zum ABGB 1962, S. 185 f.
36 § 166 ABGB.
37 Matthäus Schierer: Mein Leben, Originalmanuskript, Dokumentation lebensgeschichtlicher Aufzeichnungen, S. 11 f.

Stellung in der dörflichen Hierarchie natürlich eher zu Ungunsten des unehelichen Kindes und seiner Mutter.

Für Fragen der Armenfürsorge und gegebenenfalls auch für die Versorgung unehelicher Kinder war das Heimatrecht von Bedeutung. Konnte sich eine Person nicht ausreichend selbst versorgen, so war laut provisorischem Gemeindegesetz von 1849 bzw. Heimatrechtsgesetz von 1863 die jeweilige Heimatgemeinde zuständig. Wo eine Person beheimatet bzw. „zuständig" war, wurde zu einer der zentralen Fragen der inneren Verwaltung.[38] Unehelich geborene Kinder galten somit als Last für die Heimatgemeinden ihrer Mütter.

Johann Hömstreit erzählt eine Episode, die offensichtlich auf dem Zuständigkeitskonflikt zweier Gemeinden beruht und die verdeutlicht, welche Auswirkungen diese Bestimmungen auf das Leben einer verarmten Familie haben konnten. Während die Wohnsitzgemeinde der Mutter aufgrund deren Heirat mit einem zugewanderten Arbeiter die Verantwortung (und somit gleich die ganze Familie) an die Herkunftsgemeinde des Ehepartners abschieben möchte, besteht Letztere auf der Definition der Zuständigkeit über den langjährigen Wohnsitz und schickt die Betroffenen wieder zurück.

Die erste Teilnovelle des ABGB 1914 brachte einige Verbesserungen in der Rechtsstellung unehelicher Kinder (und ihrer Mütter) mit sich: So besaßen die Kinder nunmehr nicht nur gegenüber der Mutter, sondern auch gegenüber mütterlichen Verwandten dieselben gesetzlichen Erbrechte wie eheliche Kinder. Die Verbindung zum Vater blieb weiterhin auf Besuchsrecht und Alimentationsanspruch beschränkt.[39]

---

38 Waltraud Heindl/Edith Saurer (Hg.): Grenze und Staat. Passwesen, Staatsbürgerschaft, Heimatrecht und Fremdengesetzgebung in der österreichischen Monarchie 1750–1867, Wien-Köln-Weimar 2000, S. 198.

39 Christa Hämmerle: „La recherche de la paternité est interdite." Ledige Väter um 1900 im Spannungsverhältnis von Recht und populärer Autobiographik, in: Josef Ehmer, Tamara K. Hareven, Richard Wall (Hg.): Historische Familienforschung. Ergebnisse und Kontroversen. Michael Mitterauer zum 60. Geburtstag, Frankfurt/Main-New York 1997, S. 197–227; S. 205 f.

Erst durch das 1970 erlassene Bundesgesetz über die Neuordnung der Rechtsstellung des unehelichen Kindes wurde festgelegt, dass für ein uneheliches Kind Anspruch auf Unterhalt, Versorgung, Pflege und Erziehung besteht, wobei auch der Vater sowie dessen Eltern unterhaltspflichtig sind. Der diskriminierende Satz des § 155 ABGB: „Die unehelichen Kinder genießen nicht gleiche Rechte mit den ehelichen", wurde gestrichen.[40] Damit konnte in zahlreichen Punkten eine Besserstellung für uneheliche Kinder erreicht werden, aber noch immer keine absolute Gleichstellung mit ehelichen. Ein weiterer Vorstoß in diese Richtung erfolgte durch das Bundesgesetz über die Neuordnung des Kindschaftsrechts 1977.[41]

Seit 1976 hat eine allein erziehende Mutter auch die Möglichkeit, einen Unterhaltsvorschuss aus Mitteln des Familienlastenausgleichs zu beantragen, wenn der Vater des Kindes seiner Alimentationspflicht nicht nachkommt.

Erst durch das Kindschaftsrechtsänderungsgesetz 1989 und das Erbrechtsänderungsgesetz 1989 wurde die rechtliche Stellung des unehelichen Kindes der des ehelichen angeglichen[42], somit gilt für uneheliche Kinder, das heißt „Kinder, deren Mutter noch nie verheiratet war, bzw. Kinder, die mehr als 302 Tage nach Auflösung der Ehe der Mutter geboren werden"[43], Folgendes: „Als Vater des unehelichen Kindes gilt der Mann, der der Mutter zwischen dem 302. und 180. Tag vor der Geburt beigewohnt hat. Die Feststellung der Vaterschaft erfolgt durch Urteil oder Anerkenntnis. Die Rechtsstellung des Kindes ist im Wesentlichen im Uneheliche-Kinder-Gesetz 1970 und im Kindschaftsrechtsänderungsgesetz 1989 geregelt. Das uneheliche Kind erhält den Geschlechtsnamen und die Staatsbürgerschaft der Mutter, weiters obliegen der Mutter allein Pflege und Erziehung."[44]

---

40 Klaus Egger: Die Rechtsstellung des unehelichen Kindes als sozialpolitisches Anliegen, Diss. Wien 1984, S. 8.
41 Ebd., S. 87.
42 Ewald Maurer: Uneheliches Kind und Recht, Wien 1991, S. 5.
43 Ebd. S. 9.
44 Uneheliche Kinder, in: Österreich-Lexikon, http://www.aeiou.at/aeiou.encyclop.u/u408805.htm, Zugriff 18. 10. 2006.

4. Vom Findelhaus zur Jugendwohlfahrtspflege

Die vielfach tristen Lebensbedingungen von armen, vernachlässigten Kindern blieben einer breiteren Öffentlichkeit nicht verborgen. Eine der ersten Institutionen, die geschaffen wurden, um das Phänomen der unehelichen Geburt und seine sozialen Folgen besser in den Griff zu bekommen, war die unter Kaiser Joseph II. 1784 gegründete staatliche Gebär- und Findelanstalt[45] in Wien. Angestrebtes Ziel dieses Hauses war der Schutz lediger Mütter vor sozialer Stigmatisierung, die als Hauptursache von Kindsmord, Kindesaussetzung und Abtreibung gesehen wurde. Das Wiener Findelhaus – eines der größten seiner Art in Europa – sollte zwei Funktionen erfüllen: ledigen Müttern einen geschützten Ort zur Geburt ihrer Kinder zu bieten und die Kinder danach zu versorgen.[46] Dazu gehörte auch die Vermittlung von Neugeborenen an Pflegeeltern, vorzugsweise in ländliche Gebiete.

Die Gebärabteilung war in zwei Klassen gegliedert: In der einen mussten Frauen für eine anonyme Entbindung bezahlen, die andere war kostenlos, jedoch wurden die Mütter zu anschließendem Ammendienst verpflichtet.[47] Die Möglichkeit der Geheimhaltung einer Geburt bot Frauen, die gegen die herrschenden Moralvorstellungen verstoßen hatten, einen gewissen Schutz. In den Statuten des Wiener Findelhauses hieß es dementsprechend: „Die öffentliche Vorsorge bietet durch dieses Haus geschwächten Personen einen allgemeinen Zufluchtsort an, und nimmt, da sie die Mutter vor der Schand und Noth gerettet, zugleich das unschuldige Geschöpf in Schutz, dem diese das Leben geben soll. Die Säug-

---

45 Grundlegend dazu: Pawlowsky: a.a.O.
46 Matschinegg/Pawlowsky/Zechner: a.a.O., S. 62.
47 In der Wiener Findelanstalt galt die im Vergleich relativ großzügige Regelung, dass der Staat als Gegenleistung für einen vier Monate dauernden Ammendienst der unehelichen Mutter die Pflege des Kindes für seine ersten zehn Lebensjahre finanzierte und organisierte. In den Erzählungen von Leopold Brandner und Johanna Kalisch findet sich die Problematik dieser Zehnjahresfrist angedeutet.

linge sollen sogleich auf das Land in Kost gegeben, und sämtlich an der Brust erzogen werden."[48]

Das Prinzip der Anonymität hatte allerdings auch zur Folge, dass das Kind keinen rechtlichen Anspruch gegenüber der Mutter und dem unehelichem Vater geltend machen konnte, diese also von der im Allgemeinen Bürgerlichen Gesetzbuch begründeten Unterhalts- und Erziehungspflicht befreit waren, wie Kritiker der staatlichen Rechts- und Fürsorgepolitik anmerkten.[49]

Leopold Brandner, 1901 im Gebär- und Findelhaus am Wiener Alsergrund zur Welt gekommen, beurteilt diese Institution – aufgrund seiner eigenen, insgesamt sehr glücklichen Kindheit im Schoß einer Pflegefamilie – über alle Maßen positiv: *„Jedes Kind war willkommen für den Staat, und er übernahm ohne weiteres Nachfragen die Erziehung und sorgte für dessen Gedeihen . . . Keine Mutter musste ihr Kind abtreiben oder weglegen. Zu dieser Zeit gab es sogar an der Seite des Allgemeinen Krankenhauses . . . eine Maueröffnung mit einem breiten Pult, hinter dem Tag und Nacht eine Nonne wachte. Wenn ein unerwünschtes Kind auf das Pult gelegt wurde, wurde es sofort hineingenommen. Die Mutter wurde nur gefragt, wie das Kind heißt und ob es schon getauft sei. Aus allen Teilen der Monarchie kamen Mädchen und Frauen zur Entbindung in das ‚Findelhaus‘ nach Wien, und ein unerwünschtes Kind war kein Problem."*

Die im Grunde fortschrittlichen Zielsetzungen und einzelne glücklich verlaufene Pflegekindbiographien sollen allerdings nicht darüber hinwegtäuschen, dass die Institution des Findelhauses mit massiven Problemen zu kämpfen hatte, unter anderem mit der hohen Sterblichkeitsrate ihrer Pfleglinge.[50] Zunehmend kritisiert wurden in der zweiten Hälfte des 19. Jahrhunderts auch das Anonymitätsprinzip, die Trennung der Mütter von ihren Kindern, die damit verbundene Missachtung von Kinderrechten sowie verschiedene Missstände in der Außenpflege.

---

48 Nachricht an das Publikum über die Einrichtung des Hauptspitals in Wien. Gründungspapier der Wiener Findelanstalt. Zitiert nach Pawlowsky: a. a. O., S. 28.

49 Vgl. Heinrich Reicher/Arthur Keller: Die Fürsorge für uneheliche Kinder. Zwei Vorträge, Leipzig-Wien 1909, S. 81 ff.

50 Vgl. Pawlowsky: a. a. O., S. 199 ff.

Die mit einem gesamtgesellschaftlichen Wertewandel verbundene Neuorientierung des Fürsorgewesens stellte das Kriterium der Mittellosigkeit gegenüber jenem der Unehelichkeit in den Vordergrund und zielte auf eine Wahrung der elterlichen Verantwortung gegenüber dem Kind und eine Förderung der Mutter-Kind-Beziehung durch gemeinsame Unterbringung.[51] Nach vielen Reformbemühungen wurde die als nicht mehr zeitgemäß empfundene Einrichtung 1910 geschlossen. Einen Teil ihrer Aufgaben übernahm das in Wien-Gersthof neu errichtete „Zentralkinderheim", das zuerst der Verwaltung des Landes Niederösterreich („Niederösterreichisches Landes-Zentralkinderheim"), ab 1922 der Stadt Wien unterstand.[52]

Infolge der unzureichenden sozialpolitischen Leistungen seitens der staatlichen und kommunalen Verwaltung hatte sich die Fürsorge im ausgehenden 19. Jahrhundert immer mehr zu einer Domäne privater und kirchlicher Wohlfahrt entwickelt.[53] Es entstand eine Vielzahl von Vereinen, denen häufig Frauen aus begüterten Gesellschaftskreisen angehörten, die sich schutzbedürftiger Kinder annahmen. Neben einer gesetzlichen Erweiterung und Verankerung des Kinderschutzes verfolgten sie das Ziel, die vorhandenen Probleme mit den Mitteln einer aufkommenden Sozialpädagogik und -psychologie zu bewältigen.

So entstanden aus Privatinitiativen einige wegweisende Modelle. Im Jahr 1915 gründete der Kinderarzt Leopold Moll mit den Geldern des „Jubiläumsfonds für Kinder" die „Reichsanstalt für Mütter- und Säuglingsfürsorge" in Wien (Kinderklinik Glanzing), die ursprünglich auch als Amt für Säuglingsschutz und Jugendfürsorge in der gesamten österreichischen Reichshälfte der Monarchie fungieren sollte. Vorrangige Ziele waren die Senkung der Säuglingssterblich-

---

51 Vgl. ebd., S. 252 ff.
52 Auf Letzteres bezieht sich offenkundig Johanna Kalischs Bericht über ihre siebenmonatige Ammentätigkeit in der Zeit nach der Geburt ihres ersten Kindes im Jahr 1927.
53 Peter Feldbauer: Kinderelend in Wien. Von der Armenpflege zur Jugendfürsorge (17.–19. Jahrhundert), Wien 1980, S. 141.

keit und die Fürsorge für Kinder im Säuglingsalter.[54] Ebenfalls auf privater Ebene hatte Ilse Arlt 1912 die erste Fürsorgeschule Europas, die „Vereinigten Fachkurse für Volkspflege" gegründet, aus denen einige der ersten Fürsorgerinnen hervorgingen.[55]

Neben der allgemeinen Einführung der Berufsvormundschaft 1922 (vgl. Abschnitt 3.1.) sollte die „Ziehkinderordnung" von 1919 wesentliche Verbesserungen in der Versorgung der „Kost-, Halte- und Pflegekinder" bewirken. Bevor sie am 1. Jänner 1920 in Kraft trat, gab es keine nennenswerte öffentlich-rechtliche Fürsorge für Zieh- und Pflegekinder. Ledige Mütter, die selbst für ihren Lebensunterhalt sorgen mussten, hatten kaum eine andere Wahl, als ihr Kind auf dem nächstbesten Pflegeplatz unterzubringen, und auch das pauschale Entgelt, welches die Findelhäuser den vorwiegend aus ländlichen Gegenden kommenden Pflegemüttern bereitstellten, reichte keineswegs, um eine optimale Versorgung der anvertrauten Pfleglinge zu gewährleisten.

Die Ziehkinderordnung verlangte unter anderem eine behördliche Bewilligung zur Ziehkinderpflege, guten Leumund der Zieheltern und Gewähr für gute Ernährung und Behandlung. Die Unterkunft musste höheren Anforderungen genügen als zuvor, für jedes Ziehkind musste eine eigene Schlafstelle zur Verfügung stehen. Abgesehen von Großeltern, die ihr eigenes Enkelkind in Pflege nahmen, waren Privatpersonen fortan nicht berechtigt, ein Kind anderer Leute ohne ausdrückliche Genehmigung des Jugendamtes aufzuziehen.[56]

Die Einhaltung der Bestimmungen sollte von ausgebildeten Fürsorgerinnen, Pflegerinnen oder ehrenamtlich tätigen Frauen überwacht werden, die wiederum unter der Aufsicht

54 Vgl. auch Leopold Moll: Die Reichsanstalt für Mütter- und Säuglingsfürsorge in Wien, Wien 1919.
55 Dazu M. Simon: Von Akademie zu Akademie. Zur historischen Entwicklung der Sozialarbeiterausbildung am Beispiel der Schule der Stadt Wien, in: Heinz Wilfing (Hg.): Konturen der Sozialarbeit. Ein Beitrag zur Identität und Professionalisierung der Sozialarbeit, Wien 1995, S. 16.
56 Vgl. Viktor Suchanek: Jugendfürsorge in Österreich, Wien 1924, S. 117 ff.

eines Arztes standen. Trotz der Wahrung der Fürsorgeauf-
sicht über Mündel, Ziehkinder und andere Dauerschützlin-
ge durch das Jugendamt machen viele Lebensberichte deutlich, dass die Praxis vielfach doch anders aussah:

Genoveva Horn, geboren 1934 in der Obersteiermark, berichtet folgendermaßen über die Besuche der Fürsorgerin:
*„Weil ich ein lediges Kind war, kam öfters eine Fürsorgerin. Die
war sehr besorgt, weil ich so klein und blass war, und ließ immer
ein paar Schachteln Traubenzucker und Lebertran da. Den Traubenzucker, den kriegten die Buben, bloß den Lebertran musste ich
nehmen. Einmal, als die Fürsorgerin bemerkte, dass ich so klein
und mager sei, da sagte die Stiefmutter: ,Ja, sie ist halt sehr heikel!'
Aber ich bekam immer zu wenig zum Essen, obwohl es uns gar
nicht so schlecht ging."*

Aus Sicht der Betroffenen gab es zuweilen auch unver-
ständliche Interventionen des „Amtes", die kindliches Leid
zur Folge hatten, wie etwa von Maria Mair berichtet wird:
*„Ich verstand als fünfjähriges Mädchen die Welt nicht mehr: Wa-
rum wurde ich von der Fürsorge meinen Großeltern entrissen und
kam auf einen Pflegeplatz, wo nie die Sonne schien? ... Ich weinte
am Anfang viel über den Verlust meiner heiß geliebten Großeltern".* Nach mehrfachem Wechsel des Pflegeplatzes war
das Mädchen derart eingeschüchtert, dass sie lieber schlimmste Schikanen bis hin zu sexuellem Missbrauch still über sich
ergehen ließ, um bloß von der Fürsorge nicht neuerlich aus
einer halbwegs vertrauten Umgebung weggebracht zu werden.

Nach dem Ersten Weltkrieg wurde im „Roten Wien" unter dem Stadtrat Julius Tandler im Sinne einer präventiven
Fürsorgekonzeption eine umfassende Jugendwohlfahrts-
pflege entwickelt. Er begründete das „Wiener System"[57],
das über Österreich hinaus zum Vorbild für ähnliche Einrichtungen wurde. 1921 wurde das „zentrale Wohlfahrts-
amt" geschaffen. Jugendfürsorge, Armenwesen und Ge-
sundheitswesen wurden unter dem Gesichtspunkt einer öffentlichen Sozialfürsorge konzeptuell aufeinander bezogen
und neu organisiert. Gleichzeitig wurde die noch in der

---

57 Gerhard Melinz/Gerhard Ungar: Wohlfahrt und Krise. Wiener
   Kommunalpolitik zwischen 1929 und 1938, Wien 1996, S. 30 ff.

Monarchie begründete „Städtische Akademie für Soziale Verwaltung" dem Jugendamt unterstellt, sodass die Ausbildung von Fürsorgeberufen und die Fürsorge in einer Hand waren und somit auch besser zusammenwirken konnten. Tandlers sozialpolitischer Grundsatz „Pflicht zur Fürsorge – Recht auf Fürsorge" umfasste den ganzen Menschen, der sich in Not befand, und sein berühmter Leitsatz „Wer Kindern Paläste baut, reißt Kerkermauern nieder" verdeutlichte die besondere Betonung der Jugendfürsorge, die der Entstehung sozialen Elends und körperlicher wie geistiger „Minderwertigkeit" vorbeugend entgegenwirken sollte.

Es würde zu weit führen, hier näher auf die Breiten- oder Langzeitwirkung dieses Fürsorgemodells einzugehen. Offenkundig ist, dass die Verknappung finanzieller Mittel aufgrund der Weltwirtschaftskrise und die politischen Umbrüche der 1930er Jahre die Realisierung vieler Vorhaben be- und verhindert haben.[58] In den Jahren des Ständestaats blieb die Struktur des Wiener Fürsorgewesens – abgesehen von manchen inhaltlichen Akzentverschiebungen, etwa was den Stellenwert der Familie oder privater Wohlfahrtseinrichtungen anlangt – noch weitgehend aufrecht. Erst unter dem nationalsozialistischen Regime, insbesondere durch die 1940 in Kraft getretene „Verordnung über Jugendwohlfahrt in der Ostmark" kam es zu einer grundlegenden strukturellen und ideologischen Neuordnung. Die Aufgaben der Jugendämter wurden neu definiert und eine enge Zusammenarbeit mit nationalsozialistischen Partei- und Jugendorganisationen auferlegt. An die Stelle eines Anrechts aller Hilfsbedürftigen auf Unterstützung durch die Gesellschaft mit dem Ziel der „Weckung und Stärkung der Verantwortlichkeit"[59] jedes Betroffenen trat die Erziehung „zu einem verantwortungsbewussten Glied der deutschen Volksgemeinschaft" mit allen hinlänglich bekannten biologistischen und rassistischen Implikationen.[60]

---

58 Ebd. S. 129 ff.
59 Jugendamt der Stadt Wien (Hg.): 70 Jahre Wiener Jugendamt, Wien 1987, S. 14.
60 Ebd. S. 33

In den Jahren nach dem Zweiten Weltkrieg war das österreichische Fürsorgewesen vor allem mit der Bewältigung der vordringlichsten materiellen Versorgungsprobleme beschäftigt, und so vergingen noch viele weitere Jahre, bis auch emotionale oder psychische Probleme in Verbindung mit der Unterbringung und Behandlung fürsorgebedürftiger Kinder, wie sie in den Kindheitserzählungen dieses Bandes vielfach deutlich werden, Eingang in die Theorie und Praxis der Kinder- und Jugendsozialarbeit und in Form entsprechender Vorkehrungen auch in die Gesetzgebung fanden.[61]

„Wieder musste ich mit der Fremde
Vorlieb nehmen" (Maria Mair)

5. Lebenswelten unehelich geborener Kinder

Trotz der weiten Verbreitung der Illegitimität in bestimmten Regionen und sozialen Milieus waren unehelich Geborene und deren Mütter oft familiären und gesellschaftlichen Diskriminierungen ausgesetzt. Für die Mütter bedeutete die Geburt eines nicht-ehelichen Kindes meist eine massive soziale und wirtschaftliche Verschlechterung ihrer Existenz. Die Schwierigkeiten reichten von mehr oder weniger heftigen Verurteilungen durch Verwandte und selbst ernannte Moralapostel in der Nachbarschaft über die Suche nach einem passenden Pflegeplatz und die dafür nötigen Zahlungen bis hin zu einem völligen Bruch mit der eigenen Herkunftsfamilie. Auch mit dem Verlust der Beschäftigung (bei Dienstboten damit verbunden auch der Unterkunft) musste man rechnen, wie etwa Luise Zipperles Mutter, die eine Woche vor Weihnachten, kurz vor der Entbindung, entlassen wurde.

Auch die unehelich geborenen Kinder bewerten den Umstand der Illegitimität zumeist als großes Erschwernis für ihren Start ins Leben. Der „Makel" der unehelichen Geburt und daraus resultierende objektive Nachteile bilden oft eine

---

61 Vgl. die zentralen Bestimmungen des Jugendwohlfahrtsgesetzes 1989 bzw. seiner Novelle von 1998: http://ris1.bka.gv.at/bgbl-pdf/index.aspx.

Leitlinie ihrer Lebenserzählungen, um die sich eine lange Reihe von subjektiv empfundenen Kränkungen und Unrechtserfahrungen ranken kann. Zitate wie *„Mein Leben war von Anfang an sehr trostlos . . ."* (Johanna Kalisch), *„Ich war ein Malheur der Mutter"* (Ernestine Wollner), *„Meinem späteren Leben nach zu schließen stand meine Geburt unter keinem guten Stern . . ."* (Genoveva Horn) verdeutlichen diese pessimistische Grundstimmung, die vor allem viele weibliche Lebensgeschichten durchzieht.

5.1. Familien- und Beziehungskonstellationen

In den hier vorgestellten Lebensgeschichten lassen sich sowohl Beispiele für relativ konstante „familiäre" Konstellationen wie auch für unstete, oft wechselnde Beziehungsverhältnisse ausmachen, in denen uneheliche Kinder aufwuchsen. Drei Erzähler/-innen konnten ihre ersten 14 Lebensjahre durchgängig mit denselben Bezugspersonen verbringen (Leopold Brandner mit fremden Zieheltern, Theresia Egger mit ihren Taufpaten, Luise Zipperle mit ihrer Mutter), drei erlebten einen raschen Wechsel von vier oder mehr verschiedenen „Kindheitsstationen" (Alois Schönthaler, Franz Huber, Maria Mair). Alle anderen mussten sich zumindest einmal auf einen Wechsel der Erziehungsverantwortlichen einstellen, der oft auch mit einer räumlichen Veränderung und dem Verlust aller übrigen Sozialbeziehungen verbunden war.

„Alle meine Verwandten habe ich recht gut leiden mögen . . ."
(Leopold Brandner)

Mit Blick auf die Grundgesamtheit von rund 150 schriftlichen Lebensberichten unehelich Geborener, die zur Auswahl standen, lässt sich feststellen, dass in unserem Untersuchungszeitraum die meisten ledig geborenen Kinder bei Zieheltern untergebracht wurden; annähernd ebenso oft nahmen Großeltern(teile) den Platz der leiblichen Eltern ein – eine Lebensform, die von den Kindern überwiegend als befriedigend erlebt bzw. als harmonisch beschrieben wurde. Unehelich Geborene aus ländlichen Regionen wurden häufiger bei Pflege- und Ziehfamilien untergebracht, während im (groß)städtischen Milieu die Kinder eher im erweiterten Familienverband, in Stieffamilien oder in Heimen aufwuchsen. Außerdem kamen uneheliche Kinder hier früher in die Obhut der Fürsorge, während im ländlichen Raum viel länger die Praxis fortbestand, dass die Kindesmutter selbst einen „Kostplatz" suchen und auch finanziell dafür aufkommen musste.

Wenn Großeltern, Tanten oder andere, häufig kinderlose Verwandte die Erziehungsaufgaben übernahmen und sich dabei eventuell noch wechselseitig ergänzen konnten, so brachte dies aus Kindersicht – ungeachtet der objektiven Belastungen durch Armut und Mangel – oft ein Gefühl der Geborgenheit mit sich: *„Ein inneres Gefühl sagte mir, bei dieser Frau werde ich immer Schutz finden"* (Alois Schönthaler); *„Gott sei Dank erbarmte sich meine Großmutter und nahm sich meiner an. ... In einem kleinen Leiterwagerl nahm sie mich mit auf die Felder und wo immer sie zu tun hatte"* (Maria Mair).

Vielfach scheint das Verhältnis zu anderen nahen Verwandten enger und emotional stärker ausgeprägt als jenes zur leiblichen Mutter, selbst wenn diese ebenfalls im Familienverband lebt, wie etwa im Fall von Ernestine Wollner. Aussagen, wie: *„. . . hingegen war Großväterchen nicht so strenge. Er besaß darum meine volle Anhänglichkeit"* (Matthäus Schierer) oder *„Hatte ich bei meinen Großeltern eine Erziehung mit Nachsicht und Geduld, so bekam ich jetzt mehr Strenge und Strafen bei Unfolgsamkeit"* (Johann Hömstreit), untermauern diesen Eindruck.

In einem ländlich-bäuerlichen Familienverband war die Position als Ziehkind in der Regel eine Vorstufe zum Gesindedienst.[62] Ledige Kinder und Ziehkinder wurden als künftige Arbeitskräfte gesehen und so früh wie möglich in verschiedene Arbeitsprozesse integriert. Eine Entlohnung dieser Kinder war auf den meisten Höfen nicht üblich, und auch nach Abschluss der Pflichtschule blieb den Heranwachsenden eine solche oft verwehrt. Im Gegenteil, in meh-

---

62 Vgl. Mitterauer: Ledige Mütter, a. a. O., S. 49.

reren Textbeiträgen dieses Bandes wird nach Erlangung des Status einer vollwertigen Arbeitskraft im Jugendalter die angebliche moralische Verpflichtung zum „Abdienen" der Kost bzw. der in Kindesjahren erfahrenen Obsorge angesprochen (z. B. Franz Huber, Maria Mair, Genoveva Horn).

Neben dem frühen Eintritt in die Arbeitswelt wurde von Ziehkindern die bedingungslose Einordnung in die hausrechtliche Abhängigkeit verlangt, eine Anpassung, die bei vielen Kindern seelische Probleme hervorrief: Sie fühlten sich weder der engeren Familie noch dem Gesinde zugehörig. Oft wird nur ein – zumeist ebenfalls untergeordnetes – Mitglied der Hausgemeinschaft oder eine Person aus der näheren Umgebung zur Vertrauensperson erkoren und deren Fürsorglichkeit in Dankbarkeit erinnert.

Aus der Position weitgehender Abhängigkeit und Rechtlosigkeit auf einem fremden Hof resultierten für uneheliche Ziehkinder offenbar so manche Konflikte zwischen den (oft unausgesprochenen) Erwartungen der Erwachsenen und dem eigenen Gerechtigkeitsempfinden. Diese finden in den lebensgeschichtlichen Rückblicken ihren Niederschlag, wenn die Verfasser/-innen entweder besonders eingehend die erbrachten persönlichen Leistungen gegen allzu hohe Anforderungen und Willkürakte der Dienst- bzw. Brotgeber aufrechnen oder aber auch wiederholt eigene Akte der Unterwanderung bestehender Normen und Machtverhältnisse erwähnen, die sie sich quasi im Gegenzug „geleistet" hätten, wie etwa kleine Diebstähle, Streiche usw. (Franz Gsöllpointner, Franz Huber).

Als Kind zu einer Pflegefamilie zu kommen, hieß aber nicht prinzipiell, auf die „Schattenseite des Lebens" verbannt zu werden. Leopold Brandner beispielsweise beschreibt seine Ziehmutter als äußerst liebevoll. Für ihn „stürzte die Welt ein", als er erfahren musste, dass er nicht ihr leiblicher Sohn war und laut Abmachung mit zehn Jahren wieder zu seiner ihm unbekannten Mutter müsste. Als er dann seine Mutter mit vierzehn Jahren zum ersten Mal sah, begegnete sie ihrem Sohn ziemlich distanziert: „Dass du es gleich weißt: Zum Vater musst du ,Sie' sagen und zu mir auch." Dementsprechend kühl blieb das weitere Verhältnis von beiden Seiten.

„Vater war keiner da ..." (Franz Gsöllpointner)

Bei der Mutter oder – seltener – beim Vater aufwachsen zu können stellt sich in den Erinnerungen unehelicher Kinder bei weitem nicht als jenes „Privileg" bzw. als Garant für eine glücklichere Kindheit dar, wie es aus heutiger Sicht oder im Lichte mancher ideologischen Verklärungen erscheinen mag. Gänzlich abwesende Väter bereiten den Kindern im Allgemeinen jedenfalls weniger Probleme als solche, die sich im engeren oder weiteren Umfeld des Kindes bewegen, aber ihren Vaterpflichten nicht gerecht werden; und konfliktfreie Beziehungen zwischen unehelich geborenen Kindern und ihren Müttern sind eher die Ausnahme als die Regel.

Rund die Hälfte der Erzähler/-innen dieses Bandes hat den leiblichen Vater niemals bewusst kennen gelernt und wuchs mit einem dementsprechend vagen Vaterbegriff auf. Ernestine Wollner beispielsweise wurde beim Schuleintritt erstmals *„mit dem Wort ‚Vater' konfrontiert"* – auf die entsprechende Frage der Lehrerin antwortete sie gemäß dem Wunsch ihrer Mutter: *„Der ist gestorben."* Das gänzliche Fehlen des Vaters scheint für manche Betroffenen kein größeres Problem gewesen zu sein. Leopold Brandner äußert sich lakonisch-distanziert über seinen möglichen Erzeuger: *„Ich bin also ein waschechter ‚Bastard' und habe kein Dilemma, welcher mein Papa und welcher mein Opa ist."* Relativ gleichmütig, obzwar auf die Enge der gesellschaftlichen Verhältnisse verweisend, klingt auch die Schilderung Franz Gsöllpointners, dessen Mutter als Küchenmädchen in ein Offizierskasino nach Wien gekommen war: *„Wie das oft so ist, eines Tages kam ich, Franz, im Wiener Findelhaus zur Welt. Vater war keiner da, denn: ein Offizier und ein Küchenmädchen – das konnte und durfte es nicht geben."*

Aber auch jene ledigen Väter, die als Akteure in den Kindheitsgeschichten präsent sind, spielen, zumindest als Bezugsperson oder als Partner der Mütter, keine bedeutende und vor allem keine positive Rolle. Häufig wird der leibliche Vater – dem traditionellen Geschlechtsrollenverständnis entsprechend – gerade in Zusammenhang mit ökonomischen Fragen erinnert, etwa wenn von der Versorgung mit bestimmten lebensnotwendigen Gütern, von der Ausbeutung kindlicher Arbeitskraft, von versäumten Alimentationspflichten, von kleinen Geschenken oder Erbversprechen u. Ä. die Rede ist.[63] Eine dauerhafte Beziehung oder emotionale Nähe zum Vater kam nur in Ausnahmefällen vor; allerdings wird eine solche auch von ehelichen Kindern aus diesem Milieu und dieser Generation eher selten thematisiert.

„Mama war wenig zu Hause . . ." (Ernestine Wollner)

Mütter werden hinsichtlich der Vernachlässigung elterlicher Obsorge allgemein noch viel kritischer betrachtet – unabhängig davon, ob sie mit ihren ledigen Kindern leben, mit ihnen Kontakt halten oder – nur in seltenen Fällen – dauerhaft abwesend sind.

Zumeist wird von den Schreiber-/-innen zwar reflektiert und eingesehen, dass ihre Mütter aufgrund von materieller Not oder sozialem Druck gezwungen waren, ihr Kind gleich nach der Geburt wegzugeben: *„Meine Mutter durfte mich wohl bei sich zu Hause zur Welt bringen, aber behalten durfte sie mich nicht, denn ihre Mutter war sehr streng und hart"*, schreibt etwa Genoveva Horn. Es treten jedoch aus Kindersicht, gerade in Bezug auf die Person der Mutter, auch leicht Zweifel und Mutmaßungen über mögliche egoistische Motive auf, denn: *„. . . die eigene Mutter hat sich um mich nie gekümmert. Sie hatte die seltene Begabung, ihre ledigen Kinder den Vätern ‚zuzustellen'"* (Genoveva Horn). Ähnlich beschreibt Theresia Egger die Lage ihrer Mutter, deren Stiefmutter – auf einem größeren Bauernhof mit daraus ableitbaren Dienstbotenbedarf – zwar die materiellen Voraussetzungen gehabt hätte, ein Kind aufzunehmen, dies aber ablehnte: *„Der Bittgang zu ihrer Stiefmutter, um Aufnahme zur Entbindung und einen Platz fürs Kind, war umsonst"* (Theresia Egger).

Allein schon die oft gegebene räumliche Distanz zwischen Kind und Mutter ist natürlich dazu angetan, einer persönlichen Entfremdung Vorschub zu leisten. *„In meinen Augen war sie dann eine schöne, fremde Dame, die zu dem schim-*

---

63 Zum Bild von ledigen Vätern in lebensgeschichtlichen Aufzeichnungen vgl. Hämmerle: a. a. O., S. 218 ff.

mernden Christbaum passte. Als Geschenk brachte sie mir einen Regenschirm, der mich ein wenig befremdete. Am nächsten Tag war sie wieder weg", schreibt etwa die 1923 geborene Hedy Heim über die erste bewusste Begegnung mit ihrer Mutter im Alter von zirka drei Jahren.[64] Von den Verfasser/-innen der Buchbeiträge lebten nur Matthäus Schierer, Johann Hömstreit, Luise Zipperle und Ernestine Wollner über einen längeren Zeitraum ihrer Kindheit mit ihren leiblichen Müttern zusammen, und selbst in diesen Fällen werden höchst ambivalente Mutterbilder gezeichnet. Besonders harmonische Eindrücke haben sich hingegen gerade jene Autorinnen bewahrt, deren Mütter frühzeitig verstorben sind (Alberta Sivola, Johanna Kalisch, Maria Mair). Im konkreten Miteinander von Mutter und Kind kommt persönliche Zuneigung in den Erzählungen vor allem dann zum Ausdruck, wenn trotz aller widrigen Umstände kleine Zuwendungen oder kurze Momente der Gemeinsamkeit mit der Mutter erinnert werden.

Ganz allgemein sprechen aber sowohl die objektiven existentiellen Rahmenbedingungen als auch verschiedene subjektive Voraussetzungen gegen eine befriedigende Beziehung der unehelichen Mutter zu ihrem Kind. Vor allem lässt sich die Mutter-Kind-Beziehung nicht abgetrennt von allen anderen Problemen betrachten, die eine uneheliche Geburt für eine junge Frau, z. B. in ihrem Beruf, im Verhältnis zu ihrem Elternhaus und natürlich zum Vater des Kindes, mit sich bringt. Sozialpsychologische Untersuchungen aus den 1920er und 1930er Jahren haben sich mit der Problematik beschäftigt und weisen schon darauf hin, dass das uneheliche Kind für die Mutter nicht nur als Belastung empfunden, sondern sehr leicht auch zum bevorzugten Projektionsziel für erfahrene Kränkungen und enttäuschte Hoffnungen aller Art werden kann.[65]

---

64 Hedy Heim: Ein Kind der Liebe? Unveröffentlichtes Manuskript, Dokumentation lebensgeschichtlicher Aufzeichnungen, S. 1.
65 Hildegard Kipp: Die Unehelichkeit. Ihre psychologische Situation und Problematik. Untersuchungen aus Groß-Berlin. Leipzig 1933; S. 48 ff.; Weinzierl: a. a. O.; S. 49 ff.; Hildegard Hetzer: Kindheit in Armut, Leipzig 1929; S. 79.

Zugleich bleibt vieles im Verhältnis der beteiligten Personen ambivalent, unausgesprochen oder wird auch bewusst verschwiegen. Das Phänomen der Unehelichkeit ist demnach von einer charakteristischen „Heimlichkeitssphäre"[66] umgeben, welche die betroffenen Kinder zwar empfinden und in sich aufnehmen, aber erst nach und nach zu durchdringen vermögen. Die diffus wahrgenommenen Unstimmigkeiten rund um die eigene Herkunft werden anfangs intuitiv nur als spezifisches Anderssein gegenüber anderen Kindern wahrgenommen; dessen Ursachen und Einzelheiten werden erst schrittweise – und zumeist wiederum nur durch heimliche Beobachtungen oder (oft diffamierende oder zweideutige) Bemerkungen Dritter – fassbar und benennbar. Eine solche typische Erfahrung beschreibt etwa Matthäus Schierer, wenn er sich daran erinnert, dass die erwachsenen Männer des Dorfes ihn öfter damit ärgerten, „. . . *dass sie mich ‚Einbrennhansel' nannten, ein auf mich in keiner anderen Weise passender Spitznamen, als dass er sich auf meinen Erzeuger beziehen konnte"*.

Nicht nur die Person des Vaters blieb für die Kinder oft im Unklaren. In städtischen Umgebungen und in etwas besser situierten Kreisen scheint es durchaus öfter der Fall gewesen zu sein, dass Frauen ihre Mutterschaft verleugneten und dass – zumindest zeitweilig – angebliche oder auch tatsächliche Tanten partiell die Mutterrolle für uneheliche Kinder übernahmen. Es liegt nahe, dass bestimmte Ängste (vor moralischen Sanktionen, beruflichen Nachteilen und öffentlicher Diffamierung) für ein solches Verhalten der ledigen Mütter ausschlaggebend waren bzw. in Zusammenhang damit wohl auch das damals durchaus relevante Motiv, eine Minderung von Heiratschancen möglichst zu vermeiden.

Unter den hier vorgestellten Lebensgeschichten tritt das angesprochene Phänomen sowie sein vielfältiges Spannungspotential in der Erzählung von Ernestine Wollner am deutlichsten in Erscheinung: Nachdem sie bereits als Säugling aus dem Lebensumfeld der Mutter verbannt und vor einem Teil der Verwandtschaft verheimlicht worden war, wurde sie auch später als Jugendliche tunlichst aus allen Be

---

66 Kipp, a.a.O., S. 9ff.

ziehungszusammenhängen ihrer Mutter ausgeschlossen. Während das Kind Zuwendung und emotionale wie körperliche Nähe nur bei ihrer älteren Tante Jenny fand, zieht sich die distanzierte, kühle, übertrieben strenge Art der Mutter nicht nur leitmotivisch durch die Kindheitserzählung, sondern begleitete die Autorin auch durch das weitere gemeinsame Leben: *„Ein halbes Leben lang habe ich um die Liebe dieser Frau gekämpft, die meine Mutter war. Vergeblich. Manchmal hasste ich sie dafür – aber das hielt nie lange an, denn ich habe es immer wieder versucht."*

„Die Stiefmutter war zeitlebens auf
meine Mutter eifersüchtig . . ." (Genoveva Horn)

Wie aus der weiteren Erzählung Ernestine Wollners unschwer ersichtlich, werden die Probleme auf der Beziehungsebene keineswegs geringer, wenn die ledige Mutter über kurz oder lang wirklich einen Lebenspartner findet und voreheliche Kinder in diese Familie aufgenommen werden. Auch wenn Stieffamilien aus einer primär ökonomistisch begründeten Sicht von Sozialwissenschaftern zu Beginn des 20. Jahrhunderts zum Teil auch als geradezu ideale Lösung der Problematik unehelicher Kinder angesehen wurden[67], wird von sozialpsychologischer Seite eher noch eine Komplizierung der Verhältnisse in Stieffamilien diagnostiziert.[68]

Das in der unehelichen Mutter-Kind-Beziehung bereits enthaltene Konfliktpotential wird durch das Hinzutreten einer oder weiterer Bezugspersonen nicht verringert, sondern das uneheliche Kind kann nur umso leichter in die Position des Sündenbocks geraten, indem es von Mutter wie Stiefvater unterschwellig doch als Hindernis für das angestrebte (möglicherweise aber nie erlangte) Eheglück betrachtet wird. Fälle von Kindesmisshandlung wie auch von sexuel-

---

67 Vgl. Otmar Spann: Die Stiefvaterfamilie unehelichen Ursprungs, Berlin 1904; Otmar Spann: Die Lage und das Schicksal der unehelichen Kinder, Leipzig-Dresden 1909; S. 37.
68 Kipp: a.a.O., S. 90ff.; Charlotte Hoenig: Die Stiefelternfamilie, in: Zeitschrift für Kinderforschung, 35. Bd., Berlin 1929; S. 187–331.

lem Missbrauch wurden schon in zeitgenössischen Studien in Stieffamilien vermehrt festgestellt, und auch die Beziehung zu Stiefgeschwistern gestaltet sich nicht selten als Konkurrenzverhältnis, sodass das uneheliche Kind sich auch in einem äußerlich intakten Familienverband letztlich oft auf sich allein gestellt sieht.

Obwohl uneheliche Kinder insgesamt[69] ungleich häufiger durch eine Eheschließung ihrer Mütter einen Stiefvater bekamen, als dass sie vom leiblichen Vater nach einer späteren Heirat in die neu gegründete Familie aufgenommen wurden, ist in den hier vorgestellten Kindheitsgeschichten das Verhältnis zwischen Stiefväterfamilien (Matthäus Schierer, Johann Hömstreit, Franz Huber, Ernestine Wollner) und Stiefmütterfamilien (Alois Schönthaler, Maria Mair, Genoveva Horn) zahlenmäßig fast ausgeglichen.

Ohne näher auf die Besonderheiten einzelner Familiengeschichten eingehen zu können, fällt auf, dass viele Stieffamilien als konfliktgeladen beschrieben werden. Als mögliche Begründungen für die von den Kindern erlebten Spannungen finden sich in den autobiographischen Texten dieses Buches wiederholt Hinweise darauf, dass vor allem auf der Seite des leiblichen Elternteils bei der Gründung von Stieffamilien ökonomische Motive eine entscheidende Rolle gespielt hätten. Dabei ist nicht nur an den klassischen Fall der „Versorgungsheirat" gedacht (wie ihn Matthäus Schierer andeutet), der verschiedene Defizite und Konfliktpotentiale auf der Ebene des persönlichen Miteinander in sich bergen kann. Auch für die Aufnahme eines unehelichen Kindes von Vaterseite – sei es in die Familie von väterlichen Verwandten oder in eine Stiefmutterfamilie – erscheinen meist wirtschaftliche Gründe ausschlaggebend: Der Vater entging so

---

69 In unserem Sample von Lebensgeschichten besteht ein Überhang der Stiefväterfamilien gegenüber den Stiefmütterfamilien im ungefähren Verhältnis von 2 : 1. Im Gegensatz dazu führen mehrere deutsche Studien, die sich vorwiegend auf großstädtische Verhältnisse in der Zeit der Weimarer Republik beziehen, Stiefmütterfamilien als ausgesprochen seltene Ausnahmefälle, die nur zwischen ein und drei Prozent aller unehelichen Kinder betreffen; der Anteil unehelicher Kinder, die mit Stiefvätern aufwachsen, wird dagegen mit ca. 30% angegeben (vgl. Hildegard Kipp: a. a. O., S. 103 ff.).

seinen Unterhaltspflichten (Genoveva Horn), der Haushalt erhielt eine meist notwendige, zusätzliche Arbeitskraft (Maria Mair), oder der uneheliche Sohn kam mangels anderer Alternativen als Nachfolger im väterlichen Betrieb in Frage (Alois Schönthaler).[70]

„Geteiltes Leid ist halbes Leid" (Alois Schönthaler)

Als weitere Konsequenz der zumeist prekären und unsteten Beziehungsverhältnisse, in denen uneheliche Kinder aufwuchsen, soll noch angeführt werden, dass solche Kinder – ungeachtet tatsächlicher biologischer Verwandtschaften – kaum dauerhafte Geschwisterbeziehungen entwickeln konnten.

Johann Hömstreit hat zwei jüngere Halbgeschwister und wächst zeitweise auch gemeinsam mit seiner Schwester auf; seinen Bruder hingegen lernt er – durch Zufall – *„erst 1940 im Krieg kennen. Er ist in Russland gefallen."* Abgesehen von den geradezu unglaublichen Verstrickungen in der Kindheitsbiographie Ernestine Wollners, die erst mit 16 Jahren und nur aufgrund außergewöhnlicher Umstände überhaupt erfährt, dass sie einen jüngeren Bruder hat (der ihrem Idealbild eines Bruders dann allerdings ganz und gar nicht gerecht wird), berichten nur Alois Schönthaler und Franz Gsöllpointner darüber, dass sie jeweils einige Jahre mit einem leiblichen Bruder gemeinsam verbringen konnten und diese Verbundenheit gegenüber ihrer sonstigen sozialen Umwelt auch durchaus positiv erlebten. Matthäus Schierer erwähnt kurz zwei „freundliche" ältere Stiefgeschwister, *„welche auch nicht ermangelten, sich mit mir abzugeben".* Häufiger und markanter dargestellt sind aber jene Situationen, in denen Ungleichbehandlung und Ausgrenzung auch das

---

70 Die deutliche Differenz zwischen den Ergebnissen zeitgenössischer deutscher Studien und der Zusammensetzung unseres Datenmaterials in Bezug auf die Übernahme der Sorgepflichten durch die leiblichen Väter könnte am ehesten auch vor diesem Hintergrund erklärt werden und mit der mehrheitlich ländlichen Herkunft unserer Erzähler/-innen und einem dementsprechend stärker verbreiteten Einsatz von Kindern als Arbeitskräften in der Landwirtschaft ihrer Väter zusammenhängen.

Verhältnis unehelicher Kinder zu Stief- oder Ziehgeschwistern prägte.

Wenn die ohnehin sehr seltenen persönlichen Geschenke vorenthalten (Johanna Kalisch) oder Gaben ungerecht verteilt wurden (Franz Huber), wenn man bei der grundsätzlich schon spärlichen Kost noch kürzer als andere Geschwister gehalten wurde (Genoveva Horn), wenn (eventuell weniger begabte) Kinder eine weiterbildende Schule besuchen durften, die einem selbst verwehrt blieb, dann wurde diesen Kindern eine mehr als deutliche Lehre erteilt, die deren gesamte Lebenseinstellung, ihr Verhältnis zur sozialen Umgebung wie auch zu sich selbst wohl nachhaltig geprägt hat. Erschwerend lässt sich hinzufügen, dass auch gleichaltrige „gute Freunde" bzw. „beste Freundinnen" in den Lebensdarstellungen unehelicher Kinder bezeichnenderweise kaum vorkommen.

5.2. Lokale Öffentlichkeit: Schule und Kirche

„Meine einzige Freude, mein Trost und Vergnügen,
bestand in der Schule . . ." (Matthäus Schierer)

Die Erinnerung an die Schulzeit ist in den meisten Lebenserzählungen unehelicher Kinder überraschend positiv besetzt und allenfalls durch einzelne Lehrergestalten getrübt. Einige konnten allerdings, weil ihre Erziehungsverantwortlichen eine allgemeine Schulbildung gegenüber konkreten Arbeitserfordernissen gering schätzten, nicht einmal die vorgeschriebenen Pflichtschuljahre erfüllen (z. B. Johanna Kalisch). Vielen war aus ökonomischen Gründen eine höhere Schulbildung verwehrt, obwohl sie gerne länger in die Schule gegangen wären und es offenkundig nicht an den intellektuellen Voraussetzungen dafür mangelte (z. B. Matthäus Schierer, Franz Huber, Maria Mair).

„Ich war nicht gerne zu Hause, in der Schule war es am schönsten", formuliert auch die jüngste Autorin, Genoveva Horn, und beschreibt somit, ebenso wie der älteste Text von Matthäus Schierer, die Schule als relativen Freiraum, als Gegenpol zum harten Arbeitsalltag oder zu anhaltenden Querelen im Familienverband.

Einzelne Lehrerinnen und Lehrer tauchen als wichtige Bezugspersonen, gelegentlich sogar als entscheidende Förderer auf: *„Besonders war mein letzter Lehrer, Laurenz Weis, ein Gönner im vollsten Sinne des Wortes; er nahm mich mit in die Kirche, in der er stets die Orgel spielte, wo ich ihm die Blasebälge derselben aufzog, wofür er mir manche Silbermünze und Schulutensilien schenkte"* (Matthäus Schierer).

Andererseits finden sich in manchen Lebensgeschichten auch Erinnerungen an besonders gefürchtete Lehrkräfte. Für Leopold Brandner war die Schulzeit *„eine Zeit, an die ich mich gerne, aber auch mit Schrecken erinnere"*. Bei ihm rührte der Schrecken – und mit dieser Erfahrung ist er nicht allein – vor allem vom Pfarrer bzw. Religionslehrer her.

Abgesehen von der Stadt Wien, wo in den 1920er Jahren eine durchgreifende Reform des Schulwesens ihren Ausgang nahm[71], waren Drohungen und harte Strafen mit dem Rohrstaberl für die meisten österreichischen Schulkinder in der Zwischenkriegszeit und darüber hinaus ein nahezu allgegenwärtiger Bestandteil des Unterrichts. Dennoch wird die Empfindung, stellvertretend *„für die ganze Klasse geprügelt"* zu werden, selten so deutlich artikuliert wie im Text des unehelich geborenen Leopold Brandner: *„In seinen* (des Religionslehrers; Anm. d. Hg.) *Augen war ich ein wahrhaftiges Kind der Sünde, dem man den Satan aus dem Leib prügeln musste"*, eine Einschätzung, die auch von seiner Ziehmutter unterstützt wird. Bei Johann Hömstreit waren es zusätzlich Sehprobleme, die zur sozialen Ausgrenzung und einem frühzeitigen Schulaustritt beitrugen, aber auch er berichtet von Mitschülern, die *„oft von Lehrpersonen wegen ihrer Herkunft bevorzugt wurden"*. Ledige Kinder und ihre Mütter konnten kaum auf ausgeprägtes Verständnis und sozialen Rückhalt zählen, und die materielle Armut tat ein Übriges dazu, ihre ohnmächtige Stellung am Rand der Gesellschaft zu festigen.

Aufgrund der Verpflichtung zur Mitarbeit auf dem Hof wurden viele Kinder zeitweise vom Schulbesuch abgehal-

---

71 Vgl. den Band 7 dieser Buchreihe: Eva Tesar (Hg.): Hände auf die Bank. Erinnerungen an den Schulalltag, 2. Aufl., Wien-Köln-Weimar 1992; S. 25 f.

ten. „Wichtig ist nur der im Leben, der zur Arbeit tüchtig wird"
(Theresia Egger), dürfte insbesondere auf dem Land eine
verbreitete Einstellung gewesen sein. Der Bedarf an Arbeitskräften aufgrund der bäuerlichen Arbeitsorganisation fand
in der Form von Schulbesuchserleichterungen wie der
„Sommerbefreiung" Eingang in die Schulgesetze und in viele Lebenserinnerungen: *„Damals hots no die Summabefreiung
geben. Wonn's a Bauer beantragt hot, worn die Kinder von Mai bis
Oktober vom Schulgehen befreit. Für so a kloans Knechtl – mehr
hätt i sowieso nit wern sollen – is die Arbeit wichtiger wia 's Lernen"* (Franz Huber).

Hinzu kam, dass der Schulbesuch eine materielle Belastung darstellte; das Schulkind musste halbwegs eingekleidet
und die nötigsten Schulutensilien angeschafft werden. Johann Hömstreit wurde mit den so genannten „Armenbü-
chern" von der Schule gratis ausgestattet, blickte aber dennoch neidvoll auf Schüler, die sich neue Bücher leisten konnten. Ähnlich auch die Wahrnehmung von Franz Huber,
der resigniert feststellen musste: *„Nachdem i nur für a armes
Bauernknechtl vorg'segn wor, wär die Bürgerschul' a außi-
g'schmissenes Geld gwöst."*

Die finanzielle Belastung und zum Teil auch familiäres
Desinteresse waren ausschlaggebend, dass vielen Kindern –
vor allem Mädchen – der Besuch einer weiterbildenden
Schule bzw. eine Lehrstelle verwehrt blieben. Burschen ge-
stand man noch eher als Mädchen wenigstens eine hand-
werkliche Ausbildung zu. Aus den gesammelten Lebenserinnerungen geht recht deutlich hervor, dass männliche Jugendliche im entscheidenden Moment doch häufiger entsprechend einflussreiche Fürsprecherinnen oder Förderer
im Verwandten- oder Bekanntenkreis fanden, die letztlich
eine fundierte berufliche Ausbildung ermöglichten.

Mehrmals waren es männliche Verwandte, die den Jugendlichen nach der Pflichtschule eine Lehrstelle boten oder
vermittelten (Leopold Brandner, Franz Gsöllpointner, Franz
Huber), vereinzelt intervenierten auch Lehrer, Pfarrer oder
andere kirchlich-karitative Instanzen, um besonders begab-
ten Schülern etwa den Besuch einer weiterführenden Inter-
natsschule zu ermöglichen (Matthäus Schierer, Franz Gsöllpointner).

Für Mädchen boten sich allenfalls in großstädtischer Umgebung gewisse Möglichkeiten für eine weiterführende Ausbildung. Alberta Sirola, deren Lehrerinnenausbildung ohne Probleme von ihrem Vater, einem Großindustriellen, finanziert wurde, muss hier als Ausnahme gesehen werden. Außer ihr konnte von den Autorinnen dieses Bandes nur Ernestine Wollner, die unter besonderen Umständen von einem Onkel protegiert wurde, nach der Schule umgehend eine eigenständige berufliche Laufbahn einschlagen.

„Betet für unsere Wohltäter ein paar Vaterunser!"
(Franz Gsöllpointner)

Im katholischen Kirchenrecht war die Stellung unehelich geborener Kinder bis zu ihrer Kodifizierung im Codex Iuris Canonici (CIC 1917/18, gültig bis 1983) nicht eindeutig geregelt. Danach galt, dass das illegitime Kind wie jeder andere Christ „das unbestreitbare und unveräußerliche Recht, an den Gnadenmitteln des Neuen Bundes teilzuhaben" sowie „auf seine persönliche Ehre"[72] hat. Dennoch nahmen viele Vertreter der römisch-katholischen Kirche gegenüber ledigen Müttern und deren unehelich geborenen Kindern eine negative Haltung ein, in der die Reserviertheit der Kirche gegenüber dem weiblichen Geschlecht und der vorehelichen Sexualität zum Ausdruck kam. Neben einigen Beispielen sehr rigider Verurteilung lediger Mütter in der Pfarrgemeinde und dem Einsatz besonders harter Erziehungsmethoden gegenüber unehelichen Kindern gibt es auch etliche Hinweise darauf, dass Pfarrer, Religionslehrer oder Klosterschwestern durch individuelle Förderung der materiellen Benachteiligung und sozialen Ausgrenzung unehelicher Kinder entgegenzuwirken versuchten. Insgesamt dürfte die konkrete persönliche Haltung des jeweiligen Pfarrers zur Illegitimität keineswegs unbedeutend für die Stellung unehelicher Kinder in einer Gemeinde gewesen sein.

---

72 Horst Hermann: Die Stellung unehelicher Kinder nach kanonischem Recht, Amsterdam 1971, insb. Teil III: Das geltende kirchliche Recht, S. 125–184, S. 165.

Während einerseits davon berichtet wird, dass unehelliche Kinder grundsätzlich vom Ministrieren ausgeschlossen waren[73], bemühten sich andere Priester offensichtlich verstärkt darum, unterprivilegierte Kinder durch verschiedene Aufgabenstellungen in die Pfarrgemeinde zu integrieren und ihnen z. B. gerade durch die Berücksichtigung für den Altardienst die damit verbundene kleine finanzielle Abgeltung zukommen zu lassen.

Franz Gsöllpointner erzählt von relativ angenehmen Jahren, die er in der Erziehungsanstalt der Kreuzschwestern „Zum Guten Hirten" in Linz verbrachte: *„Die verlässlichsten Buben und die, die leicht lernten, wurden Ministranten. Wir wurden früh in die verschiedenen Kirchen in Linz geschickt … überhaupt gibt es in Linz keine Kirche, in der ich nicht ministrierte."* In einigen Fällen bahnten Geistliche unehelichen Kindern auch den Weg zum Besuch einer höheren Schule, wenn auch meist mit der Perspektive eines späteren Studiums der Theologie.[74]

Erstkommunion und Firmung waren als Festtage in einem überwiegend von Entbehrungen gekennzeichneten Kinderalltag von besonderer Bedeutung. Diese kirchlichen Sakramente wurden zwar keinem/keiner der Erzähler/-innen verwehrt, aber es wird doch zuweilen über außergewöhnliche Hindernisse und Verzögerungen berichtet. Johanna Kalisch etwa wurde erst als Siebzehnjährige gefirmt, nachdem sich eine ältere Arbeitskollegin als Patin angeboten und alles Nötige in die Wege geleitet hatte.

Die Vorfreude auf solche Ereignisse war bei unehelichen Kindern und ihren Erziehungspersonen nicht ganz ungetrübt, denn als gesellschaftliche Anlässe bedeuteten sie auch eine unausweichliche Konfrontation mit der lokalen Öffentlichkeit, bei der Standesunterschiede unweigerlich zu Tage traten, wenn nicht sogar demonstrativ zur Schau getragen wurden. Für uneheliche Kinder und ihre Angehörigen

---

73 Franz-Josef Eggler, Spurensuche. Biographische Notizen, unveröffentlichtes Manuskript, Dokumentation lebensgeschichtlicher Aufzeichnungen, S. 6.
74 Vgl. etwa die unveröffentlichten Lebensberichte von Franz Obergottsberger und Johann Hartl im Bestand der „Dokumentation lebensgeschichtlicher Aufzeichnungen".

mussten solche Ereignisse eine enorme Herausforderung darstellen. Nicht zuletzt deshalb sind die aufwändigen Vorbereitungen, die hoffnungsvollen und zugleich bangen Erwartungen und die vielfach ebenso zwiespältigen Erfahrungen rund um Erstkommunion und Firmung ein immer wiederkehrendes Erzählmotiv.

Die größten Verheißungen waren schöne Kleidung, gutes Essen und das Patengeschenk. Johann Hömstreit berichtet beispielsweise, dass er bei der Firmung *„zum ersten Mal …* *ein Wiener Schnitzel mit Preiselbeermarmelade gegessen"* habe. Zuvor musste allerdings überhaupt erst eine Patin/ein Pate gefunden und oft mit viel Improvisation für die passende Adjustierung gesorgt werden. Zumeist waren es geliehene Kleider und Schuhe, mit denen uneheliche Kinder schließlich vor den Bischof treten konnten. Die Erinnerungen an diese Festtage sind geprägt von Verspätungen, Komplikationen und Missgeschicken – Festtagserfahrungen, die allesamt sinnbildlich für die geradezu unvermeidlichen Diskrepanzen und Reibungsstellen in der alltäglichen Auseinandersetzung mit gesellschaftlichen Anforderungen gelesen werden können.

Die Erwartungshaltung an die Patin/den Paten und der Wunsch nach einem ganz besonderen Erlebnis waren meist so hoch, dass der herbeigesehnte Tag mit einer Enttäuschung enden musste. Stellvertretend sei hier Genoveva Horns Schilderung ihrer Firmung wiedergegeben:

„Am Morgen des besagten Tages fuhr ich auf dem Gepäcksträger sitzend mit meiner Patin in das Nachbardorf. Ich hatte ein kariertes Kleid an. Die Schuhe gehörten meiner Patin, die nicht viel größer war als ich. Nach der Firmung gingen wir in ein Gasthaus essen, je ein kleines Gulasch mit einer Semmel. Zur Feier des Tages gab es ein Kracherl zu zweit. Es war ja Nachkriegszeit, und das war damals schon als ein besseres Essen anzusehen. Als Firmgeschenk bekam ich einen Winterdirndlstoff. Er war weiß-blau kariert mit einer schwarzen Dirndlschürze. Die Patin sagte, die Uhr würde ich erst bekommen, wenn die Zeiten besser würden. Leider hat sie es dann vergessen …"

Religion hatte im Lebenszusammenhang der Menschen, vor allem auf dem Lande, noch in viel stärkerem und verbindlicherem Maß eine orientierende und tröstende Funktion. Der Alltagskatholizismus vermittelte eine Einheit des Lebens, Denkens und Fühlens.[75] Der sonntägliche Kirchgang gehörte hier ebenso dazu, wie Trost im Gebet zu suchen. Gemeinsames Beten begleitete oft die Mahlzeiten. Katholischsein war „gleichbedeutend mit dem Gefühl, dazuzugehören, die Wärme der Gemeinschaft zu erleben, in rituellen und symbolischen Handlungen, in Sprache und Kult ein Gemeinschaftsgefühl zu kennen …"[76]

Diese „Wärme der Gemeinschaft" mag auf uneheliche Kinder, die von Kindesbeinen an mehr als andere auf sich allein gestellt waren, eine besondere Anziehungskraft ausgeübt haben. Alberta Sirola und Luise Zipperle erfuhren sie vor allem im Internat bzw. im Kloster, in dem sie zeitweise untergebracht waren, etwa zu Weihnachten beim gemeinsamen Festessen und beim Besuch der Christmette: *„Wie schön und froh man in einer Gemeinschaft feiern kann, habe ich hier erstmals erlebt, und auch nie mehr so innig wie hier"*, schreibt etwa Luise Zipperle, und auch ihre Erzählung der gemeinsamen Wallfahrt mit ihrer Mutter nach Mariazell ist geprägt vom innigen Glauben und Vertrauen in die Verbundenheit der eigenen Existenz mit einer höheren Macht.

Zur katholischen Volksfrömmigkeit gehörte aber auch ein strenger Normenkatalog von Ge- und Verboten, der in der Kindererziehung bleibende, vielfach abschreckende Wirkung hinterlassen hat, auch in Bezug auf die Kirchengemeinschaft als Ganze: *„Noch heute, mit fast 86 Jahren, mag ich keinen Pfarrer, und in eine Kirche gehe ich dann hinein, wenn kein solcher drinnen ist"* (Leopold Brandner).

Dementsprechend finden sich in den Lebensgeschichten noch verschiedene andere „Gemeinschaften", in denen sich das Bedürfnis nach persönlicher Zugehörigkeit entfalten

---

75 Oliva Wiebel-Fanderl: Religion als Heimat? Zur lebensgeschichtlichen Bedeutung katholischer Glaubenstraditionen, Wien-Köln-Weimar 1993.
76 Andreas Heller: „Du kommst in die Höll" Katholizismus als Weltanschauung in lebensgeschichtlichen Aufzeichnungen, in: Andreas Heller/Therese Weber/Oliva Wiebel-Fanderl (Hg.): Religion und Alltag. Interdisziplinäre Beiträge zu einer Sozialgeschichte des Katholizismus in lebensgeschichtlichen Aufzeichnungen, Wien-Köln 1990, S. 28–54, S. 49.

konnte. Ein Sportverein (Alois Schönthaler) oder auch die Mitgliedschaft in politischen Jugendorganisationen (Johann Hömstreit) konnten – oft auch in bewusster Abkehr von kirchlichen Einrichtungen – vor allem für Jugendliche in Städten einen ähnlichen Stellenwert gewinnen.

5.3. Von materiellen und anderen Nöten

„Ich sollte doch die Arbeit lieben,
wie eine Mutter ihr Kind liebt . . ." (Theresia Egger)

Einer der auffälligsten Gegensätze zwischen den Lebenserzählungen dieses Bandes und gegenwärtigen Kindheitserfahrungen besteht in der durchgängigen Verpflichtung von Kindern zu Arbeitsleistungen aller Art. Sämtliche Autorinnen und Autoren berichten darüber, zu welchen Tätigkeiten sie als Kinder oder Jugendliche herangezogen wurden und wie sie damit zurechtkamen. Das Spektrum reicht von der Mithilfe bei der Hausarbeit über die Beaufsichtigung kleinerer Kinder, verschiedene landwirtschaftliche Hilfsarbeiten bis hin zu Tätigkeiten mit geregelter Entlohnung. Auch in Kinderheimen machte man sich ganz selbstverständlich die kindliche Arbeitskraft für die Aufrechterhaltung des Betriebs zu Nutze, wie die Aufzeichnungen Franz Gsöllpointners belegen.

Matthäus Schierer, in einer traditionellen Textilheimarbeitsregion im nördlichen Niederösterreich aufgewachsen, beschreibt, wie er in den 1870er Jahren zum Familienunterhalt beitragen musste: „*Während nun mein Ziehvater als Gemeindebediensteter seinen Pflichten oblag, ging meine Mutter ebenfalls Winter und Sommer hindurch zu den Landwirtschaft treibenden Bürgern des Städtchens tagelöhnern; ich aber musste außer der Schulzeit zu Hause neben dem Beaufsichtigen meiner zwei kleinen Brüder noch jederzeit fleißig für die Fabrikanten Bernhard Krenn und andere Baumwollgarn aufspulen, um täglich einige Kreuzer zu verdienen. Auch hatte ich noch täglich, Winter und Sommer hindurch, drei bis vier Ziegen zu weiden . . .*" Doch selbst mit den verschiedenen Tätigkeiten der Familienmitglieder war kein Auskommen zu finden: „*Meine Eltern hatten als Nebenerwerb auch noch die Heizung und Reinigung der Volks-*

schul- und Sparkassenlokalitäten gegen mäßiges Honorar über-
nommen, wo ich ebenfalls heizen, scheuern und arbeiten helfen
musste, bis ich außer Hause kam" (Matthäus Schierer).

In einer Erhebung zur Kinderarbeit in Österreich[77] wurde
in den Jahren 1907/08 festgestellt, dass insgesamt 34,8% aller Schulkinder, Buben etwas stärker als Mädchen, außerhalb der Schule zu Arbeiten herangezogen wurden. Mit zu-
nehmendem Alter stieg der Anteil der arbeitenden Kinder
von jedem sechsten in der jüngsten Altersgruppe der Sechs-
bis Achtjährigen auf bereits jedes zweite in der Gruppe der
Elf- bis Zwölfjährigen. Am häufigsten wurden Kinder in der
Landwirtschaft eingesetzt (62,4% aller arbeitenden Schulkinder), mehr als die Hälfte (56,9 %) wurde auch zu Arbeiten im Haushalt herangezogen.[78]

Auch die meisten Erzähler/-innen dieses Bandes, die in
ländlichen Regionen aufwuchsen, berichten übereinstim-
mend, dass sie schon früh zu schweren Arbeiten in der
Landwirtschaft herangezogen wurden: *„Mia hom dahoam alle*
fleißig zuagreifen müassen. Die Ernte muass rechtzeitig unters
Dach kemma. Wos die Leut damals überanstrengt worn und
g'schunden hom, is heut gar neama vorstellbar. Umsunst worn da-
mals nit so viel Bucklige oder sonstig verkrüppelte Leut . . .", re-
sümiert Franz Huber[79]. Kinder arbeiteten in fast allen landwirtschaftlichen Bereichen mit, vom immer wieder genannten „Viehhüten" über das tägliche „Holztragen und Wasserholen", der „Mithilfe auf Wiese und Acker", der Betreuung des Gemüsegartens, der Stallarbeit bis hin zur Mitarbeit

---

77 1907/08 wurde in Schulen eine erste umfassende Erhebung zur Kinderarbeit in den österreichischen Kronländern der Habsburgermonarchie durchgeführt, wobei Lehrer/-innen und Schulleiter/-innen
entsprechende Fragebögen auszufüllen hatten. Die Erhebung erfasste 751.830 Kinder, das waren 17,9 % der Kinder in Österreich, und
basierte auf einem breiten Begriff von Kinderarbeit, der nicht nur
Fabrikarbeit oder bloße Erwerbstätigkeit umfasste: Erhebung der
Kinderarbeit in Oesterreich, 2 Bde., Wien 1911. Zu Anlage und Ergebnissen der Studie vgl. auch: Maria Papathanassiou: Zwischen Arbeit, Spiel und Schule. Die ökonomische Funktion der Kinder är-
merer Schichten in Österreich 1880–1939. Wien 1999, S. 33 ff.
78 Zitiert nach Papathanassiou: a. a. O., S. 34.
79 Franz Huber, Der Annehm-Bua, Originalmanuskript, Dokumentation lebensgeschichtlicher Aufzeichnungen, S. 16 f.

beim Einbringen der Ernte.[80] Zu einfachen Arbeiten im Haushalt wurden auch schon kleine, noch nicht schulpflichtige Kinder herangezogen. Mit zunehmenden Körperkräften wurden ihnen anstrengendere Tätigkeiten übertragen, die auch erlernte Fähigkeiten erforderten, wie z. B. Melken, Mähen oder Kochen und Nähen.

Die Erhebung von 1907/08 weist u. a. auch eine deutliche Differenz zwischen dem Ausmaß der Arbeitsverpflichtung bei ehelichen (33,8%) und unehelichen bzw. mutterlosen Kindern (48,8%) aus.[81] Eine solche Differenz von 15 Prozentpunkten gibt einen gewissen Hinweis auf eine Ungleichbehandlung. Die erzählten Lebensgeschichten unehelicher Kinder bieten vielerlei Anhaltspunkte, um diesen statistischen Befund mit alltagsbezogenen Details zu untermauern.

„. . . lieber habe ich gearbeitet,
als immer die Ungerechtigkeiten" (Genoveva Horn)

In den schriftlichen Lebenserinnerungen findet die Erfahrung der Kinderarbeit vor allem in zwei Deutungsmustern ihren Ausdruck: im Moment des „Ausgenütztwerdens" und im früh auftretenden Bewusstsein dafür, dass man sich die oft karge Kost hart verdienen müsse, wie Alois Schönthaler einprägsam berichtet: *„Onkel Toni, den ich jetzt das erste Mal seit unserer Ankunft sah, kam näher und meinte so über meinen Kopf hinweg zu Großvater, ob der Bub wohl auch zur Arbeit tauge. Großvater sagte: ‚O ja, Vormittag hat er schon Holz getragen und Nachmittag eben Kühe gehütet.' Diese Frage des Onkels und sein wiederum kalter Blick sagten mir: ‚Hier bist du nicht nur zum Essen da, hier musst du auch arbeiten.'"* Viele uneheliche Kinder wurden von ihren Zieheltern damit konfrontiert, dass ihre Daseinsberechtigung hauptsächlich in ihrer Arbeitskraft bestand – in den Worten Franz Hubers: *„Z'erst wird amoi probiert, zu wos der kloane Lauser z'brauchen is und wia er sich bei der Arbeit anstellt."*

Angesichts der allgemein schwierigen wirtschaftlichen Lage in den 1920er und 1930er Jahren und der weiten Ver-

---

80 Vgl. Papathanassiou: a. a. O., S. 60 ff.
81 Zitiert nach Papathanassiou: a. a. O., S. 34.

breitung der Kinderarbeit wurde die Arbeitsverpflichtung allein jedoch nicht unbedingt als außergewöhnliches oder diskriminierendes Moment erlebt. Vielmehr scheint es von den konkreteren Lebensumständen und der Wahrnehmung der eigenen Person innerhalb der bestehenden Bezugsgruppen abzuhängen, wie die Erfahrungen der frühen Arbeitsbelastung im biographischen Rückblick beurteilt werden. Jedenfalls zeigen sich in den Erzählungen von Frauen und Männern diesbezüglich deutliche Unterschiede.

In der Erinnerung von Genoveva Horn werden beinahe alle als Kind geleisteten Arbeiten unter dem Blickwinkel erlittener Ausbeutung gesehen, wobei die besonders ungünstigen Rahmenbedingungen sicher beachtenswert sind: eine Stiefmutter, die der unehelichen Tochter ihres Mannes weder Zuneigung noch Achtung entgegenbringt, sie als Dienstmagd betrachtet, gegenüber eigenen Kindern zurücksetzt und ihr Arbeiten auferlegt, die ihrem Alter oft nicht angemessen sind. Theresia Egger sieht sich zwar in der Retrospektive gegenüber anderen Kindern nicht benachteiligt: *„Aber so ging es damals vielen Kindern. Manche hatten es noch viel schlechter und schwerer als ich. Nicht nur die Ziehkinder, auch die eigenen Kinder der Bauersleute wurden oft sehr früh zur schweren Arbeit herangezogen."* Trotzdem erinnert sie sich auch an Momente des jugendlichen Protests gegen bestimmte Arbeitsanforderungen: *„Obwohl wochentags oft genügend Zeit für die Wäsche gewesen wäre, musste ich sonntags für die Familie, also nicht nur für mich, die Wäsche waschen. Ich fing an, mich dagegen aufzulehnen, aber es nützte mir nichts. Es brachte mir nur den Vorwurf ein, ich sei ein undankbares Geschöpf. So wurde ich behandelt wie ein Dienstbote und musste, wenn auch unter Murren, alles tun, was mir geschafft wurde."*

Männer nehmen in ihren Lebensrückblicken zur ehemals geleisteten Kinderarbeit überwiegend eine positivere Haltung ein. Sie beschreiben die verrichteten Tätigkeiten eher unter dem Blickwinkel des Hineinwachsens in ein späteres produktives Arbeitsleben, der Aneignung bestimmter körperlicher oder handwerklicher Fähigkeiten oder auch als Mittel zur Erfüllung eines konkreten Zwecks, etwa der Nahrungsbeschaffung. Leopold Brandner *„schmeichelte"* sich selbst, wie er selbst schreibt, bei einer Bäuerin ein, *„in der*

Hoffnung, am bäuerlichen Hof mithelfen und mich einmal mit Brot satt essen zu können. Und diese Rechnung ging voll auf. Frau Brenner war froh darüber, einen kleinen Knecht ins Haus zu bekommen, und ich war froh, mich einmal mit Brot anessen zu können."

Außerdem gelang es Buben offenbar öfter oder leichter als Mädchen, sich von den gebotenen Arbeitspflichten nicht völlig vereinnahmen zu lassen und nebenher auch kindliche Bedürfnisse auszuleben, wie die folgende Erzählsequenz Alois Schönthalers andeutet: *„Unsere Aufgabe war, dass wir Kühe, die sich von der Herde entfernten, wieder zurücktrieben. Da wir eine genaue Arbeitseinteilung trafen, kam auf den Einzelnen nicht allzu viel, denn wir anderen hatten mit dem Baumkraxeln, Bacherlspringen, Abfangenspielen genug Zeitvertreib."*

Schließlich eröffnete sich für Burschen, wie schon im vorhergehenden Abschnitt ausgeführt wurde, ungleich häufiger als für Mädchen im Verlauf der Jugendjahre eine Perspektive in Richtung einer regulären Berufsausbildung. Es mag sein, dass weit zurückliegende Arbeitserfahrungen aus Kindertagen im Lichte des gelungenen Eintritts in ein geregeltes Erwerbsleben und einer erfolgreich absolvierten Berufslaufbahn tendenziell milder beurteilt werden als von Personen, deren späterer Arbeitsalltag sich annähernd ebenso wenig selbstbestimmt und befriedigend gestaltete wie die Strapazen im Kindesalter. Letzteres trifft leider für die Mehrzahl der hier dokumentieren Lebensgeschichten von Frauen zu.

„Wir waren immer auf der Suche nach
etwas zum Essen . . ." (Franz Gsöllpointner)

Kindheit und Jugend aller hier zu Wort kommenden Autorinnen und Autoren waren von Entbehrungen geprägt. Vor allem Hunger wird in vielen Erinnerungstexten thematisiert. Aussagen wie *„. . . ich war ein armes, immer hungriges Büberl, das sich nie mit Brot anessen konnte"* (Leopold Brandner) oder *„Es ging uns nun so schlecht, dass meine Mutter nicht mehr aus noch ein wusste . . ."* (Luise Zipperle), stehen stellvertretend für viele der in diesem Band versammelten Kindheitsgeschichten. Wenn der Nahrungsmangel manchmal auch als allgemeines gesellschaftliches Problem in Krisenzeiten beschrieben wird und besonders in den Jahren des Ersten Weltkriegs (welche v. a. durch die Kindheitserzählungen von Johanna Kalisch, Alois Schönthaler und Franz Gsöllpointner beleuchtet werden) einen drastischen Höhepunkt erreicht, so zeigt sich bei aufmerksamer Lektüre doch, dass sich die Lebensumstände unehelicher Kinder tendenziell noch etwas prekärer darstellten.

Mütter, die ihre unehelichen Kinder nicht weggeben wollten und sie ohne Unterstützung des Vaters versorgen mussten, waren von Armut bedroht, insbesondere dann, wenn die Unterstützung eines größeren Familienverbandes fehlte. Besonders eindringlich schildern Johanna Kalisch und Luise Zipperle diese Notsituation, Letztere u. a. in dem folgenden erinnerten Dialog mit ihrer Mutter: *„Wenn ich meine Mutter fragte, was es zu essen gäbe, sagte sie immer: ‚Was von gestern übrig ist‘, und ich antwortete: ‚Es ist ja nichts übrig geblieben‘, weil wir da ja auch nichts hatten. ‚Na eben‘, sagte die Mutter, ‚dann gibt es leider nichts.‘ "*

Auch viele Ziehkinder, die gegen ein geringes Entgelt von ländlichen Familien aufgenommen wurden, waren mit Nahrungsmangel konfrontiert. Oft nahmen allein stehende Frauen, Kleinbauern- oder Häuslerfamilien, deren existentielle Basis ohnehin schmal war, Kinder gerade wegen des Pflegebeitrags auf. Waren dann auch noch eigene Kinder da, wurden diese in vielen Fällen bevorzugt und erhielten mehr oder bessere Verpflegung. Die Benachteiligung gegenüber Zieh-, Halb- oder Stiefgeschwistern findet sich in vielen Erzählungen (Franz Huber, Genoveva Horn), und auch die besondere Hervorhebung der umgekehrten Erfahrung (wie z. B. in der ersten Pflegefamilie von Johanna Kalisch) repräsentiert eher nur die Ausnahme von der Regel. Aufgrund dieser Lebensumstände kann es nicht verwundern, dass jede sich bietende Gelegenheit genutzt wurde, um an Essbares zu gelangen, auch auf die Gefahr von Strafe und verschärfter sozialer Ausgrenzung hin (z. B. Franz Gsöllpointner, Franz Huber).

Die Erfahrung von nicht oder nur ungenügend erfüllten Grundbedürfnissen in frühen Jahren mag dazu geführt haben, dass unehelich Geborene ein eigenes Sensorium entwickelten, mit dem Zuneigung gemessen und auch die Basis für spätere Beziehungen geschaffen wurde. Zuwendungen jedweder Art, seien es kleine Geschenke oder auch nur das Versprechen künftig ausreichender Ernährung – scheinen dabei eine wichtige Rolle zu spielen. So erzählt Alois Schönthaler über die erste Begegnung mit der Großmutter: *„Ich muss sagen, es war Liebe auf den ersten Blick. Sie nahm uns zwei Buben auf ihren Schoß und sagte, dass wir nun immer genug zu essen haben würden . . ."* Wenig später packt die Großmutter auf der Reise ins neue Zuhause tatsächlich das Jausenpaket aus, was der Autor ihr noch 80 Jahre später mit einer besonders emotionsgeladenen und detailreichen Erinnerung dankt.

Aus einer Position der Not und des sozialen Außenseiterdaseins heraus wird jedes entgegenkommende Verhalten von Seiten Erwachsener in besonderer Weise wahrgenommen. Franz Gsöllpointner schildert eine Reihe von Begegnungen, in denen die Freundlichkeit von fremden Personen stets eng mit kleinen Zuwendungen in Form von Essbarem verbunden ist. Als Straßenkind entwickelte er ein besonderes Gespür für Sympathie und Antipathie: *„Wenn ich einen fremden Menschen sah, so sagten mir seine Augen und sein Gesicht schon im Voraus, was ich von dieser Person zu erwarten habe."* Aus seiner Reflexion darüber wird aber auch deutlich, wie leicht seine eigenwillige Form der vorsichtigen persönlichen Annäherung in neuerliche Stigmatisierung umschlagen konnte: *„Durch das Umhergestoßenwerden und das rechtlose Leben hatten sich meine Sinne so geschärft, dass ich aus dem Gesicht lesen konnte, und es trug mir oft Schimpfe ein, weil ich alle Menschen, mit denen ich zu tun hatte, zuerst anstarrte, bevor ich meinen Mund aufmachte. . . . Wahrscheinlich hat mir die Natur das als Selbstschutz so beigebracht."*

Auch der Besitz von Schuhen und ausreichender Kleidung bedeuteten keine Selbstverständlichkeit: Kinder auf dem Land liefen, soweit es die Witterung erlaubte, meistens barfuß, Kleidungsstücke waren gewöhnlich von älteren Geschwistern „übertragen". Trotz des allgemein niedrigen Anspruchsniveaus registrierten unehelich Geborene doch sehr aufmerksam Unterschiede in der Zuteilung von Kleidung und hielten fest, wenn allfällige kleine Geschenke für sie vergleichsweise spärlich und minderwertig ausfielen; umso mehr gewannen solche Zuwendungen und der Besitz bestimmter Güter subjektiv an Bedeutung. Ein neues Kleidungsstück, ein nicht-alltägliches Essen oder gar ein überraschendes Geschenk konnten sich so als größte Freuden im Kinderalltag darstellen.

„... ein winziges Staubkorn im Weltenall ..."
(Luise Zipperle)

Neben den materiellen Nöten dürfen hier auch verschiedene „Defizite" bzw. Belastungen auf der sozialen und emotionalen Ebene nicht vergessen werden: Vernachlässigung, Beziehungsarmut, physische und psychische Misshandlungen, soziale Ausgrenzung, Ausbeutung und sexuelle Gewalt. Die Wirkung dieser Art von Entbehrungen und seelischen Verletzungen ist nachhaltig, weil selbst dann noch spürbar, wenn sich die materielle Situation der Betroffenen längst gebessert hat. Sie finden in fast allen hier dokumentierten Kindheitserzählungen ihren Niederschlag und kristallisieren sich in vereinzelten tiefgründigen Ressentiments und der fast durchgängigen Empfindung der Betroffenen, niemandem und nirgendwo zugehörig zu sein bzw. weitgehend schutzlos in der Welt zu stehen.

„Der Mensch ist das Produkt seiner Herkunft und wird sich seiner selbst nur gewiss, wenn er sich als Teil einer Traditionslinie begreifen kann."[82] Diese Traditionslinie kann sich im Vaternamen ausdrücken, im Gefühl der Zugehörigkeit zu Personen, zu einer familiären Gemeinschaft oder in der Verbundenheit mit einem bestimmten Ort. Für unehelich Geborene hatte die Erfahrung eines festen Rückhalts auf einer dieser Ebenen eher Ausnahmecharakter.[83]

---

82 Horst Petri: Das Drama der Vaterentbehrung. Chaos der Gefühle – Kräfte der Heilung. Freiburg-Basel-Wien 1999², S. 23.
83 Zu Aspekten der Selbstdarstellung unehelich Geborener in lebensgeschichtlichen Texten vgl. Monika Bernold: Darstellungsmuster des Anfangs. Spuren geschlechtsspezifischer Identitätsbildung in Eröffnungserzählungen geschriebener Lebens-Geschichten, in: David F. Good, Margarete Grandner, Mary Jo Maynes (Hg.): Frauen in Öster-

Die Distanziertheit ihrer Eltern und der fehlende Vater-
name dürften insbesondere von unehelichen Kindern mit
gehobener, bürgerlicher Herkunft als problematisch empfunden worden sein, wie die Aufzeichnungen Alberta Sirolas belegen. Erlebte sie im Zusammenleben mit ihrer Tante
Vernachlässigung und physische Gewalt noch als individu-
elles Schicksal, so wurde ihr im Lebenszusammenhang des
klösterlichen Internats, nachdem sie von einer Kloster-
schwester geschlagen und beschimpft worden war, die Ursache ihrer Sonderstellung erst richtig bewusst. *„Ich ließ mir
von einer Mitbewohnerin erklären, was ‚unehelich' heiße, da ich
nicht so gut Deutsch konnte. Von dieser Stunde an begann sich in
mir der Satz festzulegen: ‚Ein Kind ohne Namen!' Ich fragte mich,
ob es auf meiner Stirne zu lesen sei."* Erst nach ihrer Legitimierung und der Heirat mit einem Partner *„mit schönem, international bekanntem Namen"* fühlte sie sich von ihrem tief greifenden „Makel" befreit.

Für uneheliche Kinder aus dem ländlichen Bereich, wo
Zugehörigkeit oft über Hofnamen vermittelt wurde, war es
vor allem der häufige Wechsel der Pflegeplätze, der ein Gefühl der Verbundenheit kaum aufkommen ließ. Sie waren
also im doppelten Sinn heimatlos, wie es Theresia Egger in
Erinnerung an die häufig gestellte Frage *„. . . wer ich bin und
wohin ich gehöre"* in wenigen Sätzen treffend zum Ausdruck
bringt: *„Sagte ich den Namen der Zieheltern, hieß es: ‚Das kann
nicht wahr sein, weil diese Leute keine Kinder haben.' Ein anderes
Mal nannte ich auf solch eine Fragerei den Hof und Namen meiner
Mutter. Das war auch nicht richtig, da ich nicht bei meiner Mutter lebte. Da dachte ich: ‚Jetzt bleibt mir für meine Zugehörigkeit
nur noch der Vater als letzter Ausweg.' Bei einem neuen Verhör
sagte ich den Namen und Hof meines Vaters. Auch das war wieder*

---

reich. Beiträge zu ihrer Situation im 19. und 20. Jahrhundert, Wien-
Köln-Weimar 1993; S. 207–224, S. 214ff. Spezieller mit der expliziten
Thematisierung und dem subjektiven Bedeutung von Illegitimität in
lebensgeschichtlichen Aufzeichnungen befasst sich im Rahmen eines
Vergleichs der Situation von Pflegekindern in Österreich und Eng-
land die Dissertation von: Ruth Kümmel, Cheeks less rosy. A compa-
rison of the experiences of Austrian and English dependent children
from the mid-nineteenth century to World War I, Diss. Graz 2004,
S. 55ff.

falsch. So wusste ich überhaupt nie, zu wem ich gehöre und wo mein richtiges Zuhause ist."

Wieder auf ein anderes soziales Umfeld bezogen, aber nicht minder eindringlich beschreibt Franz Gsöllpointner seine Unzugehörigkeit einschließlich mancher Prozesse der sozialen Stigmatisierung, wenn er auf seine frühen Jahre als Straßen- und Heimkind in Steyr zurückblickt.

Aus der Entwicklungspsychologie ist bekannt, dass „die Existenz einer positiven Beziehung zu mindestens einem Elternteil oder einem anderen vertrauten Erwachsenen . . . ein erstrangiger Schutzfaktor für die weitere Entwicklung ist"[84]. Führt man sich die oft mehrfachen Trennungen von Bezugspersonen vor Augen, die ohne Rücksicht auf kindliche Bedürfnisse und bestehende Bindungen erfolgten, so wird deutlich, dass es für unehelich Geborene eher nur in Ausnahmefällen möglich war, tragfähige und vertrauensvolle Beziehungen aufzubauen und somit diese wichtige Voraussetzung für die weitere Persönlichkeitsentwicklung zu erfahren.

Die häufigen Enttäuschungen bei der Suche nach Bestätigung, nach freundlichen Worten oder Gesten und nach stabilen Beziehungen „übermitteln dem Kind die Botschaft, dass es wertlos, mit Fehlern behaftet, ungeliebt, gefährdet oder nur dazu gut sei, den Bedürfnissen eines anderen Menschen gerecht zu werden"[85]. *„Ich versuchte alles, um es Mama ja recht zu machen. Um nur ein einziges, ein einziges Mal zu hören, ich hätte dies oder das gut oder richtig gemacht. Um nur einmal – einmal – von ihr in die Arme genommen zu werden."* Die nüchterne Lehre, die Ernestine Wollner aus dieser Haltung ihrer Mutter zog, bestand darin, *„Distanz zu halten, Gefühle zu unterdrücken, sie einfach nicht zuzulassen"*.

„Was ein Mensch auszuhalten imstande ist . . ."
(Luise Zipperle)

Geläufiger als die Thematisierung emotionaler Kälte ist den Betroffenen die Erinnerung an vielfältige Formen der physi-

---

84 Martin Dornes: Die emotionale Welt des Kindes. Frankfurt/Main 2002³, S. 107.
85 Mary E. Helfer u. a.: Das misshandelte Kind. Frankfurt/Main 2002.

schen Misshandlung. Beinahe alle Erzähler/-innen berichten von Schlägen, Prügelstrafen und anderen strengen Sanktionen für kleine Missgeschicke, Verfehlungen, unzureichend erledigte Arbeiten usw. Von Schlägen im Affekt und Szenen, in denen Kinder offensichtlich Sündenbockfunktion zugewiesen bekamen, über streng ritualisierte Prügelstrafen für bestimmte Vergehen bis hin zu den Bemühungen, Kindern erwünschte Verhaltensweisen einzubläuen, wird eine breite Palette von gewalttätigen Handlungen durch Eltern oder Erziehungsverantwortliche festgehalten.

Auch in Kinderheimen wurde physische Gewalt gegen Zöglinge angewandt, wie die drastische Schilderung Franz Gsöllpointners von seinem Aufenthalt in der „Schutzanstalt" in Steyr illustriert, als *„ewiger Hunger"* ihn zu einem Diebstahl verleitete: *„Ich sah nur mehr die Brotschnitten neben der Schwester und ergriff das Brot. Als ich über den Hof zum Kellerfenster rannte, holte sie mich ein. Ich war Schläge gewohnt, aber mit einem nassen Handtuch geschlagen und gewürgt zu werden, sodass ich fast erstickte – das war nun doch zu viel. Nächsten Tag wurde ich, auf einem Sessel sitzend, an Händen und Füßen angebunden, und so saß ich stundenlang, ohne dass ich mich recht rühren konnte."*

Und dennoch erscheinen die erlittenen körperlichen Strafen und Strapazen aus der Alterssicht der Schreibenden oft leichter zu ertragen als der Mangel an Zuwendung. Klementine Pulz, 1923 unehelich geboren und mit ihrer Mutter bei den Großeltern im Ziegelarbeitermilieu am Rande einer niederösterreichischen Kleinstadt aufgewachsen, berichtet: *„An die Schläge meiner Mutter und die schwere Arbeit gewöhnte ich mich. Meine Fingerspitzen erholten sich nie, waren ständig abgeschürft, blutig* (von Hilfsarbeiten in der Ziegelei; d. Hg.). *Nur ein wenig Liebe hätte ich gebraucht. Für ein gutes Wort meiner Mutter hätte ich alles getan – das hörte ich nie."* [86]

---

86 Klementine Pulz: 1923–1945. Kindheit – Schulzeit, handschriftliches Manuskript, Dokumentation lebensgeschichtlicher Aufzeichnungen, S. 3; teilweise veröffentlicht in: Peter Gutschner (Hg.): „Ja, was wissen denn die Großen . . ." Arbeiterkinderheit in Stadt und Land, Wien-Köln-Weimar 1998, S. 260–271.

Vor allem Autorinnen und Autoren, die im ländlichen Bereich aufgewachsen sind, berichten häufig über eine persönliche Hinwendung zu Tieren oder zur Natur, die unschwer als seelischer Ausgleich und in Zusammenhang mit dem erfahrenen Mangel an menschlicher Nähe gesehen werden kann. Matthäus Schierer hält sich abgesehen von der Schule am liebsten *„im freien Felde bei meinen Ziegen"* auf, Franz Huber und Maria Mair erzählen u. a. von ihrer ausgeprägten Zuneigung zu Pferden, und Alberta Sirola zieht es manchmal vor, im Futtertrog der Kühe im Stall zu schlafen, um jähzornigen Anwandlungen ihrer Tante zu entgehen.

Auffällig oft erwähnen unehelich Geborene im Rückblick auf ihre Kinderjahre auch das Problem des Bettnässens und bringen dieses in Verbindung mit mangelnder Geborgenheit, mit Verwahrlosung oder auch mit Gewaltexzessen seitens der Erziehungsverantwortlichen.

Hedy Heim, 1923 als lediges Kind einer Köchin und Verkäuferin geboren und bei verschiedenen Pflegefamilien in Tirol aufgewachsen, schreibt: *„Am schlimmsten von allem jedoch war mein Bettnässen. Und was da alles versucht wurde! Ich musste Novenen beten und jeden Abend folgendes Gebet: „Heiliger Sankt Vitus Veit, weck mi auf zur rechten Zeit, wenn der Zoager auf zwölfe steaht, dass es nit ins Bettl geaht." Ich musste heiße Milch mit Rindsfett trinken, wovor mich ekelte. Man schickte mich sogar für zehn Tage zu einem Wunderheiler ins Zillertal, der, so schien mir, ein bisschen mit den Händen herumfuchtelte, mir ein Wässerchen verschrieb und mir verbot, Schokolade zu essen. . . . Eigenartigerweise passierte mir nie etwas, wenn ich mit Tante Mia bei einer anderen Tante in Steinach zu Besuch war oder wenn meine Mutter zu Besuch bei uns war, was leider nur alle eineinhalb bis zwei Jahre geschah."* [87]

Matthäus Schierer hingegen führt seine *„krankhafte Schwäche des Bettnässens"* auf Verkühlungen *„durch das stunden- und halbtagelange Liegen im durchnässten Bettchen, durch das Herumsitzen und Kriechen am Erdboden auf allen Vieren in den eigenen Abfällen"* zurück und macht dafür seine Mutter verantwortlich, die diese *„Folge ihres eigenen Verbrechens an mir und meiner zartesten Kindheit"* lediglich durch Schläge

---

87 Hedy Heim: a. a. O., S. 4 f.

und Strafen und nicht mit ärztlicher Hilfe zu kurieren versuchte.

Einigen älteren Erzähltexten lassen sich auch Hinweise darauf entnehmen, dass die äußeren Lebensumstände, z. B. der Mangel an Nahrung und Hygiene, in Verbindung mit fehlender oder sogar bewusst unterlassener Obsorge auch für die hohe Sterblichkeitsrate unter unehelichen Kindern verantwortlich waren. Matthäus Schierer stützt sich bei seinen Ausführungen über die lebensbedrohlichen Umstände seiner frühesten Kindheit vermutlich auf Beobachtungen über die Behandlung seines um ein paar Jahre jüngeren Bruders, der das Säuglingsalter nicht überlebte und *„wahrscheinlich an ebensolchen Verkühlungen, wie ich sie hatte erleiden müssen, erkrankte und nach kurzer Zeit starb"*.

Noch deutlicher werden die oftmals miserablen Pflegebedingungen im ausgehenden 19. Jahrhundert und die Praxis der gezielten Vernachlässigung von Kleinkindern in der Autobiographie des 1877 im Innviertel unehelich geborenen, späteren oberösterreichischen Landtagsabgeordneten Josef Jodlbauer angesprochen. Aufgrund der niedrigen Löhne ländlicher Dienstboten und der vergleichsweise hohen Aufwendungen für die Pflege eines unehelichen Kindes sollte es aus seiner Sicht nicht verwundern, wenn *„. . . nicht jene Pflegeeltern in hohem Ansehen standen, wo diese Kinder am besten gediehen, sondern vielmehr jene Pflegeeltern, bei denen die meisten dieser Kinder starben. Diese ‚Engelmacher' durften nur nicht so ungeschickt sein, kriminell zu werden. Sehen durfte es keine unzuverlässige Person, wenn ein kleiner, erhitzter Schreihals noch dazu heißen Tee bekam und dann zur Abkühlung nachts bei offener Tür oder offenem Fenster in die kalte Nachtluft hinaus gehalten wurde. Eine so herbeigeführte Lungenentzündung zu kurieren kam der eventuell herbeigeholte Landarzt meist zu spät. Für eine solche ‚besondere' Pflege wurde nicht selten auch noch ein besonderer, oft nicht kleiner Pflegebetrag bezahlt."*[88]

In Bezug auf die eigene Person spricht Theresia Egger diese Möglichkeit am deutlichsten an: *„Sie* (die Mutter, d. Hg.) *hätte mich am liebsten verschenkt, aber es fand sich nie-*

---

[88] Josef Jodlbauer, in: Therese Weber (Hg.), Häuslerkindheit. Wien-Köln-Graz 1984, S. 289.

mand. Die Bäuerin Sefa frug wohl öfters nach, was mit dem Kind sei, ob es noch nicht gestorben sei. Dies wäre der größte Wunsch der Familie gewesen. Sie meinte, dieses Kind könnte man in einen heißen Backofen legen, es würde auch da nicht sterben."

Abgesehen von solchen vereinzelten Hinweisen auf die radikalste Form der Missachtung des Existenzrechts, den Kindsmord, scheinen uneheliche Kinder in vielerlei Hinsicht als Opfer von Übergriffen aller Art prädestiniert gewesen zu sein. Bei genauerer Betrachtung der Kindheitserzählungen lassen sich etliche „Risikofaktoren" der Illegitimität eruieren, die in ihrem Zusammenwirken die persönliche Sicherheit und Integrität dieser Kinder offenbar strukturell gefährdeten. Dafür sprechen nicht nur die schon geschilderten Prügelorgien, sondern insbesondere auch die sexuellen Nachstellungen und Gewaltakte, die von fast allen weiblichen Erzählerinnen – mehr oder weniger explizit – angesprochen werden.

Die prekäre Konstellation von „ungünstigen Umständen" lässt sich etwa folgendermaßen skizzieren: Die Stellung unehelicher Kinder am unteren Rand der Gesellschaft und die wechselnden bzw. oft recht unklaren Verantwortlichkeiten in Bezug auf Erziehung und Obsorgepflichten brachten es mit sich, dass solche Kinder kaum Vertrauenspersonen und noch viel weniger einflussreiche Fürsprecher in der jeweiligen lokalen Gemeinschaft hatten. Die Kinder blieben zudem oft unbeaufsichtigt bzw. auf sich allein gestellt, wurden aus sozialen Zusammenhängen ausgegrenzt oder hielten zum Teil von sich aus eher Abstand, um nicht anzuecken. Erziehungsmethoden, die vor allem auf Einschüchterung und bedingungslose Unterordnung abzielten, waren obendrein kaum geeignet, diesen Kindern ein Bewusstsein über ihre persönlichen Rechte und Bedürfnisse oder gar kommunikative Fähigkeiten zur Selbstbehauptung in sozialen Zusammenhängen zu vermitteln. Im Gegenteil, beharrliches Schweigen und defensiver Rückzug werden mehrmals als bevorzugte Strategien deutlich, um potentielle Konfliktsituationen zu meiden.

Genoveva Horn etwa musste gleich vor zwei Nachbarn *„... auf der Hut sein, dass er einen nicht allein erwischte, dann wollte er einem unter den Rock fassen ... Meiner Stiefmutter* *konnte ich so etwas nie sagen.*" Im Gegensatz zu ihr hatten andere Autorinnen nicht *„immer einen guten Schutzengel"* (Genoveva Horn) und blieben auch nach einer Vergewaltigung sprach- und hilflos: *„Ich stand eine Weile bei der Zimmertür des Bauern und wusste nicht, ob ich klopfen sollte oder nicht, um zu sagen, was mir sein Bruder angetan hat. Ich weinte eine Weile, klopfte aber nicht. Es käme ja nur eine Schreierei heraus, die ich ohnedies hasste, und das hätte mich noch mehr aufgeregt. Ich ging wieder zu Bett und dachte nach: ,Wenn es die Fürsorge erfährt, muss ich wieder weg. Wer weiß, wo ich wieder hinkomme?' Also Stillschweigen, was auch nicht so leicht war"* (Maria Mair).

Aufgrund all der oben skizzierten Voraussetzungen und nicht zuletzt natürlich aufgrund der im Untersuchungszeitraum noch viel krasser ausgeprägten und unhinterfragten Ungleichheit zwischen den Geschlechtern konnten erwachsene, gesellschaftlich integrierte, männliche Täter mit einiger Gewissheit davon ausgehen, für ihre Handlungen nicht oder wenigstens nicht strafrechtlich belangt zu werden.

„Die Steine fliegen immer wieder dorthin, wo schon mehrere liegen" (Maria Mair)

Die mit großem zeitlichem Abstand im Nachhinein aus der Alterssicht festgehaltenen Kindheitserinnerungen können einerseits besonders markante punktuelle, andererseits allgemein bilanzierende Einblicke in die vielfältigen Spannungen und Ungewissheiten im Kindheitserleben vermitteln. Man muss davon ausgehen, dass manche Eindrücke sich erst nachträglich in der erzählten Form verfestigt haben und dass umgekehrt viele besonders dramatische Erlebnisse, mit denen Kinder konfrontiert waren, schlichtweg aus der Erinnerung verdrängt oder auf ein erträgliches, artikulierbares Maß zurechtgeformt wurden.

Wir möchten keineswegs schwarz-weiß zeichnen: Die hier vorgestellten Kindheitserzählungen sind subjektive Einzeldarstellungen und geben für sich allein keine Anhaltspunkte, wie hoch tatsächlich der Anteil jener unehelichen Kinder ist, die solche Erfahrungen machen mussten. Zudem konnten und können zweifellos auch die Lebensgeschichten ehelicher Kinder von ähnlichen „Defiziten" geprägt sein.

Trotzdem deutet die Häufung und die Brutalität der geschilderten Erlebnisse in den hier gesammelten Kindheitserzählungen – vor allem in jenen von Frauen – wie auch im Besonderen die Ohnmacht, mit der die Kinder jeder Missachtung ihrer Menschenwürde ausgeliefert waren, doch auf einen Zusammenhang mit der sozialen Nachrangstellung unehelicher Kinder hin. Und selbst wenn es so ist, dass unehelich Geborene in ihren Lebenserzählungen vielleicht nur vernehmlicher oder schonungsloser als andere zur Sprache bringen, was in der Ausweglosigkeit der Kindheitssituation meist verschwiegen und erduldet wurde, so weist dies immerhin auch darauf hin, dass solche Unrechtserfahrungen für sie sehr schwer wiegen, oft schwerer als die mit ihrem Status verbundenen rechtlichen und materiellen Nachteile.

Nicht zuletzt lässt sich in den festgehaltenen Kindheitserinnerungen doch eine ganze Reihe von Phänomenen ausmachen, die mit den zeitgenössischen sozialpsychologischen Befunden über die Lebenswirklichkeit unehelicher Kinder übereinstimmen. Als charakteristisch für die „psychische Gesamtsituation des unehelichen Kindes" hat Hildegard Kipp folgende Aspekte benannt: Vorherrschend sei ein „latenter Spannungszustand" der Unsicherheit, eine „Sphäre der Unruhe", häufig verbunden mit einem „Bewusstsein des Entbehrenmüssens", einem „Gefühl der Hilflosigkeit" und der ständigen Angst vor möglichen Verletzungen des Selbstwerts, sowie eine verstärkte Empfindlichkeit gegenüber der als feindlich wahrgenommenen Umwelt und ein ausgeprägtes Unrechtsbewusstsein.[89]

Was in den autobiographischen Darstellungen ergänzend dazu besonders augenfällig in Erscheinung tritt, ist die nach Geschlecht offenbar sehr unterschiedliche Form der Verarbeitung von in der Kindheit angelegten Minderwertigkeits- und Mangelerfahrungen.

Während unehelich geborene Männer – das heißt, zumindest jene unter ihnen, die ihre eigene Lebensgeschichte für dokumentationswürdig erachtet und aufgeschrieben haben – letztlich offenbar ihre Ansprüche an das Leben durchzusetzen lernten und den Schritt in ein erfolgreiches, selbst-

---

89 Kipp: a. a. O., S. 47.

bestimmtes Berufs- und Familienleben größtenteils schafften, scheinen Frauen in viel stärkerem Maß noch in den Verhängnissen ihrer Kindheit und Jugend gefangen.

Geht man von der Grundstimmung der Lebensberichte aus, so ist diese in den Erzählungen der Männer (ausgenommen Matthäus Schierer, bei dem die besonderen Umstände der Niederschrift seiner Erinnerungen, nämlich in sehr jungen Jahren und im Zuge eines Aufenthalts in einer psychiatrischen Anstalt, in Betracht zu ziehen sind) überwiegend „heiter", optimistisch – wohl aus dem Wissen um einen guten, befriedigenden „Ausgang" heraus. Frauen zeichnen ihre Kindheitserlebnisse ungleich düsterer, thematisieren aber auch eine größere Zahl an traumatischen und diskriminierenden Erlebnissen als Männer. Auch gehen Männer in ihren Erzählungen über Mangel-, Gewalt- und Unrechtserfahrungen viel rascher, oft geradezu achtlos, hinweg und beurteilen allfällige längerfristige „Nachwirkungen" manchmal sogar eher positiv im Sinne einer „gesunden" Abhärtung für das spätere Leben.

Die meisten Männer konnten – nach einer entbehrungsreichen Kindheit und Jugend und einer erzwungenen Unterbrechung bzw. Verzögerung aufgrund des Kriegseinsatzes im Zweiten Weltkrieg – ihre beruflichen und privaten Ziele allem Anschein nach weitgehend verwirklichen und vielfach sogar viel mehr erreichen, als sie sich als Jugendliche erträumt hatten. Für Mädchen und Frauen hingegen scheint das Hineinfinden in eine gesellschaftlich anerkannte Rolle schwieriger und stärker mit Verzicht, Resignation und dem persönlichen Sich-Abfinden mit einem ansehnlichen Bündel an sozialen Verpflichtungen verbunden gewesen zu sein. Einige konnten, manchmal erst in fortgeschrittenem Lebensalter, elementare Erwartungen an das Leben verwirklichen, andere aber scheinen resigniert zu haben und ihre innersten Gefühle tief in sich zu verbergen. Es wäre in einer sozialhistorischen Arbeit und auf Basis der vorliegenden autobiographischen Erzählungen vermessen, Krankheiten oder depressive Symptome, die im späteren Lebensverlauf thematisiert werden, geradlinig auf bestimmte Lebensumstände der Kindheit zurückzuführen. Jedoch kann unter Rückgriff auf sozialpsychologische Befunde als gesichert angenommen werden, dass die am häufigsten angesprochenen gesellschaftlichen Folgen für unehelich Geborene – soziale Isolation und Zurückweisung, häufig wechselnde Bezugspersonen im Kindesalter sowie körperliche Misshandlungen bis hin zum sexuellen Missbrauch – zugleich einige der Hauptrisikofaktoren für die seelische wie auch körperliche Gesundheit von Menschen darstellen.[90]

Inwieweit die oft artikulierte Sehnsucht nach einer vollständigen Familie, nach Mutterliebe und väterlichem Rückhalt, nach guten Freunden oder richtigen Geschwistern bereits als Kind so erlebt oder eventuell erst auf Basis nachträglicher Bilanzierungen und Vergleiche in der hier vorliegenden Form vergegenwärtigt und zum Ausdruck gebracht wurde, muss ebenfalls dahingestellt bleiben. Sicher ist, dass die Kindheit unehelich Geborener bis in die Zeit nach dem Zweiten Weltkrieg im Allgemeinen unverhältnismäßig reich an Entbehrungen und arm an Gewissheiten war. Weder wussten solche Kinder genau, wo sie herkamen, noch wo sie demnächst wieder landen würden. Dieser aus heutiger Sicht kaum noch verständliche Mangel an zwischenmenschlicher Zuwendung und an verlässlichen „Haltegriffen" aller Art hat das Leben dieser Kinder auch weit über die Kindheit hinaus zweifellos nachhaltig bestimmt.

Und schließlich sollte bei alledem nicht aus den Augen verloren werden, dass es sich bei den hier vorgestellten Lebensgeschichten um eine kleine Auswahl aus einer vermutlich kleinen Minderheit von unehelich Geborenen handelt: jener Menschen nämlich, die sowohl die nötige persönliche Gefasstheit als auch die sprachlichen Kompetenzen erlangt haben, um ihre Erfahrungen artikulieren und in so elaborierter Form zu Papier bringen zu können. Beides erscheint uns aufgrund unserer Beschäftigung mit der Thematik für unehelich Geborene dieser Generationen alles andere denn selbstverständlich.

---

90 Dornes: a. a. O., S. 103.

GLOSSAR

abdeana (Kost), von: abdienen – von Zieh- und Pflegekindern wurde erwartet, dass sie die in Kindesjahren z. B. auf einem Bauernhof in Anspruch genommene Verpflegung und Obsorge in späteren Jahren als Dienstboten „abarbeiten" bzw. vergüten

Abdecker, auch: **Schinder** – Mann, der für die Beseitigung von Tierkadavern zuständig war, z. B. indem er sie vergrub und mit Erde „abdeckte"

abg'haust, von: abhausen – heruntergewirtschaftet, verschuldet

abg'nifft (von mhd. niffen = schaben, wetzen) – abgewetzt

Abi, von: Abitur – Matura, Reifeprüfung

abmahn, von: abmähen

abpaschen – weglaufen, ausreißen

abschreiben – hier: abmelden (z. B. vom Krankenstand), gesundschreiben

abtschucken (von mhd. schucken = sich schnell bewegen), auch: **abstucken** – weglaufen, abhauen

Afrik – Fasermaterial aus Palmblättern zum Füllen von Matratzen, Polstermöbeln usw.

aftand – mundartlich für: dann, nachher

Ajour(stickerei) – Ausnähtechnik, bei der ein in den Stoff geschnittenes Muster mit Schlingstichen umfasst wird

Allegat (von ital. allegare = beifügen) – Beifügung, Anlage, Zusatz

Allgemeine(s) – hier: Allgemeines Krankenhaus (AKH) in Wien-Alsergrund

aper – schneefrei

ara – mundartlich für: auch ein

Arbeitsdienst – Kurzform für: Reichsarbeitsdienst (RAD); 1935 im nationalsozialistischen Deutschland geschaffene Einrichtung, in der „alle jungen Deutschen beiderlei Geschlechts" nach dem Schulabgang, spätestens ab dem 17. Lebensjahr, für ein halbes Jahr zu unentgeltlichen Arbeitsleistungen herangezogen wurden (vor allem Mithilfe in der Landwirtschaft, bei der Haushaltsführung in kinderreichen Familien, im Straßenbau u. Ä.) und während dieser Zeit großteils in Lagern untergebracht waren. Mit Fortdauer des Krieges traten der Charakter des Reichsarbeitsdienstes als vormilitärische Ausbildung und seine kriegsunterstützende Funktion immer deutlicher in Erscheinung.

arisiert – Bezeichnung für Güter (Wohnungen, Geschäfte, Grundstücke, Kunstwerke, Wertgegenstände), die in der Zeit des Nationalsozialismus willkürlich enteignet oder ihren zumeist jüdischen Vorbesitzer/-innen weit unter dem realen Wert abgepresst wurden

Armenhaus – aus der Tradition der kirchlichen Armenspitäler hervorgegangene Einrichtung der geschlossenen Armenpflege in Gemeinden oder Bezirken für gänzlich erwerbsunfähige, insbesondere alte und kranke Personen; mangels anderer Versorgungsmöglichkeiten wurden vereinzelt auch Kinder vorübergehend in Armenhäusern untergebracht

Asperling, auch: Asperl – kleine, braune Frucht von Weißdorn oder Mispel, Steinapfel

aufg'halten – aufbewahren; hier: aufbewahrt

auf(ge)rufen (Marken) – zur Zeit kriegswirtschaftlicher Rationierungen während des Zweiten Weltkrieges wurde jeweils öffentlich verlautbart, wann bestimmte seltene Güter verfügbar waren und somit entsprechende Marken (z. B. für Textilien, Schuhe) eingelöst werden konnten

aufdoppeln (Schuhe) – erneuern der Schuhsohle

ausgesteuert, auch: **ausg'steuert** – ausgeschlossen von Versicherungsleistungen, speziell der Arbeitslosenunterstützung, nach länger dauernder Arbeitslosigkeit (v. a. in den 1930er Jahren)

außertourlich – extra, zusätzlich; außerhalb der Regel oder des Gewohnten

Aussteuer – Brautausstattung

Bankert – abwertend für: uneheliches Kind; Kind, das nicht im Ehebett, sondern auf einer Bank/Ofenbank gezeugt wurde

Barchent – ein Baumwollgewebe, Flanell

Bärenzucker, auch: Bärendreck – Süßigkeit; Lakritze, eingedickter Süßholzsaft

Bartwisch – Handfeger, Handbesen

Bauerngüatl, von: Bauerngut – kleines bäuerliches Anwesen

BDM – Abkürzung für: Bund Deutscher Mädel; wichtigste außerschulische Erziehungsinstanz des NS-Regimes für 14 bis 18-jährige Mädchen; siehe: Hitlerjugend

bingo! – Ausruf, der zum Ausdruck bringt, dass etwas (überraschend) geglückt ist, dass etwas genau wie erwartet oder genau nach Wunsch eingetreten ist

Binkerl – Bündel, Last; auch: Bürde

Birkenreiser – dünne Birkenzweige, die zur Herstellung von Besen, aber auch zur körperlichen Züchtigung von Kindern verwendet wurden

Birnenbutz, Apfelbutz, von: Butzen – Kerngehäuse von Birne, Apfel u. Ä.

Boan, von: Bein – mundartlich für: Knochen

Bockerl(n) – Nadelbaumzapfen

Bockshörndl – längliche, braune Frucht des Johannisbrotbaums; in geriebener Form: Karobemehl

Brotherr – Arbeitgeber

Brunnenhangerl, Hangerl – Geschirrtuch, Handtuch; hier: Tuch, das zum allgemeinen Gebrauch beim Brunnen hängt

Büchel (aufs Büchel einkaufen) – aus Geldmangel wurden Waren beim Kaufmann oft nicht sofort bar bezahlt, sondern man ließ in einem Buch „anschreiben", um die Schulden erst nach Erhalt des Monatslohns zu begleichen

Buchteln, auch: Wuchteln – böhmische Mehlspeise aus Germteig, gefüllt mir Powidl (Pflaumenmus) oder Marillenmarmelade; in gefetteter Pfanne im Rohr gebacken

Buckel – hier für: Rücken

Buckelkraxe, auch: **Buckelkorb** – Rückentraggestell

Budel – Verkaufstisch in Geschäften; Theke

Bui – in Ostösterreich für: Bub, Junge

Bürgerschule – Vorgängerinstitution der heutigen Hauptschule; 1774 als „Normalschule" mit erweitertem Lehrangebot in größeren Städten eingeführt, 1869 durch das Reichsvolksschulgesetz in Bürgerschule umbenannt. Sie sollte ursprünglich v. a. Kindern kleiner und mittlerer Gewerbe- und Handelstreibender eine umfassende praxisbezogene Ausbildung vermitteln und wurde zuerst vier-, ab 1883 dreiklassig (6. bis 8. Schulstufe) geführt; seit 1927 existiert in Österreich die vierklassige Hauptschule (für die 5. bis 8. Schulstufe)

damisch – verrückt, närrisch

Dampfl – Sauerteig aus Wasser, Mehl und Salz

derliegen – im Liegen bzw. durch (unbewusstes) Darauflegen im Schlaf erdrücken

derpacken – mit etwas fertig werden, etwas schaffen, bewältigen

derreiten (nicht zum Derreiten sein) – nicht zu bändigen sein; unausstehlich sein (aufgrund von Überheblichkeit oder Selbstüberschätzung)

Dirn(e) – Magd

Dirndl – Mädchen; auch: Dirndlkleid

Döbling – 19. Wiener Gemeindebezirk

Dollfuß – Engelbert Dollfuß (1892–1934), christlichsozialer Politiker; ab 1932 österreichischer Bundeskanzler, der durch die Ausschaltung des Nationalrats und das Verbot der wichtigsten oppositionellen Parteien in den Jahren 1933/34 das parlamentarisch-demokratische System Österreichs schrittweise durch ein ständisch-autoritäres zu ersetzen versuchte; am 25. Juli 1934 wurde er im Zuge eines Putschversuchs der Nationalsozialisten ermordet

Doppelschilling – Silbermünze, die 1928 bis 1937 als Gedenkmünze geprägt wurde; als beliebtes Sammlerstück nur wenig im Umlauf

drawig (von mhd. draben = treiben) – eilig, geschäftig

Duchant, von: Tuchent – dicke, mit Federn gefüllte Bettdecke

duckmausert, von: duckmäuserisch – verängstigt, kleinlaut, unterwürfig

Eben (auf der Eben) – Talboden, Ebene (im Tal)

eing'schoppt, von: (ein)schoppen – stopfen, mästen

eingeschnittelt, von: (ein)schnitteln – (in) kleine(n) Stücke(n) abschneiden (hier: als Suppeneinlage)

einstückeln – einen Stofffleck auf eine schadhafte Stelle eines Kleidungsstücks aufnähen; einen Flicken einsetzen

Eismänner, auch: Eisheilige – die drei Kalendertage von 12. bis 14. Mai (Pankratius, Servatius und Bonifazius), die nach altem Bauernglauben gefürchtet sind, weil noch häufig Nachtfröste auftreten können

englische Krankheit – Rachitis; aufgrund von mangelhafter Ernährung und Mangel an Sonnenlicht bis ins 20. Jahrhundert hinein besonders unter Großstadtkindern aus unteren Bevölkerungsschichten verbreitete Stoffwechselerkrankung mit Knochenerweichung aufgrund von Vitamin-D-Mangel

ermangeln (etwas nicht ermangeln) – mangeln, unterlassen (hier: nicht abgehen lassen, nicht mit etwas geizen)

Essigpatscherln – in Essigwasser getränkte Wadenwickel, vor allem bei Kindern zur Fiebersenkung angewendet

etla – mundartlich für: ungefähr, rund; auch: mehr als

Fadlpassen – mundartlich für: (zumeist nächtliches) Warten darauf, dass eine Muttersau einen Wurf Ferkel zur Welt bringt

Familienkarte – vermutlich von der italienischen Bezeichnung „carta di famiglia" abgeleitete Bezeichnung für den damals erforderlichen amtlichen Heiratsbefähigungsnachweis; Bezug genommen wird hier darauf, dass die Eheschließung von Angehörigen der k. u. k. Armee bestimmten Heiratsvorschriften unterlag, u. a. der Bestimmung, dass die Partnerin von „unbescholtenem Rufe, entsprechender sozialer Bildung und Abkunft" sein musste

Fedeltag (von mhd. fedeln = übersiedeln) – traditioneller Tag des Dienstplatzwechsels der ländlichen Dienstboten am 2. Februar (Maria Lichtmess) in vielen Regionen Österreichs

Findelhaus, auch: **Findelheim** – unter Josef II. wurde im Jahre 1784 in Wien 9, Alserstr. 23 – wenig später auch in Graz, Linz und Innsbruck –, eine so genannte Gebär- und Findelanstalt eingerichtet, die eine Gebärklinik, ein Findelhaus als vorübergehende Bleibe der Säuglinge und die Verwaltung der Außenpflege in Pflegefamilien umfasste. Ledige Mütter, die sich aufgrund ihrer sozialen und ökonomischen Verhältnisse nicht in der Lage sahen, ihre Kinder zu behalten und aufzuziehen, konnten unter bestimmten Bedingungen die Neugeborenen der staatlichen Obhut überantworten (z. B. wurden, wenn die Mutter in der Wiener Findelanstalt über vier Monate Ammendienste leistete, die Pflegekosten bis zum zehnten Lebensjahr des Kindes aus einem Landesfonds beglichen).

Findelanstalten wurden vereinzelt schon im Spätmittelalter, vor allem aber ab dem 18. Jahrhundert, in nahezu allen europäischen Großstädten eingerichtet, um dem Kindsmord bzw. der Kindersterblichkeit vorzubeugen. Sie bestanden meist aus Säuglingsheim und Gebäranstalt, wo bedürftige Frauen (uneheliche) Kinder mehr oder weniger anonym und unter medizinischer Aufsicht zur Welt bringen konnten. In vielen Findelhäusern existierte schon ein Vorläufer der heutigen „Babyklappe": An der Außenmauer war eine Drehlade angebracht, in die außerhalb der Anstalt geborene Kinder hineingelegt werden konnten. Die Regelungen hinsichtlich Anonymität und anfallender Kosten für die Mütter waren international und über die Zeit hinweg keineswegs einheitlich. In der Wiener Findelanstalt bestand ein gestaffeltes Mehrklassensystem mit mehreren Zahlabteilungen und einer Unterrichtsabteilung, die für die Gebärenden unentgeltlich, jedoch primär an den Erfordernissen der Medizinerausbildung ausgerichtet war. Die Personalien der Frauen, die ihre Kinder abgaben, wurden festgehalten, aber nur intern verwendet. Die Mütter mussten nachweisen, dass die Kinder unehelich waren. Das Wiener Findelhaus wurde 1910 geschlossen; einige Funktionen übernahm daraufhin das „Niederösterreichische Landes-Zentral-Kinderheim" in Wien 18, Bastiengasse 36–38.

Finsterwern, von: Finsterwerden – Einbruch der Dunkelheit, Abenddämmerung

Fläschchen – hier: flüssige Babynahrung (die üblicherweise in einem Trinkfläschchen verabreicht wird)

flaxten, von: faxen – herumalbern

Fluder – Zu- oder Abflussrinne einer wasserbetriebenen Mühle oder Säge

Flugfeld (am Flugfeld) – Bezeichnung für eine 1918 bis 1922 entstandene Arbeitersiedlung im Norden Wiener Neustadts (wegen der Nähe zum ehemaligen Flugversuchsgelände)

Fortbildungsklassen – Fortbildungsschulen waren ein Vorläufer der heutigen Berufsschulen und boten eine Vertiefung der Volksschulbildung verbunden mit der Vermittlung berufsbezogener Kenntnisse

Fürsorgerat – bis zum Ersten Weltkrieg als „Armenrat" bezeichnete Funktion in der öffentlichen Armenversorgung Wiens; Personen mit entsprechendem Ansehen im Wohnbezirk waren sprengelweise mit Aufgaben der „offenen Armenfürsorge" betraut und z. B. für die Verteilung von Spenden, dem Ausstellen von Armutszeugnissen (z. B. für die Behandlung in Spitälern) zuständig. 1924 wurde das System reformiert; auf Basis freiwilliger Meldung und absolvierter Fürsorgekurse konnten fortan verstärkt auch Frauen und Angehörige aus den Arbeiterschichten die Position eines Fürsorgerats einnehmen; Mitte der 1920er Jahre waren dies in Wien mehr als 4500 Personen.

G'frießer – mundartlich bzw. abwertend für: schlimme, unfolgsame Kinder

g'halten – behalten

g'netzt – befeuchtet, eingeweicht

g'ramt, von: räumen

g'ratscht, von: ratschen – plaudern, tratschen

g'rittert, von: rittern (um die Gunst) – konkurrieren, rivalisieren; um die Gunst einer Person buhlen

g'scheits (koa g'scheits Getreide) – geeignet, nützlich (kein brauchbares, vollwertiges Getreide)

g'schummelt, von: (hin und her) schummeln – hier: umherschieben, herumkommandieren

g'spieben, von: speiben, speien – sich übergeben, erbrechen

g'spitzt, von: spitzen (auf etwas/jemanden) – ein Auge auf jemanden werfen, etwas anstreben

g'walkt, von: walken – spezielle Form der Wollverarbeitung, bei der ein Vliesstoff u. a. durch Wälzen, Pressen und Schlagen zum Verfilzen gebracht und dadurch dichter, (reiß)fester gemacht wird

gach – mundartlich für: jäh, plötzlich, auf einmal

galoppierend; Galoppierende – schnell verlaufend; Endstadium der Lungentuberkulose

Gasrechaud – Gaskocher

Gasslburschen (von: gasseln = fensterln) – Burschen, die (einzeln oder in Gruppen) nachts die Fenster der Schlafkammern von unverheirateten Frauen und Mädchen im Dorf aufsuchen, um mit ihnen durch Plaudern, Singen und Scherze aller Art in näheren (eventuell auch sexuellen) Kontakt zu kommen

Gassigehen – (in Städten) das regelmäßige Ausführen von Hunden auf die Gasse, äußerln führen

Gatterist – Vorarbeiter im Sägewerk

geschafft, von: schaffen – befehlen, anschaffen

Gewerke – Bergbau- oder Metallverarbeitungsgenossenschaft; Besitzer eines Bergwerks; hier: Teil eines Firmennamens

Göd – Tauf- oder Firmpate

Godn – Tauf- oder Firmpatin

Göpel – Antriebsvorrichtung, welche die Kraft von eingespannten Zugtieren, die im Kreis gehen, auf eine Maschine überträgt

Grammeln – Grieben, ausgebratene Fett- bzw. Speckwürfel

Granl, von: Gran – sehr kleines Gewicht; etwas Kleines, Winziges, hier: die Perlen eines Rosenkranzes

grasen – hier: jäten, Unkraut entfernen

Groß-Frauentag, auch: Großer Frauentag, Hoher Frauentag – das kirchliche Fest Mariä Himmelfahrt am 15. August

Gschrapperl – kleines Kind

Gschrettl, auch: **Schrettl** – kleines Stück, Abschnitt (hier: von geräuchertem Fleisch)

Gselcht's – geräuchertes Fleisch, Selchfleisch

Gspusi – Liebschaft, Verhältnis; Geliebte(r)

Gutsteher – Bürge

Hafendeckel, von: Häfendeckel – Topfdeckel

Haggl, von: Haken – hier: hakenförmig gekrümmte Feder als Hutschmuck

Hanf – hier bzw. mundartlich öfter für: Flachs

harbern – aus feinem Bauernleinen

Haslinger – Haselstock, Prügel

Haxerl – kurze(s), dünne(s) Bein(e), Beinchen

Heanavieh, von: Hühnervieh

Heimatschein – amtliche Bescheinigung über die Zugehörigkeit einer Person zu einer Gemeinde (vor allem durch Geburt oder Verehelichung, vereinzelt durch Erlangung eines öffentlichen Amtes oder offizielle Aufnahme) und die damit verbundenen Rechte wie v. a. der ungestörte Aufenthalt und die Armenversorgung (nach dem Heimatrecht von 1863); Sozialleistungen waren bis zur Einführung des Staatsbürgerschaftsnachweises im Jahr 1939 an das Heimatrecht gebunden, d. h. die Heimatgemeinde (bei unehelichen Kindern in der Regel die Geburtsgemeinde der Mutter) musste für Hilfsbedürftige aufkommen

Heimwehr, auch: Heimatwehren, Heimatschutz – Sammelbegriff für verschiedene, meist länderweise organisierte, bewaffnete Verbände des Bauern- und Bürgertums, entstanden nach dem Ersten Weltkrieg in den Nationalitätenkämpfen, vor allem in Kärnten 1919. Ende der 1920er Jahre entwickelten sich die Heimwehren zu einer politischen Kampfbewegung. Am Vorbild des italienischen Faschismus ausgerichtet, traten sie im Programm von Korneuburg (1930) für eine diktatorische, am Führerprinzip ausgerichtete Staatsführung und einen ständischen Gesellschaftsaufbau („Austrofaschismus") ein. Unter ihrem Bundesführer Fürst Ernst Rüdiger Starhemberg unterstützten die Heimwehren 1933/34 Bundeskanzler Engelbert Dollfuß bei der Errichtung eines autoritären Regierungssystems und waren wesentlich an der Niederschlagung des Februaraufstands des Republikanischen Schutzbundes 1934 beteiligt. 1936 wurden die Heimwehren in die „Vaterländische Front" eingegliedert.

heint – heute

Hendlfutter – Hühnerfutter

hiaz – jetzt

Himmelsakrament – hier: Elan, Ungestüm

hin – kaputt

Hinterlandstachinierer – in der Zeit des Zweiten Weltkriegs übliche, abschätzige Bezeichnung für wehrfähige Männer, die v. a. aufgrund guter Beziehungen zur NSDAP eine Einberufung zum Kriegsdienst oder einen Einsatz an vorderster Front vermeiden konnten

Hitlerjugend, HJ – 1926 von der NSDAP gegründete und später im „Dritten Reich" einzige zugelassene Jugendorganisation und somit zentrale Institution der weltanschaulichen Erziehung von Kindern und Jugendlichen. Die Hitlerjugend war nach Alter und Geschlecht in vier Formationen unterteilt: „Deutsches Jungvolk" („Pimpfe") und „Jungmädelbund" für die 10- bis 14-jährigen Buben und Mädchen; die eigentliche „Hitlerjugend" und der „Bund Deutscher Mädel" (BDM) für die 14- bis 18-jährigen Burschen und Mädchen. Wie alle anderen Einrichtungen des NS-Staates war die Hitlerjugend am Führerprinzip orientiert und hierarchisch gegliedert in: „Schaft", „Schar", „Gruppe", „Ring", „Bann", „Gebiet", „Reichsjugendführung". Formell war die Mitgliedschaft bei der Hitlerjugend bis 1939 freiwillig, allerdings bestand vielerorts ein sozialer Zwang zur Teilnahme.

Holz(ver)gaser – im Zweiten Weltkrieg und danach (wegen allgemeinen Treibstoffmangels) gebräuchlicher Kraftfahrzeugtyp, der mit einem Holzgasgenerator angetrieben wurde

Honneur(s), die Honneurs machen – Gäste empfangen, willkommen heißen; Ehrenbezeigung

Huabn, von: Hube – kleineres bäuerliches Anwesen

Humor – hier für: Charakter, Wesen

Hund (jemandem einen Hund antun) – hier: Bosheit, Gemeinheit; jemandem bewusst einen Schaden zufügen, Schwierigkeiten machen

Illegaler – Mitglied der Nationalsozialistischen Deutschen Arbeiterpartei (NSDAP) oder einer ihrer Unterorganisationen in der Zeit zwischen dem Verbot der Partei in Österreich (aufgrund vermehrter terroristischer Aktivitäten) am 19. Juni 1933 und ihrer Machtergreifung am Abend des 11. März 1938

Illyrerin – Angehörige eines Volksstamms, der in der Antike das Gebiet des heutigen Dalmatiens bewohnte

im Holz – bei Holzarbeiten, im Wald

Immaculata – die Unbefleckte; Beiname Marias in der katholischen Lehre

Inwohnerleute, auch: Inleute, Inmann, Inwohner – Landbevölkerung ohne eigenen Grundbesitz; Personen, die auf einem Bauernhof lebten und für die Unterkunft jährlich eine bestimmte Arbeitsleistung für den Bauern erbringen mussten

Janker – Jacke, Trachtenjacke

Kaiberl – Kälbchen

Kastl, von: Kasten – kleinerer Schrank, Kommode u. Ä.

Kinderheim – angesprochen ist das nach Schließung des Wiener Findelhauses 1910 gegründete „Niederösterreichische Landes-Zentralkinderheim", ab 1922 „Zentralkinderheim der Stadt Wien" in Wien 18, Bastiengasse 36–38

Kinderübernahmestelle, auch: **KÜST** – 1925 von Julius Tandler, dem Wiener Stadtrat für Wohlfahrtswesen, gegründete und in einem Jugendstilneubau in Wien 9, Lustkandlgasse 50, untergebrachte Einrichtung mit der Aufgabe, alle der Gemeinde zur Fürsorge übergebenen Säuglinge, Kinder und Jugendlichen aufzunehmen, zu beobachten und weitere Fürsorgemaßnahmen für sie einzuleiten, z. B. sie an geeignete Pflegeeltern zu vermitteln. Die Zusammenziehung all dieser Aufgaben in einer Einrichtung war europaweit eine Neuheit und unterschied die Kinderübernahmestelle auch von ihren direkten Vorgängerinstitutionen (Kinderasyle im 5. und 12. Bezirk) Ab den 1960er Jahren verlagerte sich der Schwerpunkt der Arbeit mehr auf die psychologische Betreuung der Jugendlichen sowie auf die Neuorganisation der Jugendbetreuung in familienähnlichen Kleingruppen. Ab den 1990er Jahren übernahmen so genannte „Krisenzentren" in allen Wiener Bezirken die Funktion der Unterbringung und Betreuung sozial hilfsbedürftiger Kinder; im Gebäude der ehemaligen Kinderübernahmestelle befindet sich nunmehr das „Julius-Tandler-Zentrum" mit vorwiegend administrativen Aufgaben im Fürsorgebereich.

Kirchboden – Bezeichnung für einen Ortsteil von Wagrain (Salzburg), der um eine ehemals am Ortsrand errichtete Kirche entstand

Kleinkeuschler, auch: Häusler – Bewohnerinnen und Bewohner von kleinen ländlichen Anwesen, die nur über wenig oder gar keinen eigenen Grund verfügen und ihren Lebensunterhalt wenigstens zum Teil als Tagelöhner bei größeren Bauern verdienen

Kletzenbrot – traditionell in der Vorweihnachtszeit gebackenes Früchtebrot mit gedörrten Birnen (Kletzen) und Gewürzen

kliaben, von: klieben

kluag, von: klug – mundartlich hier für: rar, selten; sparsam

Knöpfelzieher – Gerät zum Öffnen und Schließen von speziellen Mädchenschuhen

Knüppelwerfen, auch: Knittelwerfen – (v. a. im südlichen Oberösterreich verbreitetes) altes Wurfspiel mit einem etwa ein Meter langen Stock auf ein festes Ziel

Koedukation – gemeinsame Erziehung von Knaben und Mädchen in gemischtgeschlechtlichen Schulklassen

Komitat – Verwaltungsbezirk in Ungarn

Konstabler – Wachmann, Polizist

Körndlbäuerin – Bäuerin eines (relativ wohlhabenden, über viel fruchtbares Ackerland verfügenden) Hofes, auf dem hauptsächlich Getreide angebaut wird und der nicht wie die „Hörndlbauern" im Gebirge vorwiegend auf Viehwirtschaft angewiesen ist

Kostgeher, auch: Kostgänger – Person, die bei einer fremden Familie regelmäßig verpflegt wird und oft auch dort untergebracht ist

Kotze(n) – grobe, dicke Wolldecke

Kracherl – Limonade

Krätze(n) – hier: Schorf; Wundkruste

Kreuzschwestern – Kongregation der Barmherzigen Schwestern vom Heiligen Kreuz; Mitte des 19. Jahrhunderts in der Schweiz gegründeter und ab 1860 in Österreich, vor allem in den Bereichen Erziehung, Schule sowie Alten-, Armen und Krankenpflege, tätiger Frauenorden

Kuchldirn – Küchenmagd

Kummet – gepolsterter Bügel um den Hals von Zugtieren

Kurator – veraltet für: Vormund

kuriert – hier: gezähmt, zur Raison gebracht

KÜST – siehe: Kinderübernahmsstelle

Lacke – Pfütze, Lache

Lackl – groß gewachsener, evtl. auch grobschlächtiger Jugendlicher oder Mann

Lamplschwoaf (zittern wie ein L.) – Lammschweif (vor Angst oder Kälte stark zittern)

Landflucht – hier speziell für die NS-Zeit: Schon 1935 wurde im Deutschen Reich ein „Gesetz zur Befriedigung des Bedarfs an Arbeitskräften in der Landwirtschaft" erlassen, um die während der 1930er Jahre ständig steigende Abwanderung von Arbeitskräften aus der Landwirtschaft zu bremsen; in der Praxis wurde es jedoch häufig umgangen. Nach dem „Anschluss" im März 1938 verstärkte sich auch die Abwanderungsbewegung aus den ländlichen Gebieten der damaligen „Ostmark" massiv, sodass die Arbeitsämter durch einen Erlass des Reichsstatthalters Josef Bürckel im Februar 1939 angehalten wurden, notfalls Arbeitskräfte zur Dienstleistung in bestimmten Bereichen zu verpflichten. Danach bedurfte jeder Arbeitsplatzwechsel der Genehmigung durch das Arbeitsamt. Als die Rekrutierungen für den Kriegsdienst den Arbeitskräftemangel noch verschärften, wurde außerdem durch Einführung verschiedener Hilfsdienste (Pflichtjahr, Reichsarbeitsdienst, HJ-Land-dienst, Erntehilfe) und später durch den Einsatz von Kriegsgefangenen und Zwangsarbeiterinnen und -arbeitern versucht, die Lebensmittelversorgung zu gewährleisten.

Landser – Bezeichnung für den deutschen Soldaten, besonders im Zweiten Weltkrieg

Lanz-Bulldog – schwere Zugmaschine, Traktortyp der deutschen Landmaschinenfirma Lanz, hergestellt ab 1921

Lauser – Lausbub, Knirps

Leberkäse – Fleischkäse; Gericht aus fein gehacktem Fleisch, Speck und Gewürzen, das gebacken und in Scheiben geschnitten (oder kurz angebraten) serviert wird

Leibream, von: Leibriemen – Gurt, Gürtel, hier speziell: breiter, schön verzierter Gürtel der regionalen Tracht

Leiten, Leite – Hang, Abhang

Leutl – mundartlich (auch im Singular) für: Mensch(en)

load tan, von: leid tun

Lohdarm – Bezeichnung für einen genetischen Defekt, der bedingt, dass Säugetiere ohne Darmausgang zur Welt kommen; hier vermutlich im übertragenen Sinn für ein vergeblich erhofftes Erbteil

lösen – hier: einen Erlös einbringen, einen Gewinn erzielen

Lulu machen – kindersprachlich für: urinieren, Harn lassen

Machler – handwerklich begabter Mensch, Bastler

maliziös – böswillig, arglistig

Mausbeandln, vermutlich von: Mausbohnen – Exkremente von Mäusen

Mausköpf(er)l – Nägel mit größeren, abgerundeten Köpfen, die an den Rändern der Schuhsohlen eingeschlagen wurden, um diese vor Abnützung zu schützen und beim Auftreten besseren Halt zu gewährleisten

Menageschalen – Essgeschirr beim Militär

Mensch, im Plural: Menscher, Menscha – mundartlich für: Mädchen, junge Frau (gelegentlich auch leicht abwertend gebraucht)

Menschakammer, auch: **Menscherkammer** – Schlafraum der Mägde auf einem Bauernhof

Milchzentrifugieren – Verfahren der Trennung des Rahms von der Milch durch die Drehbewegung einer (damals manuell angetriebenen) Zentrifuge

Moam, von: Muhme (mhd. muome) – weibliche Verwandte, auch allgemein für: ältere Frau

Moarknecht, von: Maierknecht – Bezeichnung für jenen Knecht, der in der Hierarchie der Dienstboten eines Hofes an erster Stelle steht

mongoloid – umgangssprachliche Bezeichnung für eine genetisch bedingte Behinderung (Down-Syndrom, Trisomie 21)

Müasl, von: Mus, Müslein – hier: in Fett geröstetes Roggenmehl

Nachzipf – Wiederholungsprüfung (am Beginn eines Schuljahres)

neama – nicht mehr, nimmer

neamd – niemand

Neberlgeld – vermutlich: Neben-, Zuverdienst

Nervenschock – umgangssprachliche Bezeichnung für eine schockartige Reaktion auf ein emotional stark belastendes Ereignis

Nikolo – Fest des heiligen Nikolaus am 6. Dezember

Oberlichte – (in Wien) kleines Fenster über einer Tür

obi – hinunter

paletti, alles paletti – alles in Ordnung

Pamerantschen, auch: Pomeranze (von frz. pomme d'orange) – Orange

Parere – ärztliches Gutachten

passen – auf etwas (ungeduldig) warten; jemandem auflauern

Patzen – Stockhiebe auf die Hände, die der Lehrer den Schülern bei Ungehorsam erteilte

Penicillin – erstes wirksames Antibiotikum, das die medizinische Behandlung bakterieller Infektionskrankheiten revolutionierte; der vom britischen Bakteriologen Alexander Fleming 1929 entdeckte Schimmelpilz mit antibakterieller Wirkung wurde im Lauf des Zweiten Weltkriegs chemisch modifiziert und ab 1944 großtechnisch produziert, stand aber bis knapp vor Kriegsende nur den US-amerikanischen Streitkräften zur Verfügung; in Österreich war das Medikament in den ersten Nachkriegsjahren noch kaum erhältlich

Petrinum – katholisches Gymnasium für Knaben in Linz, gegründet 1895

Pferderevision – in regelmäßigen Abständen stattfindende, öffentliche Überprüfung des physischen Allgemeinzustands der Pferde einer Gemeinde zur Festlegung bzw. Anpassung ihres aktuellen Versicherungswerts

Pflichtjahr – in der Zeit des Nationalsozialismus mussten alle unverheirateten Frauen zwischen dem 18. und 25. Lebensjahr vor dem Eintritt ins Erwerbsleben (ausgenommen Arbeitsplätze in der Land- und Hauswirtschaft) für die Dauer eines Jahres verpflichtend einen Dienst verrichten, vor allem auf Bauernhöfen oder in kinderreichen Familien; ein bereits absolvierter Reichsarbeitsdienst oder freiwillige Hilfsdienste, Erntehilfe u. Ä., konnten auf dieses vorgeschriebene Jahr angerechnet werden; das Pflichtjahr wurde 1938 zum Ausgleich des Arbeitskräfteabflusses aus der Landwirtschaft eingeführt und 1943 auf alle unverheirateten und nicht berufstätigen Frauen dieser Altersgruppe ausgeweitet

Pfoad, von: Pfeid – Hemd (aus grobem Bauernleinen)

Pitscherl (von mhd. bietsche = Gefäß) – kleines (Blech-)Gefäß

Polacken – (eher abwertende) Bezeichnung für polnische Staatsangehörige

Polentasterz – gekochter Maisgrieß

Postarbeit – eilige, dringende Arbeit

Radlbock – Scheibtruhe, Schubkarren

Raufe(n) – Futterkrippe

rausgekauft, von: herauskaufen – sich von einer bestimmten Schuld „freikaufen" (im Sinne von Bestechung, Schmiergeldzahlung)

rayoniert – umgangssprachliche Bezeichnung für die (in Zeiten der Kriegswirtschaft) eingeschränkte Zuteilung von Lebensmitteln an einzelne Bezirke oder Geschäfte je nach der Zahl der dort gemeldeten Bezugsberechtigten

rean – weinen

Reiter – Getreidesieb

Revers – schriftliche Verpflichtungserklärung, insbesondere bei der Entlassung aus einem Spital auf eigene Verantwortung

Riegeln – Striemen, Schwielen

Roas, von: Reise(n)

Rotzrammeln – eingetrocknetes Nasensekret

Rüahra, von: Rührer – mundartlich für: Bewegung, Mucks

Rüböl (von mhd. rübse = Raps) – ungenießbares (vor allem für Lampen verwendetes) Öl aus den Samen der Rapspflanze

rupfern – aus grobem Bauernleinen

SA – Abkürzung für: Sturmabteilung; 1920 v. a. als Saalschutz bei Veranstaltungen gegründete, uniformierte und bewaffnete Kampftruppe der NSDAP, die 1932 in Deutschland mehr als 200.000 Mitglieder hatte; nach der Machtergreifung übernahm sie die Funktion einer Hilfspolizei, und die Zahl ihrer Mitglieder wuchs auf rund 700.000. Nach Konflikten um die Rolle der Organisation wurde die SA entmachtet und ihre Führung in der Nacht vom 30. Juni auf den 1. Juli 1934 unter dem Vorwand eines geplanten Putsches („Röhm-Putsch") ermordet; als politischer Machtfaktor wurde die SA von der SS abgelöst, sie existierte aber an der Basis weiter und entfaltete dort ihr Macht- und Gewaltpotential, u. a. auch bei den Ausschreitungen gegen die jüdische Bevölkerung und politisch Andersdenkende rund um den deutschen Einmarsch in Österreich und beim Novemberpogrom 1938; offiziell übernahm die SA fortan Aufgaben wie die Wehrertüchtigung Jugendlicher; darüber hinaus waren ihre Mitglieder, soweit Sie nicht zum Kriegsdienst eingezogen waren, als Propaganda- und Kontrollorgane im Verhältnis zwischen Partei und Bevölkerung tätig

Sag – Säge, Sägewerk

sakrisch – hier: sehr, gewaltig

Saudirn – Schweinemagd

schaffen – veraltet für: anschaffen, befehlen

schatzen – reden, plaudern

Schildhahnfeder, auch: **Schildhahnhaggl** – hakenförmig gebogene Feder des Birkhahns (auch: Schildhahn, Spielhahn), die den Heimwehrverbänden in der Zwischenkriegszeit als Hutschmuck diente

Schinder, siehe: Abdecker

Schinderei – anstrengende, schwere Arbeit, Plackerei

Schlapfen – Hausschuhe, Schlappen

Schlegerling – Schleim, Auswurf

Schluf (von mhd. schliefen = durchschlüpfen, sich durchzwängen) – enger, schwer passierbarer Durchgang

schnabelte (aufi), von: hinaufschnabeln – (frech) zurückreden, aufmucken

Schnellfeuerhose – overallähnliches Kleidungsstück für Kinder mit einer Öffnung zwischen den Beinen; Unterhosen, die im Schritt offen waren

Schock, auch: **Schöckerl** (a Schöckerl Kinder) – ein paar Kinder (nach einem alten Zählmaß; 1 Schock = 60 Stück)

Schott(en)suppe – Schotten ist ein aus Buttermilch hergestelltes, quark- bzw. topfenähnliches Milchprodukt, das, in gesalzenem Wasser (evtl. mit etwas Rahm) oder in einer Milchsuppe verrührt, zum Frühstück oder anderen Tagesmahlzeiten zubereitet wurde

Schrunden – kleinere Verletzungen, z. B. Risse in der Haut, Blasen

Schuach, von: Schuh(e)

schuftig – gemein, niederträchtig, schäbig; hier auch: geizig

Schuschnigg – Kurt Schuschnigg (1897–1977), christlichsozialer Politiker und letzter österreichischer Bundeskanzler (1934-38) vor dem „Anschluss" Österreichs an das Deutsche Reich im März 1938

Schusterlaberl – rundes (mit Kümmel bestreutes) Gebäck, überwiegend aus Weizenmehl

Schutzbund – Republikanischer Schutzbund, 1923/24 aus den Ordnerformationen der Sozialdemokratischen Arbeiterpartei gebildete paramilitärische Organisation, die in der Ersten Republik ein Ausdruck der Wehrfähigkeit der Arbeiterschaft und ein Gegengewicht zu dem von den Christlichsozialen beherrschten Bundesheer und den Heimwehren darstellen sollte; im März 1933 wurde der Republikanische Schutzbund von der Regierung Dollfuß formell aufgelöst, blieb aber illegal bestehen und leistete in den Februarkämpfen (12. bis 15. Februar 1934) in mehreren Bundesländern offenen militärischen Widerstand gegen die zusehends autoritär operierende Regierung

schwarz (arbeiten) – illegal, nicht angemeldet; den gesetzlichen Vorschriften widersprechende Arbeiten verrichten

Schwelle – hier: Hindernis, Schwierigkeiten, ausweglose Situation, Fettnäpfchen

Schwung (ein Schwung Junge) – eine Handvoll, ein paar Junge (Jungtiere); Wurf

Sechserl – ursprünglich (bis 1857) Bezeichnung für eine Münze im Wert von sechs Kreuzern (1 Gulden = 60 Kreuzer), auch Doppelgroschen genannt; die populäre Bezeichnung überdauerte mehrere Währungsreformen und wurde nach der Umstellung aufs Dezimalsystem zuerst auf die 10-Kreuzer-Münze, nach 1892 auf die etwa gleichwertige 20-Heller-Münze übertragen und war teilweise bis 1938 noch für die 10-Groschen-Münze gebräuchlich

Sechterboden (vermutlich von: Sechter = gebundenes Holzgefäß, Eimer, Kübel; mundartlich auch für: Säufer; Nachttopf) – hier: als eher willkürlich gebrauchtes Reimwort (mit nicht näher bestimmbarer, abfälliger Konnotation) in einem Spottvers verwendet

Semmelteig – teigähnliche Masse aus Semmeln (Brötchen, Weißbrot), die in Milch aufgeweicht und mit Dotter u. a. vermischt wurden

Simperl – flacher, geflochtener Korb als Behältnis für Brotlaibe während des Backens

sitzen (müssen) – hier: zu einer Gefängnisstrafe verurteilt werden; eine Haftstrafe verbüßen (absitzen)

Söller – hier: zentraler Raum im Obergeschoß eines Bauernhofs mit den Zugängen zu den Schlafkammern der Dienstboten und der Bauersleute

Sommerbefreiung, auch: **Summabefreiung** – aufgrund starker Widerstände (z. B. des Bauernstands) gegen die im Reichsvolksschulgesetz von 1869/70 festgeschriebene allgemeine Unterrichtspflicht eröffnete eine Novelle von 1883 Möglichkeiten für „gekürzten" Unterricht, die vor allem den Einsatz von Kindern bei Arbeiten in der Landwirtschaft zu besonders arbeitsintensiven Zeiten gewährleisten sollten. So konnte der Schulbesuch von Kindern ab der siebenten Schulstufe in der Zeit zwischen Ostern und Allerheiligen auf Antrag der Erziehungsberechtigten weitgehend reduziert werden, wobei die informellen, örtlichen Vereinbarungen zwischen Lehrern und Dorfverantwortlichen den offiziell vorgesehenen Rahmen noch überschreiten konnten; offiziell waren solche Schulbesuchsbefreiungen in Österreich bis zum Schulpflichtgesetz von 1962 möglich

spanischer Stock – Rohrstock, Rohrstaberl

Sparherdzimmer – notdürftig eingerichteter Einzelraum, v. a. in Werks- und Sozialwohnungen, mit einem kleinen Herd als Heiz- und Kochgelegenheit in einem

Speis, von: Speisekammer – kleiner Raum zum Aufbewahren von Lebensmitteln

Springginkerl – kleines, körperlich schwaches, aber sehr lebhaftes Kind

Spund – hier: junger, unerfahrener Mann

Stalinorgeln – von deutschen Soldaten aufgrund der charakteristischen Begleitgeräusche geprägte Bezeichnung für die von der Roten Armee im Zweiten Weltkrieg verwendeten Mehrfachraketenwerfer der Typen BM 8 und BM 30

Stanitzel – (spitze) Tüte

Starhemberger – Bezeichnung für Angehörige der Heimwehrverbände in der Ersten Republik und im Ständestaat; nach dem oberösterreichischen Heimwehrführer Ernst Rüdiger Starhemberg (1899–1956)

stark (Arbeit, Posten, Dienstplatz) – hier: schwer, anstrengend, anspruchsvoll

Stoandl(n) – Steinchen

Stör(arbeit), auch: **auf die Stör gehen** – Arbeit, die ein Gewerbetreibender im Hause des Kunden verrichtet

Störschuasta, Störschneider – Handwerker, die Produkte nicht in einer eigenen Werkstätte, sondern im Haus ihrer Kunden herstellten und dort für die Dauer ihrer Arbeit dort auch Unterkunft und Verpflegung fanden, „störten" die ehemals herrschende Zunftordnung

Strechen – Strechental, vom Strechenbach durchflossenes Gebirgstal in der Obersteiermark

Summabefreiung, siehe: Sommerbefreiung

Sutzel, auch: Zutzel – ein kleines Stück Brot wurde in einen Leinenfleck gewickelt (fallweise auch in Alkohol oder in einem Absud von Mohnkapseln getaucht) und Kleinkindern als Sauger in den Mund gesteckt, um sie ruhig zu stellen

Tafelbett – zusammenklappbares Bett, das tagsüber als Arbeits- oder Abstellfläche dient

Tandler – Trödler, Händler, Ladenbesitzer

Taschenfeitel – Taschenmesser

Tenn, von: Tenne

Tram – Deckenbalken

Tramboden – Balkendecke

Troad – Getreide

Troadkasten – Getreidespeicher (in Form eines einzeln stehenden Gebäudes)

Tröpferlbad – öffentliches Brausebad mit Duschen und Wannebädern in Wien; Volksbäder waren in europäischen Großstädten von der Mitte des 19. Jahrhunderts bis zum verstärkten Einbau von Badezimmern in Privatwohnungen ab Mitte des 20. Jahrhunderts die zentrale Einrichtung für Körperhygiene)

Tross – Nachhut, Gefolge; für Gepäckstransport, Ausrüstung und Verpflegung zuständige militärische Einheit

uk-gestellt – abgekürzt für: unabkömmlich; (vorläufige) Zurückstellung vom Kriegsdienst im Zweiten Weltkrieg aus besonders berücksichtigenswerten Gründen, v. a. für Landwirte und Beschäftigte in „kriegswichtigen" Betrieben

umadum (-liegen, -schauen, -steigen usw.) – mundartlich für: umher

Umaziager, von: Herumzieher – wandernde Handwerksburschen, Bettler, Arbeitslose

ums Weg sein – in der Nähe, in Sichtweite sein

Untersteier, auch: Untersteiermark, Südsteiermark – südlich der aktuellen steirisch-slowenischen Grenze gelegenes und den östlichen Teil Sloweniens bildendes Gebiet zwischen Mur und Save, u. a. mit den Städten Marburg (Maribor), Cilli (Celje) und Pettau (Ptuj); das Gebiet war Teil der österreichisch-ungarischen Monarchie und wurde im Friedensvertrag von St. Germain 1919 dem Königreich der Serben, Kroaten und Slowenen (SHS-Staat) zugesprochen

Urania(filme) – 1897 vom Niederösterreichischen Gewerbeverein nach deutschem Vorbild gegründete Einrichtung zur Förderung der Volksbildung; neben der Errichtung von Volkshochschulen bemühte man sich früh um den Einsatz und den Verleih neuer Medien (Lichtbild, Film) für Bildungszwecke

verhutzelt – alt und zusammengeschrumpft, faltig

verkutzte, von: sich verkutzen – sich verschlucken

versündt – mundartlich für: versündigt

verzaht (von mhd. zärren = zerren, schleppen) – mundartlich für: entwenden, verstecken, verschleppen, verführen

verzunden – hier: verschlungen, rasch konsumiert

vür – mundartlich für: vor

vüra – mundartlich für: hervor, heraus

vüratraut, von: hervortrauen – hervorgewagt

vüri – mundartlich für: nach vorne

vürkemma, von: vorkommen – hier: vorgekommen

Waffen-SS – ab Oktober 1939 verwendete Bezeichnung für eine auf die Person des Führers Adolf Hitler angelobte militärische Elitetruppe im Dritten Reich, die aus der bereits 1933 als persönliche Schutztruppe gegründeten „Leibstandarte-SS Adolf Hitler" hervorging, aber auch die anderen SS-Verbände formell umfasste. Die Waffen-SS bildete quasi eine vierte Kampfeinheit neben Luftwaffe, Marine und Wehrmacht, deren Befehlsgewalt sie nur zum Teil unterstellt war. Während bis zum Beginn des Zweiten Weltkrieges ein strenges Ausleseverfahren nach rassischen, körperlichen und ideologischen Kriterien angewandt wurde und die Waffen-SS zu diesem Zeitpunkt rund 40.000 freiwillige Mitglieder umfasste, erhöhte sich deren Zahl – wohl auch aufgrund offensiverer Rekrutierung (auch unter Angehörigen fremder Nationalitäten) und trotz überdurchschnittlich hoher Verluste im Kampf – auf bis zu 900.000 Mann im Herbst 1944.

Walzbrüder – Handwerksgesellen auf Wanderschaft

Wasserschiff – Teil des traditionellen gemauerten Küchenherdes für die Aufbereitung von Warmwasser

Wean, von: Wien

wegzahlen (für ein Kind) – Alimente bzw. Kostgelt für den Unterhalt eines Kindes vom eigenen Lohn abziehen

Weiberleut – Bezeichnung für die Gesamtheit der weiblichen Bewohnerinnen (Dienstboten) eines Bauernhofes

weitschichtig (verwandt) – entfernt verwandt

weng, a weng(l) – mundartlich für: wenig, ein wenig

Wickerl, auch: **Wicki** – Koseform von Ludwig

Wiesbaum – Holzbloch zum Beschweren der Heufuhre beim Transport; auch: Heubaum, Fuderbaum

Windische – hier für: Slowenen

Winterhilfswerk – 1933 gegründete, der NSV (Nationalsozialistische Volkswohlfahrt) und dem Propagandaministerium unterstellte Sozialeinrichtung des NS-Staates, die vor allem durch regelmäßige, breit angelegte Haus- und Straßensammlungen für verschiedene karitative und kriegsdienliche Zwecke öffentlich in Erscheinung trat und durch ihre Aktionen das Bild von einer solidarischen Volksgemeinschaft im Dritten Reich bekräftigte

Wolferltreiben – Spiel mit einem Kreisel

Wuzerl – rundliches (wohlgenährtes) Kind oder kleines Ding

z'Rean kemma, von: zum Rean kommen – zu weinen beginnen, in Tränen ausbrechen

z'samg'haut, von: zusammenhauen – zerschlagen, zerstören, schwer beschädigen

Zehrgeld – Verpflegungsgeld für Dienstreisen, Botengänge u. Ä.

Ziachschlittn, von: Ziehschlitten – massiver Schlitten für den Holztransport im Winter

Zinnpest, auch: Zinnfraß – silberweißes Zinn erfährt bei niedrigeren Temperaturen (unter 13,2 ° Celsius) eine chemische Umwandlung, die sich in schwarzen Flecken und Bläschen an der Oberfläche bemerkbar macht und einen langsamen Zerfall in graues Pulver bedingt

Zitze (Leintuch) – Zipfel

zuag'schmiert – mundartlich für: zugetan, zugeneigt, innig verbunden

zuag'schnieben, von: zugeschneit, zuschneien – so ausgiebig schneien, dass sich eine geschlossene Schneedecke bildet, die längere Zeit erhalten bleibt

zuag'wachelt, von: zuwacheln – zuwinken

zualosn – zuhören

Zubuße – über ein gewohntes Maß hinaus gewährter Zuschuss an Speisen, Geld u. Ä.

Zugin – Ziehharmonika

zulassen (Tiere) – decken lassen

Zwutschkerl – Bezeichnung für ein sehr kleines Kind oder Lebewesen

„Damit es nicht verlorengeht ..."

ist ein Leitmotiv vieler Menschen, die sich im fortgeschrittenen Alter verstärkt mit ihrer Lebensgeschichte beschäftigen und selbst Erlebtes in der einen oder anderen Form zu dokumentieren versuchen. Daran orientiert sich der Titel dieser Buchreihe, die seit 1983 besteht und vom Verein „Dokumentation lebensgeschichtlicher Aufzeichnungen" herausgegeben wird. Anhand von persönlichen Lebenserinnerungen sollen Einblicke in vergangene Lebens-, Arbeits- und Beziehungsverhältnisse sowie in Mentalitäten und Denkweisen gegeben und das vielfältige Alltagswissen älterer Menschen überliefert werden. Die Bücher sollen zur Auseinandersetzung mit historischen Veränderungen in allen Gesellschaftsbereichen, mit den Lebensgeschichten anderer Menschen und mit lebensweltlichen Unterschieden zwischen Generationen, gesellschaftlichen Schichten, zwischen Frauen und Männern usw. anregen. Besonderes Augenmerk gilt den Erfahrungswelten von Menschen und Bevölkerungsgruppen, die in der Öffentlichkeit im Allgemeinen weniger Beachtung oder sogar Ausgrenzung erfahren.

Mit den lebensgeschichtlichen Editionen dieser Buchreihe wollen wir Menschen außerdem dazu ermuntern, eigene Lebenserinnerungen schriftlich festzuhalten und so für die die persönlichen Nachkommen wie für künftige Generationen aufzubewahren. Denn solche Aufzeichnungen sind auch über den privaten Familienkreis hinaus von Interesse. In vielen Bereichen der Bildungsarbeit und in verschiedenen sozial- und geisteswissenschaftlichen Fächern gewinnen autobiographische Texte als sozial-, kultur-, und zeitgeschichtliche Quellen zusehends an Bedeutung. Aus diesem Grund wurde am Institut für Wirtschafts- und Sozialgeschichte der Universität Wien die „Dokumentation lebensgeschichtlicher Aufzeichnungen" eingerichtet, ein Textarchiv, in dem schriftliche Lebensaufzeichnungen aller Art (Autobiographien, kürzere Erinnerungstexte, Tagebücher, Familiengeschichten, Chroniken usw.) gesammelt und – in kopierter Form – aufbewahrt werden.

Die Leserinnen und Leser sind eingeladen, Beiträge zu dieser Textsammlung zu leisten, indem sie eigene lebensgeschichtliche Texte oder überlieferte Aufzeichnungen von Vorfahren einsenden. Wir freuen uns auch über jeden Kontakt zu schreibfreudigen Menschen, die sich durch unser Motto angesprochen fühlen. In diesem Sinn bitten wir auch darum, das Anliegen unserer Sammlung an interessierte Personen weiterzugeben bzw. uns auf lebensgeschichtliche Manuskripte in Privatbesitz aufmerksam zu machen.

Kontaktadresse:
Mag. Günter Müller
Institut für Wirtschafts- u. Sozialgeschichte, Universität Wien
„Dokumentation lebensgeschichtlicher Aufzeichnungen"
Dr.-Karl-Lueger-Ring 1, 1010 Wien
Tel. (01) 4277/41306
E-mail: Lebensgeschichten@univie.ac.at
www.wirtges.univie.ac.at/doku
www.MenschenSchreibenGeschichte.at

Rosa Scheuringer (Hg.)
Bäuerinnen erzählen

**Vom Leben, Arbeiten,
Kinderkriegen und Älter-
werden**

(Damit es nicht verloren geht …,
Bd. 60)
2007. 12 x 20 cm.
326 S. Geb.
ISBN 978-3-205-77667-3

Zehn Bäuerinnen – zwischen 75 und 100 Jahre alt – schreiben über ihr Leben. Ihre Erinnerungen machen deutlich: Mehrfachbelastung ist nichts Neues, und Flexibilität wird Frauen nicht erst heute abverlangt. Die Autorinnen erzählen von ihren vielfältigen Tätigkeiten in Haus und Hof und vom Zusammenleben in der bäuerlichen Familie, von Geburt und Tod, vom Verhältnis zwischen Jungen und Alten, Frau und Mann. Arbeitsabläufe, Bräuche und Feste, die traditionell den Jahreslauf bestimmten, werden ebenso beschrieben, wie die Ausnahmesituationen der Kriegs- und Nachkriegsjahre.

Für die meisten Autorinnen dieses Bandes waren die grundlegenden Veränderungen in der bäuerlichen Arbeitsweise und im Dorfleben der wichtigste Antrieb, die eigenen Lebenserinnerungen zu Papier zu bringen - in erster Linie für ihre Nachkommen. Daher geben die persönlichen Erzählungen auch Einblick in den tief greifenden Strukturwandel der Landwirtschaft im 20. Jahrhundert und seine Auswirkungen auf die Betroffenen: Modernisierung und Ausbau der landwirtschaftlichen Betriebe sind ebenso Thema wie Probleme bei der Hofübergabe, manchmal auch die Aufgabe des Hofes.

WIEN KÖLN WEIMAR

WIESINGERSTRASSE 1, 1010 WIEN, TELEFON (01) 330 24 27-0, FAX 330 24 27 32

Inge Friedl
Familienleben
in alter Zeit

Fünf Kinder und mehr

2007. 15,5 x 23,5 cm.
155 S. zahlreiche s/w-Abb. Geb.
ISBN 978-3-205-77670-3

Noch gibt es Menschen, die von einer längst vergangenen Zeit erzählen können. Von einer Zeit, in der Familien mit mehr als fünf Kindern keine Seltenheit waren, in der es noch Rauchkucheln gab, in der Kinder bis zum ersten Frost „bloßfüßig" gegangen sind. Eine Zeit, in der Kinderarbeit selbstverständlich war, in der Hausgeburten zur Normalität gehörten und die vorallem „a weng kluag", also karg und bescheiden war.

Das Familienleben am Land – wie es früher einmal war, vor 50, 70 und 90 Jahren. Harte Arbeit, Armut und enges Zusammenleben prägte die Menschen, aber auch ein überschaubarer Lebensrhythmus, der oft unerwartet seine kleinen Freuden bot. Alles hatte seinen zugewiesenen Platz, Geburt und Tod wurden nicht aus dem Haus verbannt, die Arbeit von den Jahreszeiten bestimmt und Feste in immer wiederkehrender Abfolge gefeiert. Zahlreiche Fotografien und Rezepte von „Leibspeisen aus alter Zeit" machen diesen Band auch zu einem idealen Geschenk.

WIESINGERSTRASSE I, IOIO WIEN, TELEFON (OI) 330 24 27-0, FAX 330 24 27 32